Hans Küng
Denkwege

Zu diesem Buch

Wohl kein Theologe hat in den letzten Jahrzehnten die öffentliche Diskussion so sehr mitbestimmt wie Hans Küng. Er hat sich auf der Basis bedeutender wissenschaftlicher Werke mit der Situation der katholischen Kirche kritisch auseinandergesetzt, die Grundlagen des Christentums behandelt und das Gespräch zwischen den Weltreligionen maßgeblich bestimmt. Projekte wie »Spurensuche« und »Weltethos« haben Pioniercharakter. Das vorliegende Lesebuch bietet nach Themen geordnet einen repräsentativen Querschnitt durch das einzigartige Werk Hans Küngs, das in den vergangenen fünf Jahrzehnten gewachsen ist.

Hans Küng, geboren 1928 in Sursee/Schweiz, ist Professor emeritus für Ökumenische Theologie an der Universität Tübingen und Präsident der Stiftung Weltethos. Sein Werk liegt im Piper Verlag vor. Zuletzt erschien von ihm »Umstrittene Wahrheit«, der zweite Band seiner Erinnerungen.
Karl-Josef Kuschel, geboren 1948 in Oberhausen, lehrt Theologie der Kultur und des interreligiösen Dialogs an der Universität Tübingen. Zugleich ist er stellvertretender Direktor des Instituts für ökumenische Forschung und Vizepräsident der Stiftung Weltethos.

Hans Küng

Denkwege

Ein Lesebuch

Herausgegeben von
Karl-Josef Kuschel

Erweiterte Ausgabe

Piper München Zürich

Mix
Produktgruppe aus vorbildlich bewirtschafteten
Wäldern und anderen kontrollierten Herkünften
www.fsc.org Zert.-Nr. GFA-COC-1223
© 1996 Forest Stewardship Council

Erweiterte Taschenbuchausgabe
1. Auflage Mai 1992 (SP 1670)
Februar 2008
© 1992, 1999, 2008 Piper Verlag GmbH, München
Umschlag: Büro Hamburg, Heike Dehning, Stefanie Levers
Bildredaktion: Alke Bücking, Charlotte Wippermann, Daniel Barthmann
Umschlagfoto: picture alliance / dpa
Papier: Munken Print von Arctic Paper Munkedals AB, Schweden
Gesamtherstellung: Clausen & Bosse, Leck
Printed in Germany   ISBN 978-3-492-25111-2

www.piper.de

Inhalt

IV. JESUS ALS DER CHRISTUS

V. GLAUBEN AN GOTT

Zum besseren Verständnis dieses Buches

Dieses Lesebuch ist nicht der Ort, die Theologie von Hans Küng interpretierend einzuordnen, seine theologische Originalität, seine ökumenische Bedeutung und zeitgenössische Wirkung herauszuarbeiten. Hans Küng hat selber in einem »Rückblick auf den eigenen Weg« dazu Stellung genommen, von woher seine Theologie kommt (katholischer Traditionalismus), von welchen theologiegeschichtlich prägenden Gestalten sie sich absetzt (Karl Barth / Karl Rahner) und worauf hin sie zielt: zur Überwindung der Kluft zwischen Exegese und Dogmatik, und zwar so, daß die christliche Botschaft, wie sie im Neuen Testament bezeugt ist, die Grundnorm, die Erfahrungswelt des Zeitgenossen, aber den Horizont seiner Theologie bildet (vgl. »Theologie im Aufbruch«, 1987). Der 65. Geburtstag im Jahr 1993 hat Gelegenheit gegeben, in einem »Arbeitsbuch« den theologischen Weg Hans Küngs durch Theologen und Persönlichkeiten verschiedener Couleur nachzuzeichnen, kritisch zu reflektieren, vergleichend einzuordnen, kreativ weiterzudenken und die vielfältigen Wirkungen in den verschiedenen Sprachräumen widerzuspiegeln. All das kann und will dieses Lesebuch naturgemäß nicht.

Dieses Lesebuch wendet sich vielmehr in erster Linie an Erstleser oder Liebhaber der Theologie von Hans Küng. Mit Hilfe ausgewählter Schlüsseltexte zu verschiedenen Themenkreisen und aus verschiedenen Arbeitsphasen, die für dieses Buch leicht redaktionell angepaßt wurden, soll der Anfangsleser mit dem »Entscheidenden« der Küngschen Theologie vertraut gemacht werden. Der Liebhaber, dem diese Theologie seit langem Mut und Inspiration gegeben hat, ein glaubwürdiges

11

Christsein zu leben, soll Wichtiges und Charakteristisches in dieser kompakten Form noch einmal nachlesen und überdenken können. Denn das theologische Œuvre des Tübinger Theologen ist mittlerweile so themenreich und weit verzweigt, daß neu herangewachsene Generationen oft Mühe haben, sich zu orientieren. Und selbst der Kenner hat Probleme, in der Fülle der Aspekte noch die konstanten Strukturen zu erkennen. Wozu soll man also greifen, wenn man den Theologen Hans Küng erstmals kennenlernen will? Was sind die dominierenden *Themen* seiner Theologie? In welche *Bereiche* hinein erstreckt sich seine intellektuelle Neugierde? Welche *Denkwege* ist diese Theologie gegangen? Wer solche Fragen hat, findet in diesem Buch Antworten.

Der *thematische Aufbau* dieses Lesebuches ist nicht Ergebnis einer künstlichen, geradezu gesuchten Rekonstruktion. Man mußte nicht erst mühsam die thematischen Schwerpunkte aus den vielen Publikationen herausfiltern. Im Gegenteil: Dieser thematische Aufbau ergab sich aus dem theologischen Denkweg selber, folgt einer Arbeitslogik, die der Küngschen Theologie immanent ist und der sich dieser Theologe anfangs unbewußt, später immer bewußter selbst unterzog.

Hans Küng (geb. 1928) begann seinen Weg 1957 mit dem Bedenken der *Grundfrage christlicher Existenz* schlechthin: der »Rechtfertigung des Sünders« durch den gnädigen Gott, was ja – weniger fachtheologisch geredet – die auch existentiell entscheidende Doppelfrage umfaßt: Welches Verhältnis hat der Mensch zu Gott, und welches Verhältnis hat Gott zum Menschen? Hans Küng war 28 Jahre alt, als sein Buch über die »Rechtfertigung« erschien, in dem er sich mit Karl Barth auseinandersetzte und in dem er – zum größten Erstaunen vieler in beiden christlichen Kirchen – nachwies, daß zwischen dem Denken dieses großen protestantischen Theologen und der katholischen Tradition in dieser Grundlehre kein Gegensatz mehr bestünde. Mit einem Schlag schien diejenige Frage theologisch bereinigt, die schon von den Reformatoren als die kirchentrennende Frage schlechthin bezeichnet worden war ...

Worum es bei der theologischen Chiffre »Rechtfertigung« der Sache nach geht, macht in diesem Lesebuch ein Text deutlich (I/1), den Hans Küng schon im Rückblick von fast 30 Jahren geschrieben hat. Und wie theologisch fundamental diese Frage für jeden Christ ist, soll der zweite Text verdeutlichen (I/2). Er stammt aus dem 1974 erschienenen Buch »Christ sein«. Anders gesagt: Obwohl die Anfänge der Theologie Küngs äußerlich betrachtet wie die Anfänge vieler Theologen aussehen, die sich mit einer hochwissenschaftlichen Publikation über einen einzelnen großen Theologen aus der Zeit oder der Geschichte verbreiten, zielt doch schon das Buch über die Rechtfertigungslehre bei Karl Barth »aufs Ganze« und entfaltete eine ökumenisch befreiende Wirkung, die allen Kirchen zugute kam. Von daher waren bereits *zwei Dimensionen* der Küngschen Theologie ein für allemal aufgebrochen: die Dimension der ökumenischen Konsensfindung und die Dimension der christlichen Identitätsgewinnung.

Zur *Dimension ökumenischer Konsensfindung* gehört die selbstkritische Suche nach einem theologischen Fundament für die Existenz von *Kirche*. Hans Küng hatte lebensgeschichtlich das Glück, in einem Moment der Kirchengeschichte theologisch zur Stelle zu sein, als die katholische Kirche erstmals seit der Reformation begann, ihre theologischen Fundamente neu zu vermessen. Im Jahre 1959 wurde von Papst Johannes XXIII. das Zweite Vatikanische Konzil angekündigt. Hans Küng veröffentlichte schon im Jahr darauf sein Buch »Konzil und Wiedervereinigung«, in dem viele damals so etwas wie eine Programmschrift für die Arbeit des Konzils erblickten. Küng wurde dann auch – als in Rom sieben Jahre erzogener Theologe bestens sachlich wie sprachlich darauf vorbereitet – zu einem »Konzilsperitus« berufen, das heißt zu einem der Theologen, die Einfluß auf Geist und inhaltliche Gestaltung bestimmter Konzilsdokumente nehmen konnten. Küngs Hoffnungen richteten sich vor allem auf eine konstruktive Aufnahme der protestantischen Reformanliegen durch die katholische Kirche: bezüglich Volkssprache in der Liturgie, Laienkelch, Eucharistieverständnis, charismatischer Amtsstruktur, Priesterehe usw. Mit Küng begannen viele katholische Theologen zu hoffen, daß das Konzil der Anfang vom Ende der Kirchenspaltung sein würde. Und die Zuversicht im Blick auf eine ökumenische Verständigung wird noch spürbar in dem hier ausgewählten Text aus »Konzil und Wiedervereinigung« (III/1), der einen verantwortbaren Weg der Verständigung zwischen Katholiken und Protestanten aufzuzeigen versucht.

Doch je länger das Konzil dauerte (Johannes XXIII. war bald durch Paul VI. abgelöst worden), desto mehr spürte Küng, daß außer bei einigen Reformwünschen bezüglich Liturgie die katholische Ekklesiologie unwillig, ja unfähig war, konsequent von der biblischen Basis her zu denken. Noch während der Konzilszeit begann Küng die Arbeit an einem eigenen Entwurf von »Kirche« (veröffentlicht nach dem Konzil 1967). Erstmals stellte er programmatisch heraus, worauf sich auch alle katholische Ekklesiologie zu gründen habe: auf Jesus Christus selber, der gerade nicht die Kirche so, wie sie heute war, »gegründet« habe, dessen Botschaft vom »Reich Gottes« Kirche vielmehr so ermöglicht, daß sie in kritischer Spannung zur Verkündigung Jesu gesehen werden muß. Wie dies im einzelnen aussieht und wie Kirche sich verändern muß, stellen die hier ausgewählten Texte (II/1–2) plastisch vor Augen.

Was aber war der tiefste Grund dieser Unbeweglichkeit in der Kirche, dieser Unwilligkeit zur ökumenischen Verständigung? Als tiefsten Grund hatte Hans Küng schon früh (»Strukturen der Kirche«, 1962) die theologische Überhöhung des Amtes des Papstes angesehen, und zwar durch die beiden, auf dem I. Vatikanischen Konzil 1870 erlassenen *Dogmen vom Primat und der Unfehlbarkeit.* Das Zweite Vatikanische Konzil war hier sogar noch einen Schritt weitergegangen, als es über das Vatikanum I hinaus nicht nur dem »außerordentlichen Lehramt« des Papstes (»Ex-cathedra-Entscheide«), sondern ausdrücklich auch dem »ordentlichen Lehramt« der Bischöfe (zusammen mit dem Papst) Unfehlbarkeit zuschrieb. Und diese Unfehlbarkeit des »ordentlichen Lehramtes« wurde erstmals nach dem Konzil von vielen Katholiken als Problem erfahren, als Papst Paul VI. 1968 die Benutzung künstlicher empfängnisverhütender Mittel nicht zuletzt deshalb verbot, weil dies seine Vorgänger im päpstlichen Lehramt in Übereinstimmung mit dem Episkopat bereits mehr als einmal negativ beschieden hatten. Für Hans Küng war dies der letzte Auslöser, die Frage nach der theologischen Begründbarkeit der beiden Papst-Dogmen in aller Öffentlichkeit zur Diskussion zu stellen. 1970 erschien sein Buch »Unfehlbar? Eine Anfrage« und löste nicht nur eine scharfe innerkatholische theologische Kontroverse aus, sondern gefährdete erstmals sehr ernsthaft Küngs Stellung als katholischer Universitäts-Theologe, nachdem er schon wegen seines Buches »Die Kirche« in ein römisches Verfahren verwickelt worden war. Wie Küng seine »Anfrage« verstand und – vor allem – welche konstruktive Alternative er anzubieten hatte, wenn die Kirche »mit Irrtümern leben« müsse, geht aus dem hier abgedruckten Text (II/3) hervor, in dem Küng 1979, also schon im Rückblick, noch einmal zu diesen Fragen Stellung nimmt. Gerade um seines ökumenischen Anliegens willen hatte Küng diese Frage theologisch aufgeworfen, wird es doch keine Verständigung mit den Kirchen der Reformation oder der Orthodoxie geben ohne konstruktive Klärung des Verhältnisses von Gesamtkirche und Papstamt.

Dieser Text von 1979 aus dem kleinen Bändchen »Kirche – gehalten in der Wahrheit« verdient auch deshalb besondere Aufmerksamkeit, weil er im Dezember 1979 dem römischen Lehramt den Anlaß lieferte, Hans Küng schließlich doch die »Missio Canonica« zu entziehen. Zehn Jahre lang hatte es so ausgesehen, als wäre das Lehramt in Rom oder Deutschland bereit gewesen, mit einer kritischen Theologie wie der von Küng dialogisch und nicht administrativ umzugehen. Und solange in Deutschland Kardinal Döpfner (München) den Vorsitz der Bischofskonferenz innehatte und solange in Rom Papst Paul VI. regierte, blieb Hans Küng denn auch vor gewaltsamen administrativen Maßnahmen verschont (alle Dokumente dieser Phase in dem Buch »Um nichts als die Wahrheit«, hrsg. von Walter Jens, München 1978). Das änderte sich, als 1978 Karol Woityla als Johannes Paul II. an die Spitze der Kirche kam. Im Zusammenspiel vor allem mit dem Kölner Kardinal Höffner, der kurz zuvor Nachfolger von Kardinal Döpfner als Vorsitzender der Deutschen Bischofskonferenz geworden war, wurde Hans Küng am 18. Dezember 1979 des Rechtes beraubt, weiterhin als »katholischer« Theologe zu lehren, mit der Folge, daß Küng aus einer Fakultät vertrieben wurde, der er gut 20 Jahre angehört hatte. Über den damaligen »Fall Küng«, der leider kein Einzelfall blieb (wie die Fälle Schillebeeckx, Boff, Curran, Drewermann zeigen), kann man alles Wissenswerte in der Dokumentation »Der Fall Küng«, hrsg. von N. Greinacher und H. Haag (1980), nachlesen.

Daß Hans Küng aber nach wie vor an seiner Vision von einer ökumenischen Verständigung, ja einer Abschaffung der Kirchenspaltung festhielt, macht seine »ökumenische Bestandsaufnahme« deutlich, die aus dem Jahre 1976 stammt und die hier als Text III/2 abgedruckt ist. Hinzu kommt: Küng hat nie einen Zweifel daran gelassen, daß er sich selber nach wie vor als katholischen Theologen (und Priester!) betrachtet, der gerade auch die katholische Dimension seiner Theologie ernst nimmt und sich, wenn nötig, auch kritisch gegen einen protestantischen Partikularismus abgrenzt. Der hier abgedruckte Text »Warum ich katholisch bleibe« (III/3) hat dabei über die Sache hinaus einen besonderen biographischen Stellenwert: Er wurde geschrieben auf dem Höhepunkt der Auseinandersetzungen um den Missio-Entzug (1980) und stellt ein Glaubensbekenntnis in schwieriger Zeit dar. Was Hans Küng unter »katholisch« versteht, ist hier ganz besonders eindrücklich niedergelegt.

Es war ein langer und konsequenter Weg der Erneuerung katholischer Ekklesiologie und der Beförderung der ökumenischen Verständigung zwischen Katholiken und Protestanten gewesen, der mit dem Buch »Rechtfertigung« (1957) begonnen und 1979 einem kirchenpolitischen Krisenpunkt zugestrebt war. Längst aber hatte die ebenfalls schon 1957 erkennbare zweite Dimension Kontur gewonnen: die *Dimension christlicher Identitätsgewinnung*. Immer deutlicher war Küng schon im Verlauf der sechziger Jahre bewußt geworden, daß eine Erneuerung der Ekklesiologie auf der Basis des Neuen Testamentes auch eine Erneuerung der traditionellen Christologie nach sich ziehen müsse. Wer einmal die Ergebnisse der historisch-kritischen Methode theologisch ernst zu nehmen bereit war, konnte sich nicht mit einigen kirchenreformerischen Postulaten begnügen. Der mußte fortfahren, die Lehre von Christus und dann auch die christliche Gotteslehre (Trinität) überhaupt von der Geschichte her neu zu durchdenken. Küng stand mit diesem Bemühen nicht allein. Ende der sechziger Jahre fragten auch andere katholische Theologen immer nachdrücklicher nach dem »spezifisch Christlichen«, nach dem »ursprünglich Christlichen«, nach »Kurzformeln des Glaubens« (K. Rahner). Auch andere katholische Theologen waren der Meinung, man müsse nun auf der Basis des Neuen Testaments eine Christologie »von unten« entwickeln, die ausgeht von der Person und Verkündigung des geschichtlichen Jesus.

»Wer war Jesus?« Nach 2000 Jahren einer komplexen Theologiegeschichte war diese Frage erneut virulent geworden. Küng wagte Anfang der siebziger Jahre einen ersten skizzenhaften Entwurf auf historisch-kritisch gesicherter Basis (Text IV/1), nachdem er zuvor in einer großen christologischen Studie (»Menschwerdung Gottes«, 1970) die Wende von einer Christologie »von oben« zu einer Christologie »von unten« geistesgeschichtlich, dogmatisch und exegetisch begründet hatte. Der 1973 unter dem Titel »Was in der Kirche bleiben muß« veröffentlichte Entwurf ging dann ein in die große Studie »Christ sein« (1974), in der nun die ganze Geschichte Jesu und der Glaube an ihn als den von Gott auferweckten Christus (Text IV/2) mit großem narrativem Atem ausgebreitet wird. Küng hatte dabei nicht nur den traditionellen Gläubigen vor Augen, den er neu mit der ursprünglichen Botschaft Jesu konfrontieren wollte (einschließlich aller Forderungen nach Reformen in der Kirche). Küng hatte auch den skeptischen Zeitgenossen des 20. Jahrhunderts im Blick, der die Ergebnisse neuzeitlicher Religionskritik internalisiert hat, Geschichtsforschung kritisch zu treiben gewöhnt ist und religiös andere Optionen kennt. Ihm sollte vor Augen gestellt werden, daß man auch als Mensch des 20. Jahrhunderts durchaus vernünftig an Gott glauben und Christ sein kann, daß der Glaube des Christen weniger mit abstrakten »Dogmen« und spekulativen Systemen, sondern mit einer verifizierbaren Geschichte zu tun hat und daß Jesus, der Prediger aus Nazaret, den Vergleich mit anderen großen Figuren der Religionsgeschichte nicht zu scheuen braucht. Daher enthält schon das Buch »Christ sein« ein Kapitel über das Verhältnis Christentum – Judentum sowie Christentum und Weltreligionen. Ja, man kann sagen: So wie das Buch »Rechtfertigung« (1957) eine Weichenstellung für die ekklesiologische und ökumenische Arbeit Küngs war, die sich über zwanzig Jahre erstrecken sollte, ist das Buch »Christ sein« eine *zweite große Weichenstellung* auf dem theologischen Denkweg des Tübinger Theologen, enthält es doch – ausgearbeitet oder »in nuce« – alles, was die Theologie Küngs in den nächsten zwanzig Jahren bestimmen sollte.

Da ist *zum einen* der Streit um Küngs *Christologie*, der vor allem durch die Intervention der Deutschen Bischofskonferenz auch vor einer breiteren Öffentlichkeit ausgetragen wurde: War die Christologie Küngs dem kirchlichen Glaubensbekenntnis gerecht geworden? Küng selber hat dies stets mit Nachdruck behauptet und in seiner, dem Buch »Christ sein« folgenden Studie »Existiert Gott?« (1978) die Kritik aufgenommen. Hier legte er dar, was er von seinem christologischen Ansatz her unter der Gottessohnschaft Jesu versteht und wie er die Konzilsaussagen von Nikaia bis Chalkedon für heute interpretiert. Ich habe diesen christologischen Schlüsseltext mit Vorbedacht in dieses Lesebuch aufgenommen (IV/3). Er ist Produkt einer äußersten Anstrengung, die Anliegen einer Christologie von unten und von oben zusammenzudenken.

Da ist *zum zweiten* die Auseinandersetzung mit der modernen *Religionskritik* von Feuerbach und Marx bis Nietzsche und Freud. Ursprünglich hatte Küng schon im Buch »Christ sein« eine Auseinandersetzung mit den Hauptargumenten des neuzeitlichen Atheismus aufnehmen wollen. Um den Umfang dieses Buches aber nicht noch stärker anschwellen zu lassen, beschränkte er sich hier schließlich auf grundsätzliche Bemerkungen. Der nun freigewordene Stoff aber entfaltete bald seine Eigendynamik. Was ursprünglich ein Kapitel in »Christ sein« hätte sein sollen, dann als kleinere Publikation geplant war, wuchs sich unter der Hand schließlich zu einer umfassenden Studie aus, die nicht nur den Ehrgeiz hatte, die religionskritischen Klassiker darzustellen, sondern eine Konzeption denkerisch zu entfalten und philosophisch-theologisch zu begründen, warum ein Glauben an Gott – trotz aller Einwände des Atheismus – im Akt eines »vernünftigen Vertrauens« angenommen werden kann. Der hier ausgewählte Text (V/1) aus »Existiert Gott? Antwort auf die Gottesfrage der Neuzeit« (1978) spiegelt diese Konzeption wider. Da freilich auch in einem so umfangreichen Buch wie »Existiert Gott?« nicht alle Fragen behandelt werden konnten, insbesondere nicht die viele Zeitgenossen beschäftigenden Fragen der Eschatologie, sollte eine weitere kleinere Studie »Ewiges Leben?« (1982) folgen, deren Grundrichtung im Text V/2 aufleuchtet. Die schon in »Existiert Gott?« angesprochenen Probleme im Dialog mit der Naturwissenschaft (Kosmologie und Biologie) wurden 2005 in einem eigenen Band noch einmal vertieft – jetzt auf neuestem Forschungsstand: »Der Anfang aller Dinge. Naturwissenschaft und Religion«.

Da ist *zum dritten* die Auseinandersetzung mit den *Weltreligionen*. Seit 1980 von Aufgaben in der Katholisch-Theologischen Fakultät »entbunden«, begann Hans Küng mit Leidenschaft, sich einer neuen ökumenischen Herausforderung zu stellen: der Herausforderung des Ökumenismus »ad extra«, näherhin den großen nichtchristlichen Weltreligionen. Schon in »Christ sein« hatte er die Weltreligionen als ständigen Horizont des Christentums in aller Knappheit beschrieben. Jetzt wollte er sie *von innen her* verstehen, um so die ganze Herausforderung an das Christentum besser in den Blick nehmen zu können. Um das Selbstverständnis aber von so komplexen Größen wie Hinduismus, Buddhismus und Islam rekonstruieren zu können, bedurfte es (zumal in Europa adäquate »gläubige« Gesprächspartner kaum zur Verfügung stehen) der Zusammenarbeit vor allem mit der Religionswissenschaft. Hans Küng startete ein solches Unternehmen im Rahmen eines »Studium-Generale-Projektes« an der Universität Tübingen, das später in einem Buch über »Christentum und Weltreligionen« (1984) seinen publizistischen Niederschlag fand. Zusammen mit Fachleuten der Islamkunde (Prof. van Ess), der Indologie (Prof. von Stietencron) und der Buddhologie (Prof. Bechert) wurden die Positionen von Islam, Hinduismus und Buddhismus präsentiert; der christliche Theologe versuchte zu antworten.

Später wurde ein ähnliches Unternehmen über die chinesischen Religionen durchgeführt: »Christentum und chinesische Religion« (mit Prof. Julia Ching). Die hier ausgewählten Stücke über Krishna (VI/1), Buddha (VI/2), Konfuzius (VI/3) und Muhammad (VI/4) zeigen die theologische Dialogkonzeption, die hinter Küngs Engagement steht: Der Herausforderung der Weltreligionen wird durch eine Besinnung auf das ursprünglich Christliche (die Gestalt Jesu von Nazaret) zu begegnen versucht. Das Besondere am Christentum wird nicht theologisch einfach behauptet oder mit der Kategorie der Offenbarung vor Vergleich immunisiert, sondern in der empirischen Konfrontation herausgearbeitet. Auf diese Weise gewinnen die Religionsstifter, aber auch Jesus, der für Christen der Christus ist, ihr klares Profil. Jedermann weiß, wozu er oder sie herausgefordert ist. Bei klaren Optionen sind Glaubensentscheidungen möglich – und auch verlangt.

Da ist *zum vierten* die Auseinandersetzung mit dem *Judentum*. Schon im Buch »Die Kirche« (1967) hatte Küng sich dem Problem des kirchlichen Antijudaismus schonungslos gestellt. In »Christ sein« (1974) hatte er die besonderen Beziehungen von Christentum und Judentum (insbesondere über die Gestalt Jesu) herausgearbeitet. 1991 widmet er dem Judentum nun eine eigene große Studie. Küng hatte gemerkt, daß es für eine zeitgenössische Theologie nicht ausreicht, die anderen Religionen nur unter dem Aspekt ihrer Beziehung zur je eigenen Religion darzustellen. Erstmals wagt er sich hier an die Darstellung einer anderen Religion »von innen«: in all ihrer geistigen, kulturellen, geschichtlichen und politischen Komplexität. Das Judentum wollte Küng als vitale geistige Kraft mit all seinen Facetten, Gruppen, Lagern und Strömungen darstellen und zugleich die Frage aufwerfen: Was wird die Zukunft dieser Religion sein? Wie wird sie die inneren Konflikte über das, was »wesentlich« ist, durchstehen? Und da die Auseinandersetzung mit dem Judentum eine Konstante im Werk Küngs ist, habe ich Texte aus dem Buch »Das Judentum« drei Themenschwerpunkten zugeordnet: in der Christologie bei der Frage der »Auferweckung Jesu« (IV/2), in der Gotteslehre im Blick auf ein heute angemessenes »Gottesverständnis nach Auschwitz« (V/3) und bei der Weltökumene im Blick auf die Gestalt Abrahams, den »Stammvater« aller drei monotheistischen Religionen (VI/5), sowie die Gestalt Mose (VI/6).

Da ist *zum fünften* die Auseinandersetzung mit der *modernen Kultur.* Schon das Buch »Christ sein« enthielt einen Abschnitt über den »Jesus der Literaten«, eine Widerspiegelung der Wirkungen Jesu also im Raum zeitgenössischer Literatur. Und immer wieder nahm Küng die Herausforderung an, sich mit Fragen von Kunst, Literatur und Musik zu befassen. Das konnte so systematisch wie im theologischen Bereich naturgemäß nicht geschehen. Oft brauchte es den konkreten Anlaß – eine Einladung des Deutschen Künstlerbundes, eine Vorlesungsreihe mit Walter Jens, eine Bitte um einen Festvortrag –, um die Auseinandersetzung zu wagen. Diese Facette der Küngschen Arbeit wird durch drei Stücke dokumentiert: ein Ausschnitt aus einer programmatischen Rede über »Kunst und Sinnfrage« (1980), die Küng im September 1979 bei einer Jahresausstellung des Deutschen Künstlerbundes in Stuttgart hielt (VII/1); ein Stück Auseinandersetzung mit Thomas Mann (VII/2), die anläßlich einer Vorlesungsreihe in Tübingen erfolgte; Erfahrungen mit der Musik Mozarts, die öffentlich anläßlich einer Feierstunde in München im Jahr von Mozarts 200. Todestag (VII/3) vorgetragen wurden.

Und da ist zum *sechsten* das Bemühen um eine Diagnose der *religiösen Situation der Zeit,* der Gegenwart also, in der wir leben und in der Theologie getrieben werden muß. Schon das Buch »Christ sein« war ausgegangen von einer Beschreibung der Gegenwartslage, das heißt der dominierenden geistigen Grundkräfte der Zeit. Und im Buch »Existiert Gott?« (1978) war Küng erstmals auf die grundlegende Studie des amerikanischen Wissenschaftshistorikers Thomas S. Kuhn eingegangen, der die »Revolutionen«, die großen Umbrüche in der Geschichte der Naturwissenschaft mit Hilfe der Analyse von Paradigmen durchführte. Große Umbrüche des Geistes vollziehen sich im Wechsel von Paradigmen, das heißt von Gesamtkonstellationen, die die gesamte Sicht von Wirklichkeit bisher bestimmt haben. Diesen Schlüsselbegriff »Paradigma« und »Paradigmenwechsel« übertrug nun Küng auf die Geschichte der Theologie, wie sein Buch »Theologie im Aufbruch« (1987) ausführlich darlegt. Im achten Themenbereich dieses Lesebuchs ist deshalb ein Text daraus entnommen (VIII/1). Und zugleich ist der Text aus einem Buch aufgenommen, in dem Küng in einer tiefgreifenden Analyse die Paradigmen-Theorie auf das Christentum (1994) anwandte. Dieser Text bildet den Schluß des Riesenwerkes von 1056 Seiten, in dem Küng über das »Geheimnis« des Christentums nachdenkt und zugleich ein Arbeitsprogramm für die Darstellung des Christentums im 20. Jahrhundert skizziert.

Davon überzeugt, daß die Zeit der Moderne schon seit dem Ersten Weltkrieg im Prinzip abgelaufen ist und die Gegenwart von einer nachmodernen Gesamtkonstellation geprägt wird, begann Küng in den neunziger Jahren, die Gegenwartsanalyse immer stärker zu verfeinern und mit dem weltökumenischen Anliegen zu verknüpfen. Denn eine Dimension des Paradigmas der Nachmoderne war ja ganz offensichtlich die Koexistenz der verschiedenen Weltreligionen, deren Bestehen auch durch die Religionskritik der Moderne nicht ausgelöscht werden konnte. Aber Tatsache ist auch, daß dem Zusammenwachsen der Weltgesellschaft im Bereich von Wirtschaft, Ökologie, Kommunikationswesen und Finanzen nichts im Bereich des Geistes oder der Religion entspricht. Die einzelnen Religionen der Welt leben noch weithin in einer »splendid isolation«. Oft stehen sie sogar hinter Konflikten, gar Kriegen. Die eine Welt aber wird sich auf Dauer kaum friedensunfähige und sich »dogmatisch« bekämpfende Religionen leisten können. Das ist der Grundgedanke, der hinter Küngs Buch »Projekt Weltethos« (1990) steckt und in dem Küng die Weltreligionen auffordert, mehr für den Frieden zu arbeiten – und zwar auf der Grundlage eines Ethos, das alle Religionen gemeinsam mittragen können. Das Buch lebt von der Überzeugung, daß die Religionen trotz ihrer »dogmatischen« Gegensätze gerade im Ethos vieles gemeinsam haben, das stärker herausgehoben werden müßte. Anfang der neunziger Jahre konnte Küng nicht ahnen, wie folgenreich die Arbeit am *»Projekt Weltethos«* werden würde. Mittlerweile hat sie sich zu einem wissenschaftlichen wie praxisorientierten Schwerpunkt seiner Arbeit entwickelt, nicht zuletzt deshalb, weil der Weltethos-Gedanke eine ungeahnte interdisziplinäre und internationale Diskussion ausgelöst hat (bis in den Bereich des weltwirtschaftlichen und weltpolitischen Handelns) und weil eine Stiftung Weltethos (1995) gegründet werden konnte, welche die Grundlagenforschung finanziell weiter ermöglicht sowie die praktische Umsetzung des Weltethos-Programms in Bildungs- und Begegnungsarbeit erlaubt. Die drei in dieser neuen Abteilung (IX) dokumentierten Texte sollen den Grundgedanken sowie Stationen der Entfaltung des »Projektes Weltethos« dokumentieren. Daß gerade auch der Islam seinen Beitrag zu einem Menschheitsethos zu leisten vermag, arbeitet Küng am Ende seines dritten Grundlagenwerks zu den monotheistischen Religionen eigens heraus, in einem Band, der zugleich die große Trilogie zum Abschluß bringt: »Der Islam« (2004).

So läßt sich der Denkweg Hans Küngs beschreiben als ein immer weiter ausgreifendes theologisches Einbeziehen von immer komplexeren Arbeitsfeldern, ohne je die Mitte des eigenen Glaubens preiszugeben. Das Bild von den Kreisringen drängt sich auf. Die Mitte ist und bleibt das Nachdenken über die Existenz des Christen in der Welt von heute. Um diese Mitte lagerte sich zunächst in den sechziger Jahren ein Ring ekklesiologischer und ökumenischer Erneuerungsarbeit. In den siebziger Jahren wurde der erste Ring (Ekklesiozentrik) entschieden gesprengt durch die Fragen an das Christentum überhaupt, die Frage nach Jesus als den Christus und die Frage nach Gott angesichts der Herausforderung des Atheismus. In den achtziger Jahren kam ein dritter Ring dazu: der Ring der Weltökumene, das Gespräch mit den nichtchristlichen Religionen und die Suche nach einem Weltethos. Die theologischen Grundeinsichten Küngs sind dabei – bei allen Wandlungen im Detail – erstaunlich konstant geblieben. Seine theologische Grundkonzeption war weniger als die anderer Theologen von Modeströmungen beeinflußt, so sehr die Themen, die Küng in die Öffentlichkeit zu bringen wußte, von hoher Aktualität und einem nicht geringen Unterhaltungswert waren. Überschaut man aber seinen Weg, so sind *Konstanz* in den Überzeugungen und *Kohärenz* der theologischen Theoriebildung unübersehbar. Die erste Lebensbilanz, Küngs »Erinnerungen« an die Jahre bis 1968, machen dies auf ihre Weise deutlich. Ich füge diesem Band von daher konsequenterweise eine 10. Dimension hinzu: einen Abschnitt aus »Erkämpfte Freiheit« (2002). Ich hoffe, daß sich dem Leser etwas von diesem Geist vermittelt, wenn er dieses Lesebuch benutzt, dem Erstleser, aber auch dem Liebhaber der Theologie von Hans Küng.

Karl-Josef Kuschel

I. CHRISTLICHE EXISTENZ

1. Rechtfertigung heute

Mit dem Buch »Rechtfertigung« (1957) habe ich vor nahezu 30 Jahren den Versuch gewagt, ein gemeinsames christliches Verständnis der Rechtfertigungslehre grundzulegen. Viele haben mich darin bestätigt, daß *die* fundamentale Streitfrage zwischen der römisch-katholischen Kirche und der Reformation seitdem als beigelegt betrachtet werden darf. Nicht als kontroverstheologisches Problem *zwischen* den Kirchen ist diese Frage länger von Bedeutung, sondern als Herausforderung an alle christlichen Kirchen.

In dem folgenden Beitrag möchte ich auf die vielschichtige Bedeutung aufmerksam machen, die ein gemeinsames ökumenisches Rechtfertigungsverständnis gerade für die Menschen von heute hat. Denn in der heutigen Leistungsgesellschaft ist die Frage der Rechtfertigung und der Freiheit eines Christenmenschen aktueller denn je:

für die persönliche Existenz des einzelnen Christen,

für die Reform und Erneuerung der Kirche,

für die ökumenische Verständigung unter den christlichen Konfessionen und Denominationen.

Paulus: Zur Freiheit befreit

Es ist keine Frage, daß die Problematik Evangelium-Freiheit-Kirchenordnung-Autorität der gesamten Christenheit völlig neu zum Bewußtsein gebracht wurde, als vor bald fünfhundert Jahren an einer Zeitenwende ein frommer Mönch und mystischer Theologe sich wandelte zum wortgewaltigen Protestanten für die Freiheit eines Christenmenschen, für die Reform der Kirche, für die geistlich-politische Selbständigkeit der deutschen Nation: *Martin Luther*. In beispielloser Radikalität ging er daran, nach anderthalbtausend Jahren höchst komplexer Kirchen- und Theologiegeschichte erneut nach dem Ursprung zu fragen, nach dem ursprünglich Christlichen, dem Evangelium: um so gegen alle Zweifel und Anfechtungen des mittelalterlichen Menschen eine neue Gewißheit zu begründen, die nicht aus frommen Werken und Gebräuchen, sondern allein aus dem Glauben kommt. Eine Gewißheit des Gewissens, eine echte Heilsgewißheit, begründet – extra nos – im Evangelium Jesu Christi selber – wenn es denn in Gottes Namen sein muß: auch gegen kirchliche Traditionen und Autoritäten!

Wahrhaftig, ein neues theologisches Paradigma, welches das ganze Verhältnis des Menschen zu Gott und Gottes zum Menschen umfaßt: ein neues Makromodell von Theologie, entstanden – zum Teil auf Augustins, seines Ordensvaters, Spuren – in leidenschaftlicher Opposition zu Aristotelismus und Scholastik, römischer Werkgerechtigkeit und Kirchenherrlichkeit, Renaissance-Weltlichkeit und Renaissance-Papsttum.

Luther wollte katholisch bleiben, aber man ließ ihn nicht katholisch sein. Papst und Bischöfe verweigerten sich der radikalen theologischen Besinnung auf das Evangelium und zunächst auch aller Reform der Kirche. Eine bis heute nicht aufgehobene Spaltung der westlichen Christenheit war das Resultat dieser – so wird man hier noch mit mehr Recht als bei Augustin und Thomas sagen dürfen – theologischen Umwälzung, die die katholische Hierarchie trotz gelegentlicher Luther-Zitate in päpstlichen Ansprachen an Protestanten in ihrer Tiefe bis heute nicht ernst genommen hat.

Luther war der entschiedenen Überzeugung, er hätte nur das alte Evangelium wieder neu verstanden und so der christlichen Freiheit erneut zum Durchbruch verholfen: der Freiheit eines Christenmenschen, wie sie vor allem der Apostel *Paulus* kraftvoll – einerseits gegenüber libertinistischen Schwärmern, andererseits gegenüber Petrus, dem »Felsen«, und den Traditionalisten – zur Geltung gebracht hatte. Die Parallelen sind in der Tat nicht zu leugnen: Schon Paulus stand in einer doppelten Frontstellung, und es wäre in der Kirche nicht nur die erste, sondern auch und besonders die zweite zu beachten.

a) Da war auf der einen Seite zweifellos – wie nachzulesen in den Briefen an die Gemeinde von Korinth – eine Gruppe enthusiastisch-pneumatischer *Schwärmer*: Sie wähnten sich im Besitz des Geistes und leiteten aus ihrer elitären »höheren« Erkenntnis eine recht selbstgewisse Freiheit ab; Überheblichkeit, Rechthaberei, Lieblosigkeit, Selbstglorifizierung, gar Gewalttat und jede sexuelle Freizügigkeit glaubten sie sich gestatten zu können.

Paulus ist es, der hier nicht nur moralisiert, sondern der diese überspannt-utopistischen Libertinisten und Zukunftsphantasten, die den Himmel auf Erden vorausnehmen wollten, an den *Gekreuzigten* verweist, angesichts dessen alle Einbildung auf Begabungen und Potenzen, alle rücksichtslose Durchsetzung von Zielen auf Kosten anderer, aller Mißbrauch der Freiheit und alles Prahlen vor Gott und den Menschen entlarvt wird. War es nicht gerade der Gekreuzigte, das heißt der ohnmächtige, zu keiner Leistung mehr fähige Mensch Jesus, den Gott erhöht, als seinen Christus geoffenbart und so gerechtfertigt hat? Ja, in der Schwäche und Torheit des Gekreuzigten schien sich die Schwäche und Torheit Gottes selber zu manifestieren, eine Schwäche und Torheit, die sich aber – angesichts des neuen Lebens des Gekreuzigten bei Gott – in paradoxer Umkehr als Gottes Macht und Weisheit offenbart. Dieser gekreuzigte und lebendige Christus ruft den Menschen in seine Nachfolge: daß er in glaubendem Vertrauen die ihm im Kreuz zugesagte Freiheit gebraucht, doch nicht libertinistisch, sondern verantwortlich für die Mitmenschen gebrauche, daß er seine individuellen Gaben zum Nutzen der Gemeinschaft einsetze und in allem den kühnen Weg tätiger Liebe zu gehen versucht. So ist nach Paulus der Gekreuzigte als der Lebendige das Kriterium der Freiheit, ja Mitte und Norm des Christlichen. Dies freilich auch nach der anderen Seite hin.

b) Denn da war auf der anderen Seite – wie nachzulesen im Brief an die Gemeinden von Galatien in der heutigen Türkei – die Gruppe der fromm-moralisierenden *Traditionalisten*, die nicht wie die Enthusiasten das Ende vorausnahmen, sondern sich wieder der Vergangenheit zuwandten. Die neue Freiheit, die ihnen Paulus zugesprochen hat – vom jüdischen Gesetz und damit auch von dem andauernden Versagen, der ständigen Schuld, selbst dem Tod –, sehen sie als gefährliche Fehlentwicklung an. Nein, der Glaube allein genügt nicht. Es braucht das religiöse Ritual, es braucht Gesetz und Ordnung, es braucht moralische Leistungen, fromme Werke, Autoritäten, um mit Gott ins reine zu kommen.

Paulus ist es, der auch diese wieder in die alte kultische und moralische Gesetzlichkeit zurückgeworfenen Traditionalisten an den *Gekreuzigten* als das Sinnbild unfrommer Verworfenheit verweist, an den Gekreuzigten, der nicht die Moralischen moralischer und die Frommen frommer machen wollte, sondern der sich den Unmoralischen, Unfrommen zugewendet hatte; der, sich dem Gesetz unterziehend, es doch radikal relativiert und gegen einen Gott des Gesetzes den Gott der Liebe und des Erbarmens verkündet hat; der deshalb den Gesetzes- und Ordnungshütern als Gesetzloser und Schwarmgeist erschien und im Namen des Gesetzes als Verbrecher verurteilt und gekreuzigt wurde und der so für die Gesetz- und Gottlosen den Fluch des Gesetzes auf sich genommen hat.

Ihn, gerade ihn hat der lebendigmachende Gott selber gegen das Gesetz gerechtfertigt und damit die Menschen endgültig vom Fluch des Gesetzes und zu Freiheit und wahrer Menschlichkeit befreit.

Das war die entschiedene Überzeugung des Paulus: Mit Blick auf diesen Gekreuzigten darf es keine dem Gesetz, Ritual, religiösen Konventionen und Autoritäten blind unterworfenen Menschen mehr geben, sondern nur *wahrhaft freie Christenmenschen*, die sich und ihr ganzes Geschick Gott anvertrauen, »in Christus«, das heißt »christlich« leben: »Zur Freiheit hat uns Christus befreit« (Gal 5,1). Nur von hierher kann verständlich werden, was Paulus mit dem »Gesetz Christi« meint, dem neuen Gesetz, das das alte abgelöst hat: keine Heteronomie mehr, sondern die wahre Autonomie; keine Fremdbestimmung, sondern ein Raum der Freiheit, in dem der Mensch in Glauben und Leben seine Identität verlangt. Von hierher wird auch begreiflich, daß Paulus nicht etwa für libertinistische Bindungslosigkeit plädiert, wenn er die Formel von Christus als dem »Ende, Ziel des Gesetzes« gebraucht. In höchst dialektischer Weise versucht Paulus gerade »in Christus« Freiheit und Bindung zum Wohl des Menschen zusammenzudeuten:

Freiheit ist Gabe und Aufgabe zugleich! Grundlage dafür bleibt der vertrauende Glaube. Dieser Weg vertrauenden Glaubens ist gangbar für Gebildete und Ungebildete, Männer und Frauen, Mächtige und Ohnmächtige, ja, für Fromme und Unfromme. Warum? Weil er zwar Konsequenzen hat, aber keine besonderen Voraussetzungen und Vorausleistungen erfordert, sondern im Blick auf den Gekreuzigten nur ein einfaches *Sich-Gott-Anvertrauen* – ungeachtet aller eigenen Schwächen und Verfehlungen, ungeachtet freilich auch aller eigenen Vorzüge und Leistungen.

Wer auf diese Weise illusionslos anerkennt, daß er sich im Entscheidenden nicht selber helfen kann, sondern ganz auf die Gnade eines Gottes angewiesen ist, der die Menschen nicht nach Menschenart nach ihren moralischen Leistungen taxiert, sondern sie von vornherein akzeptiert, bejaht und liebt: der ist mit Gott (und mit sich selber) ins reine gekommen, er steht auf Grund seines Glaubens und *seines Glaubens allein vor Gott gerechtfertigt* da. Und als von Gott Angenommener, Bejahter, Gerechtfertigter ist er nicht mehr ein von Gesetz und Ritual und so von Menschen beherrschter Knecht und Sklave, sondern ist frei: wahrhaft Gottes Kind und so wahrhaft Mensch. Als erwachsener Sohn oder Tochter seines Gottes ist er oder sie berufen und fähig gemacht, ohne Gesetzlichkeit und Leistungsdruck in Freiheit Gott und Jesus Christus verantwortlich und so den Menschen verpflichtet zu sein, um auf diese Weise im eigenen Leben einen Sinn zu finden und zu verwirklichen. Eine Richtung: statt egoistisch auf sich selber fixiert zu sein, sich einzusetzen für andere, die mit uns leben, um so das Gesetz, sofern es nach Gottes Willen auf das Wohl des Menschen zielt, zu erfüllen im Übermaß – in einer Praxis schöpferischer Liebe. Zur Freiheit befreit heißt so für Paulus: zur Liebe befreit! – Aber zurück oder voraus zu Luther:

Konnte Martin Luther nicht ehrlich der Meinung sein, daß er Paulus ganz hinter sich hatte, wenn er im Anschluß an 1 Kor 9,19 und Röm 13,8 seine Botschaft »Von der Freiheit eines Christenmenschen« mit zwei dialektisch formulierten Leitsätzen zusammenfaßte?

»Ein Christenmensch ist ein *freier Herr* über alle Dinge und *niemand* untertan«; aber zugleich:

»Ein Christenmensch ist ein *dienstbarer Knecht* aller Dinge und *jedermann* untertan!«

Luther schrieb diese Sätze in dramatischer Situation: 1520 hatte die römische Kurie den aus politischen Gründen bis nach der Kaiserwahl hinausgezögerten Ketzerprozeß wiederaufgenommen. Im Juni wurde Luther mit Berufung auf 41 recht verständnislos ausgewählte Sätze in der Bulle »Exsurge Domine« die Exkommunikation angedroht, die Verbrennung sämtlicher Schriften und der Widerruf binnen 60 Tagen gefordert. Im Oktober stimmte Luther auf Anraten des ehrgeizigen päpstlichen Vermittlungsmannes Miltitz einer Vermittlungsaktion zu und schickte ein dem Papst persönlich gegenüber versöhnliches, aber in der Sache – Besinnung auf das Evangelium und Notwendigkeit der Reform – scharfes Sendschreiben an den Medici-Papst Leo X. Diesem Schreiben hatte er den kleinen Traktat »Von der Freiheit eines Christenmenschen« lateinisch und deutsch beigelegt, um darzulegen, wie sein reformatorisches Programm grundsätzlich zu verstehen und seine Rechtgläubigkeit und gute Absicht nicht in Zweifel zu ziehen sei. Ein letzter Versuch, mit Rom zu einer Einigung zu kommen; er blieb ohne Antwort. In Löwen und Köln ließ der römische Nuntius Alexander Luthers Schriften verbrennen. In Wittenberg antwortete Luther am 10. Dezember 1520 mit der Verbrennung nicht nur der päpstlichen Bannandrohungsbulle, sondern auch der kanonistischen Gesetzbücher und scholastischen Traktate – ein die ganze Nation erregendes Fanal! Drei Wochen später, Anfang Januar 1521, erfolgte die Exkommunikation. In Deutschland wurde sie zunächst kaum beachtet. Doch die Würfel waren gefallen, im selben Jahr sollte es der Reichstag zu Worms offenkundig machen; Luther muß die neue Freiheit eines Christenmenschen jetzt auch praktisch und öffentlich realisieren.

1520 bildete die Schrift mit dem vielberühmten (und vielmißbrauchten) Titel »Von der Freiheit eines Christenmenschen« – nach den Schriften »An den christlichen Adel deutscher Nation« und der »Babylonischen Gefangenschaft der Kirche« – die dritte große reformatorische Programmschrift: obwohl in nur zwei oder drei Tagen verfaßt, ein klassisches Dokument lutherischer Frömmigkeit und reformatorischen Denkens! Wie Luther selber an den Papst schrieb: »Ein klein Büchlein, so das Papier angesehen, aber doch die Summe eines christlichen Lebens darinnen begriffen, so der Sinn verstanden wird« (Werke, Münchener Ausgabe II, 265). Eine Umschreibung des Christseins also, definiert durch die christliche Freiheit, die für Luther Inbegriff des Heils ist: »Daß wir gründlich mögen erkennen, was ein Christenmensch sei und wie es getan sei um die Freiheit, die ihm Christus erworben und gegeben hat, davon St. Paulus viel schreibt« (II, 269).

Diese durch Christus geschenkte Freiheit versteht man nach Luther nur, wenn man die anthropologische Dialektik ernst nimmt zwischen äußerem und innerem, fleischlichem und geistlichem, altem und neuem Menschen. Gegensätzliches wird bei Luther nicht wie bei den alten Scholastikern einfach geschieden mit Hilfe starrer Distinktionen, die Gegensätze nicht zulassen. Gegensätzliches wird vielmehr zusammengesehen mit Hilfe jener dynamischen Dialektik, die die komplexe lebendige Wirklichkeit des Menschen gerade mit Hilfe von Gegensätzen zu umschreiben versucht. Geht es doch im Verhältnis des Menschen zu Gott und Gottes zum Menschen nicht um eine statische Beziehung, sondern um ein Geschehen, von dem her Mensch und Gott in ihrem Wesen überhaupt erst richtig verstanden werden können: der Mensch – homo coram Deo – als schuldiger Mensch und Gott – Deus pro nobis – als rechtfertigender, rettender Gott. Anders als in soziologischer und politischer Betrachtung, wo Herren und Knechte verschiedene Menschen sind, ist in der theologischen Betrachtung der eine und selbe Mensch zugleich Herr *und* Knecht, frei *und* untertan. Dies bedarf der Erklärung.

Warum ist ein Christenmensch nach *dem ersten Leitsatz* ein *freier Herr über alle Dinge und niemand untertan?* Das gilt für den inneren, neuen, geistlichen Menschen: für den Menschen des Glaubens! Denn wahrhaft frei wird der Mensch nicht durch irgendwelche Äußerlichkeiten: nicht durch das Haben oder Tun äußerer Dinge, nicht durch Umgang mit heiligen Sachen, Tragen priesterlicher Gewänder, Tun frommer Werke, kirchlicher Gebräuche, durch Reliquien, Ablässe und Wallfahrten. Nein, frei wird der Mensch durch das Wort Gottes selber, durch das Evangelium, auf dessen Verheißungen sich der Mensch verlassen darf. Nicht irgendein religiöses Menschengesetz, Menschengebot, Menschenwerk, sondern – und dies hat die Kirche kaum verkündigt – nur der vertrauende Glaube macht den Menschen zum Christen, macht wahrhaft frei, ja, macht ihn – in Teilhabe an Christi Königtum und Priestertum (der »fröhliche Wechsel«) – selber zum König und Priester, so daß es keinen inneren Unterschied zwischen Priestern und Laien geben darf – außer dem des Dienstes von Bischöfen und Pfarrern an den Gemeinden. Die ekklesiologische Sprengkraft dieser These, besser: die reformatorische Grunderkenntnis, die nichts als die neutestamentliche Grunderkenntnis ist, liegt auf der Hand. Der eigentliche Dissens zwischen reformatorischem und katholischem Kirchenverständnis liegt hier in der Frage der kirchlichen Ordnungen!

Freilich: Wer nun – wie oft genug geschehen – mit Berufung auf den Glauben meint, überhaupt nichts tun zu müssen, irrt gründlich. Denn der alte, fleischliche, äußerliche Mensch ist ja keineswegs einfachhin passé. Die Freiheit fängt auf Erden erst an, der Mensch ist noch in via, auf dem Weg, gebunden an den Leib, den er bezähmen, beherrschen soll. Und da haben die guten Werke ihren Platz. Nein, nicht als Ersatz des Glaubens, also um sich vor Gott ins Recht zu setzen, selber fromm und frei zu machen. Sondern als Konsequenz des Glaubens: um aus freien Stücken nach Jesu Beispiel (nicht weil ein Gesetz dazu zwingt) den Leib, den äußeren Menschen, in Zucht zu nehmen und um aus dienstbereiter Liebe, wie sie spontan aus diesem Glauben hervorgeht, für die anderen Menschen dazusein. Wie der gute Baum gute Früchte trägt, so übt der Glaubende gute Taten.

Also nicht: gute und fromme Werke machen den guten und frommen Menschen. Sondern umgekehrt: der gute und fromme Mensch macht gute und fromme Werke. Die Freiheit *von* (nutzlosen) Werken ist zugleich Freiheit *zu* (nutzbringenden) Werken.

Der Mensch, bei Luther wie schon bei Paulus, ist als Person durch den Glauben radikal verändert: innerlich, nicht nur äußerlich, wie katholische Polemik und das Konzil von Trient Luther dann vorwarfen. Dieser veränderte Mensch erfüllt das Gesetz, sofern es Ausdruck des Willens Gottes ist, aus Liebe und deshalb im Übermaß. Für ihn ist der Wille Gottes nicht mehr zwingendes, schuldig machendes und anklagendes Gesetz, sondern herausfordernde Verheißung, befreiende Gnade: So geht aus dem Glauben die Liebe zu Gott hervor und zugleich ein freies, williges, fröhliches Leben im Dienst am Nächsten. Denn nicht für sein eigenes Seelenheil – wie so oft die Frommen besonders in den Klöstern – soll der Christ fromme Werke tun, sondern im Glauben für Christus und in der Liebe für den Nächsten. So schließt denn auch für Luther wie schon für Paulus Freiheit Bindung ein. Und deshalb lautet der zweite Leitsatz: Der Christ ist ein *dienstbarer Knecht aller Dinge und jedermann untertan.*

Ich frage: Das alles war damals sehr umstritten, ist es aber heute nicht auch für die katholische Theologie unbestreitbar richtig? Die Auseinandersetzungen um Martin Luther haben sich in neuester Zeit unter ernstzunehmenden katholischen Kirchenhistorikern von der biographischen und allgemein kirchenhistorischen auf die theologische Ebene verlagert. Für Luthers ersten katholischen Biographen Cochläus und seine zahlreiche Gefolgschaft in vier Jahrhunderten war Luther ein verkommener Mönch und demagogischer Libertinist, ein Revolutionär, Erzhäresiarch, ein Spalter der Kirche und des Reiches; ähnlich auch noch für Döllinger, Denifle und Grisar. Erst in den vierziger Jahren unseres Jahrhunderts, vor allem mit Joseph Lortz, kam die Wende. Luther ist für diesen katholischen Historiker ein genialer, tragischer, in beinahe unlösbare innere und äußere Schwierigkeiten verwickelter, aber aus tiefem Glauben lebender und betender, persönlich lauterer Christ und Reformer, der von einem Großteil der Schuld an der Kirchenspaltung entlastet wird, wenn man die Mißstände in der spätmittelalterlichen Kirche und die Reformunwilligkeit von Papst und Episkopat schonungslos aufdeckt. Und für Johannes Hessen ist Luther ein Repräsentant des in der Kirche immer wieder notwendigen »prophetischen Typus«, der einen berechtigten Kampf gegen Intellektualismus, Moralismus, Institutionalismus und Sakramentalismus führte.

Der ökumenische Konsens heute

Unterdessen aber ist die theologische Diskussion fortgeschritten. Auch noch für Lortz war Luther – verglichen etwa mit Thomas oder Bernhard – trotz allem kein »Vollhörer« des Evangeliums; bei allen berechtigten kirchlichen wie theologischen Anliegen sei Luther doch schon im Grundansatz seiner Rechtfertigungslehre durch Subjektivismus und einseitige Auswahl aus der Schrift der Häresie verfallen.

Aber diese einschränkende Lortzsche These hat sich als unhaltbar erwiesen. Wie Otto H. Pesch und andere katholische Theologen kritisierten, wird Luther in der Lortz-Schule zwar weithin entschuldigt durch Rückführung auf seine kirchengeschichtlichen, theologiegeschichtlichen, persönlichen Voraussetzungen, die von ihm gestellten theologischen Sachfragen aber werden zu wenig ernst genommen. Es dürfe doch nicht nur Luther, sofern er noch katholisch war, vielmehr müsse gerade der reformatorische Luther von der katholischen Theologie gehört und theologisch aufgearbeitet werden.

Was aber – so meine weitere Frage – muß dann der *Maßstab* solcher theologisch-ökumenischen Aufarbeitung sein, die Luther weder als Irrlehrer verwirft noch ihn als Katholiken vereinnahmt, sondern ihn als Reformator ernst nimmt? Nun: Maßstab für die sachliche Beurteilung etwa der Schrift »Von der Freiheit eines Christenmenschen« kann nicht einfach das Konzil von Trient wie für Hubert Jedin sein oder die Theologie der Hochscholastik wie für Joseph Lortz, auch nicht die griechisch-lateinische Patristik wie für Hans Urs von Balthasar und

Joseph Ratzinger oder gar die neuere Schultheologie wie für das römische St. Offizium, jetzt Glaubenskongregation. Alles dies sind bestenfalls sekundäre Kriterien gegenüber dem einen primären, grundlegenden und bleibend verbindlichen Kriterium: der ursprünglichen christlichen Botschaft, dem Evangelium, vor dem sich sowohl die lateinischen und griechischen Väter wie die neuscholastischen Schultheologen und vor dem sich natürlich auch Luther, aber auch das Konzil von Trient zu verantworten haben. Die zentrale Frage ist somit: Hat Luther in seinem theologischen Grundansatz das *christliche Ur-Zeugnis hinter sich*?

Was vor gut dreißig Jahren (damals im Hinblick auf Karl Barths Rechtfertigungslehre) noch eine recht kühne These war, hat sich unterdessen weithin durchgesetzt: Luther hat mit seinen entscheidenden Grundaussagen über die Rechtfertigung und die Freiheit eines Christenmenschen das Neue Testament und Paulus insbesondere hinter sich. Dies belegten unterdessen eine ganze Reihe von katholischen Abhandlungen über Luther wie das Rechtfertigungsverständnis; das belegen aber auch die neuesten katholischen und evangelischen Kommentare insbesondere zum Römerbrief (man vergleiche etwa die von Kuss und Käsemann), die in den entscheidenden Streitfragen bezüglich der Rechtfertigung christlicher Freiheit übereinstimmen. Nein, es läßt sich nicht bestreiten und muß zur Beschämung der oft so selbstgefällig orthodoxen römisch-katholischen Theologie gesagt werden: Wie in den 1500 Jahren keiner, auch Augustin nicht, hatte Luther wieder einen Zugang zu der Rechtfertigungsbotschaft des Paulus gefunden, die mit dem Ausfall des Judenchristentums schon bald nicht mehr ursprünglich verstanden worden war. Und diese Wiederentdeckung des ursprünglich paulinischen Rechtfertigungsverständnisses unter den Übermalungen und Verkleisterungen von 1500 Jahren, die zweifellos auf einer spirituellen Grunderfahrung beruhte, steht am Anfang jenes neuen reformatorischen Paradigmas von Theologie.

Gerade über diese reformatorische Grundlehre bräuchte man heute nicht mehr zu streiten. Nachdem das »Sola fide« (und entsprechend »Sola gratia«) – übrigens gut in der alten katholischen Tradition verwurzelt – unnötigerweise durch vier Jahrhunderte umstritten war, geben neuere Bibelübersetzungen, wie etwa die neue ökumenische in deutscher Sprache, dem gemeinsamen Verständnis insbesondere des zentralen Textes im Römerbrief deutlich Ausdruck: »Denn wir sind der Überzeugung, daß der Mensch nur (!) durch Glauben gerecht wird, unabhängig (!) von Werken des Gesetzes« (Röm 3,28).

Und so ist es denn nicht erstaunlich, daß eine Studienkommission des Lutherischen Weltbundes und der römisch-katholischen Kirche in einem schon 1971 auf Malta verabschiedeten Dokument die Annäherung in aller Form festgestellt hat: »An diesem Punkt waren die traditionellen kontrovers-theologischen Auseinandersetzungen besonders scharf ausgeprägt. Heute zeichnet sich in der Interpretation der Rechtfertigung ein weitreichender Konsens ab. Auch die katholischen Theologen betonen in der Rechtfertigungsfrage, daß die Heilsgabe Gottes für den Glaubenden an keine menschlichen Bedingungen geknüpft ist. Die lutherischen Theologen betonen, daß das Rechtfertigungsgeschehen nicht auf die individuelle Sündenvergebung beschränkt ist, und sehen in ihm nicht eine rein äußerlich bleibende Gerechterklärung des Sünders. Vielmehr wird durch die Rechtfertigungsbotschaft die im Christusgeschehen realisierte Gottesgerechtigkeit dem Sünder als eine ihn umfassende Wirklichkeit übereignet und dadurch das neue Leben der Glaubenden begründet. Als Begründung christlicher Freiheit gegenüber gesetzlichen Bedingungen für den Heilsempfang muß die Rechtfertigungsbotschaft als gewichtige Explikation der Mitte des Evangeliums immer wieder neu zur Sprache gebracht werden« (in: Herder-Korrespondenz 25, 1971, S. 539).

Erstaunlich ist nur, daß dieser »Malta-Bericht« vom Vatikan geheimgehalten wurde, nur durch Indiskretion in die Öffentlichkeit kam und in all den Jahren seither keine einzige Konsequenz daraus gezogen wurde. Hat das vielleicht wieder einmal mit der leidigen Unfehlbarkeit zu tun: daß man eben auf keinen Fall zugeben kann, daß die rund 30 Anatheme (= Bannandrohungen), die das Konzil von Trient gegen die reformatorische Rechtfertigungslehre aussprach, auf Mißverständnis und Unverständnis beruhten, also (wie so vieles andere) historische Fehlentscheidungen waren? In diese Richtung geht auch der jüngste, begrüßenswerte »Schlußbericht der gemeinsamen ökumenischen Kommission zur Überprüfung der Verwerfungen des 16. Jahrhunderts« (Januar 1986).

Wie immer, es ist unglaublich: Da streitet man also 450 Jahre über einen Glaubensartikel, mit dem die Kirche steht und fällt (articulus stantis et cadentis ecclesiae), stellt dann fest, daß man sich darüber nicht hätte zerstreiten und die Kirche spalten müssen, und was tut man? Man schubladisiert das epochale Dokument – und theologisiert, administriert, organisiert, zelebriert weiter wie bisher. Aber so geht es leider nicht nur in Rom, sondern auch im Luthertum.

Gleichzeitig heißt es im gemeinsamen lutherisch-katholischen Malta-Bericht: »Gemeinsam sind Lutheraner und Katholiken der Überzeugung, daß das Evangelium die christliche Freiheit begründet. Diese Freiheit wird im Neuen Testament beschrieben als Freiheit von der Sünde, als Freiheit von der Macht des Gesetzes, als Freiheit vom Tode und als Freiheit zum Dienst gegenüber Gott und dem Nächsten. Da jedoch die christliche Freiheit an die Bezeugung des Evangeliums gebunden ist, bedarf es zu ihrer Vermittlung institutioneller Formen. Die Kirche muß sich deshalb als Institution der Freiheit verstehen und verwirklichen. Strukturen, die diese Freiheit verletzen, können in der Kirche Christi nicht legitim sein« (S. 539).

Gewiß, evangelische Kirche und evangelische Theologie haben wie die katholische allen Anlaß auch zur Selbstkritik. Und einer Heiligsprechung des Gottesmannes Luther, dessen Verehrung im Protestantismus bisweilen katholischer Heiligenverehrung nahekam, sei hier nicht das Wort geredet. Unvoreingenommene ökumenische Theologie weiß, daß Luther nun einmal nicht nur ein unbeherrschtes, oft übertreibendes (auch depressives) Temperament sein eigen nannte, sondern auch eine in bestimmten Punkten forcierte und von der Schrift kaum gedeckte Theologie. Es gibt gewichtige Differenzen zwischen Luther und Paulus, und Schriften wie »De servo arbitrio« oder der »Sermon von den guten Werken« waren und bleiben bei allen richtigen Ansätzen und Anliegen mißverständlich: der Ergänzung und Korrektur bedürftig, nicht unfehlbar. Luthers von Augustin geprägter radikaler Sünden- und Moralpessimismus zum Beispiel läßt Welt und Mensch und vor allem auch den vorchristlichen Menschen und die außerchristliche Welt nicht unvoreingenommen ernst nehmen. Und gegen das schwärmerisch-subjektivistische Mißverständnis – die Wirren in Wittenberg schon drei Jahre nach der Freiheitsschrift zeigten es ihm – war seine Theologie anfänglich nicht in gleicher Weise abgesichert wie gegen das hierarchistisch-institutionalistisch-römische. Das Ideal einer aus der babylonischen Gefangenschaft herausgeführten freien christlichen Kirche aus freien Christenmenschen wurde im übrigen nicht verwirklicht, sondern durch reichlich provinzielle Fürsten- und Landeskirchen verdrängt. Und auch die Einheit des reformatorischen Lagers blieb nicht gewahrt. Eine Weltmacht wurde der Protestantismus nicht durch Luther, sondern durch einen ebenfalls tieffrommen, aber zugleich juristisch gebildeten Theologen, der mehr Sinn hatte für die klare, umgreifende theologische Synthese, kirchliche Organisation und internationale Weite und der mit dem Glauben auch die Werke und mit der Freiheit des Christenmenschen auch die Ordnung der Kirche betonte und der so mit seiner Lehre von Vorherbestimmung, Rechtfertigung *und* Heiligung – ohne es zu wollen – das heraufführte, was Max Weber den »Geist des Kapitalismus« genannt hat: Calvin! Nicht das lutherische Wittenberg oder eine andere deutsche Stadt, sondern das reformierte Genf wurde die heimliche Hauptstadt des Protestantismus und schließlich Sitz des Weltrates der Kirchen.

Aus: Vorwort aus dem Jahr 1986 zur Taschenbuchausgabe von »Rechtfertigung« (1957).

2. Christsein heute

Im modernen Leben kommt es auf das an, was einer leistet. Man fragt weniger: »Wer ist das?« als: »Was ist der?«, »Was macht er?« Man meint damit seinen Beruf, seine Arbeit, seine Leistungen, seine Position und sein Ansehen in der Gesellschaft. Darauf kommt es an.

Der Mensch in der Leistungsgesellschaft

Diese Fragestellung ist nicht so selbstverständlich, wie sie scheint. Sie ist typisch »westlich«, obwohl sie heute auch in den sozialistischen Ländern des Ostblocks (Zweite Welt) und in den Entwicklungsländern (Dritte Welt) zu finden ist. Ursprünglich beheimatet aber ist sie in der Ersten Welt, in Westeuropa und Nordamerika, wo sich die *moderne Industriegesellschaft* herausgebildet hat. Nur da gab es seit langem eine rational organisierte Wissenschaft mit spezialisierten Fachleuten. Nur da auch die rationale Organisation der freien Arbeit im Betrieb nach Rentabilität. Nur da ein eigentliches Bürgertum und eine spezifisch geartete Rationalisierung der Wirtschaft und schließlich der Gesellschaft überhaupt mit einer neuen Wirtschaftsgesinnung. Warum denn nur hier?

Max Weber hat in seiner bereits genannten klassischen Untersuchung »Die protestantische Ethik und der Geist des Kapitalismus« (1905) diesen Vorgang genauer untersucht: Die westliche Rationalisierung wurde gewiß durch bestimmte ökonomische Bedingungen vorangetrieben (so richtig Marx). Aber andererseits kam es zur westlichen ökonomischen Rationalisierung überhaupt erst durch eine neue praktisch-rationale

Wirtschaftsgesinnung, die ihren Grund in einer sehr bestimmten religiös-moralischen Lebensführung hat (so richtig Weber): Bestimmte Glaubensinhalte und Pflichtvorstellungen waren es, die diese neue Einstellung in Leben und Wirtschaft entscheidend hervorbrachten. Inwiefern? Die Wurzeln reichen, erstaunlich genug, in die angeblich heute nicht mehr aktuellen Fragen der Reformationszeit zurück: In ungewollter Folge der strengen calvinistischen Lehre von einer doppelten Erwählung (Prädestination der einen zur Seligkeit – der anderen zur Verdammung) betonte man in den von Calvin beeinflußten Kirchen die »Heiligung«, die Werke im Alltag, die Berufsarbeit als Erfüllung der Nächstenliebe und ihren Erfolg – dies alles nämlich verstanden als sichtbare Zeichen einer positiven Erwählung zur ewigen Seligkeit. Nicht aus aufklärerischen, sondern aus religiösen Motiven also war es zum Geist der rastlosen Arbeit, des Berufserfolges und des ökonomischen Fortschritts gekommen: eine höchst folgenreiche Kombination von intensiver Frömmigkeit und kapitalistischem Geschäftssinn in historisch wichtigen Kirchen und Sekten, bei den englischen, schottischen und amerikanischen Puritanern, den französischen Hugenotten, den deutschen Reformierten und Pietisten.

Je mehr nun die Säkularisierung alle Bereiche des Lebens ergriff und je mehr sich das moderne Wirtschaftssystem durchsetzte, um so mehr wurden unermüdlicher Fleiß (industria), strenge Disziplin und hohes Verantwortungsbewußtsein die Tugenden des säkularen, mündig gewordenen Menschen in der *»Industrie«-Gesellschaft*. Allseitige »Tüchtigkeit« wurde die Tugend schlechthin, der »Nutzen« die Denkweise, der »Erfolg« das Ziel, die »Leistung« das Gesetz dieser modernen *Leistungsgesellschaft*, in der ein jeder seine Rolle (Hauptrolle im Beruf und meist verschiedene Nebenrollen) zu spielen hat.

So versucht der Mensch nun in einer dynamisch sich entwickelnden Welt und Gesellschaft sich selbst zu verwirklichen: anders als in der früheren statischen Welt menschliche Selbstverwirklichung, um die es ja dem Menschen in jedem Fall gehen muß, durch eigene Leistungen. Nur der ist etwas, der etwas leistet. Und was kann Schlimmeres von einem Menschen gesagt werden, als daß er nichts leiste? Arbeit, Karriere, Geldverdienen – was sollte wichtiger sein? Industrialisieren, Produzieren, Expandieren, Konsumieren im großen wie im kleinen, Wachstum, Fortschritt, Perfektion, Verbesserung des Lebensstandards in jeder Hinsicht: ist nicht das der Sinn des Lebens? Wie anders denn durch Leistungen soll der Mensch seine Existenz rechtfertigen? Die ökonomischen Werte rangieren zuoberst in der Wertordnung, Beruf und Tüchtigkeit bestimmen den sozialen Status, die Ausrichtung auf Wohlfahrt und Leistung lassen die Industrienationen dem Druck der Urarmut entrinnen und führen die Wohlfahrtsgesellschaft herauf.

Worauf es letztlich nicht ankommt

Aber gerade dieses so erfolgreiche *Leistungsdenken* wird schließlich zu einer ernsthaften *Bedrohung für die Menschlichkeit des Menschen*: Nicht nur daß der Mensch die höheren Werte und einen umfassenden Sinn des Lebens aus den Augen verliert, sondern daß er sich zugleich an die anonymen Mechanismen, Techniken, Mächte, Organisationen dieses Systems verliert. Denn je größer Fortschritt und Perfektion, um so stärker die Einordnung des Menschen in den komplexen ökonomisch-sozialen Prozeß: Immer noch strengere Disziplin, die den Menschen gefangennimmt. Immer noch mehr Einsatz und Fleiß, der den Menschen nicht mehr zu sich selber kommen läßt. Immer noch mehr Verantwortung, die den Menschen ganz in seiner Aufgabe vereinnahmt. Immer engmaschiger das von der Gesellschaft selber geschaffene Normennetz, das den Menschen nicht nur in seinem Beruf und in seiner Arbeit, sondern auch in seiner Freizeit, seiner Unterhaltung, seinem Urlaub, seinen Reisen unbarmherzig umspannt und reglementiert. Der Straßenverkehr in jeder Stadt mit seinen Tausenden von Verboten, Geboten, Signalen, Wegweisern, die es alle früher nicht brauchte und an die man sich jetzt, will man überleben, peinlichst halten muß, ist ein Bild für das von morgens bis abends durchorganisierte, vollnormierte, bürokratisierte und bald auch computerisierte moderne Alltagsleben. Eine neue *säkulare Gesetzlichkeit* in allen Sektoren des menschlichen Lebens von noch nie dagewesenem und auch vom einzelnen Juristen nicht mehr zu übersehendem Ausmaß, der gegenüber die alttestamentliche (religiöse) Gesetzlichkeit und die Auslegungskunst der damaligen Gesetzesgelehrten reichlich harmlos erscheinen.

Aber je mehr nun der Mensch die Forderungen dieser Gesetzlichkeit erfüllt, um so mehr verliert er seine Spontaneität, Initiative, Eigenständigkeit, um so weniger hat er Raum für sich selbst, für sein Menschsein. Oft hat der Mensch das Gefühl, er sei für die Gesetze (Paragraphen, Bestimmungen, Handlungs- und Gebrauchsanweisungen) da, nicht die Gesetze für ihn. Und je mehr er sich in diesem Netz von Erwartungen, Bestimmungen, Normen und Kontrollen verliert, desto mehr klammert er sich an sie, um in ihnen sich selbst bestätigt zu finden. Das ganze Leben ein höchst strapazierender und rasch verschleißender »Leistungssport« mit ständigen Leistungskontrollen: vom Berufs- bis zum Sexualleben nur ja kein Leistungsabfall, wo immer möglich eine Leistungssteigerung. Im Grunde ein tödlicher Regelkreis, in dem die Leistung den Menschen in Abhängigkeiten treibt, denen er nur durch neue Leistung glaubt entkommen zu können: ein großer *Verlust der Freiheit.*

So erfährt der Mensch in moderner Form das, was Paulus den *Fluch des Gesetzes* genannt hat: Das moderne Leben hält ihn unter Leistungszwang, Zugzwang, Erfolgszwang. Ständig muß er sich in seiner Existenz *selbst rechtfertigen*: nicht mehr wie früher vor dem Richterstuhl Gottes, sondern vor dem Forum seiner Umwelt, vor der Gesellschaft, vor sich selbst. Und rechtfertigen kann er sich in dieser Leistungsgesellschaft nur durch Leistung: Nur durch Leistungen ist er etwas, behält er seinen Platz in der Gesellschaft, gewinnt er das Ansehen, das er braucht. Nur durch das Vorweisen von Leistungen kann er sich selbst behaupten.

Ist nun die Gefahr nicht sehr greifbar geworden, daß sich der Mensch unter diesem ungeheuren Leistungszwang, ja Leistungswahn, unter den Rollenerwartungen seiner Umgebung und der Konkurrenz von allen Seiten, die ihn zu überrollen droht, nur noch von außen leiten läßt, daß er sich an seine eigene Rolle völlig verliert: daß er nur noch Manager, Kaufmann, Wissenschaftler, Beamter, Techniker, Arbeiter, Berufsmensch ist und nicht mehr – Mensch? »Identitätsdiffusion« (E. H. Erikson) an die verschiedenen Rollen, und so Identitätskrise und Identitätsverlust: Der Mensch ist nicht mehr er selbst, ist sich selber entfremdet. Er muß sich doch selber und aus eigener Kraft behaupten, gegen die anderen und so oft auf Kosten der anderen! Er lebt im Grunde für sich allein und versucht, alle anderen zu seinen Zwecken zu benützen.

Die Frage ist nur: Wird der Mensch auf diesem Wege glücklich werden? Werden sich die Anderen auf diese Weise von ihm benützen und vereinnahmen lassen? Kann er selber unter dem Gesetz der Leistung alle die Forderungen, die immer wieder neu an ihn ergehen, überhaupt erfüllen? Und vor allem: Kann er durch alle seine Leistungen seine Existenz wirklich rechtfertigen? Rechtfertigt er damit im Grunde nicht doch nur seine Rolle oder seine Rollen, die er zu spielen hat, aber nicht sein Sein? Ist er denn wirklich das, was er in seinem Tun ist? Ein Mensch kann doch ein fabelhafter Manager, Wissenschaftler, Beamter oder Facharbeiter sein und seine Rolle nach allgemeinem Urteil glänzend spielen und doch als Mensch völlig versagen: Er kreist zwar um sich, kommt aber gar nicht zu sich selbst. Er merkt nicht einmal, daß er bei allen seinen Leistungen sich selbst verloren hat, daß er sich selber wiederfinden müßte und daß er sich nicht wiederfinden wird, wenn er nicht zur Besinnung kommt. Durch alle Leistungen, durch all sein Tun gewinnt der Mensch noch keineswegs Sein, Identität, Freiheit, Personsein, gewinnt er noch keineswegs die Bestätigung seines Ich und den Sinn seiner Existenz. Wer nur sich selber bestätigen, nur sich selber rechtfertigen will, der wird sein Leben verfehlen. Man ist an das Wort erinnert: Wer sein Leben erhalten will, wird es verlieren. Aber – bleibt ihm denn überhaupt etwas anderes übrig, als durch seine Leistungen sich selbst zu bestätigen, sich selbst zu rechtfertigen?

Es gibt auch einen anderen Weg: Nicht etwa nichts tun. Nicht etwa auf Leistung von vornherein verzichten. Nicht etwa die nun einmal in der Gesellschaft zu spielende Rolle plötzlich verweigern, gar den Beruf aufgeben. Aber wissen, daß der Mensch in seinem Beruf und seiner Arbeit nicht aufgeht, daß die Person mehr ist als ihre Rolle, daß die Leistungen zwar wichtig, aber nicht entscheidend sind: die guten nicht und die schlechten nicht. Kurz: daß es letztlich gerade *nicht auf die Leistungen ankommt!*

Worauf es letztlich ankommt

Wie kann man es wagen, gegen den ganzen Geist der Neuzeit angesichts der nun einmal bestehenden – und im Westen wie im Osten in verschiedener Weise solide etablierten – Leistungsgesellschaft so Ungeheuerliches zu behaupten? Nach all dem Vorausgegangenen wird man es vielleicht doch nicht so ungeheuerlich finden: Von diesem Jesus Christus her kann man es tatsächlich behaupten, daß es letztlich nicht auf die Leistungen des Menschen ankommt. *Von diesem Jesus Christus her* sollte es sogar möglich sein, *eine andere Grundhaltung einzunehmen*, ein anderes Bewußtsein zu erreichen, eine andere Lebenseinstellung zu gewinnen, um die Grenzen des Leistungsdenkens zu erkennen, um dem Leistungswahn zu entrinnen und den Leistungszwang zu durchbrechen, wirklich frei zu werden. So muß nüchtern und realistisch die Tendenz zur Entmenschlichung im Leistungsgesetz durchschaut werden, um der Menschen willen, die nun einmal nicht aus dieser Leistungsgesellschaft emigrieren können, sondern hier leben und arbeiten müssen, von ihr Bestätigung erfahren und sich doch nach einer qualitativ anderen Freiheit sehnen.

Jesus verwarf nicht Leistungen an sich, gesetzliche, rituelle, moralische. Aber er wandte sich entschieden dagegen, daß gerade die Leistungen das Maß des Menschseins bestimmen sollen. Was sagte er von jenem Leistungspharisäer, der meinte, aufgrund seiner Leistungen vor Gott und den Menschen etwas zu gelten, etwas zu sein und so in seiner ganzen Existenz, in seiner Position und seinem Ansehen voll gerechtfertigt dazustehen? Jesus sagte: Dieser ging nicht gerechtfertigt nach Hause. Und was sagte derselbe Jesus von jenem Leistungsversager, der keine Leistungen oder bestenfalls moralisch minderwertige aufzuweisen hatte, der aber auch gar nicht versuchte, vor Gott gerechtfertigt dazustehen, sondern sich Gott in seinem ganzen Versagen stellte und seine einzige Hoffnung auf Gottes Erbarmen setzte? Von ihm sagte Jesus: Dieser ging gerechtfertigt nach Hause.

Womit noch ein Weiteres deutlich geworden ist: Es sind nicht etwa nur die positiven, schönen und guten Leistungen des Menschen, auf die es letztlich nicht ankommt. Die tröstliche Seite derselben Botschaft ist: Es sind auch die negativen, bösen und häßlichen »Leistungen« des Menschen – und wieviel »leistet« sich jeder Mensch, auch wenn er nicht gerade ein sündiger Zöllner ist –, auf die es letztlich, zu unserem Glück, ebensowenig ankommt. Letztlich kommt es bei allem unumgänglichen Tun und Lassen des Menschen auf etwas anderes an: *daß der Mensch im Guten wie im Bösen auf gar keinen Fall je sein unbedingtes Vertrauen aufgibt.* Daß er also in seinen großen und guten Taten weiß, daß er nichts hat, was er nicht empfangen, und daß zur Einbildung, zum Renommieren und Imponieren kein Anlaß besteht. Vom ersten Moment seines Lebens bis zum letzten empfängt er, ist er auf andere angewiesen, erhält er sein Leben täglich neu, verdankt er sich in allem, was er ist und hat, anderen. Es kommt aber zugleich darauf an, daß der Mensch auch in seinem Versagen, es sei so beschämend wie immer, weiß, daß er nie Anlaß zum Aufgeben und Verzweifeln hat. Daß er auch und gerade in all seiner Schuld getragen bleibt von dem, der nur als der Erbarmende richtig verstanden und ernst genommen wird. Woher hat der Mensch diese Gewißheit? Der Gekreuzigte, der in absoluter Passivität zu keiner Leistung mehr fähig ist und der schließlich doch gegen die Vertreter der frommen Leistungen als der von Gott Gerechtfertigte dasteht, ist und bleibt das lebendige Zeichen Gottes dafür, daß das Entscheidende nun eben doch nicht vom Menschen und seinen Taten, sondern – zum Wohl des Menschen im Guten wie im Bösen – vom barmherzigen Gott abhängt, der vom Menschen in dessen eigener Passion ein unerschütterliches Vertrauen erwartet.

Vom Gekreuzigten her ist es denn, wie wir uns auch nur zu erinnern brauchen, gar nicht verwunderlich, wenn *Paulus* nun gerade dies als Zentralpunkt seiner Botschaft verkündigt, daß der Mensch nicht aufgrund seiner Leistungen vor Gott und Menschen gerechtfertigt dasteht. Auch Paulus verwarf nicht die Leistungen. Er konnte sich rühmen, mehr als alle anderen Apostel geleistet zu haben, und er erwartete von seinen Christen Taten, Früchte des Geistes, Äußerungen der Liebe: der Glaube ist durch die Liebe tätig. Aber entscheidend sind die Leistungen nicht. Entscheidend ist der Glaube, dieses unbedingte, unerschütterliche Sich-Gott-Anvertrauen – ungeachtet aller eigenen Fehlleistungen und Schwächen, ungeachtet aber auch der eigenen positiven Leistungen, Vorzüge, Verdienste und Ansprüche. Der Mensch soll sich in *allem* Gott anvertrauen und empfangen, was Gott ihm schenken will.

Nur Theologen, die die paulinische Rechtfertigungsbotschaft nicht verstanden haben, können in der heutigen Leistungsgesellschaft, sich wieder einmal falsch anpassend, dazu auffordern, mehr auf das »Operationelle« und damit auf den Jakobusbrief und dessen »Rechtfertigung durch die Werke« zu achten. Als ob Paulus das »Operationelle« nicht sehr viel besser verstanden hätte als jener uns unbekannte hellenistische Judenchrist am Ende des 1. Jahrhunderts, der sich optima fide des Namens des Herrenbruders Jakobus bediente, um nach bestem Wissen und Können gegen faule Orthodoxie die Notwendigkeit der Orthopraxie zu verteidigen. Mit ihm verglichen – und man kommt hier um Vergleiche nicht herum – hat Paulus nicht nur die Orthopraxie besser verteidigt. Er hat auch ganz anders umfassend verstanden und begründet, worauf es im Menschsein und Christsein entscheidend ankommt.

Hier soll selbstverständlich nicht pauschal gegen Leistungen, gute Werke, Arbeit, berufliches Fortkommen polemisiert werden, als ob der Christ nicht aufgefordert sei, aus seinen »Talenten« das Beste zu machen. Christliche Rechtfertigungsbotschaft liefert nicht die Rechtfertigung für eigenes Nichtstun. Gute Taten sind wichtig. Aber Grundlage der christlichen Existenz und Kriterium für das Bestehen vor Gott kann nicht die Berufung auf irgendwelche Leistungen sein: keine Selbstbehauptung, keine Selbstrechtfertigung des Menschen. Sondern nur das unbedingte Festhalten an Gott durch Jesus in einem glaubenden Vertrauen. Eine ungemein ermutigende Botschaft ist hier verkündet, die dem Menschenleben sogar durch alles unvermeidbare Versagen, Irren und Verzweifeln hindurch eine solide Basis gibt und die es zugleich vom religiösen oder säkularen Leistungsdruck zu befreien vermag zu einer Freiheit, die auch durch schlimme und schlimmste Situationen hindurchzutragen vermag.

Wie grundlegend Vertrauen für das Menschenleben ist, wie der Mensch nur mit einem »Grundvertrauen« die Identität, Werthaftigkeit und Sinnhaftigkeit der Wirklichkeit und insbesondere seines eigenen Daseins anzunehmen vermag, habe ich schon früher betont. Jetzt aber ist in ganz anderer Tiefe deutlich geworden, daß der Mensch, will er überhaupt zur Selbstverwirklichung kommen, will er als Person Freiheit, Identität, Sinn, Glück gewinnen, dies nur im unbedingten Vertrauen auf den tun kann, der ihm dies alles zu geben vermag. Im glaubenden Vertrauen auf Gott, wie es von Jesus Christus ermöglicht wird, erscheint das Grundvertrauen des Menschen aufs beste »aufgehoben«. Im Blick auf Jesus ein Vertrauen zu Gott, das nicht anbewiesen werden kann, das aber, wird es gewagt und vollzogen, aus sich selbst seine Sinnhaftigkeit und seine befreiende Kraft erweist.

Worin zeigt sich diese *Freiheit*? Nicht daß der Mensch in einer illusionären Weise total autonom, völlig unabhängig, absolut bindungslos wäre. Hat doch jeder Mensch seinen Gott oder seine Götter, die für ihn maßgebend sind, nach denen er sich richtet, denen er alles opfert. Sondern daß der Mensch von der Abhängigkeit und den Bindungen an die falschen Götter befreit wird, die ihn unbarmherzig zu neuen Leistungen antreiben: sei es nun das Geld oder die Karriere oder das Prestige oder die Macht oder der Genuß oder was immer für ihn der oberste Wert ist.

Bindet der Mensch sich allein an den einen wahren Gott, der mit keiner der endlichen Wirklichkeiten identisch ist, so wird er frei gegenüber allen endlichen Werten, Gütern, Mächten. Er erkennt dann auch die Relativität seiner eigenen Leistungen und Fehlleistungen. Er steht nicht mehr unter dem unbarmherzigen Gesetz des Leisten-Müssens. Er ist zwar nicht dispensiert von aller Leistung. Wohl aber ist er befreit vom Leistungszwang und Leistungswahn. Er geht nicht mehr auf in seiner Rolle oder seinen Rollen. Er kann der sein, der er ist.

Wer so nicht für sich selber lebt, wird wahrhaft zu sich selber kommen, Mensch sein, Sinn, Identität, Freiheit gewinnen. Man ist an das Wort erinnert: Wer sein Leben verliert um meinetwillen – auf Jesu Botschaft und Person hin –, der wird es gewinnen. Sinn, Freiheit, Identität, Rechtfertigung seiner Existenz kann dem Menschen nur geschenkt werden. Und ohne Empfangen, das vorausgeht, kein Handeln. Ohne Gnade, die ermöglicht, keine Leistung. Ohne wahre Demut gegenüber dem einen Gott keine wahre Überlegenheit gegenüber den vielen Pseudo-Göttern. Nur vom einen wahren Gott wird dem Menschen die große souveräne Freiheit geschenkt, die ihm neue Freiheitsräume und neue Freiheitschancen eröffnet gegenüber all dem vielen, was ihn in dieser Welt versklaven kann.

So steht denn der Mensch nicht nur in seinen Leistungen und Rollen, sondern in seiner ganzen Existenz, in seinem Menschsein gerechtfertigt da, ganz unabhängig von seinen Leistungen. *Er weiß, daß sein Leben einen Sinn hat*: nicht nur in Erfolgen, auch in Mißerfolgen, nicht nur bei Glanzleistungen, auch bei Fehlleistungen, nicht nur bei Leistungssteigerung, sondern bei Leistungsabfall. Sein Leben hat also einen Sinn selbst dann, wenn er von seiner Umgebung oder der Gesellschaft aus irgendeinem Grund nicht mehr akzeptiert sein sollte: wenn er von den Gegnern vernichtet und den Freunden verlassen ist, wenn er sich für das Falsche eingesetzt und Mißerfolge geerntet hat, wenn seine Leistungen nachlassen und von anderen ersetzt werden, wenn er für gar niemand mehr von Nutzen ist. Selbst der bankrotte Geschäftsmann und die völlig vereinsamte Geschiedene, selbst der gestrandete und vergessene Politiker, der 50jährige Arbeitslose, die gealterte Prostituierte oder der Schwerverbrecher in der Strafanstalt brauchen nicht zu verzweifeln. Sie alle, auch wenn sie von niemandem mehr anerkannt werden, bleiben anerkannt von dem, auf dessen Anerkennung es letztlich allein ankommt, vor dem es kein Ansehen der Person und ein Gericht nach den Maßstäben seiner Güte gibt.

Worauf also kommt es letztlich an im Menschenleben? Daß einer, ob gesund oder krank, arbeitsfähig oder arbeitsunfähig, leistungsstark oder leistungsschwach, erfolggewohnt oder erfolgverlassen, schuldig oder unschuldig, nicht nur am Ende, sondern sein ganzes Leben hindurch an jenem Vertrauen unbeirrt und unerschüttert festhält, was wir mit dem ganzen Neuen Testament den *Glauben* nennen. Wenn dann sein »Te Deum« dem einen wahren Gott und nicht den vielen falschen Göttern gilt, dann darf er es wagen, auch das Ende dieses Hymnus, in welcher Situation auch immer, als Verheißung auf sich zu beziehen: »In te Domine speravi, non confundar in aeternum«, »Auf dich, Herr, habe ich vertraut, und ich werde in Ewigkeit nicht zuschanden«.

Aus: »Christ sein« (1974).

II. KIRCHE

1. Kirche und Reich Gottes

Nicht Vor-Stufe, wohl aber *Vor-Zeichen* der definitiven Gottesherrschaft ist die Kirche: Zeichen für die in Jesus Christus
schon gegenwärtige Wirklichkeit der Gottesherrschaft, Vorzei-
chen auf die noch zukünftige Vollendung der Gottesherrschaft
hin. So liegt der Kirche ganzer Sinn nicht in sich selbst, nicht in
dem, was sie ist, sondern in dem, worauf sie zugeht. Die Gottesherrschaft ist es, die die Kirche erhofft, bezeugt, verkündet.
Nicht Bringerin und Trägerin, wohl aber Ausruferin, Ansage-
rin, *Herold* der kommenden und zugleich schon gegenwärtigen
Gottesherrschaft ist die Kirche. Gott selber führt sie herbei.
Die Kirche aber steht ganz in ihrem Dienst.

Treue zur Botschaft Jesu?

Aber steht die Kirche wirklich ganz in ihrem Dienst? Reden
wir noch von der wirklichen Kirche? Ist der Dienst der Kirche
an der Gottesherrschaft wirklich eine Tatsache oder nur eine
Theorie, nur ein Programm? Dienst an der Gottesherrschaft:
Das ist jedenfalls der Kirche *Verpflichtung*: gegeben, um aufgegeben zu sein.

Indem die Kirche die Botschaft von Jesus als dem Herrn verkündigt, nimmt sie die Botschaft von der Herrschaft Gottes in
konzentrierter Form auf: Sie macht sich zur Sprecherin Jesu
selbst. Sie übernimmt die radikalen Forderungen Jesu, sie verkündet sie weiter und wendet sie an. Für die Urchristenheit
blieb Jesus der Verkündiger der Gottesherrschaft, der Verkündiger des kompromißlosen Eingehens auf Gottes Willen. Dieselben Forderungen Gottes, die Jesus unter dem Programm-

wort »Herrschaft Gottes« verkündet hat, verkündet die Kirche nun unter dem Programmwort »Jesus der Herr«, weil eben dieser Jesus die Forderungen der Gottesherrschaft beispielhaft bis zum letzten erfüllt hat und so in die Herrlichkeit des Vaters erhöht wurde.

Will jedoch die Kirche *glaubwürdiger* Herold, Zeugin, Anzeigerin, Botschafterin im Dienst an der Gottesherrschaft sein, dann muß sie diese Botschaft Jesu immer wieder in erster Linie nicht der Welt, den anderen, sondern sich selbst sagen, dann muß vor allem die Kirche die Botschaft von der in der Gegenwart hereinbrechenden zukünftigen Gottesherrschaft glaubend ernst nehmen und sich gehorsam immer wieder neu unter die schon gegenwärtige Gottesherrschaft, unter Gottes gnädigen und fordernden Heilswillen, stellen. Ihre ganze Glaubwürdigkeit – und was nützt ihr alles noch so geschäftige und energische Tun, wenn sie nicht glaubwürdig ist? – hängt an ihrer Treue zur Botschaft Jesu. Die fünf Perspektiven der Verkündigung der Gottesherrschaft durch Jesus, wie ich sie früher herausgearbeitet habe, werden so zu ekklesiologischen Imperativen.

Provisorische Kirche

Jesus hat die Gottesherrschaft als eine entscheidend *zukünftige, endzeitlich-endgültige* verkündigt. Wenn die *Kirche* in der Nachfolge Christi die Gottesherrschaft als eine zukünftige, endzeitlich-endgültige verkündet, dann heißt dies als Imperativ für sie selbst:

Sie darf sich in dieser Endzeit nicht zur Mitte der Verkündigung machen, sondern sie hat von der in Christus erfüllten Gottesherrschaft herkommend hinauszuweisen auf die Gottesherrschaft, die sie erwartet als die kritische Vollendung ihres Auftrages. Sie geht der nicht nur partikulären, sondern universalen, der nicht nur vorübergehenden, sondern definitiven Offenbarung von Gottes siegender Herrlichkeit erst entgegen. Sie darf sich also nicht als Selbstzweck hinstellen, als ob sie je eine in sich selbst schwingende und beruhigte Herrlichkeit sein könnte! Als ob die Entscheidung des Menschen sich eigentlich nicht primär auf Gott, nicht auf Jesus den Christus, sondern auf die Kirche bezöge! Als ob *sie* das Ende und das Vollendete der Weltgeschichte, als ob sie das Definitivum wäre! Als ob *ihre* Definitionen und Deklarationen und nicht das Wort des *Herrn* in Ewigkeit bliebe! Als ob *ihre* Institutionen und Konstitutionen und nicht die Herrschaft Gottes die Zeiten überdauerten! Als ob die Menschen für die Kirche und nicht die Kirche für die Menschen und gerade so für die Herrschaft Gottes da wäre!

Eine Kirche, die in dieser Endzeit vergißt, daß sie etwas Vorläufiges, Provisorisches, Zwischen-Zeitliches ist, die ist überfordert, sie ermüdet, erschlafft und stürzt, weil sie keine Zukunft hat. Eine Kirche aber, die immer daran denkt, daß sie ihr Ziel nicht in sich selbst, sondern im Gottesreich finden wird, die vermag durchzuhalten: Sie weiß dann, daß sie nicht überfordert ist, daß sie gar nichts Endgültiges zu erstellen, keine bleibende Heimat zu bieten braucht, daß sie gar nicht verwundert sein muß, wenn sie in ihrer Vorläufigkeit von Zweifeln geschüttelt, von Hindernissen blockiert und von Sorgen erdrückt wird. Ja, wenn sie das Endgültige zu sein hätte, müßte sie verzweifeln. Wenn sie aber nur das Vorläufige ist, darf sie Hoffnung haben. Ihr ist verheißen, daß sie die Pforten der Hölle nicht überwältigen werden.

Anspruchslose Kirche

Jesus hat die Gottesherrschaft als *mächtige Tat Gottes selbst* verkündet. Wenn die *Kirche* in der Nachfolge Christi die Gottesherrschaft als mächtige Tat Gottes selbst verkündet, dann bedeutet dies als Imperativ für sie selbst:

Sie darf in dieser Endzeit bei aller äußersten Anstrengung im Dienst an der Gottesherrschaft das Gottesreich nicht selbst schaffen wollen. Gott schafft es *für* sie. Auf sein, nicht auf ihr Tun darf sie ihr ganzes Vertrauen setzen. Die Kirche hat eʹ nicht vollbracht, sie wird es nicht vollbringen, sie kann es n bezeugen. Kann die Kirche in dieser Endzeit mehr tun, als ι die Gottesherrschaft flehen, sie suchen, sich und die Welt auf die Gottesherrschaft wirkend und leidend intensiv vorbereiten? Kann sie selber je über das Kommen seines Reiches verfügen? Dürfte sie sich je selber verherrlichen und sich gegenüber Gott und den Menschen ihrer eigenen Lebens- und Gestaltungskraft rühmen? Dürfte sie je gegenüber Gott durch ihre Entschlüsse, Vorschriften und Vorstellungen Ansprüche erheben, statt für Gottes Anspruch in der Welt einzutreten? Könnte sie je der Gnade Gottes in kirchlicher Besserwisserei mißtrauen und auf eigene selbstgemachte Hoheit und Größe aus sein? Dürfte sie je gar selber Gnade zu schenken vermeinen, statt ihrer stets immer wieder zu bedürfen? Hat sie nicht die Gnade immer anspruchslos und vertrauend wie ein Kind mit leeren Händen zu empfangen? Hat sie sich nicht auch dann, wenn sie ihre Pflicht erfüllt hat, als unwürdige Magd zu betrachten?

Eine Kirche, die sich einbildet, *sie* schaffe in dieser Endzeit das Entscheidende, sie müsse aus eigener Kraft und Leistung das Gottesreich herbeiführen, aufbauen, errichten, die zerstreut und zerstört, weil es ihr am selbstlosen, ganz auf Gottes entscheidende Tat vertrauenden Glauben gebricht. Eine Kirche aber, die im vertrauenden Glauben überzeugt ist, daß Gott diese Endzeit inauguriert, trägt und beherrscht und daß er die neue vollendete Wirklichkeit der Welt und des Menschen schenken wird, die sammelt und baut auf, weil ihrem demütigen Vertrauen die Kraft geschenkt wird. Sie weiß dann, daß bei all ihrem Sichmühen letztlich nicht *ihre* Theorien und ihre Praktiken den Ausschlag geben, daß nicht ihr Leistungskatalog und ihre Glanzstatistiken das Kommen des Gottesreiches verbürgen, daß sie deshalb kein ausbleibendes Echo am weiteren Ruf verhindern, kein Mißerfolg sie trostlos machen darf. Ja, wenn sie selber den entscheidenden Sieg zu erkämpfen hätte, dann müßte sie aufgeben. Wenn ihr aber der letzte Sieg ˙tun von oben geschenkt wird, dann kann sie in ˙versicht schon jetzt das Letzte einsetzen und die ˙lt v˙ ˙rn. Ihr ist verheißen, daß ihr Glaube Berge zu ver-˙en vermag.

n

Dienende Kirche

Jesus hat die Gottesherrschaft als eine *rein religiöse Herrschaft* verkündet. Wenn die *Kirche* in der Nachfolge Christi die Gottesherrschaft als eine rein religiöse Herrschaft verkündet, dann bedeutet dies als Imperativ für sie selbst:

Sie kann sich in dieser Endzeit nie und nimmer als eine religiös-politische Theokratie aufführen. Ihre Bestimmung ist die geistliche Diakonie. Statt ein Imperium geistlich-ungeistlicher Macht aufzurichten, ist ihr die Gnade gegeben, Ministerium in Knechtsgestalt zu sein: Gottesdienst als Menschendienst und Menschendienst als Gottesdienst. Wie könnte sie dann in dieser Endzeit je zu den Methoden weltlicher Machtergreifung und Machtdurchsetzung, politischer Strategie und Intrige Zuflucht nehmen? Wie könnte sie weltlichen Glanz und Prunk ausstrahlen, wie Ehrenplätze zur Rechten und zur Linken verteilen, wie weltliche Würdetitel und Auszeichnungen vergeben wollen? Wie könnte sie die Güter dieser Welt, Geld und Gold, über das Notwendige hinaus horten wollen? Wie könnte sie sich mit den Mächten dieser Welt verquicken, wie sich mit irgendeiner weltlichen Gruppierung, einer politischen Partei, inem kulturellen Zweckverband, einer wirtschaftlichen und sozialen Machtgruppe einfach identifizieren, wie sich für ein bestimmtes wirtschaftliches, soziales, kulturelles, politisches, philosophisches, weltanschauliches System unkritisch und unbedingt einsetzen können? Wie könnte sie diese weltlichen Mächte und Systeme mit ihrer revolutionären Botschaft nicht immer wieder beunruhigen, befremden, stören, in Frage stellen und gerade so dann auch ihren Widerstand und ihren Angriff erfahren müssen? Wie könnte sie um Leiden, Verachtung, Verleumdung, Verfolgung herumkommen? Wie könnte sie statt eines Kreuzweges einen Triumphweg gehen wollen? Wie könnte sie so die Außenstehenden je als ihre zu hassenden und zu vernichtenden Feinde sehen und nicht vielmehr als ihre mit verstehender und helfender Liebe zu umfangenden Nächsten?

Eine Kirche, die in dieser Endzeit übersieht, daß sie zum selbstlosen Dienst an den Menschen, an den Feinden, an der Welt da ist, verliert ihre Würde, ihre Geltung, ihre Existenzberechtigung, weil sie die wahre Nachfolge Christi aufgibt. Eine Kirche aber, die sich bewußt bleibt, daß nicht sie, sondern die Gottesherrschaft »in Macht und Herrlichkeit« kommen wird, die findet in ihrer Kleinheit ihre wahre Größe: sie weiß dann, daß sie gerade ohne Macht- und Prachtentfaltung groß ist, daß sie nur höchst bedingt und beschränkt mit der Zustimmung und Unterstützung der Mächtigen dieser Welt rechnen kann, daß ihr Dasein von der Welt immer wieder ignoriert, vernachlässigt und nur toleriert oder aber bedauert, beklagt und weggewünscht wird, daß ihr Wirken immer wieder belächelt, verdächtigt, mißbilligt und gehindert wird, daß für sie aber trotzdem über allen anderen Herrschaften unangreifbar Gottes Herrschaft ist. Ja, wenn der Kirche Welt-Macht ihre Stärke zu sein hätte, dann müßte sie in der Welt verzagen. Wenn aber ihre Stärke im Kreuze Christi und in ihrem Kreuze liegt, dann ist ihre Schwäche ihre Stärke, und sie kann ohne Angst im Bewußtsein des von vornherein garantierten Auferstehungssieges ihren Weg gehen. Ihr ist verheißen, daß sie, wenn sie ihr Leben hingibt, es gewinnen wird.

Schuldige Kirche

Jesus hat die Gottesherrschaft *als Heilsereignis für die Sünder* verkündet. Wenn die *Kirche* in der Nachfolge Christi die Gottesherrschaft als Heilsereignis für die Sünder verkündet, dann besagt das für sie als Imperativ:

Sie darf in dieser Endzeit bei allem Gegensatz zur Welt und ihren Mächten sich nie als drohende, einschüchternde und Unheil verkündigende, angstmachende Institution gebärden. Statt einer Unheilskunde soll sie der Welt die Heilsbotschaft, statt einer Drohansage die Freudenbotschaft, statt einer Kriegserklärung die Friedensbotschaft künden. Ist doch die Kirche nicht für die Frommen und Gerechten, sondern für die Sünder und Gottlosen da! Soll sie doch nicht verurteilen und verdammen, sondern bei allem Ernst der Botschaft heilen, verzeihen und retten! Sollen doch auch ihre oft unumgänglichen Mahnungen nie Selbstzweck, sondern Hinweis auf Gottes

Gnadenangebot sein! Kann sie doch auch selbst bei allen ihr widerfahrenden Gnadenerweisen und gerade wegen dieser Gnadenerweise sich nie als selbstgerechte Kaste oder Klasse der Reinen und Heiligen aufspielen! Kann sie doch nie das Böse, Unheilige und Gottlose nur außerhalb ihrer selbst wähnen! Gibt es doch nichts an ihr, was vollkommen, was nicht gefährdet, gebrechlich, fragwürdig, was nicht immer wieder der Korrektur und der Überbietung bedürftig wäre! Geht doch die Front zwischen Welt und Gottesherrschaft mitten durch die Kirche, mitten durch das Herz des einzelnen Kirchengliedes!

Eine Kirche, die nicht zur Kenntnis nehmen will, daß sie aus sündigen Menschen bestehend für sündige Menschen da ist, wird hartherzig, selbstgerecht und erbarmungslos; sie verdient weder das Erbarmen Gottes noch das Vertrauen der Menschen. Eine Kirche aber, die damit Ernst macht, daß erst die vollendete Gottesherrschaft Weizen und Unkraut getrennt haben wird, der wird aus Gnade die Heiligkeit und Gerechtigkeit geschenkt, die sie selber sich nicht zu verschaffen vermag. Eine solche Kirche weiß dann, daß sie der Welt kein hochmoralisches Theater vorzuspielen braucht, als ob bei ihr alles zum besten bestellt sei, daß sie ihre Schätze in sehr irdenen Gefäßen trägt, daß ihre Lichter bescheiden und flackernd, ihr Glaube schwach, ihr Erkennen zwielichtig und ihr Bekennen stammelnd ist, daß es keine einzige Sünde und Verfehlung gibt, die ihr nicht zur Verlockung werden kann und der sie nicht auch schon in dieser oder jener Weise erlegen ist, daß sie bei aller dauernden Distanzierung von der Sünde nie Anlaß hat, sich von den Sündern zu distanzieren. Ja, wenn die Kirche selbstgerecht auf Sünder und Zöllner herabblickt, dann kann sie nicht gerechtfertigt ins Gottesreich eingehen. Wenn die Kirche aber als Gemeinschaft der zur Gerechtigkeit und Heiligkeit Berufenen sich ihrer Schuld und Sünde bewußt bleibt, dann darf sie fröhlich und getrost von der Vergebung leben, dann dürfen in der anbrechenden Gottesherrschaft ihre Unheiligen Heilige sein, und dann braucht sie trotz vieler fast unwiderstehlicher Versuchungen und ihr immer wieder unterlaufender Fehler und Mißgriffe sich nicht zu ängstigen. Ihr ist die Verheißung gegeben, daß, wer sich selbst erniedrigt, erhöht wird.

Jesus hat für die Gottesherrschaft die *radikale Entscheidung des Menschen für Gott* gefordert. Wenn nun aber die *Kirche* in der Nachfolge Christi für die Gottesherrschaft eine radikale Entscheidung für Gott fordert, dann bedeutet dies als Imperativ für sie selbst:

Auch die Kirche selbst ist in dieser Endzeit vor die Wahl gestellt: Gott und seine Herrschaft oder die Welt und ihre Herrschaft. Auch sie darf sich durch nichts von einer radikalen Entscheidung für Gott abhalten lassen. Gerade sie hat sich immer wieder von der Botschaft der Welt in Metanoia abzuwenden und unter die kommende Gottesherrschaft zu stellen, um sich von daher in Liebe der Welt und den Menschen zuzuwenden: nicht in asketischer Aussonderung aus der Welt also, sondern im radikalen Gehorsam der Liebe gegenüber Gottes Willen im weltlichen Alltag, nicht in Flucht vor der Welt, sondern in Arbeit an der Welt. Vor diesem radikalen Gehorsam gegenüber Gottes Willen kann die Kirche sich nicht drücken. Als ob etwa das im Evangelium Geforderte nur der »bösen Welt« und nicht auch der immer wieder neu verweltlichten Kirche gelten würde! Als ob die Kirche den Gehorsam gegenüber Gottes heiligem Willen durch den Gehorsam gegenüber sich selbst ablösen könnte! Als ob sie ihre eigenen liturgischen, dogmatischen und rechtlichen Gesetze und Vorschriften, Überlieferungen und Gewohnheiten als Gebote Gottes ausgeben, sie über oder auch nur neben den Willen Gottes, wie er in Jesus Christus laut geworden ist, stellen dürfte. Als ob sie die je zeitbedingten Festsetzungen zu ewigen Normen erklären dürfte, die dann nur durch gekünstelte und gequälte Interpretation an die je neue Gegenwart angepaßt werden können. Als ob sie in Entscheidendem »Kamele verschlucken« und andererseits mit kleinlicher Kasuistik »Mücken seihen« dürfte! Als ob sie so die Last zahlloser Gesetze und Vorschriften auf die Schultern der Menschen legen dürfte, die diese nicht zu tragen vermögen! Als ob sie statt eines Herzensgehorsams aus Liebe zu Gott einen blinden Gehorsam aus Furcht verlangen dürfte, der nicht gehorcht, weil er die Forderung versteht und bejaht, sondern nur weil es geboten ist, und der anderes täte, wenn es nicht geboten wäre. Als ob es ihr je statt um die innere Gesinnung um die äußere Legalität, statt um die »Zeichen der Zeit« um die »Überlieferungen der Alten«, statt um die Herzenslauterkeit um den Lippendienst, statt um den absoluten unverkürzten Gotteswillen um die »Gebote von Menschen« gehen dürfte.

Die Kirche, die in dieser Endzeit vergißt, wem sie zu gehorchen hat, die die Herrschaft an sich selbst reißt, die sich souverän macht, die sich zur Herrin aufwirft, die legt sich selbst in Ketten und versklavt sich. Die Kirche aber, die bei allem Versagen stets auf die Gottesherrschaft aus ist und daran denkt, wem sie gehört, für wen sie sich entschieden hat, für wen sie sich immer wieder neu kompromißlos und rückhaltlos zu entscheiden hat, die wird wahrhaft frei: frei zur Nachfolge des Dienstes Christi an der Welt, frei für den Gottesdienst, in welchem sie den Menschen dient, frei für den Menschendienst, in welchem sie Gott dient, frei für die Überwindung des Leides, der Sünde und des Todes durch das Kreuz des Auferstandenen, frei für die umfassende schöpferische Liebe, die die Welt verändert und erneuert, frei für die unerschütterliche tatkräftige Hoffnung auf das kommende Gottesreich der vollen Gerechtigkeit, des ewigen Lebens, der wahren Freiheit und des kosmischen Friedens, auf die endgültige Versöhnung der Menschheit mit Gott und die Aufhebung aller Gottlosigkeit! Ja, wenn die Kirche ihr Herz an die Welt oder an sich selbst hängt, macht sie die Menschen unglücklich, elend und versklavt. Wenn sie es aber an Gott den Herrn und an ihn allein hängt, dann macht sie durch Gottes freie Gnade die Unfreien frei, die Trauernden fröhlich, die Armen reich, die Elenden stark, die Lieblosen lieb. Ihr ist verheißen, daß, wenn sie sich bereitmacht und bereithält, Gott selber *alles neu* machen wird, um alles in allem zu sein.

Ist es nötig, abschließend nochmals zu betonen, daß die Kirche ihren unbeschreiblich großen Auftrag nur dann zu erfüllen vermag, wenn sie darum bittet, alle Morgen neu? Was sie von Natur nicht ist, das kann ihr aus Gnade geschenkt werden: »Dein Reich komme« (Mt 6,10). Und wie manche Textzeugen hinzufügen: »Denn dein ist das Reich und die Kraft und die

Herrlichkeit in Ewigkeit« (Mt 6,13). Oder wie die Didache ältestes Gebetsgut der Kirche überliefert:

> »Gedenke, Herr, deiner Kirche,
> sie zu retten von allem Bösen
> und sie zu vollenden in deiner Liebe.
> Und führe sie von den vier Winden zusammen,
> sie, die Geheiligte,
> in dein Reich, das du ihr bereitet hast« (10,5).

Das Entscheidende über der Kirche Wesen in der wechselnden Gestalt, über ihre Aufgabe trotz ihres Unwesens dürfte damit ausgesagt sein. Und sollte es nicht möglich sein, daß mindestens bis hierher – und das wäre schon unendlich viel – der Großteil der gespaltenen Christenheit in bezug auf die *entscheidenden* Linien zustimmen könnte, so daß die Differenzen mindestens keine *kirchenspaltenden* Differenzen zu sein brauchten?

Aus: »Die Kirche« (1967).

2. Kirche von unten

Die Kirche des Ursprungs verstand sich – bei all ihren Schwächen und Defekten – ganz wesentlich als Gottes Gemeinde, *Gottes Volk*: Kirche kann von daher nie nur eine bestimmte Klasse oder Kaste, Behörde oder Clique innerhalb der Gemeinschaft der Glaubenden sein. Kirche kann immer und überall nur das *ganze* Gottesvolk sein, die *ganze* »Ekklesia« = »Versammlung« = »Gemeinschaft« der Glaubenden. Denn *alle* sind nach dem Neuen Testament von Gott berufen, durch Christus gerechtfertigt, im Geist geheiligt, alle zu Glauben und tätiger Liebe aufgefordert. Alle sind sie deshalb nach dem Ersten Petrusbrief das auserwählte Geschlecht, die königliche Priesterschaft, das heilige Volk. Insofern sind alle in der Kirche grundsätzlich gleich. Und diese grundlegende Gleichheit ist unendlich viel wichtiger als alle Unterschiede, die es im Volke Gottes selbstverständlich gibt, geben darf und geben soll.

Was heißt: Alle sind Volk Gottes?

Ist das alles nicht selbstverständlich? Im klassischen katholischen »Kirchenlexikon« von Wetzer und Welte nach dem Vatikanum I (2. Auflage 1884) las man noch unter dem Stichwort »Laie«: »Siehe Clerus«! Und im Artikel »Clerus« las man: »Das Laienpriestertum kann im Ernste von niemandem behauptet werden. Es ist ein Zeichen großer Geschmacklosigkeit und exegetischer Verirrung, aus 1 Petrus 2,5.9 ein solches konstituieren zu wollen.« Kein katholischer Exeget und auch kein Bischof würde solches noch heute behaupten. Nach dem Neuen Testament ist es völlig *unmöglich, »die Kirche« von den »Laien« zu scheiden*: wie dies auch neuestens wieder geschehen ist, als ob die Laien nicht im Vollsinn »laós«, heiliges »Volk« und »königliche Priesterschaft« wären.

Dies ist das *klerikalistische oder hierarchistische Mißverständnis* der Kirche: Man identifiziert die Kirche direkt oder indirekt (weniger bezüglich der Pflichten als bezüglich der Rechte und Privilegien) mit dem Klerus oder gar nur mit dem höheren Klerus, der Hierarchie. Es ist nun aber auffällig, daß im Neuen Testament zwar das Wort »laós«=»Volk« für die christliche Gemeinde gebraucht wird, daß jedoch das Wort »laikós«=»Laie« – in der heidnischen Bedeutung der »nicht unterrichteten Masse« oder in der jüdischen Bedeutung des Mannes, der weder Priester noch Levit ist – schlechthin fehlt. Wie hätte man auch dieses Wort »laikós« ekklesiologisch gebrauchen können, nachdem im Neuen Testament nicht nur eine Gruppe, sondern eben alle die »Erwählten«, »Heiligen«, »Jünger«, »Brüder«, »ein auserwähltes Geschlecht« genannt werden, die alle nur einen Herrn und nur einen Meister haben. Das Wort »laós«=»Volk« meint also im Neuen Testament – wie auch schon im Alten Testament – *keine Unterscheidung innerhalb der Gemeinschaft* etwa zwischen Volk (»Laien«, »Kirchenvolk«) und Priestern (»Klerikern«). Es meint *vielmehr den Zusammenhalt aller* in einer einzigen geistlichen Volksgemeinschaft. Und nur so besagt es dann eine Unterscheidung nach außen hin: die Scheidung des (ganzen) Gottesvolkes vom »Nicht-Volk«, der »Welt«, den »Heiden«.

Erst seit dem 3. Jahrhundert kann man eine – in der Reichskirche der folgenden Jahrhunderte sich allerdings erschreckend rasch verschärfende – Unterscheidung feststellen zwischen den immer mächtigeren »Klerikern« und den »Laien«, den – wie man später im Mittelalter sagen sollte – »dumben« (ungebildeten, weil nicht lateinisch sprechenden) »Laien«. »Clericis laicos infestos«, so beginnt dann 1296 die berühmte Bulle Bonifaz' VIII., die den kaum noch überbietbaren Höhepunkt des Klerikalismus darstellt: »Daß die Laien Feinde des Klerus sind, bezeugt in hohem Maß das Altertum, und auch die Erfahrungen der Gegenwart lehren es deutlich.«

Zweifellos gibt es auch innerhalb des neutestamentlichen Gottesvolkes Unterschiede, verschiedene Dienste, Funktionen, Gaben und Aufgaben. Aber so wichtig diese Unterschiede sein mögen: Sie werden nicht mit den Worten »laós« oder »laikós« gekennzeichnet, und vor allem sind sie völlig zweitrangig gegenüber der *grundlegenden Gleichheit*. Mag einer somit diesen oder jenen besonderen Auftrag haben, entscheidend für ihn ist, ob er von jenem Gott angenommen ist, bei dem es kein Ansehen der Person und kein Vorrecht des Blutes, der Rasse, des Geschlechtes, des Standes, des Amtes gibt. Nicht ob einer in der Kirche ein Amt hat und was für ein Amt er hat, ist letztlich ausschlaggebend, sondern ob er auch in seinem Amt schlicht und einfach ein »Gläubiger« ist, und das heißt ein Glaubender, Liebender, Hoffender. Ein Personenkult – das Herausstellen eines einzelnen, der allein das Sagen hat und alle anderen zum Applaudieren verurteilt – ist nach dem Neuen Testament undenkbar.

Was heißt: Alle sind charismatische Bewegung?

Diese ursprünglichen Gemeinden waren Solidaritätsgruppen, in denen nach Paulus jeder sein *Charisma* hat, mit dem er etwas zum Gottesdienst und zum Aufbau der Gemeinde beitragen soll: Geistesgaben, die keineswegs außerordentlich, sensationell zu sein brauchen wie etwa die (heute in charismatischen Gruppen wieder übliche) Zungenrede (Glossolalie) oder die Heilungsgabe, sondern die durchaus alltägliche Gaben sein können: besondere Gaben etwa des Tröstens, guten Ratens, Helfens, Verwaltens und – bei Paulus sehr spät in seiner Charismentafel – des Leitens. Gaben des Geistes, die es zu entdecken und zu nutzen gilt.

Das Wirken Gottes im Geist gilt ja innerhalb der Kirche nicht einfach nur dem Volk, sondern durchaus dem einzelnen. Es ist konkret, individuell. Gerade so erscheint die Kirche als pneumatische (geistgewirkte) Wirklichkeit – mit einer charismatischen Dimension! Die Wiederentdeckung der Charismen in der katholischen Theologie ist eine Wiederentdeckung des spezifisch paulinischen Kirchenverständnisses.

Paulus hat das Wort »Charisma«, das seit Max Weber in der

Soziologie eine bedeutsame Rolle spielt, zum erstenmal in einem »technischen« Sinn gebraucht. Diese – außerordentlichen oder alltäglichen – Geistesgaben sind nach Paulus nicht auf einen bestimmten Personenkreis beschränkt, sondern sie sind in der Kirche eine ganz und gar allgemeine Erscheinung. Und das bedeutet für uns heute: sie sind eine nicht nur damalige (in der Urkirche mögliche, wirkliche), sondern eine höchst gegenwärtige, aktuelle, sind nicht nur eine periphere, sondern eine in der Kirche höchst zentrale, wesenhafte Erscheinung. Man muß in diesem Sinn geradezu von einer *charismatischen Struktur* der Kirche reden, welche jegliche Ämterstruktur umgreift, über sie hinausgreift. So erscheint die Kirche des Ursprungs als nicht uniforme, sondern pluriforme Kirche in einer Vielfalt der verschiedenen Begabungen der einzelnen wie der Gruppen.

Mancher wird nun fragen: Wie aber soll dann in solch charismatischer Bewegung bei so viel Freiheit noch die *Ordnung gewahrt* werden können? Nach Paulus ist Gottes Geist selber primärer Ordnungsfaktor: »Es gibt Verschiedenheiten in der Zuteilung von Charismen, doch nur einen und denselben Geist; jedem aber wird die Offenbarung des Geistes zum Nutzen (der Gemeinde) gegeben« (1 Kor 12,4.7).

Einheit und Ordnung werden also nicht dadurch hergestellt, daß die Verschiedenheiten in der Kirche diszipliniert und eingeebnet werden. Nein, es dient gerade der Einheit und Ordnung, daß jeder *sein* Charisma hat. Jede Gabe hat ja auch ihre Grenze. Und so ist eine *erste* grundlegende Regel charismatischer Kirchenordnung: *Jedem* zwar nicht das gleiche, wohl aber *das Seine*! Wer immer in der Kirche autoritär dem einzelnen das Seine nicht lassen, sondern (unter was für frommen Vorwänden auch immer) nehmen will, schafft nicht Ordnung, sondern Unordnung.

Allerdings: jeder hat sein Charisma nicht für sich. Er hat es für die anderen: und nicht zur Herrschaft, sondern zum Dienst! Es gibt kein Charisma des Kirchen-Fürsten und des Pfarr-Herren. Das ist eine *zweite* Regel charismatischer Kirchenordnung: Nicht ein Übereinander und Gegeneinander, vielmehr ein *Miteinander* und *Füreinander*! Deshalb ist nach

Paulus die erste Frucht des Geistes und das höchste aller Charismen die Agape, die Liebe.

Und schließlich unterstehen alle diese Gaben weder dem Paulus noch dem Petrus, sondern dem einen, einzigen Herrn in der Kirche. Das ist eine *dritte* Regel charismatischer Kirchenordnung: *Untergeordnet dem Herrn!* Unio, Einheit mit dem Herrn, und deshalb com-unio, Gemeinschaft mit den Brüdern und Schwestern. Kommunizieren, nicht dominieren: Keiner menschlichen Instanz in der Kirche, sondern dem Herrn allein – sofern er nämlich für Gott, den einzigen heiligen Vater, steht – gebührt unbedingt Gehorsam: allein dem Herrn und seinem Geist, der Gottes Geist ist.

Dies also ist nach Paulus die charismatische Struktur und die geistig-geistliche Ordnung der Kirche. Alle Charismen haben vor allem den Ursprung im einen und gleichen Geber: Gott selbst durch Christus im Geist! Alle Charismen unterstehen aber auch dem einen und selben »Gesetz«: der Liebe! Alle Charismen haben schließlich das eine und selbe Ziel: die Stärkung der Gemeinde, des Bruders und der Schwester.

Was heißt: Alle stehen in der Nachfolge Christi?

Es ist nun deutlich geworden: Kirche von unten ist nicht nur Krisenmanagement in einer Zeit zunehmender amtskirchlicher Realitätsblindheit und hierarchischer Anmaßung; sie ist nicht nur Notstandsaktion. Kirche von unten ist auch nicht nur Übertragung eines neuzeitlich-aufklärerischen Demokratieverständnisses auf die kirchlichen Strukturen; sie ist der Kirche nicht wesensfremd. Kirche von unten ist vielmehr im neutestamentlichen Ursprung der Kirche selber begründet, ist eine *ur*-christliche und eine ur-*christliche* Forderung: Insofern die Kirche wesentlich Volk Gottes, charismatische Gemeinde, Gemeinschaft der an Christus Glaubenden ist, ist sie *wesentlich* – und samt all ihren Ämtern – *Kirche von unten*. Kirche von unten usurpiert also nicht Macht, sondern insistiert auf ihren legitimen Rechten vor den gegenwärtigen kirchlichen Machthabern.

»*Allein Gott in der Höh'* sei Ehr' und Dank für seine Gnade«, heißt es in einem Kirchenlied, dessen kirchenkritische Spitze wir geflissentlich überhören! Nehmen wir ernst, was da gesagt ist, so gilt: Es gibt keinen Platz für eine Kirche zwischen Himmel und Erde, die sich amtlich an Gottes Stelle setzen und über die Menschen, ihren Glauben, ihr Lieben und Hoffen herrschen dürfte: Herren über unseren Glauben statt, wie Paulus fordert, Diener unserer Freude (vgl. 2 Kor 1,24).

Es gibt keine Kirche, die – wie man früher sagte: als »gottmenschliche Wirklichkeit« oder »fortlebender Christus« – zugleich von unten *und* von oben wäre. *Kirche* – gewiß von oben, von Gott berufen und begründet – ist selber *von unten*: aus Menschen und sündigen Menschen bestehend. Und gerade weil keiner von uns sich selber zur Gemeinschaft der Glaubenden berufen hat, gerade weil wir allesamt von oben, das heißt von Gott durch Christus im Geist, berufen wurden, haben wir allesamt – ob Theologe oder Pfarrer, Bischof oder Papst – nicht von oben auf irgendwelche andere hinunterzuschauen und hinunterzurufen, ist unser aller Platz noch allemal besser umschrieben mit dem Satz: »Aus der *Tiefe* rufe ich, Herr, zu dir!« (Ps 130,1).

Deshalb darf sich denn auch keiner über den anderen erhöhen. Nicht umsonst ist uns gerade dieses Wort Jesu in sechs verschiedenen Ausprägungen überliefert worden: Wer der Höchste sein möchte, der sei der Unterste, der Diener aller! »Die Könige herrschen über ihre Völker, und die Mächtigen lassen sich Wohltäter nennen. Bei euch aber soll es nicht so sein, sondern der Größte unter euch soll sein wie der Kleinste, und der Hochstehende wie der Dienende« (Lk 22,25 f.). Dies muß ein biblischer Basistext jeder Ekklesiologie sein, die nie zu einer Hierarchologie verkümmern darf.

Zur Warnung an die da oben und zur Verheißung für die da unten steht zugleich geschrieben: »Jeder, der sich selbst erhöht, wird erniedrigt werden, und wer sich selbst erniedrigt, wird erhöht werden« (Lk 14,11). Hier hätte übrigens auch eine richtig, das heißt biblisch verstandene und ökumenisch vertretbare Marienverehrung ihren Ort, wie im Magnificat (tief erklärt nicht zuletzt von Martin Luther) von ihr in revolutionärer Umkehr gesagt wird: »Auf die Niedrigkeit seiner Magd hat er geschaut. Siehe, von nun an preisen mich selig alle Geschlechter … Er stürzt die Mächtigen vom Thron und erhöht die Niedrigen« (Lk 1,48.52).

Der wahre Herr der Kirche

So ist also denn die Kirche von unten nicht nur pragmatisch, nicht nur soziologisch begründet, sondern grundsätzlich theologisch, pneumatologisch und – damit sind wir im Zentrum christlicher Theologie – *christologisch*. Denn: Oben – das war schon die Auffassung der Glaubenden des Alten Bundes – ist Gott; und diese Metaphorik fällt uns im Zeitalter der Demokratie sicher etwas leichter als im Zeitalter eines Obrigkeitsstaates. Oben – und das ist das Neue des Neuen Bundes – ist auch der von Gott Auferweckte und zu Gott Erhöhte: »Nachdem er durch die rechte Hand Gottes erhöht worden war und vom Vater den verheißenen Heiligen Geist empfangen hatte, hat er ihn« – so Petrus nach der Apostelgeschichte bei der pfingstlichen Erfahrung des Geistes – »ausgegossen, wie ihr seht und hört« (Apg 2,33): ausgegossen über *alle* – nicht etwa nur über die Herren, auch über die Knechte; nicht nur über die Söhne, auch über die Töchter; nicht nur über die Alten, auch über die Jungen (vgl. Apg 2,17 f.).

Ja wahrhaftig, wir *alle* in der Kirche sind von unten: »Ihr seid von unten; ich bin von oben«, sagt klar der Christus des Johannesevangeliums (8,23). Aber Er, der Erhöhte, eröffnet allen und nicht nur einigen Privilegierten den Weg von unten nach oben, ein Weg, der allerdings wie für Jesus selber über das Kreuz des Lebens führt. »Wenn ich über die Erde erhöht bin, werde ich alle zu mir ziehen« (Joh 12,32).

Freilich: Dort oben, wo Er steht – »zur Rechten des Vaters« als dessen Stellvertreter und Platzhalter –, kann nicht auch noch ein anderer stehen. Und dies ist die institutions- und amtskritische Pointe der Erhöhungschristologie, die wir in verengter Perspektive allzuoft nur als Geschehen für Christus allein zu verstehen pflegen. Erweitern wir die Perspektive, so kommt der Doppelaspekt dieser Christologie in den Blick: Das, was sich im Vorgang der Erhöhung an Christus vollzogen hat, hat grundsätzlich-regulative Bedeutung für das Verhältnis Erhöhung–Erniedrigung unter den Menschen.

Deshalb gilt: Wehe dem, der, noch so fromm, sich selber zum Stellvertreter Gottes macht, der sich – und noch mit Berufung auf Ihn – im Glauben und Handeln über alle erhöht und die Menschen vor sich knien läßt. Nein, nur diesen Einen, der »sich selbst erniedrigte und gehorsam war bis zum Tod, ja bis zum Tod am Kreuz« – nur Ihn »hat Gott über alle erhöht und Ihm den Namen verliehen, der größer ist als *alle* Namen, damit *alle* im Himmel, auf der Erde und unter der Erde ihre Knie beugen vor dem Namen Jesu und jeder Mund bekennt: ›*Jesus Christus* ist der Herr‹ – zur Ehre Gottes, des Vaters« (Phil 2,8–11).

Ja, Jesus allein ist der Herr in der Kirche. Ist das nicht urprotestantisch? Wahrhaftig, das ist jedenfalls auch urkatholisch, wie im Gloria der römischen Messe ausgesprochen: »Du allein bist der Heilige. Du allein der Herr. Du allein der Höchste: Jesus Christus, mit dem Heiligen Geist, zur Ehre Gottes des Vaters.« Ja, erst am Ende – am Ende unseres Lebens, am Ende der Zeit – werden auch wir erhöht sein. Und erst am Ende ohne Ende wird das Unten ins Oben hineingehoben und wird die Differenz zwischen unten und oben endgültig aufgehoben: »Wenn ihm (Christus) dann alles unterworfen ist, wird auch er, der Sohn, sich dem unterwerfen, der ihm alles unterworfen hat, damit Gott alles in allem sei« (1 Kor 15,28).

Die Kluft zwischen Versprechungen und Erfüllungen

Dies alles sind die biblischen Impulse und Motive, die hinter der *epochalen Wende des Zweiten Vatikanischen Konzils* in Lehre und Praxis standen. Deutlich wird – vor dem Hintergrund des nachkonziliaren Dramas zweiter Teil und dem Auftritt von Johannes Paul II. –, wieviel an sozialpraktischer und institutionskritischer Sprengkraft immer noch in der ursprünglichen biblischen Sprache steckt:

• Kirche verstanden nicht als Hierarchie, sondern als Volk

Gottes (das betreffende Kapitel wurde in der Kirchenkonstitution des Konzils dem über die Hierarchie vorgeordnet);

• Kirche interpretiert nicht als nur die anderen ermahnende, sondern als immer wieder zu reformierende sündige Glaubensgemeinschaft (Ecclesia semper reformanda);

• Kirche verstanden nicht nur als eine Art sakraler Weltorganisation, sondern als Kirche am Ort, wo jeder und jede mit dem eigenen Charisma einen Beitrag leisten darf;

• das kirchliche Amt verstanden nicht als heilige Herrschaft, sondern als Dienst an den Menschen;

• der Papst nicht ein geistlicher Autokrat und Objekt eines Persönlichkeitskults, sondern, kollegial eingebunden in das Bischofskollegium, als Diener der Diener Gottes;

• die Kirche so eine solidarische, geschwisterliche Gemeinschaft, die nicht triumphalistisch sich selbst zelebriert, sondern selbstkritisch ihre Fehler korrigiert und sich auf ihre große Aufgabe in der heutigen Gesellschaft konzentriert.

Kurz: eine Kirche, wie sie – im Gegensatz zu den Pius-Päpsten – Papst Johannes verkörperte, wie sie jedoch schon im Konzil unter Papst Paul nur mit vielen Konzessionen an die noch immer mächtige Kurie artikuliert werden konnte. Immerhin war damals eine erfreuliche Reform des Gottesdienstes (in der Volkssprache), waren Pfarreiräte und Diözesanräte, war eine ökumenische Zusammenarbeit auf Ortsebene möglich geworden, die heute überall dort gut funktioniert, wo der Pfarrer selber überzeugt mitarbeitet und vorangeht.

Von oben aber sah das alles anders aus als von unten: Jene ursprünglichen biblischen Impulse und Motive wurden in der nachkonziliaren Zeit von Papst, Kurie und schließlich auch vom Episkopat zunehmend kanalisiert und – wo sie sich nicht kontrollieren ließen – auch diszipliniert. Man wird beinahe an die römische Politik nach dem ökumenischen Reformkonzil von Konstanz, an das Jahrhundert vor der Reformation, erinnert! »Von oben« wurde das Vatikanum II als äußerste Möglichkeit innerkirchlicher Öffnungen und Zugeständnisse verstanden, »von unten« aber als erster Schritt einer vollständigen »Schleifung der Bastionen«, wie Hans Urs von Balthasar 1952, damals ein anderer, so treffend formulierte. So kam es immer mehr zu einer erschreckenden *Diskrepanz zwischen konziliaren Versprechungen und nachkonziliaren Erfüllungen,* die heute um so härter empfunden wird, weil eben Hoffnungen geweckt wurden und die Erwartungen gestiegen sind.

Zwar hat man gerade in deutschsprachigen Ländern Anfang der siebziger Jahre mit viel Aufwand und Idealismus – wenigstens von seiten des Klerus und der Laien – *Synoden* geplant und durchgeführt, in denen viele Stimmen von unten zunächst zu Worte kamen. Aber aufgrund der Obstruktion der Kurie und der ihr gefügigen Bischöfe kam es in vielen wichtigen Fragen zu keiner Beratung, oder wenn zur Beratung, dann zu keinen Beschlüssen, oder wenn zu Beschlüssen, dann zu keiner Bestätigung der Beschlüsse durch Episkopat oder Papst: so daß die Abschaffung des Ehehindernisses der Bekenntnisverschiedenheit, die Zulassung wiederverheirateter Geschiedener zu den Sakramenten, die Ordination verheirateter Männer usw. von den Synoden zwar gefordert, doch von oben auf dem kleinen Dienstweg abschlägig beurteilt wurden, ohne daß auch nur jemand ernsthaft protestierte …! Polarisation und innere Emigration oft gerade der Besten war die Folge.

Ist es in dieser wenig erfreulichen Situation aber nicht erstaunlich, daß bei vielen aufgeschlossenen Christen gerade unter diesem jetzigen Pontifikat die Überzeugung immer mehr um sich greift, daß Initiative von unten not tut und Kirche von unten neu verstanden und realisiert werden muß? Diesen kritisch gewordenen Christen ist die Überzeugung gemeinsam, daß

• in unserem Land – anders als in Lateinamerika – von oben für die nächste Zeit kaum Initiativen für eine freiere, demokratischere, christlichere Kirche in Lehre und Leben erwartet werden können;

• der einzelne von unten für eine wirkliche Neuordnung in Kirche und Gesellschaft nur wenig erreichen kann;

• deshalb immer mehr *von unten vielfältige autonome, selbständige* und von der konservativen Hierarchie so weit wie möglich *unabhängige christliche Gruppen und Initiativen* zu fördern und notfalls zu gründen sind, die jedoch nicht neue Kirchen oder Sekten sein wollen, sondern Bewegungen innerhalb der bestehenden Kirche, die eine umfassendere Reform so bitter nötig hat. Also so etwas wie kirchliche »Bürgerinitiativen« mündiger Christen, die aus dem Stand von »Pfarrkindern« herausgewachsen sind und die besser heute als erst morgen von der Obrigkeit ernst genommen werden wollen. »Solidarität« könnte auch hier (wie bei der polnischen Gewerkschaftsbewegung von unten gegen die offizielle Gewerkschaft von oben) die Parole sein.

Aus: »Die Hoffnung bewahren« (1990; erstveröffentlicht 1980/81).
© Benziger Verlag, Zürich

3. Unfehlbar?

Irrtümer sind Fakten

Oft hört man in Diskussionen um die Unfehlbarkeit die besorgte Frage: Was aber geschähe, wenn »die Kirche«, wenn der Papst oder ein Konzil bezüglich einer gewichtigen Glaubens- oder Sittenfrage in einer feierlichen und vielleicht früher als unfehlbar betrachteten Entscheidung irrten?

Die Frage ist verständlich: Was geschieht im Fall des Irrtums? Darauf ist zunächst zu antworten, daß alle Panik unnötig ist: Der Irrtum des kirchlichen Lehramtes in schwerwiegenden Glaubens- und Sittenentscheidungen ist jedenfalls ein Faktum – und noch leben wir! Wem »Humanae vitae« nicht klar oder schwerwiegend genug ist, der denke an die Definition des Konzils von Trient bezüglich der Übertragung einer Ursünde durch geschlechtliche Zeugung oder die Definition desselben Konzils bezüglich eines (von den christlichen Ursprüngen her nicht zu rechtfertigenden) durch Ordination vermittelten unauslöschlichen Seelenmerkmals (character sacramentalis) oder an die durchaus dogmatisch verstandene feierliche Verurteilung der Religions- und Gewissensfreiheit wie auch an die seit der Galilei-Krise bis in unser Jahrhundert hinein in feierlichen Dokumenten verkündete vollständige Irrtumslosigkeit der Bibel usw. Es soll hier nicht darüber diskutiert werden, wo eine »unfehlbare« Definition vorlag und wo nicht (dies ist eine nachträglich eingeführte Unterscheidung); nach dem Vatikanum I und II müßte dann nicht nur die »Unfehlbarkeit« des »außerordentlichen«, sondern auch die des auf viele Dinge sich erstreckenden »ordentlichen« alltäglichen Lehramtes von Papst und Bischöfen in Betracht gezogen werden. Jedenfalls hat man noch im letzten Jahrhundert manches als Glaubenssatz (»de fide«) ausgegeben, was man heute nicht mehr wahrhaben will (man lese nur die von manchen Theologen nach dem Vatikanum I als »unfehlbar« angesehenen Verurteilungen des »Syllabus« Pius' IX., die Thesen gegen die naturwissenschaftliche Abstammungslehre, die unter Gewissensdruck und Eidzwang dem gesamten Klerus abgeforderten antimodernistischen Glaubensbekenntnisse).

Aber was immer im einzelnen als »unfehlbare« Lehre betrachtet werden mag oder mochte und was nicht, ein Konsens besteht über das Faktum des irrenden Lehramtes auch bei den Organen »unfehlbarer« Lehrentscheidungen (Papst, Episkopat, ökumenisches Konzil). Und die genannten Irrtümer waren gewiß schwerwiegend und folgenreich genug: Bei »Humanae vitae« ist das schon jetzt für viele offenkundig. Offenkundig sind heute aber auch mehr denn je die negativen Folgen der (augustinischen) Auffassung von der Erb-Sünde, übertragen durch Zeugung, für die Verteufelung der Geschlechtslust und das Heil der ungetauften Kinder; weiter die Folgen der (ebenfalls auf Augustin zurückgehenden) Lehre vom character sacramentalis für den dogmatisch begründeten Klerikalismus; der Lehre von der Irrtumslosigkeit der Bibel für das Verhältnis zu Naturwissenschaften und Historie; der Verurteilung von Gewissens- und Religionsfreiheit für viele verfolgte Protestanten und die Stellung der Katholiken in der modernen Gesellschaft usw.

Jegliche Verharmlosung der Irrtümer des kirchlichen »Lehramtes« verbietet sich. Aber trotz allem:

Die Kirche lebt weiter

Wir müssen auch in der Glaubensgemeinschaft wie mit Konflikten so mit Irrtümern leben oder leben lernen. Die Kirche hat die Irrtümer »überstanden« oder »übersteht« sie zum Teil in der unmittelbaren Gegenwart mit einigen Schmerzen. Aber sie lebt weiter, und die Wahrheit des Evangeliums ist trotz aller schweren Belastungen in der Kirche nach wie vor zu vernehmen. Die Kirche lebt ja schließlich nicht von ihren Irrtümern, sondern von der Wahrheit des Evangeliums, die sich auch bei zahlreichen und schwerwiegenden Irrtümern durchzusetzen vermag. Wenn man dies noch etwas genauer erklären will:

Die Nachfolge Jesu Christi kann gegeben sein, auch wenn ein Glaubender über den einen oder anderen Lehrpunkt im Widerspruch zum Evangelium steht. Eine wahrhaft evangelische Grundhaltung kann durch einzelne Satzirrtümer noch weniger aufgehoben werden als durch einzelne Sünden. Das richtig verstandene »zugleich Gerechtfertigter und Sünder« (»simul iustus et peccator«) hat seine Parallele in einem richtig zu verstehenden »zugleich Glaubender und Ungläubiger« (»simul fidelis et incredulus«). Jeder Glaubende hat Grund zum Bekenntnis: Herr, ich glaube, hilf meinem Unglauben!

Was vom einzelnen gilt, kann analog von der kirchlichen Gemeinschaft gesagt werden: In der Kirche werden immer genügend Menschen so nach dem Evangelium leben, daß die Botschaft vernommen werden kann und es einen Sinn hat, vom In-der-Wahrheit-Bleiben der Kirchengemeinschaft zu reden, welches von einzelnen Satzirrtümern auch offizieller Art nicht aufgehoben werden kann. Wie das »simul iustus et peccator«, so hat auch das »simul fidelis et incredulus« eine ekklesiologische Dimension. Die Kirche ist nicht eine Gemeinschaft der Vollkommenen; sie ist im Pilgerstand, in statu viatoris. Wichtiger als der eine oder andere Tritt daneben, als der eine oder andere Irr- oder Umweg ist die von der Verheißung bestimmte Grundrichtung der Glaubensgemeinschaft in der Wahrheit und auf die letzte Wahrheit zu, die selber, wie betont, eine Glaubenswahrheit ist. Alle Umwege und Irrwege durch die Wüste änderten nichts daran, daß das alte Gottesvolk grundsätzlich auf dem richtigen Weg war zu dem ihm verheißenen Lande. Alle Fehltritte und Fehlschlüsse, Fehlgriffe und Fehlleistungen werden das heute durch manche Wüste wandernde Gottesvolk nicht letztlich von dem ihm bestimmten Kurs abbringen können.

Auch ein möglicherweise falsches Dogma – und wie manches Dogma ist heute vergessen oder berührt das Glaubensbewußtsein der Christen bestenfalls am Rand – kann das Sein und das Wahrsein der Kirche nicht aufheben. Die Totalität des Glaubens besteht in der Ganzheit der Hingabe, nicht in der Vollständigkeit der richtigen Sätze. Und die Hingabe kann ganz und rückhaltlos sein, auch wenn dabei etwas Falsches gesagt wird. Irrtümer des kirchlichen »Lehramtes« sind eine ernsthafte Sache, aber sie sind für die Kirche nicht existenzbedrohend! Gerade dies meint die Verheißung der Unzerstörbarkeit in der Wahrheit. Und diese Verheißung sollte eigentlich den kleingläubigen Christen jene Angst vor dem Irrtum nehmen, die oft größer scheint als die Angst vor der Sünde. Warum verhindert der Heilige Geist solche Irrtümer nicht von vornherein? So fragten manche vor und nach »Humanae vitae«. Die Antwort: Weil Gottes Geist die Menschlichkeit des Menschen nicht aufhebt; Irren ist menschlich. Die drängendere Frage wäre vielmehr: Warum hat eigentlich gerade die Kirche, die das Umdenken und Umkehren auf ihre Fahne geschrieben hat, besonders große Schwierigkeiten, ihre Irrtümer zu korrigieren? Die Antwort: weil sie sich gerne mit Gottes Geist identifiziert und sich so die Unfehlbarkeit Gottes zuschreibt, aus der sie dann die Irreformabilität, die Unkorrigierbarkeit ihrer Entscheidungen ableitet. Sollte es indessen nicht eher umgekehrt sein: daß die Kirche unter dem Evangelium, als ecclesia semper reformanda, ihre Irrtümer leichter, rascher als andere revidiert und korrigiert und damit gerade ihre Unzerstörbarkeit in der Wahrheit glaubwürdig macht?

Wenn nun aber so konkret mit Irrtümern im kirchlichen »Lehramt« gerechnet werden soll, wie soll man dann überhaupt noch wissen, was in der Kirche Wahrheit ist und was nicht? Das Problem der *Bewahrheitung*, der *Verifikation*, stellt sich hier.

Das Kriterium der christlichen Wahrheit

Als erstes ist zu bemerken: Die neue Unfehlbarkeitslehre (1870) steht bezüglich der Bewahrheitung vor nicht geringeren Schwierigkeiten. Auch wenn ich unfehlbare Sätze annähme, so stellt sich die Frage, warum diese Sätze wahr sind. Doch gewiß

nicht einfach, weil sie unfehlbar definiert sind. Auch nach der
üblichen Lehre sind Dogmen nicht wahr, weil sie definiert wurden, sondern sie wurden definiert, weil sie wahr sind. Warum
also sind sie wahr? Warum soll zum Beispiel das Dogma von
der Unbefleckten Empfängnis Mariens wahr sein und das (von
einigen mindestens gewünschte) Dogma von der unbefleckten
Empfängnis des heiligen Joseph nicht? Man kann noch radikaler fragen: Warum können nicht beide wahr oder beide falsch
sein?

Was also soll *Kriterium* sein, wenn wir mit Irrtümern im
kirchlichen »Lehramt«, unter Umständen auch in früher als
unfehlbar betrachteten Lehrentscheidungen, rechnen müssen?

Gewiß nicht einfach die Praxis: sonst würde der Erfolg zum
Kriterium der Wahrheit, und was hat nicht alles Erfolg in dieser Welt?

Gewiß auch nicht einfach die Vernunft: sonst würde die
christliche Wahrheit auf allgemeine Vernunftwahrheiten reduziert und damit überflüssig.

Aber auch nicht einfach der Glaube (oder Glaubenssinn)
des Volkes; sonst würde nur zu oft der Aberglaube Glauben.

Schließlich auch nicht die Dogmen selbst: Das wäre eine pe-
titio principii, ein Argument, das sich selbst in den Schwanz
beißt (die Dogmen sind wahr, weil sie dogmatisch sind).

Die Methode der Verifikation muß dem zu verifizierenden
Sachverhalt angemessen sein. Es gibt verschiedene Verifikatio-
nen. Kriterium für das, was in der *christlichen* Kirche wahr sein
soll, kann nichts anderes sein als die *christliche Botschaft*, das
Evangelium Jesu Christi, wie es im Neuen Testament ursprünglich – und schriftlich, was willkürliche Veränderungen und Entwicklungen verunmöglicht – niedergelegt ist, und damit *Jesus
Christus* selbst. Das Neue Testament, dies wurde im Zusammenhang von »Christ sein« konkret durchgeführt, darf nicht
biblizistisch-fundamentalistisch als eine Summe unfehlbarer
Sätze verstanden werden, sondern ist historisch-kritisch (auf
der Höhe heutiger Hermeneutik) zu interpretieren. Es ist
dabei nicht nur existential im Hinblick auf den einzelnen, sondern auch sozial im Hinblick auf die Gesellschaft in die Gegenwart hinein zu übersetzen, wobei in zweiter Linie auch der Pra-

xis eine hermeneutische Funktion zukommt: Inwiefern vermag diese Wahrheit das Leben zu bestimmen?

Die Bedeutung von Gemeinschaft und Tradition

Da die christliche Wahrheit nicht eine ewige Idee zu sein beansprucht, sondern wesentlich geschichtliche Wahrheit ist, dürfen zwei Momente in diesem Verifikationsprozeß nicht vernachlässigt werden.

Das Moment der *Gemeinschaft*: Über die Glaubensgemeinschaft ist mir diese Wahrheit zugekommen, und in dieser Glaubensgemeinschaft wird sie noch heute gelebt. Ob ich will oder nicht, ich kann von diesem gesellschaftlichen Kontext nicht absehen. In der lebendigen Glaubensgemeinschaft selbst stehend aber, aus der diese Glaubenszeugnisse hervorgegangen sind und für die sie noch immer Leben bedeuten, könnte mir ein vertieftes Verständnis gegeben werden für das, was diese Zeugnisse sowohl ursprünglich wie heute bedeuten.

Dann das Moment der *Tradition*: Nicht von unserer Generation wurde die christliche Botschaft ausgedacht. Überliefert wurde sie durch eine Geschichte von zwanzig Jahrhunderten. Ich bin weder der Autor noch der erste Interpret der christlichen Wahrheit. Die Geschichte kann mir wie die Gemeinschaft helfen, die Grenzen meiner Subjektivität zu sprengen und die Wahrheit tiefer und umfassender zu erkennen. Die Gemeinschaft und die Tradition der Kirche haben also Wesentliches zu bedeuten für den Prozeß der christlichen Wahrheitsfindung. Das genau ist es, was man auch mit Katholizität in Raum und Zeit ausdrücken kann.

Der Christ und der Theologe insbesondere steht so zwischen dem ursprünglichen Evangelium und dem heutigen kirchlichen Glaubensbewußtsein. Wer einfach das »aktuelle Glaubensbewußtsein der Kirche« beziehungsweise das kirchliche »Lehramt« als »Superkriterum« annimmt, wird so oder anders zum Apologeten des kirchlichen Systems: Er vernachlässigt, daß auch nach dem Vatikanum II das »Lehramt« unter dem Wort Gottes steht und deshalb vom normativen Kriterium der

Schrift her kritisiert werden muß. Wer umgekehrt unter Vernachlässigung des Glaubensbewußtseins der Kirche einfach das Evangelium als letztes Kriterium ansetzt, steht in Gefahr, einem schwärmerischen Subjektivismus zu verfallen: Er macht sich leicht selber mit Hilfe der historisch-kritischen Methode zur letzten Glaubensinstanz. Um einen hermeneutischen Zirkel kommen wir in der Tat nicht herum: Anders als der Religionswissenschaftler steht der Theologe im Glauben der Kirche und setzt ihn voraus; zugleich aber soll er ihn kritisch-wissenschaftlich untersuchen. Darin gleicht er mehr etwa dem Staatsrechtler, der in Loyalität zu seinem Staat und dessen Verfassung steht und diese doch kritisch-wissenschaftlich untersuchen soll. Das ist schwierig, aber nicht unmöglich.

Eine kritisch-wissenschaftliche Theologie ist somit gefordert und keine »systemimmanente« Theologie, die das kirchliche Lehrsystem in jedem Fall rechtfertigt: Der *»systemimmanente« Theologe* geht von den »unfehlbaren« kirchenamtlichen Lehrentscheidungen aus und kehrt immer wieder zu diesen Lehrentscheidungen zurück. Da diese auf keinen Fall falsch gewesen sein können und deshalb auf keinen Fall korrigiert werden dürfen, bleiben zwei Möglichkeiten: sie entweder einfach zu wiederholen und dafür irgendwelche Schrift- und Traditionszitate zusammenzusuchen (so macht es die positivistische Neuscholastik), oder sie für das moderne Empfinden spekulativ zu »interpretieren« und assimilierbar zu machen (so macht es die spekulative Neuscholastik). Da solche »Interpretation« ohne irgendein Kriterium geschieht, sind der subjektiven Willkür in der »Interpretation« beziehungsweise »Uminterpretation« der Dogmen praktisch keine Grenzen gesetzt. »Außerhalb der Kirche kein Heil« kann dann meinen: »Außerhalb der Kirche durchaus Heil«. Interpretation schlägt um in Kontradiktion.

Der *kritisch-wissenschaftliche Theologe* hingegen stellt durchaus konkret das Glaubensbewußtsein der Kirche in Rechnung. Allerdings nicht nur das »aktuelle«, sondern auch das frühere (Katholizität in Raum und Zeit), was – wie sich in der Frage der konziliaren und päpstlichen Unfehlbarkeit zeigt – oft schon eine Kritik des gegenwärtigen Glaubensbewußtseins einschließt. Dieses gegenwärtige Glaubensbewußtsein darf auf keinen Fall um den Preis der Wahrheit gerechtfertigt werden. Es muß am ursprünglichen, maßgebenden neutestamentlichen Glaubenszeugnis gemessen und unter Umständen sehr entschieden korrigiert werden.

So sind also durchaus verschiedene theologische »loci« oder »Fundorte« der Theologie zu berücksichtigen, aber sie dürfen nicht künstlich harmonisiert, nivelliert und egalisiert werden: als ob sie alle gleichen Ranges wären! Nein, allen kirchlichen und auch den feierlichsten konziliaren Entscheidungen kommt nach deren Selbstverständnis immer nur eine abgeleitete, sekundäre, *normierte Autorität* zu gegenüber der originalen, primären, *normierenden Autorität* des Evangeliums und des dort bezeugten Jesus Christus selbst! Nur mit Bezug auf das Evangelium Jesu Christi also, auf das sie sich ja immer beziehen wollen, können Konzilien und andere kirchliche Autoritäten eine unbedingte Zustimmung fordern; dies würde auch gelten unter der Voraussetzung, daß Konzilien nicht irren können, wird aber verschärft, wo Irrtum zugestanden wird.

Woran glaubt der Christ?

Woran glaubt der Christ eigentlich? Jedenfalls nicht an Sätze, auch nicht eigentlich an Wahrheiten (im Plural). Gewiß, Glaubensbekenntnisse, die bestimmte Wahrheiten oder Ereignisse zusammenfassen, können eine Hilfe sein; aber der Christ glaubt nicht »an« Bekenntnisse. Gewiß, Glaubensdefinitionen, die bestimmte Punkte der christlichen Botschaft gegenüber dem Unchristlichen abgrenzen, sind in extremen Situationen vielleicht unumgänglich; aber der Christ glaubt nicht »an« Definitionen. Er glaubt auch nicht »an« die Bibel oder »an« die Kirche. Nein, die Gefahr des protestantischen Glaubens ist der Biblizismus, wie die Gefahr östlich-orthodoxen Glaubens der Traditionalismus und die Gefahr römisch-katholischen Glaubens der Autoritarismus sind: dies alles sind defiziente Weisen von Glauben. Dagegen ist deutlich zu sagen:

Der Christ (auch der protestantische) glaubt nicht an die Bibel, sondern an den, den sie bezeugt.

Der Christ (auch der orthodoxe) glaubt nicht an die Tradition, sondern an den, den sie überliefert.

Der Christ (auch der katholische) glaubt nicht an die Kirche, sondern an den, den sie verkündet.

Das unbedingt Verläßliche, an das der Mensch sich für Zeit und Ewigkeit halten kann, sind nicht die Bibeltexte und nicht die Kirchenväter und auch nicht ein kirchliches Lehramt, sondern ist *Gott selbst, wie er für die Glaubenden durch Jesus Christus gesprochen und gehandelt hat*! Die Bibeltexte, die Aussagen der Väter und kirchlicher Autoritäten wollen – in verschiedener Gewichtigkeit – nicht mehr und nicht weniger als Ausdruck dieses Glaubens sein.

Ich glaube also nicht einfach verschiedene Sachverhalte, Wahrheiten, Theorien, Dogmen: Ich glaube nicht das oder jenes. Ich glaube auch nicht nur der Vertrauenswürdigkeit einer Person: Ich glaube nicht einfach diesem oder jenem. Vielmehr wage ich es, mich vertrauensvoll auf eine Botschaft, eine Wahrheit, einen Weg, eine Hoffnung, letztlich auf jemand ganz persönlich einzulassen: Ich glaube »an« Gott und an den, den er gesandt hat.

Und damit dürfte der letzte Grund aufgezeigt sein, weswegen die einzelnen Glaubenssätze wichtig, aber doch nicht letztlich entscheidend sind. Gewißheit, Zuverlässigkeit und Getrostheit schenkt – durch alle Sätze hindurch – der Grund des Glaubens: Gott und sein Christus selbst, der in Sätzen, in wahren Sätzen verkündet wird, der sich aber auch durch vieldeutige und unter Umständen sogar falsche Sätze hindurch Achtung zu verschaffen weiß.

Es ist mit dem Glauben ähnlich wie mit der *Liebe*: Wenn ich einen Menschen liebe, aber dann unvermittelt erklären muß, warum ich ihn liebe, stottere ich vielleicht, verspreche mich, übertreibe das eine und untertreibe das andere, sage Schiefes oder gar Falsches, betone Unwichtiges und vergesse gar Wichtiges. Aber meiner Liebe braucht das keinen Abbruch zu tun. Die Liebe ist auf Sätze angewiesen, wenn sie sich aussprechen soll. Aber die Liebe geht nicht in Sätzen auf. Wahre Liebe hält sich auch durch unwahre Sätze durch.

So ähnlich, wenn ich sagen muß, warum ich an Gott, an Jesus

glaube: Ich formuliere vielleicht undeutlich, ungenau, ja falsch, ich übersehe das eine und überwerte das andere, ich verfehle in meiner Aussage vielleicht gerade Zentrales und habe mich nachher zu korrigieren. Aber meinem Glauben an Gott und Jesus braucht dies keinen Abbruch zu tun. Der Glaube ist auf Sätze angewiesen, wenn er bekennen, aussagen, verkünden, lehren soll. Aber der Glaube geht nicht in Sätzen auf. Wahrer Glaube hält sich auch durch unwahre Sätze hindurch. Der christliche Glaube ist nicht ein geschlossenes quasi mathematisches System von Sätzen, wie es eine vom Rationalismus infizierte Theologie anstrebte, das sofort nicht mehr stimmt, wenn einer seiner Sätze nicht mehr stimmt (daher zum Teil die Angst, daß doch ja alle Sätze stimmen). Der christliche Glaube kann wie die Liebe durchaus stimmen, auch wenn einer seiner Sätze nicht stimmt.

Ist das nicht eine tröstliche Antwort? Sehr viel tröstlicher, als wenn uns irgendwo einige garantiert unfehlbare Sätze verheißen wären, die uns doch nicht retten könnten? Wenn man nach Augustin formuliert: »Liebe, und tue, was du willst«, so könnte man vielleicht analog formulieren: »Glaube, und sage, was du kannst.« Dieses Sätzchen ist mindestens so mißverständlich wie das erste: Die Wichtigkeit guter, wahrer Glaubensformulierungen soll nicht heruntergespielt werden. Nur soll das Entscheidende deutlich gemacht werden: Denen, die Gott (und die Menschen) lieben, gereichen alle Dinge, schließlich auch noch die schiefen und falschen Glaubensformulierungen, zum besten.

Wird das »Lehramt« funktionsunfähig?

Aufgabe der Kirche, jedes einzelnen und besonders die ihrer Leiter, ist es: von diesem ihrem Glauben Zeugnis und Rechenschaft abzulegen; die erfreuliche Botschaft weiterzugeben in Wort und Tat; deutlich zu machen, was Großes es ist um die Sache Jesu Christi und damit um die Sache Gottes und des Menschen; zu erklären und zu deuten, was dies alles ganz konkret für den modernen Menschen und die moderne Gesellschaft bedeutet. In diesem Sinn ist wahrhaftig nichts gegen ein (pastorales) »*Lehramt*« einzuwenden, auch wenn dieser spät eingeführte und inhaltlich ungeklärte Begriff besser vermieden wird, weil er an eine anonyme Behörde (»Auswärtiges Amt«) erinnert und eine unbiblische Unterscheidung zwischen lehrender und hörender Kirche impliziert.

Besser wird man statt dessen konkret reden von den Leitern und Vorstehern der Kirchen und Gemeinden, von den Gemeindepfarrern (im weitesten Sinn: auch Kapläne, Vikare usw.) und Bischöfen (Papst). Diese Leiter und Vorsteher der lokalen, regionalen und universalen Kirche haben als große primäre Aufgabe: für die Verkündigung des Evangeliums in der Öffentlichkeit von Kirche und Welt Sorge zu tragen. Dabei ist aller Akzent auf das *tagtägliche* (und allsonntägliche) Verkündigungsgeschehen zu legen, gegenüber welchem irgendwelche feierliche außerordentliche Akte (eine einzige »unfehlbare« Definition in hundert Jahren) unvergleichlich weniger bedeutungsvoll sind. In erster Linie durch die tagtägliche, in vielen Gestalten und Formen geschehende, helfende, ermutigende, mahnende und tröstende Verkündigung des Evangeliums sollen die Leiter der Kirche ihre Leitungsfunktion wahrnehmen, sollen sie ihre kleinen oder großen Gemeinden im Geist Jesu Christi führen, sollen sie auf die einzelnen Gläubigen und Gruppen integrierend, koordinierend, stimulierend, inspirierend und schließlich auch nach innen und außen die Gemeinschaft repräsentierend wirken. In diesem Sinn wird man von einem *Leitungs- und Verkündigungsdienst der Pfarrer und Bischöfe* (und auch des Papstes) sprechen.

Doch hier taucht nun immer wieder die Frage auf: Wird das »Lehramt« nicht *funktionsunfähig* (»handlungsunfähig«, »schachmatt gesetzt«), wenn es keine unfehlbaren Entscheidungen fällen kann? Wie sollen der Papst, der Episkopat, das Konzil ihre Aufgabe wahrnehmen, wenn sie im Zweifelsfall nicht unfehlbar definieren können, wer recht hat? Wie also sollten sie ohne Unfehlbarkeit funktionieren können? Darauf kann natürlich zunächst geantwortet werden, daß Papst und Bischöfe ständig ihren Dienst tun, obwohl sie nur in allerseltensten Fällen – die Gemeindepfarrer übrigens überhaupt nie!

– »unfehlbare« Entscheidungen fällen. Von einer Paralysierung ihres »Lehramtes« kann also keine Rede sein, wenn man ihnen die Fähigkeit zu »unfehlbarer« Entscheidung abspricht. Vielmehr ist darin die positive Aufforderung enthalten, daß sie ihre grundlegende, normale, tagtägliche Verkündigungsaufgabe noch ernster nehmen. Trotzdem sei kurz auf die Frage eingegangen, wie Episkopat (Konzil) und Papst funktionieren können, wenn sie wie die Pfarrer nicht »unfehlbar« entscheiden können.

Eines sei dabei vorausgeschickt: Merkwürdigerweise hat man heute, wie die Unfehlbarkeitsdiskussion zeigt, mit der Fehlbarkeit der *Bibel* kaum noch die Schwierigkeiten, die man mit der Fehlbarkeit des Papstes oder des Konzils hat. Die Bibel jedenfalls »funktioniert« recht gut auch ohne unfehlbare Sätze. In der katholischen Exegese hat sich die historisch-kritische Methode – nach allen Modernismusschwierigkeiten schließlich sogar mit Zustimmung Roms – sehr viel früher ausgewirkt als in der katholischen Dogmatik, wo jetzt im Grunde für die Dogmengeschichte nachvollzogen wird, was in der Exegese für die Bibel schon längst selbstverständlich geworden ist: wahrhaft geschichtliches Denken: In der historisch-kritischen Exegese hat sich gezeigt, daß die Wahrheit der Schrift nicht nur nicht zerstört wird, sondern geradezu mit neuer Deutlichkeit und Leuchtkraft hervortritt, wenn man endlich aufhört, jeden Satz der Schrift, weil »inspiriert«, als unfehlbar wahr zu verteidigen. Die große Wahrheit vom guten Gott und seiner guten Welt trat im Schöpfungsbericht ganz neu ans Licht, als man es aufgab, jeden Satz in apologetischem Konkordismus als wahr im naturwissenschaftlichen oder historischen Sinne aufzuzeigen. Auch ohne unfehlbare Sätze vermochte es die Bibel so, ihre unüberholbare Autorität zu behaupten, ihren unbedingten Wahrheitsanspruch geltend zu machen, stets wieder neu Glauben und radikales Engagement herauszufordern.

Von daher ergibt sich die Frage: Sollte es nicht auch den *Konzilien* möglich sein, ohne unfehlbare Sätze zu »funktionieren«, wenn schon die Bibel ohne solche Unfehlbarkeit auskommt? Wie soll überhaupt die Unfehlbarkeit der Konzilien in der Schrift begründet werden, wenn diese Schrift selber keine solche Unfehlbarkeit aufweist?

Will man konkret sehen, wie Konzilien ohne unfehlbare Sätze funktionieren können, dann schaut man am besten auf das erste ökumenische Konzil von Nikaia 325, das ohne einen solchen Anspruch auf Unfehlbarkeit auskam. Neueste historische Forschung hat herausgestellt, wie der führende Mann dieses Konzils, Athanasios, und mit ihm viele griechische Kirchenväter sowie Augustin, die wahre, wenn auch keineswegs unfehlbare Autorität des Konzils begründet: Das Konzil sagt die Wahrheit, nicht weil es juristisch einwandfrei einberufen wurde; nicht weil der Großteil der Bischöfe der Welt versammelt war; nicht weil es von irgendwelchen menschlichen Autoritäten bestätigt wurde; nicht weil es einen außerordentlichen Beistand des Heiligen Geistes besaß; nicht weil es sich also von vornherein nicht täuschen konnte. Sondern: weil es trotz neuer Worte keine neuen Wahrheiten sagt; weil es in neuer Sprache die alte Tradition überliefert; weil es die ursprüngliche Botschaft bezeugt, weil es die Schrift atmet; *weil es das Evangelium hinter sich hat!* Warum sollte auf diese Weise nicht auch heute ein Konzil funktionieren können?

Merkwürdigerweise treffen sich ja das erste und das vorläufig letzte ökumenische Konzil der katholischen Kirche darin, daß sie beide keine von vornherein unfehlbar wahren Definitionen machen wollten! Die von der kurialen theologischen Vorbereitungskommission des Vatikanum II zunächst vorgesehenen unfehlbaren Definitionen hätten ungefähr so viel und so wenig genützt wie der lange Katalog der verurteilten Irrtümer Pius' IX. hundert Jahre früher. Johannes XXIII. hatte nicht so sehr als Theologe, sondern als evangelisch gesinnter Seelsorger und Mann des gesunden Menschenverstandes erkannt, daß unfehlbare Definitionen dem Konzil nichts nützen würden, daß das Konzil nur dann »funktionieren« wird, wenn es ohne Anspruch auf Unfehlbarkeit *in pastoraler, seelsorgerlicher Ausrichtung die Wahrheit des Evangeliums* in der Sprache der Menschen von heute neu zur Geltung bringt. Wie er in der Eröffnungsansprache zum Vatikanum II sagte: »Der ›springende Punkt‹ dieses Konzils ist nicht die Diskussion dieses oder jenes Grundartikels der Lehre der Kirche in weitschweifiger Wiederholung der Lehre der Väter sowie der alten und modernen Theologen, welche man als unserem Geist immer gegenwärtig und vertraut voraussetzen darf. Dafür braucht es kein Konzil.« Vielmehr erwartet der Papst die zeitgemäße Verkündigung: »ein Sprung voran, hin auf eine Lehrdurchdringung und eine Bildung der Gewissen, gewiß in einer vollkommenen Entsprechung und Treue zur echten Lehre, doch auch diese studiert und dargelegt in den Formen der Forschung und literarischen Formulierung eines modernen Denkens«. Denen, die in jeder Neugestaltung und Erneuerung der Lehre Modernismus fürchten, hält der Papst entgegen: »Etwas anderes ist der *Gehalt* der alten Lehre des Glaubens, und etwas anderes ist die *Formulierung* ihrer Einkleidung: Und gerade diese ist es, der man heute – wenn nötig mit Geduld – stark Rechnung tragen muß, indem man alles mißt an den Formen und Proportionen eines vor allem seelsorglich gerichteten Lehramtes.«

So kann ein Konzil – allerdings nur in beschränktem Ausmaß (keine Fachtheologie!) und am besten auf bestimmte Schwerpunkte konzentriert – der christlichen Verkündigung dienen. Diese *»theoretische« Aufgabe* wird es normalerweise nur dann glaubwürdig wahrnehmen können, wenn es sich zugleich um die *praktische Erneuerung* der Kirche im christlichen Geist bemüht. Schon das Konzil von Nikaia – das wird oft übersehen – beschäftigte sich auch mit Fragen der Kirchendisziplin. Und auf der Linie der hochmittelalterlichen Reformkonzilien wird sowohl in Trient wie im Vatikanum I und II die »Reform« zusammen mit der »Lehre« geradezu der zweite Pol der konziliaren Bemühungen. Nicht selten wurde der Erfolg oder Mißerfolg, das »Funktionieren« oder »Nichtfunktionieren« eines Konzils mehr an seinen Reformergebnissen als an seinen Lehrergebnissen gemessen.

Das alles schließt nicht aus, daß ein Konzil zwar nicht in irgendwelchen theologischen Detailfragen, wohl aber dort, wo es um das entscheidend Christliche geht, in Extremfällen eindeutige Abgrenzungen trifft. Aber auch in einem solchen Fall wird es sich – die Geschichte der »Rezeption«, der »Annahme« der Konzilien durch die Kirchengemeinschaft beweist es – nicht deshalb durchsetzen, weil es mit dem Anspruch auf Ökumenizität (Unfehlbarkeit) auftritt (das haben viele Konzilien vergebens versucht), sondern nur weil und insofern es glaubwürdig die Wahrheit des Evangeliums selber hinter sich hat. So kann dann ein Konzil zwar nur situationsbedingt und durchaus nicht unfehlbar, aber doch *verbindlich*, ja in entscheidenden Fragen mit letzter Verbindlichkeit sprechen. Es ist jene letzte Verbindlichkeit, die nur von der Wahrheit herkommen kann, hinter der Gott selber steht: von der christlichen Botschaft her, die in einer bestimmten Situation ein langes Diskutieren und Differenzieren nicht mehr erlaubt, sondern ein vollgültiges Ja (unter Umständen auf Leben und Tod) herausfordern kann.

Wenn ein Kind in den Fluß gefallen ist, kann man nicht mehr über Methoden der Lebensrettung debattieren. Wenn es wirklich um Sein oder Nichtsein der Kirche geht oder das Schicksal ungezählter Menschen unmittelbar auf dem Spiel steht, dann sind theologische Distinktionen fehl am Platz, dann muß ein klares Bekenntnis gewagt werden, auch wenn es gefährlich sein sollte. Damit ist freilich auch schon gesagt, daß es bei allfälligen Verurteilungen um echte Notstandsaktionen gehen muß, welche die kirchlichen Repräsentanten etwas kosten, und nicht um die bequemen Interventionen kirchlicher Bürokratien in Friedenszeiten, die begründete Kritik abwürgen möchten, statt sich ihr zu stellen. Wie die Kindererziehung nicht mit Unfallverhütung erledigt ist, so die Verkündigung in der Kirche nicht mit der Verurteilung von Irrtümern. Die *Chance* eines Konzils heute – dies hat das Vatikanum II mit aller Deutlichkeit gezeigt – besteht darin, ohne allen Anspruch auf Unfehlbarkeit und im Bewußtsein der begrenzten Möglichkeiten einen konstruktiven Beitrag zur Lösung der großen Probleme der Kirche, der Christenheit, der Gesellschaft, des Menschen von heute zu leisten.

Wie könnte der Papst »funktionieren« ohne unfehlbare Lehrdefinition? Nun, wir haben in unseren Tagen beide Möglichkeiten kennengelernt. Da war ein Papst, Pius XII., der nicht ganz ein Jahrhundert nach dem Vatikanum I meinte, endlich die dem Papst vom Konzil zugeschriebene, aber nie in Anspruch genommene Vollmacht in Anspruch nehmen zu müssen, um eine unfehlbare Lehrdefinition, ein neues Mariendogma, urbi et orbi zu verkünden. Doch keine seiner Lehräußerungen blieb so umstritten in der Christenheit und auch in der katholischen Kirche wie diese »unfehlbare« Definition! Auch die damals erhofften pastoralen Auswirkungen für die Frömmigkeit des katholischen Volkes und die Bekehrung der Welt werden aus dem Abstand von dreißig Jahren mehr als nüchtern beurteilt. Das Vatikanum II hat sich vom extremen Marianismus distanziert und praktisch sein Ende heraufgeführt, was die Fragwürdigkeit jener Definition noch offenkundiger gemacht hat.

Das andere Beispiel: Der nächste Papst, Johannes XXIII., hatte von vornherein nie die Ambition besessen, eine unfehlbare Definition auszusprechen. Er hat im Gegenteil immer wieder in verschiedenster Form seine eigene Menschlichkeit, Beschränktheit, ja hin und wieder auch seine Fehlbarkeit betont. Der Nimbus der Unfehlbarkeit ging ihm ab. Und doch hat keiner der Päpste dieses Jahrhunderts auf den Gang der Geschichte der katholischen Kirche, aber auch der Christenheit überhaupt einen solchen Einfluß ausgeübt wie dieser auf Unfehlbarkeit keinen Wert legende Papst. Mit ihm und dem Vatikanum II ist eine neue Epoche der Kirchengeschichte eingeleitet worden. Ohne alle unfehlbaren Sätze ist es ihm gelungen, dem Evangelium Jesu Christi in der Kirche auf vielfältige Weise wieder neu Gehör zu verschaffen. Von daher besaß er eine Autorität in und außerhalb der katholischen Kirche, wie sie zur Zeit seines Vorgängers gar nicht denkbar gewesen wäre. Er hat jedenfalls – mehr spontan als geplant, mehr zeichenhaft als programmatisch – mit all seinen Schwächen und Fehlern in Umrissen sichtbar werden lassen, wie der Papst auch ohne allen Anspruch auf Unfehlbarkeit Papst sein könnte: Nicht eifersüchtiges Pochen auf Vollmachten und Prärogativen und Ausüben einer Autorität im Sinn des Ancien régime, sondern eine Autorität des Dienstes im Geist des Neuen Testaments angesichts der Bedürfnisse der heutigen Zeit: brüderlich-partnerschaftliche Zusammenarbeit, Dialog, Konsultation und Kollaboration vor allem mit den Bischöfen und Theologen der Gesamtkirche, Einschaltung der Betroffenen im Entscheidungsprozeß und Aufforderung zur Mitverantwortung. Also, auch in Fragen der Verkündigung und der Lehre soll der Papst so durchaus seine Funktion wahrnehmen: *in* der Kirche, *mit* der Kirche, *für* die Kirche, aber nicht *oberhalb* oder *außerhalb* der Kirche!

Dies schließt wiederum nicht aus, daß ein Papst auch einmal entschieden *gegen* etwas Stellung nehmen kann und unter Umständen auch Stellung nehmen müßte. Es hätte gar keine unfehlbare Definition gebraucht, ein klares, verständliches, auf der Höhe der christlichen Botschaft gesprochenes Wort des »Stellvertreters« hätte angesichts des Überfalls auf Polen oder des Massenmordes an den Juden durchaus genügt. Merkwürdigerweise wurde aber in neuerer Zeit gerade dann nicht »unfehlbar« gesprochen, wenn es ungezählte Menschen erwartet hätten. Umgekehrt kann der Papst trotz aller Fehlbarkeit (zusammen mit den übrigen Bischöfen) der kirchlichen Gemeinschaft und ihrer Einheit dienen, die missionarische Arbeit der Kirche in der Welt inspirieren und seine Bemühungen für Frieden und Gerechtigkeit, die Abrüstung, die Menschenrechte, die soziale Befreiung der Völker und Rassen, den Einsatz für die Benachteiligten aller Art intensivieren. Ohne allen Anspruch auf Unfehlbarkeit kann er in der christlichen Ökumene und weit darüber hinaus in seinem Lehren und Wirken immer wieder die Stimme des Guten Hirten laut werden lassen: als Mediator und Inspirator im Geist Christi und als Leader in der christlichen Erneuerung. Rom würde so zu einem Ort der Begegnung, des Gesprächs und der ehrlichen und freundschaftlichen Zusammenarbeit.

Aus all dem folgt: Der Papst kann auch ohne unfehlbare Lehrdefinition »funktionieren«, ja er kann unter den heutigen

Bedingungen von Kirche und Gesellschaft ohne unfehlbare Lehrdefinition *besser* seinen Dienst erfüllen. Wer also die päpstliche Satzunfehlbarkeit in Frage stellt, stellt nicht das Papsttum an sich in Frage. Dies muß gegen ständige Verwechslungen, Verdrehungen und Verdächtigungen mit allem Nachdruck gesagt werden. Vieles am Petrusdienst ist fraglich geworden, vor allem die mittelalterlichen und neuzeitlich-absolutistischen Formen, die sich bis in unsere Tage hinein gehalten haben. Ein Petrusdienst hat nur dann Zukunft, wenn er vom Petrussymbol des Neuen Testaments her verstanden wird: Die exegetische und historische Begründung einer *historischen* Sukzession des römischen Bischofs ist fraglich geworden. Aber ein Petrusdienst hat sachlich seinen Sinn behalten, wenn er in *funktional-praktischer* Sukzession ein Dienst an der Gesamtkirche ist: ein *Dienstprimat* im vollen biblischen Sinn.

Ein solcher Dienstprimat, wie er in der Gestalt Johannes' XXIII. mindestens umrißhaft sichtbar wurde, bedeutet für die katholische Kirche und die gesamte Christenheit eine wahre *Chance*. Ein Dienstprimat wäre mehr als ein »Ehrenprimat«: ein solcher ist in der Kirche des Dienstes nicht zu vergeben und kann in seiner Passivität auch niemandem helfen. Ein Dienstprimat wäre auch mehr als ein »Jurisdiktionsprimat«: Als reine Gewalt und Macht verstanden, wäre ein solcher ein gründliches Mißverständnis, nach seinem Wortlaut verstanden, verschweigt er gerade das Entscheidende, nämlich den Dienst. Petrusdienst biblisch verstanden, kann nur ein »Pastoralprimat« sein: ein seelsorglicher Dienst an der gesamten Kirche. Als solcher ist er vom Neuen Testament *sachlich* gedeckt – ungeachtet aller ungeklärter und wohl auch unklärbarer *historischen* Sukzessionsfragen. Als solcher könnte er für die gesamte Christenheit heute von großem Nutzen sein. Er würde für die großen Anliegen nicht nur einer römisch-katholischen, sondern der gesamten Christenheit sprechen.

Aus: »Kirche – gehalten in der Wahrheit« (1979).
(© Benziger Verlag, Zürich)

III. CHRISTLICHE ÖKUMENE

1. Wie können Katholiken und Evangelische sich wiederfinden?

Es ist genau der Weg, den Papst Johannes XXIII. beschritten hat: *durch Selbsterneuerung der Kirche zur Wiedervereinigung.* Dies bedeutet grundsätzlich: Wir dürfen für die Kirchenerneuerung und so für die Wiedervereinigung leiden, beten, kritisieren, handeln. Doch was bedeutet dieses Handeln in der heutigen Stunde?

Kein untätiges Zurückrufen

»Wir stehen nicht satt und fertig unter unseren suchenden Brüdern. Wir gestehen offen und voll Dank, daß wir der evangelischen Theologie Einsichten verdanken, die wir nicht missen möchten. Gewiß sagt die Instructio des Heiligen Offiziums (20. Dezember 1949) von den Konvertiten: ›Man darf die Dinge nicht so darstellen, daß der Eindruck erweckt wird, als brächten sie durch ihren Übertritt der Kirche etwas Wesentliches, was ihr bisher gefehlt hat.‹ Dieser Satz, an dem man oft Anstoß nimmt, muß recht verstanden werden. Sie bringen nichts hinzu an seinshaftem, wesenmäßigem Wahrheitsbestand; aber an verwirklichter, entfalteter Wahrheitsschau können sie die Kirche sehr bereichern, wie das Beispiel großer Konvertiten zeigt … Darum müssen wir es schmerzlich beklagen, wenn Vertreter des kirchlichen Lehramtes, Katholiken überhaupt, in starre Enge, in eine ungerechtfertigte Unfehlbarkeitshaltung verfallen. Doch das liegt nicht an der Wesensgestalt der Kirche, sondern entspringt der Unzulänglichkeit des ›irdenen Gefäßes‹« (Kardinal Döpfner). – 400 Jahre vergebliches Zurückrufen der Evangelischen (900 Jahre vergebliches Zurückrufen der Orthodoxen!) dürfte gezeigt haben, daß wir so nicht zum Ziele kommen. Es kann ja für die anderen nicht nur um eine »Rückkehr« gehen, als ob *wir* keine Schuld an der Spaltung hätten, als ob *wir* folglich nichts gutzumachen hätten, als ob *wir* nicht entgegenzugehen hätten, als ob die anderen nichts mitzubringen hätten, sie, unsere Brüder, die Christus, den Herrn, lieben! Allzu selbstherrlich und selbstgerecht ist solches Tun. Auch wenn es von Gebet begleitet wäre! Nicht nur »Herr, Herr« sagen, sondern den Willen des Vaters tun sollen wir. Nicht ein auf die Rückkehr der anderen träge wartender Glaube ist von uns verlangt, sondern der Glaube, der durch die Liebe tätig ist (Gal 5,6) und entgegengeht. Dies ist, was der Papst will.

Nicht bloße Einzelkonversionen

Es ist katholischer Glaubenssatz: Gott will, daß *alle* Menschen selig werden; kein Mensch geht ohne eigene Schuld verloren. Dieser Satz muß – wie schon Pius IX. deutlich sagte – dahin verstanden werden, daß Menschen, die »in unüberwindlicher Unkenntnis der wahren Religion«, also *guten Glaubens*, außerhalb der organisierten katholischen Kirche sich befinden, das ewige Heil erlangen können. Selbstverständlich kommt es immer wieder – und oft auf recht seltsamen Wegen – vor, daß ein Nichtkatholik in der katholischen Kirche mehr Licht leuchten sieht, ja daß er in ihr, als der Kirche mit dem Bischofs- und Petrusamt, nun doch – trotz ihrer zahlreichen Mängel – objektiv die christliche Fülle erhalten sieht, die er in den anderen Konfessionen, die das Bischofs- und Petrusamt nicht haben, trotz all ihres Guten nicht erhalten sieht; er wird es nicht versäumen, der Stimme des Gewissens zu folgen. Selbstverständlich kann eine Konversion für manchen persönlichen Gewissenskonflikt, gerade etwa in der – leider in rein katholischen Ländern verkannten – Not der konfessionell gemischten Ehe, eine echte Lösung bedeuten. Aber die so wichtigen Einzelkonversionen, die der katholischen Kirche schon manche wertvolle Bereicherung gebracht haben (vgl. z. B. im Falle von Newman, Jörgensen, van de Pol, Bouyer, Schlier, der zahlreichen Schriftsteller-Konvertiten usw.), bedeuten doch keine Lösung für die *Kirchenspaltung.* Vierhundert, neunhundert Jahre dürften gezeigt haben, daß die Einzelkonversionen die Wiedervereinigung der Konfessionen nicht bringen. Allzuoft hat man gerade auf katholischer Seite nur die Konversionen zur katholischen Kirche gezählt und an die umgekehrten Konversionen nicht gedacht, hat allzuoft beim Zählen der Konversionen jene nicht berücksichtigt, die im Konfliktsfall jegliche kirchliche Bindung aufgeben, und hat vor allem die wachsende Zahl der Nichtkonvertierten zu zählen vergessen. Die Zahl der Konversionen fällt praktisch nicht ins Gewicht gegenüber der wachsenden Zahl der Nichtkonvertierten. Der Papst will nicht einfach den Übertritt einzelner, sondern die Wiedervereinigung der getrennten kirchlichen Gemeinschaften.

Keine bloße »Sittenreform«

Auf die Frage »Was sollen wir Katholiken für die Wiedervereinigung tun?« kann man hin und wieder die Antwort hören: »Besser katholisch werden!« und dazu den Hinweis auf Mt 5,16: »Lasset euer Licht vor den Menschen leuchten, damit sie eure guten Werke sehen und euren Vater preisen, der im Himmel ist.« Die Antwort ist sehr gut, darf aber nicht mißverstanden werden. Denn was heißt »besser katholisch werden«, so wie es manchmal verstanden wird? Die Gebote besser halten, nicht lügen, fluchen, stehlen, verleumden, ehebrechen, in der Kirche besser mitmachen usw.? Selbstverständlich ist dies alles unsere ständige Aufgabe. Aber eben eine *ständige,* gleichsam »ewige« Aufgabe, weil es eben um die »ewige« Unvollkommenheit und Sündhaftigkeit des Menschen auf dieser Erde geht. Die Kirchenspaltung aber gründet nicht einfach in der Schwäche der menschlichen Natur und ihrer bösen Begierlichkeit, sondern – bei aller Schuld an diesem Zustand – in einem bestimmten, vom heutigen Einzelmenschen unabhängigen historischen Vorgang. Die Kirchenspaltung gehört also nicht wie die sieben Hauptsünden zu den »ewigen« Lastern der Menschheit dieser Erde, sie ist *historisch geworden* und kann auch wieder – anders als die sieben Hauptsünden – mit der Gnade Gottes *aufgehoben* werden. Doch dafür braucht es nicht nur allgemein-moralische, sondern besonders gezielte Anstrengungen. Also »besser katholisch werden«, gewiß – aber inwiefern? Besser katholisch werden im Hinblick auf die von uns getrennten Christen! Deutlicher: im Hinblick auf die besonderen berechtigten Anliegen der von uns getrennten Christen! Und damit sind wir bei der positiven Aussage.

Erneuerung aus dem Wesen

Entscheidend *ist die Erneuerung der katholischen Kirche aus ihrem ureigenen Wesen heraus durch die Verwirklichung der berechtigten evangelischen Anliegen*: »So bleibt in allem das Wort wahr: ›Ohne Fehl erstrahlt unsere verehrungswürdige Mutter Kirche‹; doch ebenso gilt in allem das Wort Bischof Kepplers: ›Der Kirche selbst ist von Anfang an der Reformdrang eingeboren.‹ Darum ist es den Hirten der Kirche aufgegeben, mit wacher Aufgeschlossenheit für das Suchen der Ökumenischen Bewegung darauf zu schauen, daß die Heiligkeit der Kirche Christi kraftvoll allen sichtbar werde, die den Namen des Herrn anrufen. Unsere christlichen Brüder sollen spüren, daß ihr Sehnen nach Christi rechtfertigender Gnade, alles Wirken des Heiligen Geistes, das wir in Ehrfurcht bei ihnen finden, in der katholischen Kirche Raum hat, ja hier Erfüllung findet« (Kardinal Döpfner). Der Protest der gegen die katholische Kirche protestierenden Protestanten muß, soweit er ein Recht in sich trägt, von der katholischen Kirche selbst gegenstandslos gemacht werden. Zwar wird die katholische Kirche – als Kirche aus Menschen und Kirche aus sündigen Menschen – bis zum Ende der Tage Ecclesia reformanda bleiben. Aber wie sollte sie – die, um nur ein Beispiel zu nennen, die echten Anliegen des Nestorianismus und des Monophysitismus aufgenommen hat (Konzil von Chalcedon) – nicht auch die Anliegen der Reformatoren nach einer glücklicherweise überstandenen Periode der Polemik positiv zur Geltung bringen können, so daß die katholische Kirche zwar nicht schlechthin und in jeder Beziehung, wohl aber in bezug auf die *reformatorischen* Anliegen Ecclesia reformata, reformierte Kirche, wäre? Ecclesia catholica reformata – was gedächten dann die Christen zu tun, die sich von uns, der alten Kirche, wegen der Kirchenreform getrennt haben?

Rückfragen an die Evangelischen

Dies alles möge richtig, d. h. nicht einseitig, sondern *beidseitig*, verstanden werden. Wer als evangelischer Christ nun mit Frohlocken feststellen wollte, die katholische Kirche würde nachträglich die Reformation nachvollziehen, übersähe:

a) daß die katholische Kirche – so glauben wir Katholiken – sich im wesentlichen treu geblieben ist, daß sie ihren Weg der Erneuerung und Reform ohne revolutionären Umsturz in geschichtlicher Kontinuität ging und das unaufgebbar Katholische bewahrt hat: nicht aus eigener Kraft, sondern in der Kraft des sie in der Wahrheit bewahrenden Geistes Jesu Christi;

b) daß auch der Protestantismus eine nicht unbedeutende Entwicklung durchlaufen hat und die protestantische Kirche heute in einer Reformation der Reformation begriffen ist – und übrigens begriffen sein muß. Denn – so möchte es dem Katholiken scheinen – es gibt vielleicht kein gefährlicheres Attribut, das sich eine Kirche beilegen könnte, als das Attribut »reformiert«. »Reformierte Kirche« (sei sie kalvinistisch-reformiert oder lutherisch-reformiert) kann ja leicht Verweigerung weiterer Reformation bedeuten: Wir *sind* reformiert, nun mögen sich die anderen, eben die Katholiken, reformieren! Ist es denn so einfach? Sollte denn ein untätiges protestierendes Aufrufen zur Reform der Kirche – ohne Eingeständnis von Schuld und Fehlern (auch der Reformatoren), ohne Absicht eines Gutmachens und Bessermachens – christlicher sein als ein untätiges katholisches Zurückrufen zur Einheit der Kirche? Könnte es nicht auch hier um einen selbstherrlichen und selbstgerechten Pharisäismus gehen (die Pharisäer wollten *reformiertes* Israel sein!), auch wenn damit Gebet verbunden wäre? Dürfte etwa hier das Problem nur mit Einzelkonversion oder »Sittenreform« zu lösen sein? Was sollte ein zum Prinzip erhobener Protest – kann man nicht auch darauf einschlafen? »Ist der Protestantismus und das Lutherische nicht eigentlich ein Korrektiv, und ist nicht eine große Verwirrung entstanden, daß es im Protestantismus zum Regulativ gemacht worden ist?« (S. Kierkegaard). Ist nicht das Korrektiv vielfach sogar zum Konstitutiv gemacht worden? Was Walter Nigg am Ende seines Lutheraufsatzes mit einem Zitat des Zürcher Theologen und Neumünsterpfarrers Hermann Kutter ausdrückt, würden wir als Katholiken nicht zu sagen wagen: »Auf die prophetische Kritik sich in neuer Weise zu besinnen, ist die Aufgabe der echten Erben des jungen Luther, die Hermann Kutter mit den Worten angedeutet hat: ›Ich glaube, wenn Luther und Zwingli wieder aus dem Grabe auferständen, sie würden uns vom Bauplatze jagen und zu uns sagen: wir kennen euch nicht, trotz aller eurer schönen Festschriften zur Reformationsfeier. Ihr seid ja gar keine Protestanten, ihr protestiert ja gar nicht, ihr feiert nur immer unser Protestieren ... Gibt's denn nichts anderes zu tun, als gegen die katholische Kirche zu protestieren und die Worte zu vergöttern, die wir gebraucht haben, wie man in Museen alte Werkzeuge und Waffen aufspeichert? Man schaut sie sich an, aber man braucht sie doch nicht mehr, sondern neue. Aber wo sind denn eure neuen Waffen, und wo sind die Schlachtreihen euerer modernen Feinde? Seht ihr nicht, daß, was wir zu unserer Zeit einer faulen Kirche gesagt, heute – nicht mit den gleichen Worten, aber im gleichen Geist – einer faulen Mammonsgesellschaft gesagt sein muß: die Gerechtigkeit Gottes? ... Tut Buße, tut das unentschiedene Wesen von euch, erhebt euch aus eurem Schattendasein, protestiert wieder, nicht gegen alte Gespenster, auf die es heute gar nicht mehr ankommt, sondern gegen den Feind, der unsere Zeit beherrscht ...‹«

»Die Reformation geht weiter!« sagt Schleiermacher. Gut, aber sie braucht nicht unbedingt in der Richtung Schleiermachers weiterzugehen! Vielleicht wird man es einem katholischen Theologen, der auch seiner eigenen Kirche gegenüber ehrlich zu reden versucht und sich um das Verständnis der evangelischen Fragen und Anliegen (so gut er kann) bemüht, eher verzeihen, wenn er auch hier in brüderlicher Gesinnung ehrlich redet. Wie oft wird man von Katholiken gefragt: Nützt denn dieses ökumenische Bemühen etwas, nützt das kommende Konzil etwas, wollen uns denn die Evangelischen verstehen, wollen sie uns denn wirklich entgegenkommen? Ich habe die Frage immer mit Überzeugung bejaht; es ist bei den Evangelischen unendlich viel guter Wille da. Natürlich gibt es auch bei ihnen Unterschiede genug, auch Rückfälle in bereits katholisch überwundene, rückständig polemische Positionen. Aber darüber hinaus bereiten uns gewisse Fragen doch immer wieder neu peinliche Verlegenheit: Gilt nicht nach wie vor das »Katholisieren« weithin als das größte Vergehen eines echten Protestanten? Darf man sich nicht jegliches »Liberalisieren« gestatten, wenn es nicht auf die katholische Kirche zuführt? Darf man nicht die Gottheit Christi leugnen oder bagatellisieren und seine Auferstehung »uminterpretieren«, wenn man nur nicht allzu großes Verständnis für das Petrus- und Bischofsamt der Bibel zeigt? Riskiert man nicht Lehrzuchtverfahren und Absetzung nur nach der einen Richtung hin? Blickt man nicht oft noch lieber nach Moskau, um nur nicht nach Rom blicken zu müssen? Was soll man auf dieses und manches andere sagen? Die Katholiken des 19. Jahrhunderts besonders in Deutschland litten unter einem vielfältig bedingten Minderwertigkeitskomplex gegenüber den Errungenschaften des damaligen Protestantismus; auch dies hinderte sie sehr oft an einer unbefangenen, positiv-schöpferischen Aktion. Sollte sich die Lage umgedreht haben? Sollte man sich auf evangelischer Seite gegenüber dem doch wohl auch im echten Sinn Imponierenden der katholischen Kirche der Gegenwart immunisieren wollen durch eine Fixation auf das Kompromittierende?

Wir möchten doch recht herzlich unsere evangelischen Brüder, *alle* evangelischen Brüder darum bitten, auch der katholischen Kirche und ihren Anliegen gegenüber offen zu sein und uns in brüderlicher Liebe entgegenzukommen. Wir müssen doch auf diese Offenheit und dieses Entgegenkommen zählen können, wenn unser eigenes Tun um die Wiedervereinigung einen Sinn haben soll.

Wie können Katholiken und Evangelische sich wieder finden? Wir sagten: durch Selbsterneuerung der Kirche. Dies bedeutet aber nicht nur katholische Kirchenreform durch die Verwirklichung der berechtigten evangelischen Anliegen. Dies bedeutet auch: *evangelische Kirchenreform durch die Verwirklichung der berechtigten katholischen Anliegen.* Keine Relativierung der Wahrheit, keine Verwischung der Unterschiede, keine falsche Synthese, keine faulen Kompromisse, aber: Selbstbesinnung, Selbstkritik, Selbstreform – im Spiegel des Evangeliums Jesu Christi, im Blick auf die getrennten Brüder. Wenn in diesem Spiegel die Katholiken die katholische Erneuerung und die Evangelischen die evangelische Erneuerung aufeinander hin durchführen, dann dürfte – weil das Evangelium Jesu Christi eines ist – die Einigung keine Utopie bleiben. Dann wird die Wiedervereinigung weder einfach in der »Rückkehr« der Evangelischen noch im »Auszug« der Katholiken bestehen, sondern im beidseitigen brüderlichen *Entgegenkommen*, bei dem keiner dem andern selbstbewußt vorrechnet, wer von beiden mehr Schritte zu machen hätte; in einem Entgegenkommen, das von der Liebe durchtränkt und sachlich von der Wahrheit bestimmt ist.

Aus: »Konzil und Wiedervereinigung« (1960).

2. Katholisch – evangelisch. Eine ökumenische Bestandsaufnahme

In den Kirchen beklagt man sich darüber: die Zahl der Christen, die sich in keiner der christlichen Kirchen wohl fühlen und so etwas wie eine »dritte Konfession« bilden, ohne in einer Kirche beheimatet zu sein, ist im Steigen begriffen. Wie aber soll gegen diese kirchliche »Heimatlosigkeit« angegangen werden, wenn die Kirchen nicht selber unvoreingenommener, beweglicher, gastfreundlicher auch gegeneinander werden? Für die meisten Menschen heute sind die konfessionellen Differenzen aus der Reformationszeit völlig unwichtig geworden. Wo früher Katholiken Protestanten nur vom Hörensagen kannten und umgekehrt, hat man heute die andere Konfession schon in der allernächsten oder ferneren Verwandtschaft. Unter diesen Umständen schreiben viele Christen die Aufrechterhaltung der Kirchenspaltung uneinsichtigen, unbeweglichen und auf Machterhaltung bedachten Kirchenmännern und ihren Theologen zu. Völlig zu Unrecht?

Das bisher Erreichte

Nun darf man freilich *das bisher Erreichte* nicht übersehen: Der Überblick über die Geschichte der ökumenischen Bewegung läßt kaum ahnen, welche Arbeit, Ausdauer, Hoffnung gegen alle Hoffnung durch die Jahrzehnte notwendig waren, um auch nur zur Gründung eines »Ökumenischen Rates der Kirchen« (1948) zu kommen. Und auch ein Überblick über den katholischen Ökumenismus läßt nur vermuten, wie viele Mühen und persönliche Opfer es die wenigen katholischen Laien und Theologen gekostet hat, unbeirrt von der ökumenefeindlichen

Einstellung der Päpste bis zu Pius XII. den Durchbruch der katholischen Kirche zur Ökumene unter Johannes XXIII. und dem Zweiten Vatikanischen Konzil (1962–65) vorzubereiten.

Allen diesen unverdrossenen Bemühungen – vor dem Hintergrund grausamer nationalistischer Erfahrungen »christlicher« Völker in zwei Weltkriegen – ist es zu verdanken: Die Beziehungen zwischen den Kirchen, die sich auf Jesus Christus berufen, haben sich ins Positive gewandelt. Und schaut man gar weiter zurück bis zur Reformationszeit: welche Wandlungen etwa in der katholischen Beurteilung der Persönlichkeit Martin Luthers und welche Wandlungen in der katholischen und evangelischen »Kontroverstheologie«: von jener frühen Polemik über die Herausarbeitung sämtlicher konfessioneller »Unterscheidungslehren«, die die subjektive Polemik überwand, bis hin zu einer »ökumenischen« Theologie. Ein langer Weg also der Kirchen und ihrer Theologien weg von Denunziation und Inquisition zu Diskussion und Kommunikation, von konfessionalistischer Koexistenz zu ökumenischer Kooperation.

Freilich ist gerade die katholische Kirche dem Weltrat der Kirchen bis heute nicht beigetreten und bietet aufgrund ihrer Tradition, Lehre, Organisation (besonders wegen Primat und Unfehlbarkeit des Papstes) für die ökumenische Verständigung besondere Schwierigkeiten. Doch darf nicht übersehen werden: Im Vergleich zur nachtridentinischen, gegenreformatorischen Kirche bedeutet das Zweite Vatikanische Konzil – bei allen Kompromissen – in seiner Grundtendenz eine Wende um 180 Grad in Richtung auf die Ökumene. Trotz aller ungelöst gebliebenen Fragen (Geburtenregelung, Ehescheidung, Amtsfrage, Mischehe, Zölibat, Primat und Unfehlbarkeit) dürfen die konkreten *positiven Resultate* nicht geringgeschätzt werden. Sie provozieren zugleich – hier zumindest kurz anzudeutende – *Rückfragen* an die anderen Kirchen.

Was hat sich verändert für die Christenheit insgesamt?

• Die katholische *Mitschuld* an der Kirchenspaltung wird jetzt anerkannt. Zugleich wurde die Notwendigkeit steter Reform anerkannt: Ecclesia semper reformanda – ständige Erneuerung der eigenen Kirche in Leben und Lehre nach dem Evangelium. Doch Rückfrage: Dürfen sich deshalb die anderen Kirchen als überhaupt nicht zu reformierende (»orthodoxe«) Kirchen oder aber als bereits reformierte (»lutherische« oder »calvinistische«) Kirchen verstehen, oder sind auch sie noch zu reformierende Kirchen?

• Die anderen christlichen Gemeinschaften werden *als Kirchen anerkannt*: Es gibt in allen Kirchen eine gemeinsame christliche Basis, die vielleicht wichtiger ist als alles Trennende. Doch Rückfrage: Müßte nicht auch in anderen Kirchen das Bemühen um die gemeinsame christliche Basis und »Substanz« intensiviert werden?

• Von der ganzen Kirche ist *ökumenische Haltung* gefordert: die innere Umkehr (Konversion!) der Katholiken selbst, das gegenseitige Kennenlernen der Kirchen und der lernoffene Dialog, die Anerkennung des Glaubens, der Taufe, der Werte der übrigen Christen, schließlich eine in ökumenischem Geiste getriebene Theologie und Kirchengeschichte. Doch Rückfrage: Werden die anderen Kirchen nun auch ihrerseits die zahlreichen katholischen Anliegen anerkennen und realisieren, in Theologie, Liturgie und Kirchenstruktur?

• Die *Zusammenarbeit* mit den anderen Christen soll in jeder Weise gefördert werden: die praktische Zusammenarbeit im ganzen sozialen Bereich, aber auch gemeinsames Gebet und eine wachsende gottesdienstliche Gemeinschaft, insbesondere beim Wortgottesdienst, schließlich Theologengespräche auf gleicher Ebene. Doch Rückfrage: Müßte nicht die Bereitschaft zur praktischen Zusammenarbeit auch bei den anderen Kirchen stärker entwickelt werden?

Eine ganze Reihe zentraler reformatorischer Anliegen wurde von der katholischen Kirche zumindest grundsätzlich aufgenommen:

• *Neue Hochschätzung der Bibel:* 1. im Gottesdienst: Verkündigung, Gebet und Gesang sollen ganz von biblischem Geist geprägt sein; ein neuer abwechslungsreicher, mehrjähriger Zyklus der Schriftlesung wurde geschaffen; 2. im kirchlichen Leben überhaupt: statt der Betonung der lateinischen Vulgata-Übersetzung jetzt die Forderung moderner Bibelübersetzungen aus dem Urtext; statt früherer Verbote von Bibellesungen durch Laien jetzt wiederholte Aufforderung zur häufigen Bibellektüre; 3. in der Theologie: das kirchliche Lehramt steht nicht über dem Gotteswort, sondern hat ihm zu dienen; es ist nicht mehr allgemeine Kirchenlehre, daß die Offenbarungswahrheit »teils« in der Schrift, »teils« in der Tradition enthalten sei; das Schriftstudium muß die »Seele« der Theologie (und der Katechese) sein; die Berechtigung der historisch-kritischen Schrifterklärung wird anerkannt, die Irrtumslosigkeit der Schrift nicht für die naturwissenschaftlich-historischen Aussagen, sondern nur für die Heilswahrheit in Anspruch genommen.

• *Echter Volksgottesdienst:* Als Verwirklichung reformatorischer Anliegen können gelten:

– gegenüber der früheren Klerikerliturgie ein Gottesdienst des ganzen priesterlichen Volkes: durch verständliche Gestaltung, aktive Teilnahme der ganzen Gemeinde in gemeinsamem Gebet, Gesang und Mahl;

– gegenüber der früheren Verkündigung in der lateinischen Fremdsprache ein neues Hören auf das in der Volkssprache verkündigte Wort Gottes;

– gegenüber der standardisierten römischen Einheitsliturgie die Anpassung an die verschiedenen Nationen: Mitzuständigkeit der Landesepiskopate statt der bisherigen exklusiv päpstlichen Zuständigkeit;

– gegenüber der früheren Überwucherung und Verdeckung Vereinfachung und Konzentration auf das Wesentliche: Revision aller Riten und so größere Ähnlichkeit der Messe mit dem Abendmahl Jesu;

– ebenfalls Reform der Liturgie der Sakramente, des Kirchenjahres, des Priestergebetes;

– darin inbegriffen die positive Regelung klassischer Kontroverspunkte: Volkssprache und Laienkelch, jetzt ebenfalls grundsätzlich gestattet.

• *Aufwertung der Laienschaft:* Der direkte Zugang der Laien zur Heiligen Schrift und die Verwirklichung des Volksgottesdienstes bedeuten bereits eine wichtige Erfüllung dieses dritten reformatorischen Anliegens; dazu kommen zahlreiche theologische Ausführungen über die Bedeutung des Laien in der Kirche und eine implizite Kritik am Klerikalismus; jeder Bischof soll einen Seelsorgerat aus Seelsorgern und Laien bilden.

• *Anpassung der Kirche an die Nationen:* Gegenüber einem zentralisierten System wird immer wieder die Bedeutung der Ortskirche und der Partikularkirchen (Diözesen, Nationen) hervorgehoben; der praktischen Dezentralisierung sollen die nationalen und kontinentalen Bischofskonferenzen dienen, die römische Kurie selbst soll internationalisiert werden.

• *Reform der Volksfrömmigkeit:* Reform der Fastenvorschriften, des Ablaß- und Andachtenwesens; Einschränkung eines ausartenden Marianismus (das Zweite Vatikanische Konzil hat ihm besonders durch die Ablehnung eines eigenständigen Mariendokumentes eine deutliche Grenze gesetzt); zu weiteren Mariendogmen ist es nicht gekommen.

Diese weithin durchgeführte vielfältige Verwirklichung reformatorischer Anliegen läßt wiederum Rückfragen aufkommen: Wäre es nun nicht Sache der evangelischen Kirchen, den Katholiken mit mehr selbstkritischem Verständnis wirksam entgegenzukommen? Also ganz konkret:

Hochschätzung der Bibel, gewiß: aber wie steht es mit der im Protestantismus oft vernachlässigten gemeinsamen altkirchlichen und mittelalterlichen Tradition?

Echter Wort- und Volksgottesdienst, gewiß: aber die Feier des in den evangelischen Kirchen an den Rand gedrängten oder gar faktisch ausgeschalteten Abendmahles?

Aufwertung der Laienschaft, gewiß: aber die Bedeutung der Ordination und des kirchlichen Amtes (auch im überregionalen Bereich)?

Anpassung an die Nationen, gewiß: aber die durch protestantischen Provinzialismus so oft in Frage gestellte Internationalität und Universalität der Kirche?

Reform und Volksfrömmigkeit, gewiß: aber die durch protestantischen Intellektualismus gefährdete Volksnähe von Kirche und Gottesdienst?

Was hat sich verändert für die östlichen Kirchen?

Die Kirchen des Ostens, die oft nur als Anhängsel der lateinischen Kirche angesehen wurden, werden seit dem Zweiten Vatikanischen Konzil als mit denen des Westens gleichberechtigt ausdrücklich anerkannt. Wiedertaufe von orthodoxen Christen, die katholisch werden, wird nicht gefordert; ebensowenig die Neuordination von orthodoxen Priestern; für diese wird auch der Zölibat nicht verlangt. Orthodoxe Christen können, falls sie es wünschen, in katholischen Kirchen die Sakramente empfangen; umgekehrt katholische Christen in orthodoxen Kirchen, wenn kein katholischer Priester zur Verfügung steht. Mischehen zwischen Katholiken und Orthodoxen sind gültig, auch wenn sie nicht in einer katholischen Kirche geschlossen werden.

Müßte dies alles nicht auch bezüglich der protestantischen Kirchen gefordert werden? Unmittelbar vor Konzilsschluß erfolgte in Rom und Konstantinopel gleichzeitig der feierliche Widerruf der gegenseitigen Exkommunikation, die 1054 das fast 1000jährige Schisma zwischen Ost- und Westkirche eingeleitet hatte. Ruft aber gerade diese Tat nicht nach Konsequenzen für beide Seiten, vor allem für die Abendmahlsgemeinschaft? Allzu statisch verharrten die orthodoxen Kirchen auf dem Stand nicht etwa der Urkirche, wohl aber auf dem der byzantinischen Jahrhunderte. Müßten nicht auch sie sich zu einer ernsthaften Reform ihrer Liturgie, Theologie und Kirchenstruktur aufraffen? Umgekehrt aber beharrte die römisch-katholische Kirche gegenüber den orthodoxen Kirchen starr auf dem Jurisdiktionsprimat und der päpstlichen Unfehlbarkeit. Müßte man nicht beides vom Neuen Testament und von der gemeinsamen altkirchlichen Tradition her ehrlich überprüfen, statt sich der Diskussion über diese Lehrpunkte zu verweigern?

Die Aufgaben der Zukunft

In der Tat ist das *Papsttum* mit seinen Absolutheitsansprüchen, wie auch Papst Paul VI. zugegeben hat, die Hauptschwierigkeit für eine ökumenische Verständigung. Aber ist hierin eine Verständigung überhaupt möglich? Ja, wenn
• der päpstliche *Primat* weniger als Ehren- oder Jurisdiktionsprimat denn vielmehr als Pastoral- oder Seelsorgeprimat im Dienst an der Einheit der Gesamtkirche verstanden wird;
• die päpstliche *Unfehlbarkeit* als Zeugnis- und Verkündigungsaufgabe im Dienst an der »Infallibilität« oder besser »Indefektibilität«, also der »Unzerstörbarkeit« der Kirche in der Wahrheit trotz aller Irrtümer im Detail, verstanden wird.

Die übrigen Lehrdifferenzen bezüglich Schrift und Tradition, Gnade und Rechtfertigung, Kirche und Sakramente dürfen als theologisch weithin bereinigt angesehen werden. Um es nur kurz und schematisch anzudeuten:
– Heute wird der Primat der *Schrift* als des ursprünglichen christlichen Zeugnisses (= normierende Norm) vor aller späteren *Tradition* auch von der katholischen Theologie anerkannt, wie umgekehrt zumindest grundsätzlich die Bedeutung der nachbiblischen Tradition (= normierte Norm) von der protestantischen Theologie zugegeben wird.
– Die *Rechtfertigung* aufgrund des Glaubens allein wird von katholischen Theologen heute ebenso bejaht wie die Notwendigkeit von Werken oder Taten der Liebe von evangelischen Theologen.

Glücklicherweise ist an der Basis der Kirchen sehr viel mehr geschehen: In einem Großteil katholischer, protestantischer und orthodoxer Gemeinden ist heute das gegenseitige Verstehen in einem früher unvorstellbaren Ausmaß gewachsen; Interkommunion wird von vielen Gruppen bereits praktiziert. Diese faktisch gelebte Ökumene an der Basis ist für die Zukunft wichtiger als alle theologischen Kontroversen und alle feingesponnene Kirchendiplomatie. Trotzdem muß von den Kirchenleitungen eine intensivere Unterstützung der ökumenischen Bestrebungen erwartet werden, vor allem im Hinblick auf dringende »*ökumenische Imperative*« wie:

- Reform und gegenseitige Anerkennung der kirchlichen Ämter und Eucharistiefeiern,
- gemeinsamer Wortgottesdienst, offene Kommunion und immer mehr auch gemeinsame Benutzung von Kirchen und anderen Einrichtungen,
- gemeinsamer Bau und gemeinsame Benutzung von Kirchen und anderen Einrichtungen,
- gemeinsame Erfüllung des Dienstes an der Gesellschaft,
- zunehmende Integration auch der theologischen Fakultäten und des Religionsunterrichts,
- Erstellung konkreter Unionspläne von seiten der Kirchenleitungen auf nationaler und universaler Ebene.

Ökumene aber ist mehr als reiner Reformaktivismus. Ökumene läßt sich nur finden und verwirklichen, wenn sich alle Kirchen neu konzentrieren auf die eine christliche Tradition: auf das Evangelium Jesu Christi selbst! Nur von daher lassen sich die konfessionalistischen Ängste und Unsicherheiten weiter abbauen, der ideologische Fanatismus und die ressentimentgeladene Beschränktheit überwinden, die hinter den theologischen Differenzen verborgenen ökonomischen, politischen, kulturellen Verflechtungen mit einer bestimmten Gesellschaft, Schicht, Klasse, Rasse, Zivilisation, Staat sichten und auf eine neue Freiheit hin überschreiten. Das aber bedeutet freilich: Keine ökumenische Verständigung ohne kirchliche Erneuerung, aber auch keine kirchliche Erneuerung ohne ökumenische Verständigung!

Was heißt »katholisch« und was »evangelisch«?

In Zukunft werden die Unterschiede nur noch in verschiedenen traditionellen *Grundhaltungen* zum Ausdruck kommen, die sich seit der Reformationszeit ausbildeten, die aber heute in wahre Ökumenizität integriert werden können:

• Wer ist *katholisch*? Wem besonders an der katholischen, d. h. *ganzen*, allgemeinen, umfassenden, gesamten Kirche gelegen ist. Konkret: an der in allen Brüchen sich durchhaltenden *Kontinuität* von Glaube und Glaubensgemeinschaft im Raum.

• Wer ist *evangelisch*? Wem in allen kirchlichen Traditionen, Lehren und Praktiken besonders am ständigen kritischen Rückgriff auf das *Evangelium* und an der ständigen praktischen *Reform* nach der Norm des Evangeliums gelegen ist.

• Doch damit ist schon deutlich geworden: richtig verstanden schließen sich »katholische« und »evangelische« Grundhaltung keineswegs aus: Heute kann auch der geborene Katholik wahrhaft evangelisch und auch der geborene Protestant wahrhaft katholisch gesinnt sein, so daß bereits jetzt zahllose Christen in aller Welt – trotz der Widerstände in den kirchlichen Apparaten – faktisch eine vom Evangelium her zentrierte echte Ökumenizität realisieren. Wahres Christsein bedeutet heute *ökumenisches Christsein*.

Eine solche ökumenische Kirche der Zukunft dürfte sich gewiß nicht in disparate, unorganisierte Gruppen auflösen. Aber sie wäre trotz ihres auch institutionellen Charakters keine Einheitspartei, kein absolutistisch-religiöses »Imperium Romanum«. Diese ökumenische Kirche der Zukunft würde sich durch mehr Wahrhaftigkeit, Freiheit, Menschlichkeit, durch mehr Weitherzigkeit, Duldsamkeit, Großzügigkeit, mehr christliches Selbstvertrauen, souveräne Gelassenheit und Mut zum Denken und Entscheiden auszeichnen. Eine solche Kirche wäre ihrer Zeit nicht ständig hinterdrein, sondern möglichst voraus: Sie könnte Avantgarde einer besseren Menschheit sein.

Aus: »Die Hoffnung bewahren« (1990; erstveröffentlicht 1976).
© Benziger Verlag, Zürich

3. Warum ich katholisch bleibe

Keine leicht zu beantwortende Frage mitten in einer aufzehrenden Auseinandersetzung, in der alles Schreiben beinahe unerträglich geworden ist: in der mir nach einem ungerechten und unfairen Verfahren von höchster kirchlicher Seite das Attribut »katholischer Theologe« per Dekret abgesprochen wird; in der man mich nach 20jähriger Lehrtätigkeit aus meiner katholisch-theologischen Fakultät zu vertreiben und nach eben gefeiertem 25. Priesterjubiläum mit wenig wählerischen Mitteln an den Rand meiner katholischen Kirche zu drängen versucht. Kann man da, bedrängt und bedroht, Loyalitätserklärungen abgeben, Glaubensbekenntnisse aussprechen?

Warum ich unter diesen Umständen katholisch bleibe? Dies ist wahrhaftig nicht nur meine persönliche Frage. Aus Tausenden von Briefen, Telegrammen, Telefonaten tritt sie mir entgegen als bedrückende Fragen zahlloser Katholiken in aller Welt, die Traurigkeit, Zorn und Verzweiflung befallen hat. So viele fragen sich: Soll in unserer katholischen Kirche das Rad der Geschichte wieder zurückgedreht werden hinter Johannes XXIII. und das Konzil? Soll die neue Offenheit, Dialogbereitschaft, Menschlichkeit, Christlichkeit wieder dem vom Konzil mißbilligten Triumphalismus weichen? Sollen römische Behörden die Freiheit der Theologie wieder aufheben und kritische Theologen einschüchtern und mit geistlicher Gewalt disziplinieren dürfen? Sollen Bischöfe nur Befehlsempfänger sein und den römischen Kurs nach unten durchsetzen müssen? Und soll so die kirchliche Institution trotz schöner ökumenischer Worte und Gesten durch unökumenische Haltungen und Taten in dieser unserer modernen Gesellschaft erneut zu einer unfreundlichen, ungastlichen, unfruchtbaren »Festung« werden?

Ja, diese neueste Entwicklung hat einige bereits zum formellen Kirchenaustritt und sehr viele mehr zur endgültigen, inneren Emigration getrieben. Denn das ist ja in der Tat das Verhängnisvollste an dieser ganzen kirchlichen Politik: der lautlos resignative Massenauszug aus der Kirche wird weitergehen! Und gerade wer als Pfarrer, Kaplan, Religionslehrer an der Basis die Suppe auslöffeln muß, die ihm die Hierarchen eingebrockt haben, wer also ratlos nach Argumenten sucht, wie er die römischen Maßnahmen vor den beißend-kritischen Fragen der Menschen »begreiflich« machen soll, wird Antwort wissen wollen auf die Frage: Warum noch katholisch bleiben?

Eine persönliche Frage

Dies eine vorweg: nicht die Lust am theoretischen Problem läßt mich diese Frage stellen, sondern der Zwang zur Verteidigung. Denn nicht ich habe Zweifel an meiner Katholizität, sondern bestimmte Behörden und Hierarchen. Warum also bleibe ich katholisch? Die Antwort wird zunächst für mich wie für viele andere lauten: Weil ich mir nicht nehmen lassen will, was mir ein Leben lang wert und teuer geworden ist. Ich bin nun einmal in diese katholische Kirche hineingeboren: gewiß hineingetauft in die sehr viel größere Gemeinschaft aller derer, die an Jesus Christus glauben, aber doch zugleich hineingeboren in eine katholische Familie, die mir lieb ist, eine katholische Schweizer Gemeinde, in die ich immer wieder gern zurückkehre: kurz, in eine katholische Heimat, die ich nicht missen, nicht aufgeben möchte – und dies gerade als Theologe.

Sehr früh habe ich auch Rom und das Papsttum kennengelernt, intensiver als viele katholische Theologen, und habe – allen entgegenstehenden Behauptungen zum Trotz – keinen »antirömischen Affekt« (H. U. v. Balthasar) behalten. Wie oft soll ich es noch sagen und schreiben: Ich bin nicht gegen das Papsttum und bin auch nicht gegen diesen Papst, sondern habe stets nach außen und innen für einen – allerdings von absolutistischen Zügen gereinigten – Petrusdienst auf biblischen Fundamenten geworben. Stets habe ich mich für einen echten Seelsorgeprimat im Sinne geistiger Verantwortung, innerer Führung und aktiver Sorge um das Wohlergehen der Gesamtkirche ausgesprochen, der so auch eine allgemein respektierte Vermittlungs- und Schlichtungsinstanz in der Ökumene werden könnte. Einen Primat freilich nicht der Herrschaft, sondern des selbstlosen Dienstes – ausgeübt in Verantwortung vor dem Herrn der Kirche und gelebt in bescheidener Brüderlichkeit. Einen Primat also nicht im Geist eines religiös-verbrämten römischen Imperialismus, wie ich ihn in sieben römischen Studienjahren ganz nahe unter Piux XII. kennengelernt habe. Vielmehr einen Primat im Geist Jesu Christi, wie er für mich in Gestalten wie Gregor dem Großen oder – ihn habe ich als Konzilstheologe von sehr nahe beobachten können – Johannes XXIII. zum Leuchten kam: Päpste, die keine servile Unterwürfigkeit, kritiklose Devotion, sentimentale Vergötterung, wohl aber loyale Mitarbeit, konstruktive Kritik und ständige Fürbitte erwarteten: Mitarbeiter unserer Freude, nicht Herren unseres Glaubens, um ein Apostelwort aufzunehmen.

Und sehr früh habe ich auch die katholische Kirche als die weltumfassende erfahren und in ihr von ungezählten Menschen und Freunden in aller Welt unendlich viel empfangen und lernen dürfen; seither weiß ich noch deutlicher, daß die katholische Kirche nicht einfach mit der katholischen Hierarchie oder gar der römischen Bürokratie verwechselt werden darf.

Doch vor allem war da Tübingen: das protestantische Tübingen mit seiner katholischen Fakultät. Hier seit 1960 Professor, bin ich immer mehr in diese Fakultät hineingewachsen, die seit ihrer Begründung nicht nur eine große Erfolgs-, sondern auch eine große Konfliktsgeschichte hat: Wie viele katholische Tübinger Theologen bis zu manchen noch lebenden und lehrenden wurden moniert, indiziert, diszipliniert … Nichts Neues unter der Tübinger Sonne!

Diese katholische Tübinger Fakultät in der freien Tübinger Luft ist es gewesen, aus der meine Bücher wie die meiner Kollegen herausgewachsen sind und ohne die sie kaum oder eben nur anders möglich geworden wären. Im dauernden Gespräch mit Kollegen und Studenten konnte hier eine katholische Theologie entstehen, die anders als die frühere Kontroverstheologie wahrhaft ökumenischen Charakter hat und beides zugleich zu vereinen sucht: Treue zum katholischen Erbe und Offenheit für die Christenheit, ja, die Weltökumene als ganze.

Das Gespräch gerade mit den evangelischen Kollegen war für den katholischen Theologen von entscheidender Bedeutung: nicht um das Katholische abzuwerten, gar zu verschleudern, sondern um es in ökumenischem Geist vom Evangelium her neu in den Blick zu nehmen und zu vertiefen. Dieser Aufgabe verpflichtet, konnte ich 1963 in der Katholisch-Theologischen Fakultät auf den neu begründeten Lehrstuhl für Dogmatische und Ökumenische Theologie überwechseln, mit dem die Leitung eines Instituts für ökumenische Forschung verbunden war, das systematisch für die Konvergenz der divergierenden Theologien arbeitete und auch tabuisierte theologische Fragen nicht umging. Kann man es einem Theologen unter diesen Umständen verargen, wenn er sich mit allen legitimen Mitteln gegen ein Hinausdrängen aus dieser seiner Fakultät zur Wehr setzt?

Warum also bleibe ich katholisch? Nicht nur um meiner katholischen *Herkunft* willen, sondern zugleich um dieser meiner als große Chance ergriffenen *Lebensaufgabe* willen. Doch will nun die Frage beantwortet sein: Was meint eigentlich dieses Katholische, um dessentwillen ich auch in Zukunft katholischer Theologe bleiben möchte?

Wer ist ein katholischer Theologe?

Nach dem ursprünglichen Wortsinn und der alten Tradition kann sich katholischer Theologe jeder nennen, der sich in seiner Theologie der »katholischen«, und das heißt der *»ganzen«*, der »allgemeinen, umfassenden, gesamten« Kirche verpflichtet weiß. Und dies in zwei Dimensionen: der zeitlichen und der räumlichen.

1. Katholizität in der Zeit: Katholisch ist der Theologe, der sich mit der gesamten Kirche, also mit der Kirche aller Zeiten, verbunden weiß. Er wird also nicht gewisse Jahrhunderte von vornherein als »unchristlich« oder »unevangelisch« qualifizieren. Er ist überzeugt, daß es in allen Jahrhunderten eine Gemeinschaft von Glaubenden gab, die das Evangelium Jesu Christi hörte und ihm so recht und schlecht, wie es Menschen in ihrer Gebrechlichkeit und Fehlbarkeit zu tun vermögen, nachzuleben versuchte.

Protestantischer Radikalismus dagegen (nicht zu verwechseln mit evangelischer Radikalität!) steht in Gefahr, ungeschichtlich einfach bei Null anfangen zu wollen und so von Jesus zu Paulus und von Paulus zu Augustin und dann in einem großen Sprung über das Mittelalter hinweg zu Luther und Calvin und von dort, sehr oft über die eigene »orthodoxe« Tradition hinweg, zu den jüngsten Kirchenvätern oder besser Schulhäuptern zu springen.

Der *katholische* Theologe wird im Gegensatz dazu immer davon ausgehen, daß das Evangelium sich zu keiner Zeit unbezeugt gelassen hat, und er wird zu lernen versuchen von der Kirche der Vorzeit. Bei aller notwendigen kritischen Sichtung wird er somit nie die Grenzpfähle und Gefahrenzeichen übersehen, die die Kirche früherer Zeiten in Sorge und Kampf um den einen und wahren Glauben mit ihren Bekenntnissen und Definitionen zur Unterscheidung von guter und schlechter Interpretation der Botschaft oft in Zeiten größter Not und Gefahr gesetzt hat. Nie wird er die positiven und negativen Erfahrungen seiner Väter und Brüder in der Theologie, jener Lehrer, die seine älteren und erfahreneren Mitschüler in der Schule der Heiligen Schrift sind, vernachlässigen. Der katholische Theologe ist gerade in der kritischen Sichtung interessiert an der in allen Brüchen sich durchhaltenden *Kontinuität* des christlichen Glaubens.

2. Katholizität im Raum: Katholisch ist der Theologe, der sich mit der Kirche aller Nationen und Kontinente verbunden weiß. Er wird sich also nicht nur auf seine Landes- oder Nationalkirche ausrichten und sich von der gesamten Kirche abkapseln. Er ist überzeugt, daß es in allen Nationen und Kontinenten eine Gemeinschaft der Glaubenden gibt, die letztlich nichts anderes will als seine eigene Kirche, die nicht weniger als diese vom Evangelium getrieben ist und die selber etwas für seine eigene Kirche und Theologie zu sagen hat.

Protestantischer Partikularismus dagegen (nicht zu verwechseln mit evangelischer Gemeindebezogenheit!) wird immer wieder geneigt sein, sich auf die örtlich oder national beschränkte Kirche, ihren Glauben und ihr Leben zu fixieren und sich mit einem (unter Umständen intellektuell sehr kultivierten) theologischen Provinzialismus zu begnügen.

Der *katholische* Theologe wird dagegen immer davon ausgehen, daß das Evangelium sich keinem Volk, keiner Klasse und keiner Rasse unbezeugt gelassen hat, und er wird zu lernen versuchen von den anderen Kirchen: Nie wird er somit bei aller Verwurzelung in einer bestimmten Ortskirche seine Theologie an eine bestimmte Nation, Kultur, Rasse, Klasse, Gesellschaftsform, Weltanschauung, Schule binden. Der katholische Theologe ist gerade an seinem spezifischen Ort interessiert an der alle Gruppen umfassenden *Universalität* des christlichen Glaubens.

In diesem doppelten Sinne also möchte ich katholischer Theologe sein und bleiben und die Wahrheit des katholischen Glaubens in katholischer Tiefe wie Weite vertreten. In diesem Sinn kann zweifellos auch mancher sich protestantisch oder evangelisch nennende Theologe katholisch sein und ist es auch, in Tübingen ganz besonders! Darüber sollte man sich eigentlich auch von amtskirchlicher Seite freuen können.

Das Kriterium des Katholischen

Doch heißt diese Bejahung des Katholischen in Zeit und Raum, Tiefe und Weite, daß man geradezu *alles* zu akzeptieren hat, was im Lauf der 20 Jahrhunderte offiziell gelehrt, befohlen und befolgt wurde? Meinen Vatikanische Glaubenkongregation und Deutsche Bischofskonferenz eine solche Totalidentifikation, wenn sie von der »vollständigen«, »vollen«, »unverkürzten« Wahrheit des katholischen Glaubens sprechen?

Nein, solch totalitäre Wahrheitsauffassung kann doch nicht gemeint sein. Denn auch von seiten der Amtskirche wird heute kaum noch bestritten, daß in der Geschichte der katholischen Lehre und Praxis folgenschwere und theologisch begründete

Irrtümer vorgekommen sind, die zum Teil auch von den Päpsten (meist stillschweigend) korrigiert wurden: Exkommunikation des ökumenischen Patriarchen von Konstantinopel und der griechischen Kirche, Verbot der Liturgie in der Volkssprache, Verurteilung Galileis und des modernen naturwissenschaftlichen Weltbildes, Verurteilung der chinesischen und indischen Gottesdienstformen und Gottesnamen, Aufrechterhaltung der mittelalterlichen Welt-Macht des Papstes bis zum Ersten Vatikanischen Konzil mit allen weltlichen und geistlichen Mitteln der Exkommunikation, Verurteilung der Menschenrechte und insbesondere der Gewissens- und Religionsfreiheit, schließlich noch in unserem Jahrhundert die zahlreichen Verurteilungen der neuen historisch-kritischen Exegese (bezüglich Autorschaft der biblischen Bücher, Quellenforschung, Historizität und literarischer Gattungen) und Verurteilungen auf dogmatischem Gebiet, besonders im Zusammenhang mit dem »Modernismus« (Evolutionstheorie, Verständnis der Dogmenentwicklung) und in allerneuester Zeit die ebenfalls schon hochdogmatisch begründeten Säuberungsmaßnahmen Pius' XII. mit Absetzung bedeutendster Theologen der vorkonziliaren Zeit wie Chenu, Congar, de Lubac, Teilhard de Chardin, die unter Johannes XXIII. zuallermeist Konzilstheologen wurden.

Ist es nicht offensichtlich: Gerade um des wahrhaft Katholischen willen muß unterschieden werden. Nicht alles, was in der katholischen Kirche offiziell doziert und praktiziert wurde, war katholisch! Ist es nicht wahr: Katholizität würde zum »Katholizismus« erstarren, wenn diese »gewordene Realität des Katholischen« (J. Ratzinger) einfach hingenommen wird, statt sie unter ein Kriterium zu stellen. Dieses Kriterium kann für katholische Christen nichts anderes als die christliche Botschaft, das *Evangelium*, in letzter Konkretheit *Jesus Christus selber* sein, der für die Kirche und – entgegen allen anderen Behauptungen – auch für mich der Sohn und das Wort Gottes ist. Er ist und bleibt die Norm, von der her auch jede kirchliche Autorität – sie sei nicht bestritten – beurteilt werden muß; die Norm, vor der selbstverständlich auch der Theologe zu bestehen und sich ständig selbstkritisch in echter Demut zu verantworten hat.

Das alles bedeutet: Katholisch kann *nicht* heißen, um einer vermeintlichen »Fülle«, »Ganzheit«, »Vollständigkeit«, »Unverkürztheit« willen in falsch verstandener »Demut« gehorsam *alles* anzunehmen, *alles* hinzunehmen. Das wäre eine schlechte complexio oppositorum, ein fatales Zusammenwerfen von Widersprüchlichkeiten, Wahrem und Falschem.

Gewiß, dem Protestantismus hat man oft ein Zuwenig vorgehalten, eine einseitige Auswahl aus dem Ganzen. Aber umgekehrt kann man dem Katholizismus oft den Vorwurf eines Zuviel nicht ersparen: eine synkretistische Anhäufung heterogener, schiefer, ja unter Umständen unchristlicher, paganer Elemente. Und was ist schlimmer? Das peccatum per defectum, die Sünde durch Mangel, oder das peccatum per excessum, die Sünde durch Überhäufung?

Katholizität muß also in jedem Fall kritisch verstanden werden: kritisch nach dem Evangelium! Bei allem katholischen »Und« muß der immer wieder notwendige Protest des »Allein« mitbedacht werden, von dem her ein »Und« überhaupt erst sinnvoll wird. Reformen – in Praxis und Lehre – müssen möglich bleiben. Das bedeutet für den Theologen nichts anderes als: der im echten Sinn *katholische Theologe muß evangelisch gesinnt* sein, wie umgekehrt der im echten Sinn *evangelische Theologe katholisch gesinnt* sein muß. Zugegeben: Das macht die theologischen Abgrenzungen sachlich und denkerisch komplizierter, als die oft so schrecklich einfachen offiziellen Lehrdokumente glauben machen wollen, die oft so wenig katholische Tiefe und Weite verraten. Warum also bleibe ich katholisch? Weil ich gerade so eine vom Evangelium her zentrierte und geordnete *»evangelische Katholizität«* bejahen kann, die nichts anderes ist als die echte *Ökumenizität*. Katholischsein heißt also im vollen Sinn Ökumenischsein.

Wie aber steht es dann mit dem Römischen? »Römisch-katholisch« ist eine späte und mißverständliche Neubildung. Noch einmal: Nichts gegen Rom! Aber ich meine: Gerade weil ich katholischer Theologe sein will, kann ich meinen katholischen Glauben und meine katholische Theologie nicht einfach an die hinzugewachsenen römischen Absolutheitsansprüche etwa des Mittelalters und der Folgezeit binden. Gewiß: Entwicklung in Lehre und Praxis in Ehren, aber: nur eine »evolutio secundum evangelium«, eine Entwicklung dem Evangelium gemäß! Eine »evolutio praeter evangelium«, eine Entwicklung am Evangelium »vorbei«, mag toleriert werden; eine »evolutio contra evangelium« aber, eine Entwicklung gegen das Evangelium, muß kritisiert werden. Angewandt auf das Papsttum heißt dies: Ein an Petrus und die große römische Tradition anknüpfender Pastoralprimat der römischen Bischöfe wurde von mir stets als ein vom Evangelium gedecktes Element der katholischen Tradition anerkannt und verteidigt. Aber: Der insbesondere seit dem 11. Jahrhundert herrschende, freilich schon weit früher vorbereitete römische Juridismus, Zentralismus und Triumphalismus in Lehre, Moral und Kirchendisziplin ist weder von der alten katholischen Tradition noch erst recht vom Evangelium selber gedeckt und wurde auch im Zweiten Vatikanischen Konzil kritisiert. Ja: Er ist der Hauptverantwortliche für die Kirchenspaltung mit dem Osten und mit den reformatorischen Kirchen. Das ist jener »Katholizismus«, um den jetzt im Namen der Katholizität der katholischen Kirche der Streit geführt wird. Ob manche unserer Kardinäle und Bischöfe nicht sehen wollen, daß sie in einzelnen Punkten von Lehre und Praxis mehr römisch als katholisch denken? Vielleicht hat der evangelische Kollege Walther von Löwenich, Kenner Luthers wie des modernen Katholizismus, es doch schon in der Unfehlbarkeitsdebatte richtig gesehen, wenn er schreibt: »Die entscheidende Frage im Fall Küng sollte darum sinnvollerweise nicht lauten: Ist Küng noch katholisch? Sie sollte vielmehr lauten: Wird sich der Katholizismus aus lehrgesetzlicher Verengung zu echter Katholizität hindurchringen?«

Katholizität als Gabe und Aufgabe, Indikativ und Imperativ, Herkunft und Zukunft: in dieser Spannung möchte ich auch weiterhin Theologie treiben und so entschieden wie bisher die Botschaft Jesu Christi den Menschen von heute verständlich machen – lern- und korrekturbereit dort, wo es um ein partnerschaftliches und brüderliches Gespräch geht. Einem solchen Gespräch – gegen alle auch von der Deutschen Bischofskonferenz ständig wiederholten gegenteiligen Behauptungen sei es hier festgehalten – habe ich mich auch den römischen Autoritäten gegenüber nie verweigert und es mit Vertretern der Deutschen Bischofskonferenz wie mit dem Ortsbischof viele Male geführt. Dem Verhör der Inquisition allerdings, die sich selber alle Rechte und dem Angeklagten so gut wie keine gewährt, mußte ich um der Wahrung der Menschen- und Christenrechte sowie der Freiheit der theologischen Wissenschaft willen durch all die Jahre hindurch widerstehen. Das bin ich auch denen schuldig, die unter diesen unmenschlichen und unchristlichen Maßnahmen gelitten haben und, wie man hört, auch in Zukunft leiden sollen. Katholische Kirche ja, römische Inquisition nein!

In dieser Auseinandersetzung um die wahre Katholizität weiß ich mich nicht allein. Wider alle Resignation werde ich zusammen mit den vielen kämpfen, die mich bisher unterstützt haben. Gemeinsam gilt es weiterzuarbeiten für eine dem Evangelium verpflichtete, wahrhaft katholische Kirche. Dafür lohnt sich, katholisch zu bleiben!

Aus: »Die Hoffnung bewahren« (1990; erstveröffentlicht 1980).
© Benziger Verlag, Zürich

IV. JESUS ALS DER CHRISTUS

1. Wer war Jesus?

Was kann verhindern, daß man einem nur erträumten, einem von uns dogmatisch oder pietistisch, revolutionär oder schwärmerisch manipulierten und inszenierten Christus folgt? Jede Manipulation, Ideologisierung, ja Mythisierung Christi hat ihre Grenze an der *Geschichte*! Der Christus des Christentums ist – dies kann nicht genügend gegen allen alten oder neuen Synkretismus betont werden – nicht einfach eine zeitlose Idee, ein ewig gültiges Prinzip, ein tiefsinniger Mythos. Über eine Christusfigur im Götterhimmel eines Hindutempels können sich nur naive Christen freuen. Der gnädigen Aufnahme ihres Christus in ein Pantheon haben schon die frühen Christen mit allen Kräften widerstanden und oft genug mit ihrem Leben dafür bezahlt. Eher ließen sie sich Atheisten schimpfen. Der Christus der Christen ist vielmehr eine ganz konkrete, menschliche, geschichtliche Person: der Christus der Christen ist niemand anders als *Jesus von Nazaret*. Und insofern gründet Christentum wesentlich in Geschichte, ist christlicher Glaube wesentlich geschichtlicher Glaube. Man vergleiche die synoptischen Evangelien mit der weitestverbreiteten (großartig vor dem nächtlichen Tempel von Prambanan/Java und auf ungezählten Tempelfresken zur Darstellung gebrachten) hinduistischen Dichtung Ramayana, die in vierundzwanzigtausend Sanskritstrophen beschreibt, wie der hochgesinnte Prinz Rama (= der inkarnierte Vishnu), dem seine Gattin Sita vom Riesenkönig Ravana nach Ceylon entführt wurde, mit Hilfe eines Heeres von Affen, die eine Brücke über den Ozean bauten, seine ihm treugebliebene Gemahlin befreit und schließlich doch verstoßen hat: und man erkennt den ganzen Unterschied. Nur als geschichtlicher Glaube hat sich das Christentum schon am Anfang gegen alle die Mythologien, Philosophien, Mysterienkulte durchsetzen können.

Was weiß man von Jesus – im Vergleich?

Wenn auch ungezählte Menschen in Jesus übermenschliche, göttliche Wirklichkeit erfahren haben und wenn auch schon von Anfang an hohe Titel von ihm gebraucht wurden, so ist doch kein Zweifel, daß Jesus für seine Zeitgenossen wie auch für die spätere Kirche immer als ein *wirklicher Mensch* galt. Nach allen neutestamentlichen Schriften – und sie sind abgesehen von einigen wenigen und unergiebigen heidnischen und jüdischen Zeugnissen unsere einzigen verläßlichen Quellen, auch Talmud und Midrasch fallen dafür aus – ist Jesus ein wirklicher Mensch, der zu einer ganz bestimmten Zeit und in einer ganz bestimmten Umgebung gelebt hat. Aber hat er wirklich gelebt?

Die *historische Existenz* Jesu von Nazaret wurde ähnlich wie die Buddhas und andere scheinbar unbestreitbare Tatsachen auch schon einmal bestritten. Die Aufregung war groß, wenn auch unnötig, als im 19. Jahrhundert Bruno Bauer das Christentum als eine Erfindung des Urevangelisten und Jesus als eine »Idee« verstand. Und noch einmal, als Arthur Drews, 1909, Jesus als reine »Christusmythe« interpretierte (ähnlich auch der Engländer J. M. Robertson und der amerikanische Mathematiker W. B. Smith). Aber extreme Positionen haben ihr Gutes. Sie klären die Situation und heben sich meist selber auf: Die geschichtliche Existenz Jesu wird seither von keinem ernsthaften Forscher bestritten. Was selbstverständlich unernsthafte Schreiber nicht gehindert hat, über Jesus weiterhin Unernsthaftes zu schreiben (Jesus als Psychopath, als Astralmythos, als Sohn des Herodes, als im geheimen verheiratet und ähnliches mehr).

Wir wissen von Jesus von Nazaret unvergleichlich mehr historisch Gesichertes als von den großen asiatischen Religionsstiftern:

mehr als von *Buddha* († um 480 v. Chr.), dessen Bild in den

Lehrtexten (Sutras) auffällig stereotyp bleibt und dessen stark systematisierte Legende weniger einen historischen als einen idealtypischen Lebensablauf wiedergibt;

mehr erst recht als von Buddhas chinesischem Zeitgenossen *Kung-futzu* (Meister Kung, † vermutlich 489 v. Chr.), dessen zweifellos reale Persönlichkeit trotz aller Bemühungen wegen der Unzuverlässigkeit der Quellen nicht exakt zu erfassen ist und die erst nachträglich mit der chinesischen Staatsideologie des »Konfuzianismus« (einem im Chinesischen unbekannten Wort; sachgemäßer: »Lehre oder Schule der Gelehrten«) verknüpft wurde;

mehr schließlich als von *Lao-tse*, dessen Gestalt, von der chinesischen Überlieferung als real angenommen, wegen der unzuverlässigen Quellen biographisch überhaupt nicht faßbar ist und dessen Lebensdaten je nach Quellen ganz verschieden im 14., 13., 8., 7. oder 6. Jahrhundert v. Chr. angesetzt werden.

Der kritische Vergleich ergibt in der Tat erstaunliche Unterschiede: Die Lehren *Buddhas* sind durch Quellen überliefert, die wenigstens ein halbes Jahrtausend nach dessen Tod niedergeschrieben wurden, als die ursprüngliche Religion bereits eine weitgehende Entwicklung erfahren hatte.

Erst seit dem 1. Jahrhundert v. Chr. wird *Lao-tse* als Autor des Tao-te-king bezeichnet, jenes klassischen Buches von »Weg« und »Tugend«, welches faktisch eine Kompilation aus mehreren Jahrhunderten ist, dann aber für die Formulierung der taoistischen Lehre entscheidend wurde.

Die wichtigsten Überlieferungstexte von Meister *Kung* – die »Biographie« von Szu-ma Ch'ien und die »Gespräche« (Lunyü: eine den Schülern zugeschriebene Sammlung von Aussprüchen Kungs, eingebettet in Situationsberichte) – sind 400 Jahre, das zweite mindestens 100 (manche sagen sehr viel mehr) Jahre von der Lebzeit des Meisters entfernt und kaum zuverlässig; authentisch gesicherte Schriften oder eine authentische Biographie Kung-futzus gibt es nicht (auch die Chronik des Staates Lu stammt kaum von ihm).

Aber auch wenn man nach Europa blickt: Die älteste uns erhaltene Handschrift der Homerischen Epen stammt aus dem 13. Jahrhundert. Der Text der Sophokleischen Tragödien beruht auf einer einzigen Handschrift des 8. oder 9. Jahrhunderts. Für das Neue Testament aber ist der Abstand von der Urschrift um vieles kürzer, sind die erhaltenen Handschriften zahlreicher, ist ihre Übereinstimmung größer als bei irgendeinem anderen Buch der Antike: Sorgfältige Handschriften der Evangelien gibt es bereits aus dem 3. und 4. Jahrhundert. In jüngster Zeit aber hat man vor allem in der ägyptischen Wüste noch sehr viel ältere Papyri entdeckt: Das älteste Fragment des Johannes-Evangeliums – des letzten der vier Evangelien – liegt heute im Original in der John-Ryland-Bibliothek in Manchester, stammt aus dem Beginn des 2. Jahrhunderts und weicht mit keinem Wort von unserem gedruckten griechischen Text ab. Die vier Evangelien haben somit bereits um das Jahr 100 existiert; mythische Erweiterungen und Umdeutungen (in den apokryphen Evangelien usw.) finden sich vom 2. Jahrhundert an. Der Weg führte offensichtlich von der Geschichte zum Mythos und nicht vom Mythos zur Geschichte!

In Ort und Zeit – kein Mythos

Jesus von Nazareth ist kein Mythos: seine Geschichte läßt sich *lozieren*. Sie ist keine Wanderlegende wie – betrüblich genug für manchen treuen Eidgenossen – der Schweizer Nationalheld Wilhelm Tell. Sie spielte gewiß in einem politisch unbedeutenden Land, in einer Randprovinz des Römischen Reiches. Aber immerhin stellte dieses Land Palästina ältestes Kulturreich im Kern des »fruchtbaren Halbmondes« dar: Bevor sich das politisch-kulturelle Gewicht auf die beiden Spitzen des Halbmondes – Ägypten und Mesopotamien – verlagerte, vollzog sich dort etwa im siebten vorchristlichen Jahrtausend die große jungeiszeitliche Revolution, in der die Jäger und Sammler sich als Ackerbauern und Viehzüchter niederließen, sich damit zum erstenmal in der Menschheitsgeschichte von der Natur unabhängig machten und sie selbständig produktiv zu beherrschen begannen, bevor es dann beinahe vier Jahrtausende später auf den beiden Spitzen des Halbmondes – Ägypten und Mesopotamien – zum nächsten revolutionären Schritt, nämlich der

Schaffung der ersten Hochkulturen und der Erfindung der Schrift, und weitere fünf Jahrtausende später zum vorläufig letzten großen revolutionären Schritt, dem Griff nach den Sternen, kam. Das in der Parabel vom barmherzigen Samariter genannte und in neuerer Zeit wieder ausgegrabene Jericho kann man die älteste stadtartige Siedlung der Welt (zwischen 7000 und 5000 v. Chr.) nennen. Als schmale Landbrücke zwischen den Reichen am Nil und an Euphrat und Tigris schon immer leicht Kampffeld der Großmächte, stand Palästina zur Zeit Jesu unter der Herrschaft der von den Juden gehaßten römischen Militärmacht und den von ihr ernannten halbjüdischen Vasallen-Herrschern. Jesus, den manche in der nationalsozialistischen Zeit gerne zum Arier gemacht hätten, stammte zweifellos aus Palästina: genauer aus der nördlich gelegenen Landschaft Galiläa mit einer rassisch freilich nicht rein jüdischen, sondern stark gemischten Bevölkerung, die aber, anders als das zwischen Judäa und Galiläa liegende Samarien, Jerusalem und seinen Tempel als zentrales Kulturzentrum anerkannte. Ein kleiner Wirkungsbereich in jedem Fall: zwischen Kafarnaum am lieblichen See Genesaret im Norden und der Hauptstadt Jerusalem im gebirgigen Süden nur 130 km Luftdistanz, von einer Karawane in einer Woche zu durchqueren.

Jesus von Nazaret ist kein Mythos: seine Geschichte läßt sich *datieren*. Sie ist kein überzeitliches Mythos von der Art, wie sie die ersten Hochkulturen der Menschheit geprägt haben: kein Mythos des ewigen Lebens wie in Ägypten. Kein Mythos der kosmischen Ordnung wie in Mesopotamien. Kein Mythos der Welt als Wandlung wie in Indien. Kein Mythos des vollendeten Menschen wie in Griechenland. Es geht um die Geschichte dieses einen Menschen, der in Palästina zu Beginn unserer Zeitrechnung unter dem römischen Kaiser Augustus geboren und unter dessen Nachfolger Tiberius öffentlich aufgetreten ist und schließlich durch dessen Prokurator Pontius Pilatus hingerichtet wurde.

Wer aber war dieser Jesus? Was wollte er? Eine entscheidende Frage: Denn wer immer er war und was immer er wollte, das Christentum wird verschieden aussehen müssen, je nachdem er selber so oder anders war. Und nicht nur im heutigen, sondern schon im damaligen gesellschaftlichen kulturell-religiösen Gesamtzusammenhang wurde gefragt, was schließlich zu einer Lebens- und Todesfrage wurde: Jesus – was will er, wer ist er: ein Mann des Establishments oder ein Revolutionär? Ein Wahrer von Gesetz und Ordnung oder ein Kämpfer für radikale Veränderung? Ein Vertreter der reinen Innerlichkeit oder ein Verfechter der freien Weltlichkeit?

Diese Fragen können hier nicht auf kurzem Raum beantwortet werden. Aber es lassen sich einige Orientierungspunkte angeben, die den einzelnen zum Weiterdenken veranlassen mögen.

War Jesus ein Mann des *Establishments*? Es gab ein religiös-politisches Establishment in Jerusalem. Doch überrascht es schon manche, wenn man sagt: Jesus war kein Priester. Er war »Laie«. Und ich muß gleich bedauernd hinzufügen: Er war auch kein professioneller Theologe. Er machte keine großen Theorien. Er predigte das baldige Kommen des Reiches Gottes unwissenschaftlich, mit einfachsten Worten, mit Vergleichen, Geschichten, Parabeln.

War er ein *Revolutionär*? Es gab damals eine revolutionäre Partei, Zeloten, »Eiferer« nannte man sie. Und viele etwa in Südamerika heute verstehen ihn so. Aber es ist völlig eindeutig: er war jedenfalls kein politischer, kein sozialer Revolutionär. Hätte er nur eine Landreform durchgeführt oder, wie bei der Jerusalemer Revolution nach seinem Tod geschehen, die Schuldscheine im Jerusalemer Archiv verbrennen lassen und einen Aufstand gegen die römische Besatzungsmacht organisiert, dann wäre er schon längst vergessen. Er aber predigte die Gewaltlosigkeit.

War er dann vielleicht umgekehrt, wie es das Mönchtum aller Zeiten gerne dachte, ein asketischer *Ordensmann*? Auch das nicht. Er zog sich keineswegs aus der Welt zurück, sonderte sich nicht ab und schickte auch niemand, der vollkommen werden wollte, in das in unseren Tagen neuentdeckte große Kloster von Qumran am Toten Meer.

War er dann schließlich der Mann einer moralischen Aufrüstung, so etwas wie ein frommer *Moralist*? Aber Jesu lehrte keine Frömmigkeitstechnik und hatte keinen Sinn für moralische oder gar juristische Kasuistik und alle Fragen der Gesetzesauslegung. Dafür waren die Pharisäer zuständig, die besser waren als ihr Ruf.

Keine Nivellierung der Gegensätze

Das bisherige Ergebnis ist merkwürdig. Jesus ließ sich offensichtlich nirgendwo einordnen: weder bei den Herrschenden noch bei den Rebellierenden, weder bei den Moralisierenden noch bei den Stillen im Lande. Er erwies sich als provokatorisch – aber nach rechts und links. Von keiner Partei gedeckt, herausfordernd nach allen Seiten: »der Mann, der alle Schemen sprengt«. Kein Philosoph und kein Politiker, kein Priester und kein Sozialreformer. Ein Genie, ein Held, ein Heiliger? Oder ein Reformator? Aber ist er nicht radikaler als ein Reformator? Ein Prophet? Aber ist ein »letzter«, unüberbietbarer Prophet noch ein Prophet? Die übliche Typologie scheint zu versagen. Von den verschiedensten Typen scheint er etwas zu haben (vielleicht am meisten vom Propheten und vom Reformator), um gerade keinem von ihnen zuzugehören. Er ist von anderem Rang: Gott anscheinend näher als die Priester. Der Welt gegenüber freier als die Asketen. Moralischer als die Moralisten. Revolutionärer als die Revolutionäre. So hat er Tiefen und Weiten, die anderen fehlen. Offensichtlich schwer zu verstehen und kaum ganz zu durchschauen, für Feinde und Freunde. Immer wieder neu zeigt sich: *Jesus ist anders!* Bei allen Parallelen im einzelnen erweist sich der geschichtliche Jesus als im ganzen völlig *unverwechselbar* – damals und heute.

Von daher versteht man auch, wie oberflächlich es wäre, alle *»Religionsstifter«* in eine Reihe zu stellen, als ob sie im Grunde nicht nur verwechselt, sondern gar ausgewechselt werden könnten. Ganz abgesehen davon, daß Jesus von Nazaret keine Religion stiften wollte – es dürfte deutlich geworden sein, daß der geschichtliche Jesus weder mit Mose noch mit Buddha, weder mit Kung-futzu noch mit Muhammad verwechselt werden kann.

Um es knapp anzudeuten: Jesus war kein am Hof Gebildeter

wie anscheinend Mose, war kein Königssohn wie Buddha. Aber er war auch kein Gelehrter und Politiker wie Kung-futzu und kein reicher Kaufmann wie Muhammad. Gerade weil seine Herkunft so unbedeutend, ist seine bleibende Bedeutsamkeit so erstaunlich. Wie *verschieden* ist doch Jesu Botschaft

• von der unbedingten Geltung des immer mehr ausgebauten geschriebenen Gesetzes (Mose);

• vom asketischen Rückzug in mönchische Versenkung innerhalb der geregelten Gemeinschaft eines Ordens (Buddha);

• von der gewaltsam revolutionären Welteroberung durch Kampf gegen die Ungläubigen und Errichtung theokratischer Staaten (Muhammad);

• von der Erneuerung der traditiionellen Moral und der etablierten Gesellschaft gemäß einem ewigen Weltgesetz im Geist einer aristokratischen Ethik (Kung-futzu).

Gewiß: Die Wahrheit der anderen Religionen ist auch im Christentum zur Geltung und sogar neu zur Geltung zu bringen. Das Christentum hat schließlich nicht nur von Platon, Aristoteles und der Stoa, sondern auch von den hellenistischen Mysterienkulten und der römischen Staatsreligion, kaum aber etwas von Indien, China und Japan gelernt. Eine Vermischung jedoch aller Religionen läßt sich von dem, der sich auf diesen Jesus beruft, nicht rechtfertigen. Die einzelnen großen Gestalten lassen sich nicht auswechseln, ihre Wege vom einen und selben Menschen nicht zugleich gehen. Welttilgung (Buddha) und Weltwerdung (Kung-futzu), Weltherrschaft (Muhammad) und Weltkrise (Jesus) nicht zugleich anvisieren. Jesus von Nazaret kann nicht als Chiffre für eine Allerweltsreligion, kann nicht als Etikette für einen älteren oder neueren Synkretismus dienen.

Doch mit all dem bisher Gesagten ist die Gestalt Jesu erst in mehr negativer Abgrenzung umrissen. Die positive Frage wurde bisher mehr indirekt ausgesprochen: Was bestimmte ihn eigentlich? Was ist seine Mitte?

Seine Botschaft war nicht so kompliziert wie unsere Katechismen oder gar unsere theologischen Schulbücher. Er verkündigte das kommende *Gottesreich*: daß Gottes Sache sich durchsetzen wird, daß die Zukunft Gott gehört. Und im Hinblick auf dieses kommende Reich predigte er nur eine oberste Norm für das Handeln des Menschen. Nicht irgendein Gesetz oder Dogma, einen Kanon oder Paragraphen. Die oberste Norm für ihn ist: *der Wille Gottes*. Sein Wille geschehe! Das hört sich ganz fromm an. Aber was ist dieser Wille Gottes? Er ist nicht einfach identisch mit einem bestimmten Gesetz, einem Dogma oder einer Regel. Aus allem, was Jesus sagt und tut, wird klar: Der Wille Gottes ist nichts anderes als *das Wohl der Menschen*. Eine ebenso erstaunliche wie konsequenzenreiche Gleichsetzung.

Deshalb schreckt Jesus, der im ganzen durchaus gesetzestreu lebt, im Einzelfall auch vor gesetzwidrigem Verhalten nicht zurück. Er zeigt keinen Sinn für rituelle Korrektheit: Reinheit vor Gott schenkt nur die Reinheit des Herzens. Keinen Fastenasketismus: Fresser und Säufer ließ er sich schelten. Keine Sabbatängstlichkeit: Der Mensch ist Maß des Sabbats und des Gesetzes.

Deshalb relativiert er faktisch in skandalöser Weise geheiligte Traditionen und Institutionen: Er relativiert das Gesetz; denn die Gebote sind um der Menschen willen da. Er relativiert den Tempel, die Liturgie; denn Versöhnung und alltäglicher Dienst kommen vor der Liturgie.

Deshalb tritt er für die Liebe ein, die zugleich fromm und vernünftig sein läßt, die sich aber darin bewährt, daß sie niemanden, auch nicht den Gegner, ausschließt, daß sie vielmehr bis zum letzten Einsatz und Verzicht zu gehen bereit ist: Veränderung der Gesellschaft durch radikale Veränderung des einzelnen.

Deshalb solidarisiert er sich zum Ärger der Frommen mit allen Armen, Armseligen, »armen Teufeln«: den Häretikern und Schismatikern (Samariter), den Unmoralischen (Dirnen und Ehebrecher), den politisch Kompromittierten (Zolleinzieher und Kollaborateure), den gesellschaftlich Ausgestoßenen und Vernachlässigten (Aussätzige, Kranke, Elende), den Schwächeren (Frauen und Kinder), überhaupt mit dem gemeinen Volk (das nicht weiß, worum es eigentlich geht).

Deshalb wagt er sogar, statt der gesetzlichen Bestrafung Gottes Vergebung – umsonst! – zu verkünden, ja sogar Vergebung persönlich zuzusprechen und damit die Umkehr und die Vergebung gegenüber den Mitmenschen zu ermöglichen.

Das wollte eine wahrhaft *gute Botschaft* sein, eine Botschaft der Gnade, Hoffnung, Freiheit, Liebe und Freude: ein wahres Evangelium! Überzeugend gelebt von dem, der es verkündigt, auffällig begleitet von charismatischen Taten, Heilungen von Krankheiten und Dämonen – eschatologische Signale für das Kommen des den Menschen bis in seine Leiblichkeit hinein ergreifenden Reiches Gottes? Aber gerade so bildet dieser Jesus, bei dem Theorie und Praxis sich unangreifbar decken, eine beispiellose Herausforderung für das gesamte religiös-gesellschaftliche System (»Gesetz«) und seine Repräsentanten. Mit welcher *Vollmacht* eigentlich tut er dies? So fragen Freunde und Feinde. Hier verkündet einer statt der unbedingten Gesetzeserfüllung eine merkwürdige Freiheit für Gott und den Menschen. Predigt er nicht im Grund einen anderen Gott: einen Gott, der es statt mit den Frommen mit den Unfrommen, den Sündern hält? Macht er sich nicht zu mehr als Mose (Gesetz), zu mehr als Salomo (Tempel), zu mehr als Jona (Propheten)? Wie kommt er – von niederer Herkunft und von keiner Institution oder Partei gedeckt – dazu, mit solcher Vollmacht und solchem Anspruch zu reden und zu handeln: aus einer seltsamen Unmittelbarkeit zu Gott als seinem Vater, gleichsam für Gott und anstelle Gottes?

Jesus war in Person zum großen Zeichen, Signal der Entscheidung geworden. Seine Verkündigung und sein Verhalten werden zu seinem *Geschick*: Der Konflikt auf Leben und Tod erscheint unvermeidlich. Konnten die Hüter des Gesetzes, der Moral und der Ordnung anders, als den Verächter des Gesetzes und seines Gottes, den Verführer des Volkes zu liquidieren! Besser einer als viele. Jesus wird verhaftet. Er steht zu allem. Als Verächter des Gesetzes und des Tempels wird er von den

Juden verhört, als politischer Rebell von den Römern zum Tode verurteilt. Die Römer waren Handlanger der Juden, die Juden aber Handlanger des Gesetzes. Das Gesetz – und Paulus wird daraus die radikalen Konsequenzen für die Freiheit des Christen ziehen – hat ihn getötet. So starb Jesus: zwischen zwei Verbrechern, in aller Form mit den Sündern gleichgesetzt, verlassen von dem, dessen Nähe er in Wort und Tat, ja in seiner Person angekündigt hatte. Das Scheitern dieses Gottverlassenen scheint erwiesen und der Gott, den er verkündigt, mitgestorben.

War mit seinem Tode alles aus? Offensichtlich nicht. Als welthistorisches Faktum steht fest: Die von Jesus ausgehende Bewegung hat erst nach seinem Tode richtig begonnen. Worin hat sie ihren Grund? Wenn wir durch die verschiedenen widersprüchlichen Traditionen und legendarischen Ausschmückungen hindurchsehen, so bleibt das übereinstimmende Zeugnis der ersten Glaubenden, die ihren Glauben auf einem wirklichen Widerfahrnis gegründet sahen: *Der Gekreuzigte lebt!* Sein Tod war nicht ein Sterben ins Nichts, sondern in Gott hinein. Nicht das Wie, Wann und Wo, sondern das Daß des neuen Lebens ist entscheidend: Jesus, der Gottverlassene, lebt mit, durch, in Gott. Ihm ist neues Leben geschenkt. Er ist der Sieger. Seine Botschaft, sein Verhalten, seine Person sind gerechtfertigt. Sein Weg war richtig!

Erst jetzt, im Lichte seines neuen Lebens und der Erfahrung seines Geistes, wird für die Jünger eindeutig, wie Gott – und es war doch der wahre Gott! – von Anfang an mit ihm war, wie sehr er in seiner Person für Gott selbst und für die Menschen stand und steht.

Erst jetzt wird deutlich, wieso gerade das Kreuz nicht Ereignis des Fluches, sondern Ereignis des Heiles schlechthin ist und wie mit ihm Gottes Reich der Versöhnung, der Freiheit, der Gerechtigkeit, der Liebe und des Friedens schon hereingebrochen ist.

Erst jetzt erhält seine Person eine definitive und einzigartige Bedeutung für alle, die sich glaubend auf ihn einlassen.

Erst jetzt werden verschiedene Titel und Vorstellungen aus der Umwelt (besonders über seine Präexistenz und Postexistenz) auf ihn übertragen und erhalten durch ihn selbst ihre Bedeutung: er als der Christus, der Messias, der Gesalbte Gottes, Gottes fleischgewordenes Wort, Gottes Sohn, Gottes letztgültige Offenbarung.

Erst jetzt bildet sich im Bekenntnis zu ihm als Gemeinschaft der Glaubenden die Kirche, die seinen Namen trägt und von seinem Geist, dem Heiligen Geist, getragen wird: ausgesondert durch die Taufe in seinem Namen, geeint um das Mahl zu seinem Gedächtnis.

So ist aus dem Verkündiger der Botschaft der Verkündigte geworden: Er selbst die Abkürzung und konkrete Füllung der Botschaft vom Gottesreich, er selber die christliche Botschaft. Er selbst also ist das unterscheidend Christliche, er selbst die Seele der Kirche.

Aus: »Was in der Kirche bleiben muß« (1973) und »Christ sein« (1974).

2. Was meint Auferweckung?

War mit Jesu Tod alles aus? Offensichtlich nicht. Als unbestrittenes Faktum steht fest: Die von Jesus ausgehende Bewegung hat erst nach seinem Tod richtig begonnen, wurde erst jetzt richtig geschichtsmächtig. Worin hat sie ihren Grund? Sie hat ihren Grund in der Glaubensüberzeugung der jüdischen Anhänger Jesu von seiner Auferweckung aus dem Tod.

Auferweckung von den Toten – unjüdisch?

Dieses eine war die felsenfeste Überzeugung der ersten Christusgemeinde, die sich wie der Apostel Paulus auf spirituelle Erfahrungen berief: Dieser Gekreuzigte ist nicht ins Nichts gefallen. Er ist aus der vorläufigen, vergänglichen, unbeständigen Wirklichkeit in das wahre, ewige Leben Gottes eingegangen. Ein »über-natürlicher« Eingriff eines Deus ex machina? Eher das »natürliche« Hineinsterben und Aufgenommenwerden in die eigentliche, wahre Wirklichkeit: ein Endzustand jedenfalls ohne alles Leiden. Wie der Sterbensruf Jesu »Mein Gott, mein Gott, warum hast du mich verlassen?« (Mk 15,34) schon im Lukasevangelium ins Positive gewendet wird mit dem Psalmwort: »Vater, in deine Häne lege ich meinen Geist« (Ps 31,6; Lk 23,46), und dann bei Johannes: »Es ist vollbracht!« (19,30).

Gewiß: Diese Botschaft ist nicht ohne Schwierigkeiten, legendäre Konkretisierungen und Ausmalungen, situationsbedingte Erweiterungen (»Erscheinungen«), Ausgestaltungen (»Himmelfahrt«) und Akzentverschiebungen (»leeres Grab«) überliefert worden. Und doch: Im Grunde zielt sie auf etwas Einfaches, was in der Frühzeit durch formelhaft knappe Wendungen – in den neutestamentlichen Briefen und in der Apostelgeschichte erhalten – überliefert wird:»Gott, der ihn/Jesus aus den Toten erweckte« oder »Gott erweckte ihn aus den Toten« (aus dem Scheol, dem schattenhaften Totenreich). Erst später wird dieser Glaube durch die Geschichte vom leeren Grab erzählerisch ausgestaltet. Doch darin stimmen die verschiedenen urchristlichen Zeugen, Petrus, Paulus und Jakobus, die Briefe, die Evangelien und die Apostelgeschichte durch alle Unstimmigkeiten, ja Widersprüchlichkeiten bezüglich Ort und Zeit, Personen und Ablauf der Ereignisse überein: *Der Gekreuzigte lebt für immer bei Gott – als Verpflichtung und Hoffnung für uns!* Die judenchristlichen und heidenchristlichen Menschen aus den Gemeinden des Neuen Testaments sind getragen, ja fasziniert von der Gewißheit, daß der Getötete nicht im Tod geblieben ist, sondern lebt, und daß, wer sich an ihn hält und ihm nachfolgt, ebenfalls leben wird. Das neue, ewige Leben des Einen als Herausforderung und reale Hoffnung für alle!

Daß mit Jesu Tod nicht alles aus war, daß er selber nicht im Tod geblieben, sondern in Gottes ewiges Leben eingegangen ist, war allerdings von Anfang an keine bewiesene historische Tatsache; es gibt im ganzen Neuen Testament keine »Augenzeugen« und keine direkte Beschreibung der Auferstehung. Auferweckung war schon immer eine – freilich begründete – *Glaubensüberzeugung.* Aber sollte eine Auferweckung von den Toten durch Gott selbst – nur in diesem Sinn darf von »Auf-erstehung« die Rede sein – etwa von vornherein ein unjüdischer Gedanke sein, ein Mirakel, analogielos in der jüdischen Glaubenserfahrung? Was meint überhaupt das Geschehen von »Ostern«? Scheiden sich hier Judentum und Christentum?

Keineswegs! Der »Glaube an die Auferweckung von den Toten (Techijat hametim) ist ein ausdrückliches Dogma des klassischen Judentums, bestätigt und ausgebaut durch Moses Maimonides, behandelt von Hasdai Crescas als ein ›wahrer Glauben‹ (anders als ein fundamentales Prinzip des Judentums), zurückgenommen auf eine problematisierte Ebene der Deduktion von Joseph Albo und fast als eine zentrale Lehraussage verlorengegangen, seit die mittelalterlichen Diskurse abgeschlossen wurden. Dennoch: Trotz seines Verlustes dogmatischer Eminenz, wo sie – unter anderen Glaubenssätzen – als ein sine qua non rabbinischer eschatologischer Lehre betrachtet wurde, bleibt Auferweckung in der traditionellen Liturgie bejaht. Eingeführt als zweiter Segen des Achtzehnbittengebetes (das ›Schmone Essre‹), wiederholt während der Amita (wörtlich: stehendes Gebet), bekräftigt sie, daß Gott an die zu glauben nicht aufhört, die im Staub liegen, und daß er nach seinem Erbarmen die Toten erweckt, ihre Körper wiederherstellt und ihnen ewiges Leben gewährt« – so beschreibt Arthur A. Cohen (1928–1986), Buber-Biograph und Professor an der University of Chicago, die wechselhafte Geschichte des Auferstehungsglaubens im Judentum.

»Auferweckung« durch Gott also ist etwas ganz und gar Jüdisches, und jüdisch ist nicht nur der *Inhalt* des Glaubensbekenntnisses zu Jesu Auferweckung: »Gepriesen seist du, Jahwe, der die Toten lebendig macht« (so der Wortlaut jenes zweiten Segens, ähnlich aber auch die Friedhofliturgie). Jüdisch ist auch die *Form*: »Gott, der ihn aus den Toten erweckt hat«, ähnlich wie die oft gebrauchten jüdischen Glaubensformen: »Gott, der Himmel und Erde gemacht hat« oder »Gott, der euch aus Ägypten herausgeführt hat.«

Doch die Frage bleibt: Warum wurde der Auferweckungsglaube ausgerechnet mit Jesus verbunden? Warum konnte man gerade an ein solches hoffnungsloses Ende irgendwelche Hoffnungen knüpfen? Warum konnte man den von Gott Gerichteten als Gottes Messias proklamieren? Warum konnte man den Galgen der Schande zum Zeichen des Heiles erklären, warum den offensichtlichen Bankrott der Bewegung zum Ausgang ihrer phänomenalen Neuerstehung machen?

Hier haben wir schlicht zur Kenntnis zu nehmen: Nach den Zeugnissen geben die ersten Jünger Jesu als Grund für ihren an Ostern neu geweckten Glauben an: der Gott Israels und Jesus selber! Sie berufen sich dabei auf ihre *Erfahrungen* mit Gott und dem erhöhten Herrn. Gewiß: Unsere Kenntnisse bezüglich geistiger Erfahrungen, Ekstasen, Visionen, Bewußtseinserweiterungen, »mystischer« Erlebnisse sind noch immer zu beschränkt, um klären zu können, was sich an Wirklichkeit hinter solchen Geschichten letztlich verbirgt. Aber sicher wird man solche Erlebnisse weder als Halluzinationen einfach abtun noch im supranaturalistischen Schema als ein Eingreifen Gottes von oben oder von außen erklären können. Wahrscheinlich dürfte es sich um visionäre Vorgänge im Innern, nicht in der äußeren Realität gehandelt haben. Aber »subjektive«, psychische Tätigkeit der Jünger und »objektives« Handeln Gottes schließen sich keineswegs aus; denn Gott handelt auch durch die Psyche des Menschen. Jedenfalls geht es in Visionen oder Auditionen nicht um ein neutrales, objektives Erkennen, sondern um ein gläubiges und Zweifel keineswegs ausschließendes Vertrauen: Es geht um *Glaubenserfahrungen* – am besten vergleichbar mit den *Berufungserfahrungen* der Propheten Israels. Auch die Apostel fangen ja jetzt an, sich berufen zu fühlen, zu verkünden und ihr Leben für die Botschaft einzusetzen.

Nun hat man immer wieder darauf hingewiesen, daß es in der Antike auch Zeugnisse von anderen Auferstehungen gebe. Immer wieder wird vor allem die Geschichte von einer Erscheinung des Apollonios von Tyana nach dessen Tod angeführt, wie sie Philostratos berichtet hat. Aber man beachte den Unterschied zur Auferweckung Jesu: Hat denn je ein Mensch von dieser Auferweckungserfahrung des Apollonios die das ganze Leben verändernde Überzeugung gewonnen: daß durch diesen einen Menschen Gott entscheidend gesprochen und gehandelt hat? Wieweit Jesus selber, der ja eine dramatische eschatologische Wende noch zu Lebzeiten erwartet hatte, seine Jünger auf ein solches dramatisches Ereignis vorbereitet hat, wissen wir nicht; die Prophezeiungen von Tod und Auferweckung, wie sie in den Evangelien berichtet werden, sind in dieser Form sicher erst nachträglich formuliert worden.

Sicher ist nur: Die Jünger, welche das Reich Gottes in Bälde erwartet hatten, sahen diese Erwartung nun zunächst einmal als erfüllt an – und zwar im Lichte der Auferweckung Jesu zu neuem Leben. Sie wurde verstanden als Beginn der endzeitlichen Erlösung. Auch das war damals ein »gut jüdischer« Gedanke: Nicht nur die jüdischen Anhänger Jesu, viele Juden erwarteten ja damals die Auferweckung der Toten, nachdem schon im Danielbuch und in der apokalyptischen Literatur der Glaube an die allgemeine Auferweckung der Toten oder zumindest der Gerechten zum erstenmal aufgebrochen war. Freilich: Was viele Juden für alle Menschen in der Zukunft erwarteten, das war für die junge Christengemeinde in diesem einen bereits vorweggenommen: Die *Auferweckung Jesu* war der *Anfang der allgemeinen Totenerweckung*, der Beginn einer neuen Zeit. Das alles war gut jüdisch begründet in der Glaubenswelt von damals.

Als einer der wenigen jüdischen Theologen der Gegenwart hat denn auch Pinchas Lapide den Mut gehabt, »Auferstehung« wieder neu als ein authentisch »jüdisches Glaubenserlebnis« herauszustellen. Zu Recht hat er betont, daß die »Auferstehung ... zur Kategorie der wahrhaft wirklichen und wirksamen Ereignisse« gehört: »Es muß etwas geschehen sein, das wir als historisches Ereignis bezeichnen können, da seine Folgen historisch waren – obwohl wir völlig außerstande sind, die genaue Natur des Widerfahrnisses zu erfassen.« Dabei wird nun freilich bei Lapide nicht ganz klar, ob es sich hier um einen »Fakt der Geschichte« oder nur um einen »subjektiv begründeten Glauben« handelt. Ich würde präzisieren: Beim Glauben der Jünger geht es um ein historisches (mit historischen Mitteln erfaßbares) Geschehen; bei Gottes Auferweckung zum ewigen Leben aber geht es um kein historisches, kein anschauliches und vorstellbares, gar biologisches, wohl aber um ein wirkliches Geschehen. Was ist damit gemeint? Eine kritische Quellenbenutzung kann da weiterhelfen, da sie unter allen legendarischen Entwicklungen das Entscheidende des Auferstehungsglaubens herausstellen kann. Er lebt: Was heißt hier »leben«?

Die einschlägige Forschung zeigt sehr deutlich, daß die ältesten Zeugnisses des Neuen Testament Jesu Auferweckung gerade *nicht* als eine *Wiederbelebung zum irdischen Leben* verstehen, wie dies Pinchas Lapide in Analogie zu den drei alttestamentlichen Wiederbelebungen durch Prophetenhand annimmt. Nein, es geht vor apokalyptisch-jüdischem Erwartungshorizont eindeutig um die *Erhöhung* dieses hingerichteten und begrabenen Nazareners *durch Gott zu Gott*, zu einem Gott, den er selber »Abba«, »Vater«, genannt hatte. Damit ist nie – wie etwa im Griechentum – nur eine Unsterblichkeit der »Seele« gemeint, sondern, da der Mensch im Judentum immer als physisch-psychische Einheit gesehen wird, ein neues Leben der ganzen Person bei Gott. Erst später freilich berichten vor allem lukanische und johanneische Texte in legendärer Weise geradezu von einem leiblichen Verkehr des Auferstandenen mit seinen Jüngern. Was also meint – für heute überlegt – Auferweckung?

• Auferweckung meint *keine Rückkehr in dieses raumzeitliche Leben*: Der Tod wird nicht rückgängig gemacht (keine Wiederbelebung eines Leichnams), sondern definitiv überwunden: Eingang in ein ganz anderes, unvergängliches, ewiges, »himmlisches« Leben.

• Auferweckung meint *keine Fortsetzung dieses raumzeitlichen Lebens*: Schon die Rede von »nach« dem Tod ist irreführend; die Ewigkeit ist nicht bestimmt durch ein »vor« und »nach«. Sie meint vielmehr ein die Dimensionen von Raum und Zeit nach innen übersteigendes neues Leben in Gottes unsichtbarem, unbegreiflichem Bereich (= »Himmel«).

• *Auferweckung meint positiv:* Jesus ist nicht ins Nichts hineingestorben, sondern ist im Tod und aus dem Tod in jene unfaßbare und umfassende letzte und erste Wirklichkeit hineingestorben, von jener wirklichsten Wirklichkeit aufgenommen worden, die wir mit dem Namen Gott bezeichnen. Wo der Mensch sein Eschaton, das Allerletzte seines Lebens erreicht, was erwartet ihn da? Nicht das Nichts, sondern jenes Alles, das Gott ist. Der Glaubende weiß: Tod ist Durchgang zu Gott, ist

Einkehr in Gottes Verborgenheit, in jenen Bereich, der alle Vorstellungen übersteigt, den keines Menschen Auge je gesehen hat, unserem Zugreifen, Begreifen, Reflektieren und Phantasieren entzogen!

Soll man also die Auferweckung Jesu christlicherseits triumphalistisch als Sieg über das Judentum verstehen? Dies ist zweifellos oft geschehen, und A. Roy und Alice L. Eckardt, die sich als christliche Theologen in verdienstvoller Weise für die Revision gefährlicher christlicher Positionen im Licht des Holocaust einsetzen, sind der Auffassung, daß der Glaube an die Auferweckung Jesu die Wurzel alles christlichen Antijudaismus sei: Mit dem Auferweckungsglauben »habe das Christentum seinen ›*Supersessionismus*‹ (supersessionism = Überholtheits-Theorie) und seinen Triumphalismus über das Judentum und über das jüdische Volk historisch-theologisch legitimiert«.

Gewiß: Die Auferweckung Jesu, das wissen auch die beiden Theologen, gehört zur unaufgebbaren Grundsubstanz des christlichen Glaubens, die aber, so sahen wir ebenfalls, nicht fundamentalistisch mißverstanden werden darf. Schon Paulus erinnerte die christlichen Triumphalisten in Korinth daran, daß der Auferweckte der Gekreuzigte ist und kein Mensch einen Grund zum Prahlen habe. Wird die Auferstehung gemäß der Schrift verstanden, so wird sie gewiß nicht als Botschaft gegen die Juden, sondern nur als Botschaft auch für die Juden verstanden werden dürfen. Nicht eine unjüdische Wahrheit, die niederschmettern will, sondern eine jüdische Wahrheit, die Hoffnung machen will. Kein Überholen, sondern ein Bewahren: Nicht nur weil der erhöhte Herr durch die Auferweckung als identisch mit dem Juden Jesus von Nazaret manifestiert wird, sondern auch weil der auferweckte Herr eine Einladung ist zu einer großen Entscheidung, die für jeden Menschen ansteht. Für jeden Menschen.

Denn jeder Mensch, ob Jude, Christ oder Nichtgläubiger, steht hier vor der letzten großen Alternative. Ist Sterben Sterben ins Nichts oder in die letzte Wirklichkeit hinein? Der Glaube an eine Auferweckung vertraut auf ein *Sterben in Gott hinein*, statt eine letzte Sinnlosigkeit des Menschenlebens anzunehmen. Tod und Auferweckung stehen so in engstem Zusammenhang. Die Auferweckung geschieht mit dem Tod, im Tod, aus dem Tod. Was Jesus betrifft, so wird dies am deutlichsten in frühen vorpaulinischen Hymnen herausgestellt, in denen Jesu Erhöhung schon vom Kreuz her zu erfolgen scheint (»bis zum Tod am Kreuz. Darum hat Gott ihn über alle erhöht und ihm den Namen verliehen, der größer ist als alle Namen ...«). Besonders im Johannesevangelium ist dies der Fall, wo Jesu »Erhöhung« zugleich seine Erhöhung am Kreuz wie seine »Verherrlichung« meint und beides die Rückkehr zum Vater bedeutet. Doch geht es im Glauben an eine Auferweckung im Grunde einfach um einen radikalen Glauben – nicht an irgendeine religiöse Spezialität, sondern an Gott selbst, der das Subjekt des Handelns ist. Ein zweiter Reflexionsgang ist deshalb nötig, der auch einem Juden nicht unjüdisch vorkommen muß.

Radikalisierung des Glaubens an den Gott Israels

Das In-Gott-hinein-Sterben ist alles andere als eine Selbstverständlichkeit. Es ist keine natürliche Entwicklung, kein unbedingt zu erfüllendes Desiderat der menschlichen Natur: Tod und Auferweckung müssen in ihrem nicht notwendig zeitlichen, aber sachlichen Unterschied gesehen werden. Wie das auch durch die alte, vermutlich weniger historische als symbolische Angabe »auferstanden am dritten Tag« betont wird: »drei« nicht als Kalenderdatum, sondern als Heilsdatum für einen Heilstag. Der *Tod* ist *des Menschen Sache*, das *neue Leben* kann nur *Gottes Sache* sein. Von Gott selbst wird der Mensch in seine unfaßbare, umfassende letzte Wirklichkeit aufgenommen, gerufen, heimgeholt, also endgültig angenommen und gerettet. Im Tod oder besser: aus dem Tod, als einem eigenen Geschehen, gründend in Gottes Tat und Treue. Wie bei der ersten Schöpfung eine verborgene, unvorstellbare, neue Schöpfertat dessen, der das, was nicht ist, ins Dasein ruft. Und deshalb – und nicht als supranaturalistischer »Eingriff« gegen die Naturgesetze – ein wirkliches Geschehen, so wie eben Gott ganz und gar wirklich ist für den, der glaubt.

Ob jüdisch oder christlich verstanden: Der Auferweckungsglaube ist nicht ein Zusatz zum Gottesglauben, sondern eine Radikalisierung des Gottesglaubens. Ein Glaube an den Gott, der nicht auf halbem Wege anhält, sondern den Weg konsequent zu Ende geht. Ein Glaube, in welchem sich der Mensch ohne strikt rationalen Beweis, wohl aber in durchaus *vernünftigem Vertrauen* darauf verläßt, daß der Gott des Anfangs auch der Gott des Endes ist, daß er wie der Schöpfer der Welt und des Menschen so auch ihr Vollender ist.

Der Auferweckungsglaube ist also nicht nur als existentiale Verinnerlichung oder soziale Veränderung zu interpretieren, sondern als eine Radikalisierung des Glaubens an den Schöpfergott: Auferweckung meint die reale *Überwindung des Todes durch den Schöpfergott*, dem der Glaubende alles, auch das Letzte, auch die Überwindung des Todes, zutraut. Das Ende, das ein neuer Anfang ist! Ist dies nicht folgerichtig? Wer sein Credo mit dem Glauben an »Gott den allmächtigen Schöpfer« anfängt, darf es auch ruhig mit dem Glauben an »das ewige Leben« beenden. Weil Gott das Alpha ist, ist er auch das Omega! Das heißt: Der allmächtige Schöpfer, der aus dem Nichtsein ins Sein ruft, vermag auch aus dem Tod ins Leben zu rufen.

Aus: »Das Judentum« (1991).

3. Was meint »Sohn Gottes«?

Durch Jesus von Nazaret – das ist unbestreitbar – wurde den Menschen diese große Hoffnung geschenkt. Und ist es da verwunderlich, daß diese Glaubenserfahrungen, Glaubensberufungen, Glaubenserkenntnisse um den lebendigen Jesus Auswirkungen hatten auf das, was die Christen von ihm glaubten? Eines stand fest: Von Jesus her konnte Gott ganz anders verstanden werden, wurde offenbar, wer Gott ist, zeigte Gott sein wahres Gesicht. Und dies wird nun immer deutlicher: Von Gott her kann jetzt auch Jesus ganz anders verstanden werden. Jesus deutete in seinem ganzen Verkündigen und Verhalten Gott. Aber mußte dann von diesem anders verkündigten Gott her nicht auch Jesus in einem ganz anderen Licht erscheinen? In der Tat: die eigentümlich neue Verkündigung und Anrede Gottes als des Vaters warf ihr Licht zurück auf den, der ihn so eigentümlich neu verkündete und anredete. Und wie man schon damals von Jesus nicht sprechen konnte, ohne von diesem Gott und Vater zu sprechen, so war es in der Folge schwierig, von diesem Gott und Vater zu sprechen, ohne von Jesus zu sprechen. Das heißt: Wie man mit Jesus umgeht, entscheidet darüber, wie man zu Gott steht, wofür man Gott hält, welchen Gott man hat.

Jesu Verhältnis zu Gott

Das ist die christologische Frage: das *Verhältnis Jesu zu Gott.* Hier erreicht die Gottesfrage ihre letzte Tiefe. Die letzte Tiefe? Haben nicht gerade hier besonders viele Menschen heute Schwierigkeiten? Jesus? Ja! Gott? Nun gut! Aber Gottes Sohn? Sind das nicht alles mythologische Vorstellungen, für das moderne Denken schlechterdings nicht mehr nachvollziehbar? Fürchten die einen die Wiederholung der alten Bekenntnisformeln, die sie nicht mehr verstehen, so die anderen die Abschaffung jener Formeln, an die sie immer geglaubt haben. In »Christ sein« habe ich nach Kräften versucht, beiden Seiten zu helfen und – im Bewußtsein eigener Fehlbarkeit – die alten Formeln im Lichte der ursprünglichen christlichen Botschaft neu verständlich zu machen; im allgemeinen hat man dieses Bemühen dankbar anerkannt. Aus demselben Bemühen heraus sollen hier einige wichtige Punkte zur christologischen Problematik im Zusammenhang der Gottesfrage zusammengefaßt werden.

Zwar ist es nicht so, daß die offizielle Kirche – anders die populäre Verkündigung und Frömmigkeit – Jesus je an Gottes Stelle gesetzt und so Gott praktisch aufgelöst hätte, wie Ernst Bloch – der hier seine eigenen Interessen verfolgt – übertreibt. Gerade die orthodoxe Trinitätslehre hat nie Gott und Jesus einfach identifiziert; gerade sie hielt am Realunterschied von Gott und Jesus fest. Daß die frühe Christenheit jedoch den auferweckten Jesus an Gottes Seite sah – »sitzend zur Rechten des Vaters« –, das hatte durchaus ernsthafte Gründe. Denn nach alter orientalischer Sitte ist der, der zur Rechten des Königs sitzt oder steht, sein Sohn oder Stellvertreter. Und genau als dieser erschien er jetzt seiner Gemeinde: er, der schon zu seinen Lebzeiten aus einer letztlich unerklärlichen Gotteserfahrung, Gottesgegenwart, Gottesgewißheit, ja Einheit mit Gott seinem Vater heraus geredet und gehandelt hatte und der jetzt zu Gott »erhöht« ist. Mit ihm, der sich mit Gott bis in den Tod hinein identifiziert hatte, hat sich Gott nun seinerseits im neuen Leben identifiziert.

Jesus selbst hatte – diese Auffassung hat sich bei den führenden Neutestamentlern sehr weit durchgesetzt – wohl keine *messianischen Hoheitstitel* für sich gebraucht, sieht man von dem vieldeutigen Menschensohn-Titel einmal ab. Doch war die Anwendung dieser Titel auf Jesus in dessen irdischem Verkündigen und Handeln angelegt. Und jetzt, nach der Erfahrung, dem Widerfahrnis seiner Auferweckung, war der Gemeinde tatsächlich kein Titel zu hoch, als daß sie ihn seiner nicht würdig erachtet hätte: Menschensohn, Herr, Messias, Christus, Davidssohn, Gottesknecht, Heiland, Gottessohn, Gotteswort – über 50 verschiedene Namen werden für ihn im Neuen Testament gebraucht. Die Entscheidung für oder gegen das Gottesreich, zu der er in seinem irdischen Leben herausgefordert hatte, wurde nun zu einer Entscheidung für oder gegen den, der ins Gottesreich bereits eingegangen war und es verkörperte. Aus dem zum Glauben Rufenden wurde der Inhalt des Glaubens, aus dem Evangelium Jesu das Evangelium von Jesus als dem Christus. Man glaubte nun nicht nur wie er, man glaubte an ihn. Er, mit seiner Verkündigung, seinem Verhalten und seinem ganzen Geschick, wurde der Maßgebende für die an ihn Glaubenden, für ihre Beziehungen zu den Mitmenschen, zur Gesellschaft und vor allem zu Gott.

Gottessohn als Titel

Einige dieser Titel traten im Laufe der Zeit, als man das Christusbekenntnis theologisch reflektiert auszugestalten begann, wieder zurück. Sie waren nicht mehr verständlich, wie der in den Evangelien weitverbreitete, aber in den Glaubensbekenntnissen nicht gebrauchte Titel »Menschensohn«. Andere Titel traten hervor und weiteten sich in ihrer Bedeutung aus. Der jüdische Titel »Messias« (Gesalbter) etwa, übersetzt durch das griechische »Christós«, wuchs sogar mit dem Namen Jesus zusammen und wurde zu einem unverwechselbaren Eigennamen: »Jesus Christus«. Rund 500mal wird »Christus« im Neuen Testament für Jesus gebracht.

So gab es denn schon im Neuen Testament selbst trotz des einen Jesus und des einen Christusglaubens sehr verschiedene Christustitel, Christusbilder, Christologien. »Gottessohn« zeigte dabei eine Dynamik, die keinem anderen Titel eigen war. Dabei war dieser Titel ja durchaus keine originäre Erfindung der christlichen Gemeinde. Denn: Schon im Alten Testament wurde das Volk Israel »Sohn Gottes« genannt und vor allem Israels König, der bei seiner Thronbesteigung zum »Sohn

Jahwes« eingesetzt wird. Dieser Titel wird nun auf Jesus angewendet: Durch Auferweckung und Erhöhung wird er, Jesus von Nazaret – wie es in einem der ältesten, vorpaulinischen Glaubensbekenntnisse zur Einleitung des Römerbriefs heißt –, »eingesetzt zum Sohn Gottes in Macht« oder, in Aufnahme des schon zitierten Thronbesteigungspsalmes, am Ostertag »gezeugt«. Hier ist ohne Frage keine Abkunft, sondern eine Rechts- und Machtstellung Jesu gemeint, nicht eine physische Sohnschaft wie bei heidnischen Göttersöhnen und Heroen, sondern eine Erwählung und Bevollmächtigung durch Gott.

Mehr als andere Titel machte »Gottessohn« für die Menschen damals deutlich, wie sehr der Mensch Jesus von Nazaret zu Gott gehört, wie sehr er an Gottes Seite steht: nicht mehr in der Gemeinde, in der Welt, sondern nun der Gemeinde und der Welt gegenüber, untertan nur dem Vater und sonst niemandem. Als der endgültig zu Gott Erhöhte ist er jetzt im definitiven und umfassenden Sinn – »ein für allemal«, unüberholbar, unüberbietbar – gegenüber den Menschen Gottes Beauftragter, Bevollmächtigter, Anwalt, Sprecher, Sachwalter, auch Botschafter, Treuhänder, Vertrauter, Freund, ja Repräsentant, Platzhalter, Stellvertreter Gottes. Der Titel sind viele. Und dies alles schwingt mit, wenn wir den von Haus aus äußerst vielfältigen Gottessohn-Titel gebrauchen. Dies alles kommt auch in anders gefärbten neutestamentlichen Aussagen zum Ausdruck: Jesus ist der Erlöser und Versöhner, der einzige Mittler und Hohepriester des Neuen Bundes zwischen Gott und den Menschen, ja, er ist der Weg, die Wahrheit und das Leben.

Bei diesen Überlegungen nun war die Frage unvermeidbar: Ist denn der Auferweckte nicht auch der Irdische? Wenn aber der Auferweckte der Irdische ist, muß dann nicht schon im Irdischen verborgen gewesen sein, was im Auferweckten offenliegt? Ja, muß – wenn nicht nur der Auferweckte bei Gott ist, sondern schon der Irdische von Gott kam, in Gott seinen Ursprung hatte – nicht dieser Irdische schon immer bei Gott gewesen sein: als sein Sohn? Schon vor seiner Taufe, schon vor seiner Geburt? In der Tat: In anderen neutestamentlichen Schriften wurde der Zeitpunkt der Einsetzung in die Gottessohnschaft vorverlegt: auf die Taufe als den Beginn seiner öffentlichen Tätigkeit oder auf seine Geburt, ja schon vor der Geburt auf Gottes Ewigkeit. Jesus Christus – nicht nur Gottes Sohn, sondern Gottes Sohn von Ewigkeit.

Gottessohn von Ewigkeit?

Was meint dieses *Gottes Sohn von Ewigkeit?* Schon in »Christ sein« habe ich ausgeführt, was die ewige Vorausexistenz Jesu vom Neuen Testament her für uns heute bedeuten kann. Hier nur soviel: Es war die Überzeugung der ersten Christengeneration.

• *Was in und mit Jesus geschehen ist, erklärt sich für den, der sich auf ihn einläßt, nicht aus dem Lauf der menschlichen Geschichte allein; in seinem ersten Ursprung erklärt es sich nur vom ewigen Gott her.*
• *Es gibt von Ewigkeit keinen anderen Gott als den, der sich in Jesus manifestiert hat.*
• *Weil es keinen anderen Gott gibt als den in Jesus offenbaren, hat Jesus von diesem universalen Gott her selber eine universale Bedeutung.*
• *Jeder Mensch ist somit aufgerufen, im glaubenden Vertrauen die Welt und ihre Zeit in eine andere, ewige Dimension hinein zu übersteigen. In Jesus ergeht des ewigen Gottes Ruf an die Menschen! Darin liegt unverzichtbar auch für heute die einzigartige und maßgebende Bedeutung Jesu für das Gottesverständnis und das Verhältnis zu den Menschen.*

Um dies zu präzisieren: »›Sendung des Sohnes‹«, so sagt der katholische Neutestamentler Wilhelm Thüsing in offensichtlicher Übereinstimmung mit Karl Rahner, und da wird man beiden wohl zustimmen müssen, »setzt nicht voraus, daß der zu Sendende als solcher vor der Sendung existiert hat, d. h. präexistent im temporalen Sinn gewesen ist. ›Sendung des Sohnes‹ kann m. E. im paulinischen und auch sonstigen neutestamentlichen Sinn durchaus die Erschaffung des Menschen Jesus implizieren!« Nach Thüsing muß man sich fragen, »ob man die

Chiffre ›Präexistenz‹ heute nicht anders übersetzen kann«; man werde nämlich »nicht daran vorbeikommen, den traditionellen Begriff der Präexistenz zu reflektieren und ihn auf seinen Wahrheitskern und seine Sicherungsfunktion hin zu überdenken«. Mit Berufung auf den katholischen Bonner Dogmatiker Wilhelm Breuning bringt er die Präexistenz Jesu in Beziehung zur »Präexistenz« aller Menschen, die Gott schon vor Anbeginn der Welt in Christus erwählt und nach seinem Gnadenwillen vorherbestimmt hat: »Damit soll die singuläre Grundlage der Sendung des absoluten Heilsmittlers in Gott selbst keineswegs eingeebnet werden in die durch Gottes Vorherbestimmung und Erwählung gegebene ›Präexistenz‹ der zu rettenden ›vielen‹.« Franz Mussner, ebenfalls katholischer Neutestamentler, der Thüsing zustimmend zitiert, folgert: »Die christologische Präexistenzlehre über den Menschen und Propheten Jesus von Nazaret verkündigt nichts anderes als das schon immer, ›seit Ewigkeit‹ vorhandene *Da-Sein-für* Jahwes, das sich definitiv in dem Menschen Jesus von Nazaret geoffenbart hat – ›offenbaren‹ dabei im strengsten Sinne des Wortes verstanden.«

Freilich: In der Schultheologie, und nicht nur der katholischen, ist der Präexistenz-Gedanke oft falsch verstanden worden – und dies auch dann noch, als der exegetische Befund bereits neu erhoben war. Deshalb warnt der katholische Exeget Karl Hermann Schelkle hier unmißverständlich: »Eine Verkürzung der Christologie kann entstehen, wenn diese von der Präexistenz aus entwickelt wird, wie dies vielleicht weithin das allgemeine Glaubensbewußtsein, doch auch die Schuldogmatik zu tun versucht sein können. Die Christologie konzentriert sich dann auf die Inkarnation in der wunderbaren Geburt Christi. Die Offenbarungsbedeutung des geschichtlichen Weges Jesu tritt zurück. Die Auferstehung enthüllt die Bedeutung des Geburtsereignisses. Die eschatologische Erwartung der Wiederkunft und Vollendung wird unwesentlich.«

In der Tat, eine Verkürzung der Christologie ist sowohl hinsichtlich der Präexistenz-Vorstellung als auch hinsichtlich des Inkarnationsverständnisses zu vermeiden. Der Name und Begriff der *Inkarnation* (»in-carnatio«, »en-sarkosis«, »Fleisch-Werdung«, »Mensch-Werdung«) drängte sich vor allem vom Hymnus des Johannesprologs her mächtig auf. Hier allein findet sich im Neuen Testament jene Idee des von Ewigkeit bei Gott und als Gott in Gottes Wesenheit vorausexistierenden göttlichen »Logos« oder »Wortes«, das »Fleisch« wird für die Menschen: Menschwerdung des göttlichen Wortes als Gottes *Offenbarung* – Leben, Licht, Wahrheit – in der Welt. Aber schon in den vorjohanneischen, paulinischen und deuteropaulinischen Schriften zeichnen sich nicht wenige Aussagen zur Menschwerdung des Gottessohnes ab, die alle samt und sonders bekenntnishaft oder hymnisch gefaßt sind und weithin auf bereits vorpaulinisches Formelgut zurückgehen dürften: Menschwerdung des Gottessohnes hier vor allem verstanden als *Entäußerung*, Erniedrigung, zur Begründung christlicher Liebe und Selbstlosigkeit.

An der Unterscheidung des Gottessohnes von Gott, dem Vater, an seinem Gehorsam und seiner Unterordnung unter diesen wird freilich im Neuen Testament überall festgehalten. Der Vater ist »größer« als er, und es gibt Dinge, die nur der Vater weiß und er nicht. Auch ist nirgendwo im Neuen Testament von der Menschwerdung Gottes selber die Rede! Es geht immer um Gottes Sohn oder Wort, das Mensch geworden ist, dessen Identifikation mit Gott, dem Vater, nun allerdings immer mehr betont wird durch Übertragung göttlicher Eigenschaften. Freilich meint im Neuen Testament der Terminus »Gott« (ho theós) praktisch immer den Vater. Jesus wird fast nie direkt »Gott« genannt, von Paulus selbst überhaupt nie. Abgesehen von dem 50 Jahre später geschriebenen Johannesevangelium – im Ausruf des ungläubigen Thomas »mein Herr und mein Gott« – wird Jesus nur in wenigen, durchwegs ebenfalls späten, hellenistisch beeinflußten Ausnahmefällen direkt als »Gott« bezeichnet. Ein Befund, der uns auch heute – zur Vermeidung aller Mißverständnisse – geraten sein läßt, Jesus »Gottessohn« statt einfachhin »Gott« zu nennen.

Wenn man heute unmißverständlich auch von der *Menschwerdung* des Gottessohnes reden will, dann darf diese nicht nur auf das punctum mathematicum oder mysticum der Empfängnis oder Geburt Jesu, sie muß vielmehr *auf das ganze Leben und Sterben Jesu* bezogen werden:

• *Menschwerdung Gottes in Jesus meint: In Jesu ganzem Reden, in seinem ganzen Verkündigen, Verhalten und Geschick hat Gottes Wort und Wille eine menschliche Gestalt angenommen: Jesus hat in all seinem Reden und Tun, Leiden und Sterben, hat in seiner ganzen Person Gottes Wort und Willen verkündet, manifestiert, geoffenbart: Er, in dem sich Wort und Tat, Lehren und Leben, Sein und Handeln völlig decken, ist leibhaftig*, ist *in menschlicher Gestalt Gottes Wort, Wille, Sohn.*

Funktionsaussagen – sie stehen zweifellos im Vordergrund – und Seinsaussagen dürfen nicht auseinandergerissen werden. In dieser umfassenden, nicht spekulativen, sondern geschichtlichen Perspektive läßt sich auch heute noch verständlich machen, daß Jesus schon vor Paulus und dann auch in der paulinischen Tradition verstanden wird als Offenbarung von Gottes Kraft und Weisheit, als Haupt und Herr der Schöpfung, als Bild, Ebenbild Gottes, als das Ja Gottes. Von hierher läßt sich auch verstehen und annehmen, daß Jesus von Johannes nicht nur als Wort Gottes, sondern indirekt als Gott gleich, ja als Herr und Gott bezeichnet wird. Und in dieser Perspektive lassen sich auch so schwierige und hohe Sätze verstehen: daß in Christus die ganze Fülle der Gottheit leibhaftig wohnt, daß Gottes Wort Fleisch geworden ist. Dies jedenfalls meinen wir, wenn wir von »Gott in Jesus Christus« sprechen. Und in diesem Sinn bejahen wir auch das Konzil von Nikaia 325, wenn es von Jesus Christus spricht als »Gott von Gott, Licht vom Licht, wahrer Gott vom wahren Gott, gezeugt, nicht geschaffen, eines Wesens mit dem Vater«.

Solche Aussagen müssen gegen *Mißverständnisse* abgesichert werden: Nach dem Neuen Testament darf aus dem Verhältnis von Vater und Sohn keine Zwei-Götter-Lehre (Bitheismus) entstehen: Gott ist der eine und einzige; und weder darf von Gott einfach wie vom Menschen noch vom Menschen einfach wie von Gott geredet werden. Aber nach dem Neuen Testament gibt es auch keine einfache Identität zwischen Vater und Sohn, wie dies in heterodoxen Strömungen der ersten Jahrhunderte (Monarchianismus, Sabellianismus) geschah: der Sohn ist nicht einfach der Vater, und der Vater ist nicht einfach der Sohn. Positiv kann man nach dem Neuen Testament sagen:

• *Der wahre Mensch Jesus von Nazaret ist für die Glaubenden des einen wahren Gottes wirkliche Offenbarung und in diesem Sinn sein Wort, sein Sohn.*

Diese *Offenbarungseinheit* zwischen Vater und Sohn hat vor allem das *Johannesevangelium* deutlich gemacht: Da der Vater den Sohn kennt und der Sohn den Vater, da der Vater im Sohn und der Sohn im Vater ist, da also der Vater und der Sohn eins sind, gilt: Wer den Sohn sieht, sieht auch den Vater! Nicht Mythologie oder Mystik oder Metaphysik ist hier der Sinn, sondern die nüchterne, aber grundlegende Aussage: *Im Wirken und in der Person Jesu begegnet in einmaliger und definitiver Weise Gott selber!* Für den sich vertrauensvoll auf Jesus einlassenden und glaubenden Menschen – nicht wahrnehmbar für den neutralen Beobachter – manifestiert sich Gott!

Der Glaube an den Sohn Gottes heute

Was bedeutet dies alles für mich *heute*? Nach all dem, was man zum Gott der Religionen und Philosophen wird sagen müssen, muß eines betont werden: Ich kann, wenn ich heute adäquat Antwort auf die Gottesfrage der Neuzeit geben will, auf die jüdisch-christliche Tradition nicht verzichten. Der Gott der Philosophen bleibt bei aller Größe unbefriedigend – intellektuell und emotional: er bleibt blaß und abstrakt; da kann ich Heidegger nur zustimmen. Der Gott schon des Alten Testaments ist – ohne daß ich deshalb meine philosophischen Einsichten aufgeben müßte – der göttlichere Gott, der konkrete Gott mit Eigenschaften, mit menschlichem Antlitz. Und dies im Alten Testament noch verborgene und manchmal mehrdeutige Antlitz Gottes zeigt, manifestiert, offenbart mir der Mensch Jesus von Nazaret: er in seinem ganzen Sein und Tun, Reden und Handeln, auch Leiden und Sterben. Ich habe, wenn ich auf Jesus schaue, die ungemein tröstliche Gewißheit: Vor diesem Gott brauche ich nicht – bei aller unendlichen Distanz – ängstlich zu erschaudern und zu erzittern, mich kleinzumachen und zu ducken; ich brauche nicht über rätselhafte Ratschlüsse Gottes nachzugrübeln und seinem dunklen Willen ratlos nachzuspüren. Und dankbar sein darf man denen, die mir statt einer »Gottesvergiftung« einen »freundlicheren Gott« vermittelt haben. Ich weiß: wo Jesus ist, ist auch Gott; was Gottes Wille ist, sagt er mir; wo Jesus handelt und redet, steht Gott auf seiner Seite; wo Jesus leidet und stirbt, ist Gott verborgen anwesend.

So kann ich ihn das Antlitz oder Gesicht Gottes, aber auch Wort oder Sohn Gottes nennen. Mit all diesen Bildbegriffen ist für mich das einzigartige Verhältnis Gottes zu Jesus und Jesu zu Gott ausgedrückt: seine Bedeutsamkeit als Gottes Offenbarer. Ist es jetzt nicht einleuchtender, warum ich nur von Gott her zu erfassen vermag, was Jesus zutiefst ist und bedeutet; warum gerade er diese einzigartige und maßgebende Bedeutung für die Menschheit und auch für mich haben soll; warum gerade er und kein anderer der Großen – auch nicht Buddha, Kung-futzu oder Muhammad, auch nicht Marx oder Freud – mich unbedingt verpflichtend in die Nachfolge zu rufen vermag? *In Jesus ruft mich der eine wahre Gott der Väter selbst auf den Weg!* Gerade da kann ich Blaise Pascal nur zu gut verstehen, und das dürfte auch für mich das Entscheidende sein. Denn ob man im übrigen dieses Verhältnis von Gott und Jesus theologisch mehr funktional oder ontologisch beschreibt, mehr von abstrakten Wesensaussagen oder konkreten Heilsaussagen ausgeht, dies dürfte sekundär und ja auch nicht notwendig ein Widerspruch sein. Man kann Funktionsaussagen vorziehen und doch sagen: Jesus »funktioniert«, »fungiert« für mich nicht nur als Gottes Wort und Sohn, er *ist* es, und er ist es nicht nur für mich, sondern auch in sich.

Die hellenistischen Begriffe von damals möchten heute manche für ihren Glauben lieber nicht mehr gebrauchen. Es gab damals kaum andere Möglichkeiten, als von Jesus Christus in Begriffen wie Hypostase, Person, Natur, Wesen, wesensgleich und wesensähnlich zu reden. Aber heute können wir dasselbe anders sagen. Nicht die Terminologie verpflichtet mich, sondern die vom Neuen Testament bezeugte Sache: er selbst. Nicht die wörtlich genommenen Worte etwa des ersten ökumenischen Konzils von Nikaia 325 sind entscheidend. Wohl aber ist an jener Definition der »Wesensgleichheit« (homo-ousia) Jesu mit Gott seinem Vater gegen Areios entscheidend, daß nicht doch versteckt wieder ein Polytheismus ins Christentum eingeführt wird und mit Jesus ein zweiter Gott oder Halbgott erschaffen wurde, sondern daß der eine wahre Gott in ihm voll präsent und wirksam war. Mit den Vätern von Nikaia wird man der Überzeugung sein, daß unsere ganze Erlösung daran hängt, daß es in Jesus um den einen Gott geht, der wahrhaft, wirklich und einzig Gott ist: in Jesus als einem Sohn offenbar!

Das Konzil von Chalkedon 451 hat ja dann neben der Wesensgleichheit mit dem Vater auch die Wesensgleichheit mit uns Menschen betont: daß es bei Jesus *zugleich um den wahren Gott und um den wahren Menschen geht.* Mir sagt Jesus von Nazaret in der Tat nichts letztlich Entscheidendes, wenn er nicht als der Christus Gottes verkündet wird. Mir sagt allerdings auch ein göttlicher Christus wenig, wenn er nicht mit dem Menschen Jesus von Nazaret identisch ist. Gegenüber einer untheologischen Jesulogie und einer ungeschichtlichen Christologie drückt mir der mit dem Titel Christus zu einem Eigennamen zusammengewachsene Name Jesus bis in die Namensgebung hinein aus, daß für das Neue Testament der wahre Jesus der Christus Gottes und der wahre Christus der Mensch Jesus von Nazaret ist, und beides in einer wahrhaftigen und wirklichen Einheit: »Jesus Christus«.

Auf das »Herr, Herr«-Sagen kommt es mir ebensowenig an wie auf das »Gottessohn, Gottessohn«-Sagen. Wohl aber kommt es mir darauf an, daß in der Geschichte Jesu Christi wahrhaft Mensch und Gott im Spiel sind. Vom Neuen Testament her könnte ich keine Interpretation der Geschichte Jesu Christi verantworten, in welcher Jesus Christus nur Mensch wäre: nur ein Prediger, Prophet oder Weisheitslehrer, gar nur ein Symbol oder eine Chiffre für allgemein menschliche Grunderfahrung. Aber vom selben Neuen Testament her kann ich auch keine Interpretation der Geschichte Jesu Christi verantworten, bei der Jesus Christus nur Gott oder einfach Gott ist: ein den menschlichen Mängeln und Schwächen enthobener, über die Erde wandelnder Gott. Positiv ausgedrückt also ein Zweifaches:

Für mich ist Jesus von Nazaret der *Sohn Gottes*: Denn die ganze Bedeutsamkeit des Geschehens in und mit ihm hängt daran: In Jesus – der uns Menschen als Gottes Sachwalter und Platzhalter, Repräsentant und Stellvertreter erschien und der, als der Gekreuzigte zum Leben erweckt, von Gott bestätigt wurde – ist für mich der menschenfreundliche *Gott selber nahe und am Werk; durch ihn hat Gott selbst gesprochen, gehandelt, sich endgültig geoffenbart.* Die mythologischen, halbmythologischen und legendären Einkleidungen brauche ich hier so wenig wie im Glauben an den Schöpfer-Gott oder Vollender-Gott zu übernehmen. Aber an der Einzigartigkeit, Unableitbarkeit und Unüberbietbarkeit seiner Person und des mit ihr lautgewordenen Anrufs, Angebots und Anspruchs möchte ich festhalten. Weil durch ihn Gott selber definitiv spricht und handelt, ist er für mich der Christus Gottes, seine Offenbarung und sein Ebenbild, sein Wort und sein Sohn. Er und kein anderer: er als einziger, »eingeborener«, »unigenitus«!

Und gerade so darf ich dann auch gegen alle fromm gemeinten Vergottungstendenzen daran festhalten, daß Jesus gerade als Gottes Sohn ohne alle Abstriche mit allen Konsequenzen *voll und ganz Mensch* war, so wie Menschen leiden konnte, Einsamkeit und Ungesichertheit gefühlt hat, von Versuchungen, Zweifeln und Irrtümern nicht frei war. Aber im Unterschied zu mir und allen anderen Menschen (Heilige, Religionsstifter mit eingeschlossen) ist er nicht ein bloßer, sondern gerade als Gottes Wort und Sohn *der* wahre Mensch. Als der wahre Mensch, in welchem Theorie und Praxis, Sein und Handeln, Lehren und

Leben eine Einheit bilden, gab er durch seine Verkündigung, sein Verhalten und sein ganzes Geschick für mich ein Modell des Menschseins, das mir, wenn ich mich vertrauensvoll immer wieder neu darauf einlasse, ermöglicht, den Sinn meines Menschseins und meiner Freiheit im Dasein und im Einsatz für die Mitmenschen zu entdecken und zu verwirklichen. Als von Gott bestätigt stellt er für mich so den bleibend verläßlichen letzten Maßstab des Menschseins dar. Christologie oder Christus-Theorie mag wichtig sein, aber Christusglaube und Christusnachfolge sind wichtiger. Aufs Christsein kommt es an, und das ermöglicht mir er, Jesus Christus. Und deshalb wage ich es, ohne Zögern zu sprechen: »Credo in Jesum Christum, filium Dei unigenitum.«

Aus: »Existiert Gott?« (1978).

V. GLAUBEN AN GOTT

1. Gott existiert

Wer ist Gott? Wo ist Gott? Existiert Gott?
Immer wieder ist nach Gott gefragt worden.
Immer wieder ist an Gott gezweifelt worden.
Immer wieder ist Gott geleugnet worden.
Immer wieder ist um Gott gerungen, an Gott geglaubt, zu Gott gebetet worden.

Das eine im voraus: Man muß nicht an Gott glauben. Aber: Darf man an Gott glauben? Kann man es verantworten, an Gott zu glauben?

Als letztlich *unbegründete Extrapolationen in die Zukunft* erwiesen sich alle geschichts- und kulturphilosophischen Argumentationen für ein Ende der Religion. Und tatsächlich:
Statt einer »Aufhebung der Religion« durch atheistischen Humanismus, wie ihn Feuerbachs Projektionstheorie angekündigt, jetzt (trotz aller Säkularisierung) vielerorts ein neuer theoretischer und praktischer Humanismus von Gottgläubigen. Der atheistisch-humanistische Glaube an die gute Menschennatur aber kam selber unter Projektionsverdacht.
Statt eines »Absterbens der Religion« durch atheistischen Sozialismus, wie in Marxens Opiumtheorie proklamiert, jetzt (trotz aller Repression und gewaltsamen Unterdrückung) vielfach ein neues religiöses Erwachen gerade in sozialistischen Ländern. Der atheistisch-materialistische Glaube an die heraufkommende sozialistische Gesellschaft aber erscheint heute selber zahllosen Menschen im Westen und Osten als interessenbedingte Vertröstung.
Statt einer »Ablösung der Religion« durch atheistische Wissenschaft, wie in Freuds Illusionstheorie prophezeit, jetzt (trotz

aller Religionsfeindlichkeit in bestimmten Sektoren der Wissenschaft) ein neues Verständnis für Ethik und Religion. Der atheistisch-szientistische Glaube an die Lösung aller Probleme durch rationale Wissenschaft aber ist heute selber für viele in die Nähe einer infantilen Illusion gerückt. Aber nochmals: Ist der Glaube an Gott positiv verantwortbar?

Soll uns kein Kurzschluß unterlaufen, so müssen wir schrittweise vorgehen. Welches sind die Alternativen? Wenn die Positionen antithetisch gegeneinandergestellt werden, so bedeutet das auch hier nicht, daß wir die Menschen in Gute (»Gottesfürchtige«) und Schlechte (»Gottlose«) einteilen und ihre Entscheidung für oder gegen Gott moralisch qualifizieren wollen. So sehr selbstverständlich auch die Gottesfrage einen ethischen Aspekt hat, so sehr muß doch die Alternative zunächst in grundsätzlicher Gegenüberstellung herausgearbeitet werden.

Nein oder Ja zu Gott möglich

Eine Auseinandersetzung mit Feuerbach, Marx, Freud und Nietzsche kann zeigen, daß man eines dem Atheismus nie hätte bestreiten sollen:

• *Ein Nein zu Gott ist möglich. Der Atheismus läßt sich nicht rational eliminieren: Er ist unwiderlegbar!*

Warum? Es ist immer wieder neu die Erfahrung der radikalen *Fraglichkeit* jeglicher Wirklichkeit, die dem Atheismus genügend Anlaß gibt, um zu behaupten und die Behauptung auch aufrechtzuerhalten: Die Wirklichkeit hat gar keinen Urgrund, Urhalt, kein Urziel. Jede Rede von Ursprung, Ursinn, Urwert ist abzulehnen. Man kann das alles gar nicht wissen – so der Agnostizismus mit Tendenz zum Atheismus. Ja, vielleicht ist doch Chaos, Absurdität, Illusion, Schein und nicht Sein, eben das Nichtsein das Letzte – so der Atheismus mit Tendenz zum Nihilismus.

Also: Für die *Unmöglichkeit* des Atheismus gibt es tatsächlich keine positiven Argumente. Es kann nicht positiv widerlegt werden, wer sagt: Es ist kein Gott! Gegen eine solche Behauptung kommt weder ein strenger Beweis noch ein Aufweis Gottes letztlich an. Diese negative Behauptung beruht ja zutiefst auf einer *Entscheidung*, die mit der Grundentscheidung zur Wirklichkeit überhaupt in Zusammenhang steht. Die Verneinung Gottes ist rein rational nicht zu widerlegen.

Die Auseinandersetzung mit Feuerbach, Marx, Freud und Nietzsche kann aber auch ein anderes zeigen: Der Atheismus seinerseits kann die andere Alternative ebenfalls nicht positiv ausschließen:

- *Auch ein Ja zu Gott ist möglich. Der Atheismus läßt sich nicht rational etablieren: Er ist unbeweisbar!*

Warum? Es ist die *Wirklichkeit* in aller Fraglichkeit, die genügend Anlaß gibt, um nicht nur ein vertrauendes Ja zu dieser Wirklichkeit, ihrer Identität, Sinnhaftigkeit und Werthaftigkeit zu wagen, sondern darüber hinaus auch ein Ja zu dem, ohne den die Wirklichkeit in allem Begründen letztlich unbegründet, in allem Halten letztlich haltlos, in allem Sichentwickeln letztlich ziellos erscheint: ein vertrauendes Ja also zu einem Urgrund, Urhalt und Urziel der fraglichen Wirklichkeit.

Also: Es gibt tatsächlich kein schlüssiges Argument für die *Notwendigkeit* des Atheismus. Es kann auch nicht positiv widerlegt werden, wer sagt: Es ist ein Gott! Gegen ein solches von der Wirklichkeit selber her sich aufdrängendes Vertrauen kommt der Atheismus seinerseits nicht an. Auch die Bejahung Gottes beruht zutiefst auf einer *Entscheidung*, die wiederum mit der Grundentscheidung zur Wirklichkeit überhaupt in Zusammenhang steht. Auch sie ist rational unwiderlegbar.

Eine Sache des Vertrauens

Die Alternativen sind deutlich geworden: Ein Nein oder Ja zu Gott ist möglich. Stehen wir also nicht vor einem Patt, einem Unentschieden?

Hier genau liegt der entscheidende Knoten zur Lösung der Frage nach der Existenz Gottes. Sie läßt sich nun ganz kurz zusammenfassen:

- *Wenn Gott ist, ist er die Antwort auf die radikale Fraglichkeit der Wirklichkeit.*
- *Daß Gott ist, kann angenommen werden;*
nicht stringent aufgrund eines Beweises oder Aufweises der reinen Vernunft (Natürliche Theologie),
nicht unbedingt aufgrund eines moralischen Postulates der praktischen Vernunft (Kant),
nicht ausschließlich aufgrund des biblischen Zeugnisses (Dialektische Theologie).
- *Daß Gott ist, kann nur in einem – in der Wirklichkeit selbst begründeten – Vertrauen angenommen werden.*

Schon dieses vertrauende Sich-Einlassen auf einen letzten Grund, Halt und Sinn der Wirklichkeit – und nicht erst das Sich-Einlassen auf den christlichen Gott – wird im allgemeinen Sprachgebrauch zu Recht als »*Glauben*« an Gott bezeichnet: als »*Gottesglaube*«. Entsprechend dem »Grundvertrauen« könnte man auch generell von »Gottvertrauen« reden, wenn dieses Wort nicht allzu theologisch oder emotional besetzt wäre. Um dieses wichtige Wort nicht völlig dem Verschleiß preiszugeben, sprechen wir manchmal in bewußter Analogie zum »Grund-Vertrauen« von »*Gott-Vertrauen*«. Dabei geht es selbstverständlich um echten Glauben, freilich in einem weiten Sinn: insofern solcher Glaube nicht notwendig von der christlichen Verkündigung provoziert sein muß, sondern auch Nichtchristen (Juden, Moslems, Hindus …) möglich ist. Die Menschen, die sich zu einem solchen Glauben bekennen, werden zu Recht – ob Christen oder Nichtchristen – als »Gottgläubige« bezeichnet. Demgegenüber erscheint der Atheismus, insofern er Verweigerung des Vertrauens zu Gott ist, wiederum im allgemeinen Sprachgebrauch durchaus zu Recht als »*Unglaube*«.

So hat sich gezeigt: Nicht nur bezüglich der Wirklichkeit als solcher, nein, auch bezüglich eines Urgrunds, Urhalts und Urziels der Wirklichkeit ist für den Menschen eine – freie, wenn auch nicht willkürliche – *Entscheidung unumgänglich*: Da sich die Wirklichkeit und ihr Urgrund, Urhalt und Urziel nicht mit zwingender Evidenz aufdrängen, bleibt Raum für die Freiheit des Menschen. Der Mensch soll sich entscheiden, ohne intellektuellen Zwang, allerdings auch ohne rationalen Beweis. Atheismus wie Gottesglaube sind also ein Wagnis – und ein Risiko. Gerade die Kritik an den Gottesbeweisen macht es klar: Glaube an Gott hat Entscheidungscharakter, und umgekehrt: Entscheidung für Gott hat Glaubenscharakter.

Um eine Entscheidung also, um eine Lebensentscheidung, geht es in der Gottesfrage, die freilich in eine noch ganz andere Tiefe reicht als die angesichts des Nihilismus notwendige Entscheidung für oder gegen die Wirklichkeit als solche: Sobald diese letzte Tiefe für den einzelnen aufbricht und sich die Frage stellt, wird die Entscheidung unumgänglich. Wie beim Grundvertrauen, so gilt auch in der Gottesfrage: Wer nicht wählt, wählt: er hat gewählt, nicht zu wählen. Stimmenthaltung in einer Vertrauensabstimmung zur Gottesfrage bedeutet Vertrauensverweigerung, faktisch ein Mißtrauensvotum. Wer hier nicht – zumindest faktisch – ja sagt, sagt nein.

Doch leider stehen die »Tiefe« (oder »Höhe«) einer Wahrheit und die Sicherheit ihrer Annahme durch den Menschen in umgekehrtem Verhältnis. Je banaler die Wahrheit (»Binsenwahrheit«, »Platitüde«), desto größer die Sicherheit. Je bedeutsamer die Wahrheit (etwa im Vergleich zur arithmetischen die ästhetische, moralische, religiöse Wahrheit), um so geringer die Sicherheit. Denn: Je »tiefer« die Wahrheit für mich ist, um so mehr muß ich mich für sie erst aufschließen, innerlich bereiten, mich mit Intellekt, Wille, Gefühl auf sie einstellen, um zu jener echten »Gewißheit« zu kommen, die etwas anderes ist als abgesicherte »Sicherheit«. Eine für mich äußerlich unsichere, von Zweifeln bedrohte *tiefe* Wahrheit (Gott existiert), die ein starkes Engagement meinerseits voraussetzt, kann viel mehr Erkenntniswert besitzen als eine sichere oder gar »absolut« sichere *banale* Wahrheit ($2 \times 2 = 4$).

Der Gottesglaube als letztlich begründetes Grundvertrauen

Folgt aber aus der Möglichkeit des Ja oder Nein nicht die Gleichgültigkeit des Ja oder Nein? Keineswegs!

• *Das Nein zu Gott bedeutet ein* letztlich unbegründetes *Grundvertrauen zur Wirklichkeit: Der Atheismus vermag keine Bedingung der Möglichkeit der fraglichen Wirklichkeit anzugeben. Wer Gott verneint, weiß nicht, warum er letztlich der Wirklichkeit vertraut.*

Das heißt: Der *Atheismus lebt,* wenn schon nicht aus einem nihilistischen Grundmißtrauen, so jedenfalls *aus einem letztlich unbegründeten Grundvertrauen.* Im Nein zu Gott entscheidet sich der Mensch gegen einen ersten Grund, tiefsten Halt, ein letztes Ziel der Wirklichkeit. Im Atheismus erweist sich das Ja zur Wirklichkeit als letztlich unbegründet: ein frei treibendes, nirgendwo verankertes, gehaltenes, gerichtetes und deshalb paradoxes Grundvertrauen. Im Nihilismus ist ein Ja zur Wirklichkeit wegen des radikalen Grundmißtrauens überhaupt nicht möglich. Der Atheismus vermag *keine Bedingung der Möglichkeit der fraglichen Wirklichkeit* anzugeben. Deshalb läßt er, wenn gewiß auch nicht jede, so doch eine radikale Rationalität vermissen, was er freilich oft verschleiert durch ein rationalistisches, aber im Grunde irrationales Vertrauen zur menschlichen Vernunft.

Nein, es ist nicht gleichgültig, ob man ja oder nein zu Gott sagt: *Der Preis, den der Atheismus für sein Nein zahlt,* ist offenkundig! Er setzt sich der Gefährdung durch eine letzte Grundlosigkeit, Haltlosigkeit, Ziellosigkeit aus: der möglichen Zwiespältigkeit, Sinnlosigkeit, Wertlosigkeit, Nichtigkeit der Wirklichkeit überhaupt. Der Atheist setzt sich, wenn er sich dessen bewußt wird, persönlich der Gefährdung durch eine radikale Verlassenheit, Bedrohtheit und Verfallenheit aus mit allen Folgen des Zweifels, der Angst, ja der Verzweiflung – zumindest wenn Atheismus Ernstfall und nicht intellektuelle Attitüde, snobistische Koketterie oder gedankenlose Oberflächlichkeit ist.

Für den Atheisten bleiben jene letzten und doch zugleich nächsten, und durch kein Frageverbot zu verdrängenden »ewigen« Fragen des menschlichen Lebens unbeantwortet, die sich nicht nur an den Grenzen des Menschenlebens, sondern mitten im persönlichen und gesellschaftlichen Leben stellen. Um an die Fragen Kants anzuknüpfen:

Was können wir *wissen*? Warum gibt es überhaupt etwas? Warum ist nicht nichts? Woher kommt der Mensch, und wohin geht er? Warum ist die Welt, wie sie ist? Was ist der letzte Grund und Sinn aller Wirklichkeit?

Was sollen wir *tun*? Warum tun wir, was wir tun? Warum und wem sind wir letztlich verantwortlich? Was verdient schlechthinnige Verachtung, was Liebe? Was ist der Sinn von Treue und Freundschaft, aber auch der von Leid und Schuld? Was ist für den Menschen entscheidend?

Was dürfen wir *hoffen*? Wozu sind wir auf Erden? Was soll das Ganze? Gibt es etwas, was uns in aller Nichtigkeit trägt, was uns nie verzweifeln läßt? Ein Beständiges in allem Wandel, ein Unbedingtes in allem Bedingten? Ein Absolutes bei der überall erfahrenen Relativität? Was bleibt uns: Der Tod, der am Ende alles sinnlos macht? Was soll uns Mut zum Leben und was Mut zum Sterben geben?

Wahrhaftig, all dies sind Fragen, die aufs Ganze gehen: Fragen nicht nur für Sterbende, sondern für Lebende. Nicht nur für Schwächlinge und Uninformierte, sondern gerade für Informierte und Engagierte. Nicht Ausflüchte vor dem Handeln, sondern Anreiz zum Handeln. All dies sind Fragen, die im Atheismus zutiefst unbeantwortet bleiben. Dagegen die These:

• *Das Ja zu Gott bedeutet ein* letztlich begründetes *Grundvertrauen zur Wirklichkeit: Der Gottesglaube als das radikale Grundvertrauen vermag die Bedingung der Möglichkeit der fraglichen Wirklichkeit anzugeben. Wer Gott bejaht, weiß, warum er der Wirklichkeit vertrauen kann.*

Der *Gottesglaube lebt aus einem letztlich begründeten Grundvertrauen*: Im Ja zu Gott entscheide ich mich vertrauensvoll für einen ersten Grund, tiefsten Halt, ein letztes Ziel der Wirklichkeit. Im Gottesglauben erweist sich mein Ja zur Wirklichkeit als letztlich begründet und konsequent: ein in der letzten Tiefe, im Grund der Gründe verankertes und auf das Ziel der Ziele gerichtetes Grundvertrauen. Mein Gott-Vertrauen als qualifiziertes, radikales Grundvertrauen vermag also die *Bedingung der Möglichkeit der fraglichen Wirklichkeit* anzugeben. Insofern zeigt es, anders als der Atheismus, eine radikale Rationalität, die freilich nicht einfach mit Rationalismus verwechselt werden darf.

Nein, es gibt kein Patt zwischen Gottesglauben und Atheismus! Der *Preis, den der Gottesglaube für sein Ja erhält*, ist offenkundig. Weil ich mich statt für das Grundlose für einen Urgrund, statt für das Haltlose für einen Urhalt, statt für das Ziellose für ein Urziel vertrauensvoll entscheide, vermag ich nun mit gutem Grund bei aller Zwiespältigkeit eine Einheit, bei aller Wertlosigkeit einen Wert, bei aller Sinnlosigkeit einen Sinn der Wirklichkeit von Welt und Mensch zu erkennen. Und bei aller Ungewißheit und Ungesichertheit, Verlassenheit und Ungeborgenheit, Bedrohtheit, Verfallenheit, Endlichkeit auch meines eigenen Daseins ist mir vom letzten Ursprung, Ursinn und Urwert her eine radikale Gewißheit, Geborgenheit und Beständigkeit geschenkt – *geschenkt*. Freilich nicht einfach abstrakt, isoliert von den Mitmenschen, sondern immer in einem konkreten Bezug zum menschlichen Du: Wie anders soll insbesondere der junge Mensch erfahren, was es heißt, von Gott angenommen zu sein, wenn er von keinem einzigen Menschen angenommen ist?

So erhalten jene letzten und nächsten Fragen des Menschen eine zumindest grundsätzliche Antwort, mit der der Mensch leben kann: eine Antwort aus der allerletzten-allerersten Wirklichkeit Gottes.

Es ist nach all dem offensichtlich: von einem Patt, einem Unentschieden zwischen Gottesglauben und Atheismus kann keine Rede sein. Der Mensch erscheint denn auch nicht einfach indifferent gegenüber der Entscheidung zwischen Atheismus und Gottesglauben. Er ist schon vorbelastet: An sich möchte er die Welt und sich selbst verstehen, möchte auf die Fraglichkeit der Wirklichkeit eine Antwort, möchte die Bedingung der Möglichkeit der fraglichen Wirklichkeit erkennen, möchte um einen ersten Grund, einen tiefsten Halt und ein letztes Ziel der Wirklichkeit wissen, möchte den Ursprung, Ursinn, Urwert kennen. Das Urfaktum Religion gründet hier.

Doch auch hier bleibt der Mensch – in Grenzen – *frei*. Er kann nein sagen. Er kann mit Skepsis alles aufkeimende Vertrauen zu einem letzten Grund, Halt und Ziel ignorieren oder gar ersticken:

Er kann, vielleicht durchaus ehrlich und wahrhaftig, ein Nichtwissen-Können bezeugen: Agnostizismus mit Tendenz zum Atheismus;

oder er kann eine durchgängige Nichtigkeit, eine Grund- und Ziellosigkeit, Sinn- und Wertlosigkeit der ohnehin fraglichen Wirklichkeit behaupten: Atheismus mit Tendenz zum Nihilismus.

Wie schon beim Grundvertrauen, so gilt auch hier: Ohne Bereitschaft keine Einsicht, ohne Öffnung kein Empfangen! Und selbst wenn ich ja zu Gott sage, bleibt das Nein ständige Versuchung.

Aber wie das Grundvertrauen, so ist auch das Gott-Vertrauen keineswegs irrational. Wenn ich mich der Wirklichkeit nicht verschließe, sondern mich ihr öffne, wenn ich mich dem allerletzten-allerersten Grund, Halt und Ziel der Wirklichkeit nicht enziehe, sondern es wage, mich dran- und hinzugeben: so erkenne ich zwar *nicht bevor*, aber auch *nicht nur erst nachher*, sondern *indem* ich dies tue, daß ich das Richtige, ja im Grunde das »Allervernünftigste« tue. Denn was sich *im voraus* nicht beweisen läßt, das erfahre ich *im Vollzug, im Akt des anerkennenden Erkennens selbst:* Die Wirklichkeit vermag sich in ihrer eigentlichen Tiefe zu manifestieren; ihr erster Grund, tiefster Halt, letztes Ziel, ihr Ursprung, Ursinn, Urwert schließen sich mir auf, sobald ich mich selber aufschließe. Zugleich erfahre ich in aller Fraglichkeit eine *radikale Vernünftigkeit meiner eigenen Vernunft:* Das grundsätzliche Vertrauen zur Vernunft ist von daher nicht irrational. Es ist rational begründet. Die letzte und erste Wirklichkeit, *Gott,* erscheint so geradezu als der *Garant der Rationalität der menschlichen Ratio!*

Wenn der Mensch im Gottesglauben das »Allervernünftigste« tut, um was für eine Art von Rationalität handelt es sich hier? Diese Rationalität ist derjenigen des Grundvertrauens ähnlich:

• Keine äußere Rationalität, *die eine abgesicherte Sicherheit verschaffen könnte: Die Existenz Gottes wird nicht zuerst vernünftig bewiesen oder aufgewiesen und dann geglaubt, was so die Rationalität des Gottesglaubens garantiert. Nicht zuerst rationale Erkenntnis Gottes, dann vertrauende Anerkenntnis. Die verborgene Wirklichkeit Gottes zwingt sich der Vernunft nicht auf.*

• Eine innere Rationalität *vielmehr, die eine grundlegende Gewißheit gewähren kann: Im Vollzug, durch die »Praxis« des wagenden Vertrauens zu Gottes Wirklichkeit, erfährt der Mensch bei aller Anfechtung durch Zweifel die Vernünftigkeit seines Vertrauens: gegründet in einer letzten Identität, Sinn- und Werthaftigkeit der Wirklichkeit, in ihrem Urgrund, Ursinn, Urwert.*

Ist so nun der *Zusammenhang zwischen Grundvertrauen und Gottesglauben* nicht offenkundig geworden? Material gesehen bezieht sich das Grundvertrauen auf die Wirklichkeit als solche (und auf mein eigenes Dasein), das Gott-Vertrauen aber auf Urgrund, Urhalt und Urziel der Wirklichkeit. Trotzdem zeigen Grundvertrauen und Gott-Vertrauen, formal gesehen, eine analoge Struktur, die im materialen Zusammenhang (bei allem Unterschied) von Grundvertrauen und Gott-Vertrauen ihre Wurzel hat. Denn: *Wie das Grundvertrauen, so ist auch der Gottesglaube*

• eine Sache nicht nur der menschlichen Vernunft, sondern des ganzen konkreten lebendigen Menschen; mit Geist und Leib, Vernunft und Trieben, in seiner ganz bestimmten geschichtlichen Situation, in der Abhängigkeit von Traditionen, Autoritäten, Denkgewohnheiten, Wertschemata, mit seinen Interessen und in seiner gesellschaftlichen Verflochtenheit. Von dieser »Sache« kann der Mensch nicht reden und sich selber aus der »Sache« heraushalten;

• also überrational: Wie für die Wirklichkeit der Wirklichkeit, so gibt es auch für die Wirklichkeit Gottes keinen logisch zwingenden Beweis. Der Gottesbeweis ist so wenig wie die Liebe logisch zwingend. Das Gottesverhältnis ist ein Vertrauensverhältnis;

• aber nicht irrational: Es gibt eine von der menschlichen Erfahrung ausgehende und an die freie menschliche Entscheidung appellierende Reflexion über die Wirklichkeit Gottes. Der Gottesglaube läßt sich gegenüber einer rationalen Kritik rechtfertigen. Er hat einen Anhalt an der erfahrenen fraglichen Wirklichkeit selbst, die erste und letzte Fragen nach der Bedingung ihrer Möglichkeit aufgibt;

• somit eine nicht blinde und wirklichkeitsleere, sondern eine begründete, wirklichkeitsbezogene und im konkreten Leben rational verantwortete Entscheidung: Ihre Relevanz wird an der Wirklichkeit der Welt und des Menschen für die existentiellen Bedürfnisse wie die gesellschaftlichen Verhältnisse ersichtlich;

• im konkreten Bezug zum Mitmenschen vollzogen: Ohne die Erfahrung eines Angenommenseins durch Menschen scheint die Erfahrung eines Angenommenseins durch Gott schwierig zu sein;

• nicht ein für allemal gefaßt, sondern stets neu zu realisieren: Nie ist der Gottesglaube gegenüber dem Atheismus durch rationale Argumente unangreifbar und krisenfest abgesichert. Der Gottesglaube ist stets bedroht und muß gegenüber den andrängenden Zweifeln stets in neuer Entscheidung realisiert, durchgehalten, gelebt, errungen werden: der Mensch bleibt auch gegenüber Gott selbst in den unaufhebbaren Gegensatz zwischen Vertrauen und Mißtrauen, Glauben und Unglauben gestellt. Aber gerade durch alle Zweifel hindurch bewährt sich das Ja zu

Gott in Treue zur einmal getroffenen Entscheidung: Es wird ein geprüfter und bewährter Gottesglaube.

Aus: »Existiert Gott?« (1978).

2. Ja zum ewigen Leben

Die Glaubensbekenntnisse enden mit dem Satz, den alle Komponisten der christlichen Jahrhunderte zusammen mit dem großen Amen triumphal gestaltet haben: »Credo ... in vitam venturi saeculi!« Eine Formulierung, die gegen alle vermeintliche Erstarrung, Statik, die Dynamik von Gottes Ewigkeit zum Ausdruck bringt: »Ich glaube ... an das Leben der zukünftigen Welt.«

Dies ist eine Zukunftsgewißheit, die nicht auf Zukunftsforschung, sondern auf Zukunftshoffnung beruht. Eine grundlegende Frage ist hier aufgeworfen, die die Empirie der raumzeitlichen Welt übersteigt und deren Beantwortung nicht Sache des Naturwissenschaftlers sein kann. Sie deshalb als unnütz oder sinnlos abzutun wäre nun in der Tat verfehlt.

Wozu das Ganze?

Kurz gefaßt, lautet die Frage: Wozu das Ganze? Ich habe als Mensch des 20. Jahrhunderts allen Anlaß, diese Frage keineswegs vom Standpunkt intellektueller Überlegenheit, sondern in aller *Bescheidenheit* zu stellen: gerade weil ich mehr denn je erkenne, was die *Grenzen unseres Erkenntnisvermögens* sind. Denn könnte es nicht sein – und der Naturwissenschaftler *Hoimar von Ditfurth* macht diesen Vergleich in seinem vorzüglichen Buch über Naturwissenschaft und Religion aufgrund verhaltenswissenschaftlicher Ergebnisse –, daß der Mensch in bezug auf weitere Dimensionen der Wirklichkeit eine ähnlich beschränkte Wahrnehmungsfähigkeit hat wie die Zecke, die Graugans, der Hahn oder der Menschenaffe in bezug auf deren transzendierende Dimensionen? Könnte nicht auch für unseren Menschenverstand heute (auf dem gegenwärtigen Entwicklungsstand des Gehirns) manches noch jenseitig-transzendent sein, was für ihn in späteren Jahrtausenden möglicherweise immanent-diesseitig sein wird? Erkennen wir unsere Wirklichkeit – Makrokosmos wie Mikrokosmos – nicht in jedem Fall doch nur sehr partiell, umrißhaft? Sind unser Erkenntnisvermögen und unser Erkenntnishorizont nicht sehr viel beschränkter, als wir lange Zeit dachten: genetisch geprägt durch eine jahrtausendealte Entwicklungsgeschichte, wie der Verhaltensforscher und Nobelpreisträger Konrad Lorenz dargelegt hat? Ein Prozeß der Wirklichkeitserschließung über Jahrtausende, der freilich nach vorne offen ist und der, wenn der Mensch sich und seine Welt nicht selbst zerstört, auf weitere Wirklichkeitsdimensionen, zugleich aber auch wieder auf neue Erkenntnisgrenzen stoßen wird …

Hoimar von Ditfurth hat deshalb recht, wenn er folgert, daß gerade die Tatsache der Evolution uns die Augen dafür geöffnet hat, daß die Realität dort nicht enden kann, wo die von uns erlebte Wirklichkeit zu Ende ist: »daß der Umfang der realen Welt den Horizont der uns auf unserem augenblicklichen Entwicklungsniveau zu Gebote stehenden Erkenntnis quantitativ und qualitativ um unvorstellbare Dimensionen überschreiten muß.« Und er hat auch recht, wenn er mit vielen anderen vermutet, daß das Leben nicht auf unsere kleine Erde am Rand einer Milchstraße beschränkt ist, sondern daß wir nach neuesten Erkenntnissen mit Lebewesen, intelligenten Lebewesen, wiewohl ganz verschiedenen, auch auf anderen Sternen des unermeßlichen Alls rechnen müssen, so daß mit dem Untergang der Menschheit noch keineswegs der Untergang der Welt oder auch nur der Untergang aller vernunftbegabten Individuen erfolgen würde. Einzig der noch immer weitverbreitete menschliche »Mittelpunktswahn« könne sich so etwas einbilden.

Dieser »Mittelpunktswahn« wird spätestens dann entzaubert, wenn wir die Grenzen unserer Erkenntnis angesichts neuer mikro- wie makrophysikalischer Einsichten reflektieren. Bekanntlich meinten ja schon die griechischen Naturphilosophen Leukipp und Demokrit (im 5./4. Jahrhundert vor Christus), mit dem »A-tom« (= das »Un-Teilbare«) auf die unteilbare, unveränderliche kleinste Einheit der Materie gestoßen zu sein. Ein Irrtum – wie man weiß. Als aber dann zu Beginn unseres Jahrhunderts Ernest Rutherford und Niels Bohr das moderne Atommodell, jenes Bild vom Atom als einem kleinen Planetensystem – Kern mit einer Elektronenhülle –, formuliert hatten, glaubte man wirklich erkannt zu haben, »was die Welt im Innersten zusammenhält«. Auch das war voreilig. Denn je mehr seit den fünfziger Jahren die Elementarteilchenphysiker mit Hilfe riesiger Teilchenbeschleuniger in Stanford, Genf, Hamburg von diesem Atomkern erkannten, der ja wiederum aus Protonen und Neutronen zusammengesetzt ist, die aber ihrerseits wiederum aus noch winzigeren Untereinheiten, den sogenannten Quarks und Gluonen (= »Klebstoff«) samt den elektrodynamischen Kräften, zusammengesetzt sind, die ihrerseits vielleicht auch wieder Strukturen haben: um so weniger können wir uns vorstellen, was der Urstoff der Welt nun wirklich ist. Das heißt: je tiefer wir in die Materie eindringen, um so unanschaulicher, geheimnisvoller wird sie, um so größer wird der Abstand zwischen den Theorien der Naturforscher und den Vorstellungen des naturwissenschaftlich nicht vorgebildeten Bürgers, um so deutlicher werden auch unsere Grenzen.

Vom Makrokosmos, so scheint mir, gilt dies analog. Denn je mehr die Astrophysiker vom Weltall erkennen, das neben der dreidimensionalen Wirklichkeit eine vierte Zeitdimension (und vielleicht noch andere Dimensionen) enthält, um so unvorstellbarer wird uns dieser nach Einstein unbegrenzte und doch endliche gekrümmte Zeit-Raum mit seinen noch immer expandierenden Sternsystemen und den erst jetzt entdeckten äußerst seltsamen Objekten wie den Pulsaren und Quasaren. Und wie die faszinierende Welt der subatomaren Elementarteilchen, so läßt sich auch das nicht weniger faszinierende physikalische Universum nur noch unscharf mit unseren Begriffen darstellen, läßt es sich letztlich nur mit Bildern, Chiffren und Vergleichen, mit Modellen und vor allem mathematischen Formeln umschreiben.

Wahrhaftig, wie soll ich mir die von der Elementarteilchenphysik untersuchten unglaublich kleinen Prozesse – in der Größenordnung bis zu 10^{-15} cm = 1 Billiardstel cm = 1 durch 1 Millionen Milliarden cm (1 Billiarde = 1 Million Milliarden!) und Geschwindigkeiten von 10^{-22} sec = 1 durch 10 Trilliarden sec (1 Trilliarde = 1 Million Billiarden!) – vorstellen? Da verlieren doch selbst Wörter wie »Teil« und »räumliche Ausdehnung« weithin ihre übliche Bedeutung. Und wie soll ich mir die von der Astrophysik erforschte ungeheuer große Welt »vorstellen«, in der Raumfahrer, falls es ihnen je gelänge, den Weg in die Mitte unserer eigenen Milchstraße und zurück zur Erde zu finden, selber in relativer Jugend eine Menschheit anträfen, die unterdessen rund 60000 Jahre älter geworden ist? Nein, es besteht kaum Aussicht, daß der Mensch jemals in die »Tiefen des Weltraums« (oder auch nur die der eigenen Milchstraße) vordringen könnte, wie ihm vermutlich auch die Entdeckung einer »Weltformel« im subatomaren Bereich – so jedenfalls nach dem physikalischen Chemiker und Nobelpreisträger Ilya Prigogine – kaum den Universalschlüssel zu all den so vielfältigen physikalischen Erscheinungen in die Hand gäbe und damit, wie Friedrich Dürrenmatt in seinen »Physikern« befürchtet, allmächtiges Wissen.

So werden im Mikro- wie im Makrophysikalischen die Grenzen meiner Erkenntnis überdeutlich, aber auch die *periphere Stellung des Menschen* im Gesamt des Kosmos: Was sind denn schon meine Lebensjahre im Vergleich mit dem Alter der Menschheit? Was sind 100000 Lebensjahre der Menschheit ihrerseits im Vergleich mit den 13 oder mehr Milliarden Jahren dieses Kosmos? Ist nicht diese Erde wiederum ein Stäubchen im Vergleich mit dem Ganzen der Milchstraße, die etwa 100 Milliarden Einzelsterne umfaßt, von denen einer die Sonne ist? Und diese unsere Milchstraße: Ist sie nicht wiederum ein Stäubchen im Vergleich mit jenen Milchstraßen-Haufen (»Nebel«), von denen einzelne 10000 Milchstraßen enthalten, so daß die Zahl der beobachtbaren Milchstraßen in die 100 Millionen geht? Soll ich da, je mehr ich über die erstaunlichen Ergebnisse der Astrophysik nachdenke und erneut wie die Menschen eh und je in den hellen Nachthimmel hinausschaue, mich nicht – wie gesagt: in aller Bescheidenheit – fragen: Was soll das Ganze? Wohin das Ganze? Wohin die Menschheit? Wohin ich selbst?

Das frage ich mich ganz realistisch inmitten einer großen, erhabenen und doch zugleich unendlich grausamen Geschichte des Kosmos mit seinen Katastrophen, von denen die Menschen so oft mitbetroffen sind: Erdbeben und Hungersnöte, Überschwemmungen und Vulkanausbrüche. Soll ich mich nicht auch in dieser Perspektive, je mehr ich gerade über diese kosmisch-globale Katastrophengeschichte der Menschheit nachdenke, immer wieder neu staunend und erschreckt zugleich fragen: Was soll das Ganze? Wohin das Ganze? Wohin die Menschheit? Wohin ich selbst?

Vertrauen oder Mißtrauen?

Die Antwort des christlichen Glaubens ist eindeutig: Mensch und Welt sind zu einer Vollendung bestimmt, die ihnen durch Gott selber zukommen wird. Im Leben der zukünftigen Welt: Nur von daher kommt ein letzter *Sinn* in Menschenleben und Menschheitsgeschichte. Jeder Mensch, auch der Naturwissenschaftler und der Mediziner, ist hier vor eine *existentielle Alternative* gestellt: Ich fasse zusammen:

Entweder ich sage *nein* zu einem Ur-Grund und Ur-Ziel des Menschenlebens, des ganzen Weltprozesses: die Konsequenzen sind unübersehbar. Zu Recht beschwört denn auch der Nobelpreisträger für Biologie Jacques Monod, ein Atheist, den Sisyphus des Camus und sagt: »Wenn er (der Mensch) diese (negative) Botschaft in ihrer vollen Bedeutung aufnimmt, dann muß der Mensch endlich aus seinem tausendjährigen Traum erwachen und seine totale Verlassenheit, seine radikale Fremdheit erkennen. Er weiß nun, daß er seinen Platz wie ein Zigeuner am Rande des Universums hat, das für seine Musik taub ist und gleichgültig gegen seine Hoffnungen, Leiden oder Verbrechen.«

Oder ich sage *ja* zu einem Ur-Grund und Ur-Ziel des Menschenlebens, des ganzen Weltprozesses. Dann kann ich zwar die Sinnhaftigkeit von Welt- und Menschheitsgeschichte nicht beweisen, wohl aber vertrauend voraussetzen. Die Frage, die ein anderer Nobelpreisträger für Biologie, Manfred Eigen, stellt, wäre dann positiv beantwortet: »Das Erkennen von Zusammenhängen bringt nach wie vor keine Antwort auf die von Leibniz gestellte Frage: ›Warum etwas und nicht nichts ist.‹« Mit dem vertrauten Hinweis auf eine erste und letzte Wirklichkeit wäre diese wie auch die andere Frage beantwortet: »Wozu ist etwas, wozu die Welt, wozu ich selbst?«

Mit einer solchen Antwort sollen nicht etwa naturwissenschaftliche Erkenntnisse und religiöse Bekenntnisse vermischt werden. Im Gegenteil: Man wird nicht aus (durchaus zu respektierenden) ethisch-religiösen Impulsen dem Evolutionsprozeß von vornherein die Richtung auf einen bestimmten Endzustand Omega und damit eine Sinngebung zuschreiben, wie sie Pierre Teilhard de Chardin, hochverdient um ein neues Verstehen zwischen Theologie und Naturwissenschaft, mit naturwissenschaftlichen Argumenten meinte beweisen zu können. Diese Antwort nach dem letzten Sinn kann *nicht die Naturwissenschaft*, sie kann nur ein – durchaus vernünftiges – *Vertrauen* geben.

Ist das eine für den wissenschaftlich geschulten Geist *unerträgliche intellektuelle Zumutung:* daß wir eine Wirklichkeit auf Vertrauen hin anzunehmen haben? Doch kommt der, der sich an wissenschaftlich (gar naturwissenschaftlich) Verifizierbares, die empirisch erfaßbare Außen- oder Objektwelt, zu halten gewohnt ist, um ein solches Vertrauen (oder Mißtrauen) herum? Ist denn etwa die Existenz einer von meinem Erleben unabhängigen objektiven *Außenwelt* jemals streng philosophisch bewiesen worden, bewiesen gegenüber einem philosophischen Solipsisten, für den »allein« das »Selbst«, das Ich, existiert und für den alle Gegenstände der Außenwelt und auch die fremden Ichs nur Bewußtseinsinhalte, nur traumartige Projektionen sind? Die Geschichte der neuzeitlichen Erkenntniskritik von Descartes, Hume und Kant bis Popper und Lorenz, so scheint mir, hat es deutlich werden lassen: Daß es überhaupt eine von unserem Bewußtsein unabhängige Realität gibt, kann nur in einem Akt des Vertrauens angenommen werden. Wenn es aber schon mit der Wirklichkeit unserer Welt so steht, auf deren objektive Sichtbarkeit und Greifbarkeit der heutige Mensch in der Diskussion um die Gottesfrage so gern verweist: dann kann auch die Existenz einer – von unserer Welt verschiedenen, aber nicht getrennten – Wirklichkeit *Gottes* nicht schon deshalb als pure Projektion abgelehnt werden, weil auch sie aufgrund eines Vertrauens angenommen wird. Auch sie also nicht aufgrund nur eines irrationalen Gefühls, aber auch nicht aufgrund eines rationalen Beweises, sondern aufgrund eines durchaus *vernünftigen Vertrauens*, das im Hinblick auf die Wirklichkeit Gottes allerdings wesentlich radikalisiert erscheint: eines Gottvertrauens im nüchternen Wortsinn, auch Gottesglaube genannt, der in den Fragen nach Anfang und Ende zweifellos besonders herausgefordert ist.

Der Evolutionsprozeß als solcher schließt, naturwissenschaftlich gesehen, einen ersten Ursprung (ein Alpha) und ein letztes Sinn-Ziel (ein Omega) weder ein noch aus. Aber auch für den Naturwissenschaftler und Mediziner, für den Historiker und Sozialwissenschaftler stellt sich nun einmal die existentielle Frage nach Ursprung und Sinn-Ziel des ganzen Prozesses, der er nicht ausweichen darf. Es ist meine Entscheidung des Vertrauens oder Mißtrauens, meine Glaubensentscheidung, ob ich eine letzte Grund- und Sinnlosigkeit hinnehmen will, wie Jacques Monod dies tut, oder aber einen Ur-Grund und Ur-Sinn von allem, wie es auf der Linie von Manfred Eigen liegt, ja, einen Schöpfer-Gott und Vollender-Gott des Weltprozesses, wie ihn die christliche Verkündigung annimmt.

Ein solches Vertrauensvotum, das zweifellos über den Horizont meiner Erfahrung hinausgeht, ist – dies habe ich bereits dargelegt – nicht nur zumutbar, sondern ist auch in ungeschmälerter intellektueller Redlichkeit zu verantworten. Hier geht es ja nicht um eines jener »Geheimnisse«, die Theologen und Kirchenmänner aufgrund selbstverschuldeter Aporien kreiert haben und dann als solche deklarieren mußten. Nein, hier geht es, jenseits aller Kategorien und Vorstellungen, um das wahre, eine, aber allüberall präsente *große Geheimnis der Wirklichkeit*: jenes eine »Mysterium stricte dictum, tremendum et fascinosum« – ein Geheimnis im strengen Sinn, erschreckend und faszinierend zugleich –, das durch keinen Begriff zu begreifen, durch keine Aussage voll auszusagen, durch keine Definition festzulegen ist; das diese unere Wirklichkeit umgreift und doch nicht mit ihr identisch ist, das ihr innewohnt und doch nicht in ihr aufgeht. Es geht um den unsagbaren, unbegreiflichen, unergründlichen Gott selbst! Und nur insofern das Ende, aber auch schon die Mitte und erst recht der Anfang von Welt und Mensch mit diesem großen Alpha und Omega, dem Zentrum der Zentren, zu tun haben, verdienen auch sie ein Geheimnis, ein Mysterium, ein Gegenstand der »Mystik« genannt zu werden. Und weil ich in meiner Entscheidung an dieses eine Geheimnis rühre, wird denn auch diese Entscheidung nie eine Entscheidung der reinen Vernunft sein, sondern die Entscheidung meiner selbst, als ganzer Person. Ein Wagnis des Glaubens, dem der Liebe verwandt.

Haben Gläubige es leichter?

Im letzten Kapitel von »Der Mensch in der Revolte« beschreibt der von Monod zitierte *Albert Camus* zwei entscheidende Grunderfahrungen des Menschen: das Böse und den Tod. Die Revolte stoße »dauernd an das Böse«, heißt es da, »von wo aus sie nur einen neuen Anlauf nehmen kann«. Der Mensch müsse »in der Schöpfung alles in Ordnung bringen, was in Ordnung gebracht werden« könne. Und doch werden »Kinder immer zu Unrecht sterben, selbst in der vollkommenen Gesellschaft«: »Auch bei seiner größten Anstrengung kann der Mensch sich nur vornehmen, den Schmerz der Welt mengenmäßig zu vermindern. Aber Leiden und Ungerechtigkeit werden bleiben, und, wie begrenzt auch immer, nie aufhören, der Skandal zu sein. Dimitri Karamasows ›Warum‹ wird weiterhin ertönen.« Keine Frage: »Vor dem Tod schreit der Mensch von innen heraus nach Gerechtigkeit«, schreibt Camus, und nicht jeder stirbt so gelassen, so aufrecht wie sein Held Meursault in seiner Erzählung »Der Fremde«, der sich noch in der Todeszelle jeden Trost von seiten des Gottgläubigen verbittet.

Gegen den Priester, der ihn aufsucht, um mit ihm über seinen bevorstehenden Tod zu sprechen, über seine Sünden und Gottes Gerechtigkeit, wendet Meursault sich im Zorn: »Er sehe so sicher aus, nicht wahr? Und doch sei keine seiner Gewißheiten ein Frauenhaar wert. Er sei nicht einmal seines Lebens gewiß, denn er lebe wie ein Toter. Es sehe so aus, als stünde ich mit leeren Händen da. Aber ich sei meiner sicher, sei aller Dinge sicher, sicherer als er, sicher meines Lebens und meines Todes, der mich erwarte. Ja, nur das hätte ich. Aber ich besäße wenigstens diese Wahrheit, wie sie mich besäße ... Während dieses ganzen absurden Lebens, das ich geführt habe, wehe mich aus der Tiefe meiner Zukunft ein dunkler Atem an, durch die Jahre hindurch, die noch nicht gekommen seien, und dieser Atem mache auf seinem Weg alles gleich, was man mir in den wirklicheren Jahren, die ich lebte, vorgeschlagen habe.«

Die Figur dieses Meursault sollte uns nicht so rasch aus dem Kopf gehen. Hier verweigert ja ein Mensch den religiösen Trost nicht aus Dummheit oder Hybris, sondern aus einem Gefühl für die eigene Würde, einem Gespür für eigene Identität. Selbstgewißheit wird hier demonstriert im Horizont der Absurdität, die nicht beklagt, die in aller Nüchternheit akzeptiert wird. Nach allem, was ich hier und anderswo über die Hoffnung auf ein Leben nach dem Tod gesagt habe, über das geprüfte, realistische Vertrauen fern aller Illusionen, werden wir zum Schluß noch einmal auf die elementare Frage zurückgeworfen: Mache ich es mir als Gottgläubiger nicht allzu leicht mit meiner Hoffnung auf einen definitiven Sinn, eine letzte Erfüllung? Allzu leicht, weil ich sonst das Leben in seiner Härte, Brutalität, Chaotik nicht ertragen könnte? Ergibt denn die nüchterne Selbsteinschätzung des Menschen nicht, daß wir prinzipiell trostlos leben müssen, ja, gehört es nicht zu Würde und Stolz des Menschen, sich fern aller Hybris den Trost der Religion zu verbitten, der doch allemal nur Vertröstung ist? Ist es nicht ehrlicher, freilich dann auch härter und grausamer, religiöse Hoffnungen endlich als Illusionen zu begraben? Hat nicht *Sigmund Freud* dies in »Die Zukunft einer Illusion« für unsere Zeit exemplarisch formuliert, daß der Mensch ohne den Trost religiöser Illusionen leben kann, daß er ohne sie die Schwere des Lebens, die grausame Wirklichkeit ertragen könne? »Gewiß wird der Mensch sich dann in einer schwierigen Situation befinden, er wird sich seine ganze Hilflosigkeit, seine Geringfügigkeit im Getriebe der Welt eingestehen müssen, nicht mehr der Mittelpunkt der Schöpfung, nicht mehr das Objekt zärtlicher Fürsorge einer gütigen Vorsehung. Er wird in derselben Lage sein wie das Kind, welches das Vaterhaus verlassen hat, in dem es ihm so warm und behaglich war. Aber nicht wahr, der Infantilismus ist dazu bestimmt, überwunden zu werden? Der Mensch kann nicht ewig Kind bleiben, er muß endlich hinaus ins ›feindliche Leben‹. Man darf das ›*die Erziehung zur Realität*‹ heißen.«

Und doch: kann die Einsicht in die »große Gleichgültigkeit« von Welt, Leben, Geschichte (so »Der Fremde«), kann das Pathos der Nüchternheit und Illusionsfreiheit (so Freud, Monod) den Schrei Dimitri Karamasows angesichts all des Leides Unschuldiger zum Verstummen bringen, von dem Camus selber gesprochen hatte: »Warum?«? Diese Warum-Frage, so habe ich es immer wieder herausgearbeitet, treibt die Frage nach einem letzten Sinn und einer definitiven Erfüllung aus den Konfliktfeldern unserer Erde heraus und speist all die Hoffnungsbilder, die Sehnsuchtsgemälde, die Erfüllungsvisionen. Diese Hoffnung ist jedoch nur dann keine billige Illusion, dieser von hierher gewonnene Trost ist nur dann keine Vertröstung, wenn Hoffnung und Trost verbunden sind mit einer realistischen Aufklärung des Menschen über sich selbst, seine Illusionen von Machbarkeit und Verfügbarkeit. Dem Illusionsverdacht Freuds und aller Religionskritiker habe ich die Entlarvungsfunktion der Religion selber entgegenzusetzen versucht, freilich einer geläuterten, verantwortbaren Religion. Das heißt: nur wem im Glauben an Gott, wie er sich in Kreuz und Auferweckung Jesu Christi gezeigt hat, die Illusionen über sich selbst genommen wurden, der wird eingewiesen in die Nachfolge des Nazareners, die Erde nicht zur Hölle verkommen, sondern ein Stück vom kommenden Reich Gottes hier und heute sichtbar werden zu lassen. Dieser Hoffnung ist mit dem Projektionsverdacht ebensowenig beizukommen wie mit dem Vertröstungsverdacht. Keine Flucht nach vorn, sondern – gegen alles immer wieder drohende Zweifeln und Verzweifeln – Taten der Hoffnung! Angesichts der kommenden Vollendung einen Beitrag zum Kampf gegen die Mächte des Widersacherischen, die auch Ernst Bloch kannte, gegen das »Böse«, von dem Camus gesprochen hatte, kurz, gegen die Mächte der Ungerechtigkeit und der Unfreiheit, des Elends: für mehr Gerechtigkeit und Leben!

Nein, wer dies ernst nimmt, hat es nicht »leichter«. Wer in den Konfliktfeldern unserer Erde, wo er nun einmal hingestellt ist, die Hoffnung auf Gottes ewiges Leben auch praktisch durchhält, jenseits von Selbstüberschätzung und resignativer Verzweiflung, hat nicht von vornherein den leichteren Teil gewählt. Und wer so nicht nur zu seinen Hoffnungen auf ein Leben in Gott steht, sondern vertrauend-glaubend im Tod sich diesem seinem Gott als dem Herrn und Richter überantwortet, der weiß um Ernst und Verantwortung seiner Entscheidung, die mit den billigen Illusionen und dem vorschnellen Trost nichts gemein hat. Wenn somit jeder Glaube an das ewige Leben, der praktisch folgenlos bliebe, selber dem Illusions- und Vertröstungsverdacht verfiele, dann erwartet die Frage um so dringender eine Antwort: Was änderte sich, wenn …?

Was änderte sich, wenn …?

Ja, was änderte sich, wenn es diese Vollendung im ewigen Leben wirklich gäbe? Im Blick auf philosophische Entwürfe der Gegenwart, wie wir sie in diesen Überlegungen vor Augen hatten, ließe sich sagen: Wenn es die Vollendung in einem ewigen Leben gibt,

dann habe ich die begründete Hoffnung, daß die »ältesten, stärksten, dringendsten Wünsche der Menschheit« gegen Sigmund Freuds atheistische Befürchtung nicht Illusionen sind, sondern schließlich doch erfüllt werden;

dann ist der Gedanke, der Tod sei das schlechthin Letzte, den Theodor W. Adorno in der »Negativen Dialektik« unausdenkbar fand, in der Tat unausdenkbar, weil unwahr;

dann ist mir ein befreiendes Über-Schreiten, Transzendieren, des »eindimensionalen Menschen« in eine wirklich andere Dimension hinein, eine reale Alternative, wie sie Herbert Marcuse forderte, schon jetzt – freilich grundlegend anders als bei Marcuse – ermöglicht;

dann ist selbst alles unabwendbare Leiden, das sich nach den Vertretern der Kritischen Theorie nicht begrifflich aufheben läßt, dann sind Unglück, Schmerz, Alter und Tod des einzelnen, aber auch das drohende Eschaton der Langeweile in einer total verwalteten, toten Welt doch nicht das Letzte, sondern können auf ein ganz anderes verweisen;

dann ist die Hoffnung Max Horkheimers und ungezählter anderer Menschen nach vollendeter Gerechtigkeit, nach unbedingtem Sinn und ewiger Wahrheit nicht irreal, sondern schließlich und endlich erfüllbar, unendlich erfüllbar;

dann hat die unendliche Sehnsucht des Menschen, der nach Ernst Bloch unruhig, unfertig, nie erfüllt, immer neu unterwegs ist, weiterverlangend, weitererkennend, weitersuchend, sich ständig ausstreckend nach anderem und neuem, doch einen Sinn und geht nicht schließlich ins Leere; dann ist auch das große Peut-être des sterbenden Rabelais, das für Bloch die äußerste Möglichkeit der Stellungnahme blieb, doch definitiv einlösbar, verweisend nicht nur auf ein Unbestimmtes, Ungewisses, sondern auf eine ganz andere, neue Wirklichkeit.

Ja, wenn die Hoffnung auf einen Gott im Himmel berechtigt ist, dann läßt sich für diese Erde verstehen, begründen und motivieren:

warum der Mensch eine Verantwortung für diese Erde trägt, die er nicht selbst geschaffen hat, für die *Natur*, die nicht mehr Gegenstand romantisch-religiöser Inbrunst, wohl aber seine Lebensgrundlage ist, mit der er vernünftig umzugehen hat;

warum wir uns dabei nicht nur um unsere Generation, sondern auch um die *kommenden Generationen* kümmern müssen; warum also auch die nachfolgenden Generationen ein berechtigtes Interesse haben an einer bewohnten Erde, an nicht durch Rüstung verschwendeten natürlichen Ressourcen, an einer noch tragbaren finanziellen Schuldenlast;

warum so nicht jedes wirtschaftliche »Wachstum« auch schon »*Entwicklung*«, schon »*Fortschritt*« bedeutet: warum also stets zu fragen ist nicht nur nach dem Wieviel, sondern auch nach dem Was von Produktion und Konsum, nach der

Qualität des Wachstums, nach dem *Wohin* von Entwicklung und Fortschritt.

Was heißt: An ein ewiges Leben glauben?

An ein ewiges Leben glauben heißt, mich in vernünftigem Vertrauen, in aufgeklärtem Glauben, in geprüfter Hoffnung darauf verlassen, daß ich einmal voll verstanden, von Schuld befreit und definitiv angenommen sein werde und ohne Angst ich selber sein darf; daß meine undurchsichtige und ambivalente Existenz, wie die zutiefst zwiespältige Menschheitsgeschichte überhaupt, doch einmal endgültig durchsichtig und die Frage nach dem Sinn der Geschichte doch einmal endgültig beantwortet werden. So brauche ich nicht mit Karl Marx an das Reich der Freiheit nur hier auf Erden zu glauben oder mit Friedrich Nietzsche an die ewige Wiederkehr des immer gleichen. Ich brauche aber auch nicht mit Jacob Burckhardt die Geschichte in stoisch-epikureischer Distanziertheit aus der Haltung eines pessimistischen Skeptikers heraus zu betrachten. Und ich brauche erst recht nicht mit Oswald Spengler den Untergang des Abendlandes, und auch den unserer eigenen Existenz, kulturkritisch zu betrauern.

Nein, glaube ich an ein ewiges Leben, so kann ich in aller Nüchternheit und allem Realismus, und ohne gar dem Terror gewaltsamer Volksbeglücker zu verfallen, für eine bessere Zukunft, eine bessere Gesellschaft, auch eine bessere Kirche, in Frieden, Freiheit und Gerechtigkeit arbeiten – und weiß zugleich ohne alle Illusionen, daß all dies vom Menschen nur angestrebt, aber nie voll realisiert werden kann.

Glaube ich an ein ewiges Leben, so weiß ich: Diese Welt ist nicht das Letzte, die Verhältnisse bleiben nicht so auf ewig, alles Bestehende – politische wie religiöse Institutionen und Hierarchien mit eingeschlossen – hat provisorischen Charakter; vorläufig bleibt die Aufteilung in Klassen und Rassen, Arm und Reich, Herrschende und Beherrschte; die Welt ist veränderlich und veränderbar.

Glaube ich an ein ewiges Leben, dann ist mir immer wieder

neu in meinem Leben und im Leben der anderen Sinnstiftung ermöglicht. Der unaufhaltsamen Evolution des Kosmos ist ein Sinn gegeben aus der Hoffnung heraus, daß es zur wahren Vollendung des Individuums und der menschlichen Gesellschaft, ja, zur Befreiung und Verherrlichung der Schöpfung, auf der die Schatten der Vergänglichkeit liegen, erst durch die Herrlichkeit Gottes selber kommen wird. Erst dann werden die Konflikte und Leiden der Natur überwunden und ihre Sehnsüchte erfüllt sein. Ja, »alle Lust will Ewigkeit, will tiefe, tiefe Ewigkeit«, Nietzsches Gesang im »Zarathustra« ist hier und nur hier wahrhaft »aufgehoben«. Durch den Apostel Paulus belehrt, weiß ich, daß auch die Natur dann teilhaben wird an der Herrlichkeit Gottes: »Denn das sehnsüchtige Verlangen der Schöpfung wartet auf das Offenbarwerden der Söhne (und Töchter) Gottes. Auch die Schöpfung als solche soll von der Knechtschaft der Vergänglichkeit befreit werden zur Freiheit der Herrlichkeit der Kinder Gottes. Denn wir wissen, daß die ganze Schöpfung insgesamt seufzt und in Wehen liegt bis zum heutigen Tag. Doch nicht nur das: Aber wir selber, obwohl wir als Erstlingsgabe den Geist haben, seufzen in unserem Herzen und erwarten die Annahme an Sohnes Statt, die Erlösung unseres Leibes.«

Aber im Glauben an den Gott, wie er sich in Jesus von Nazaret gezeigt hat, habe ich davon auszugehen: Eine wahre Vollendung und ein wahres Glück der Menschheit kann es nur geben, wenn nicht bloß die letzte Generation, sondern wenn die Vollzahl der Menschen, auch die in der Vergangenheit gelitten, geweint, geblutet haben, ihren Anteil daran haben wird. Nicht ein Menschenreich, nur das *Gottesreich* ist das Reich der Vollendung: ist das Reich des endgültigen Heiles, der erfüllten Gerechtigkeit, der vollkommenen Freiheit, der unzweideutigen Wahrheit, des universalen Friedens, der unendlichen Liebe, der überfließenden Freude, ja, des ewigen Lebens.

Ewiges Leben: dies meint Befreiung ohne neue Versklavung. Mein Leiden, das Leid des Menschen, ist aufgehoben, der Tod des Todes eingetreten: »Ein neues Lied, ein besseres Lied« (Heine) wird dann zu singen sein. Die Geschichte hat dann ihr Ziel erreicht, die Menschwerdung des Menschen ist abgeschlossen. Dann sind, wie Marx hoffte, der Staat und das Recht, aber auch Wissenschaft, Kunst und gar die Theologie wirklich überflüssig geworden. Dies ist die echte Transzendenz (Bloch), die wirklich »andere Dimension« (Marcuse), das wahre »alternative Leben«:

Nicht mehr das »Du sollst«, die Moral, wird herrschen, sondern das »Du bist«, das Sein.

Nicht mehr die distanzierte Relation, die Religion, wird das Verhältnis Gott–Mensch bestimmen, sondern das offenbare In-eins-Sein von Gott und Mensch, von dem die Mystik träumte.

Nicht mehr die Christusherrschaft der Zwischenzeit im Zeichen des Kreuzes, unter dem Glauben, in der Kirche wird gelten, sondern direkt und allein, zum Glück einer neuen Menschheit, die *Gottesherrschaft*. Ja, Gott selbst wird herrschen in seinem Reich, dem sich auch Jesus Christus, der Sohn, unter- und einordnen wird, nach jenem anderen großen Paulus-Wort: »Wenn ihm (dem Sohn) dann alles unterworfen ist, wird auch er, der Sohn, sich dem unterwerfen, der ihm alles unterworfen hat, damit Gott sei alles in allem.«

Gott alles in allem

Ich darf mich auf die Hoffnung verlassen, daß im Eschaton, im Allerletzten, im Gottesreich die Entfremdung von Schöpfer und Geschöpf, Mensch und Natur, Logos und Kosmos, die Spaltung in Diesseits und Jenseits, Oben und Unten, Subjekt und Objekt aufgehoben sein wird. Gott dann also nicht mehr nur in *allem*, wie schon jetzt. Sondern wahrhaftig *alles in allem*, weil er – alles in sich verwandelnd – allen Anteil gibt an seinem ewigen Leben in grenzenloser, endloser Fülle. »Denn«, sagt Paulus im Römerbrief, »von ihm und durch ihn und zu ihm hin sind alle Dinge. Ihm sei die Ehre in Ewigkeit.«

Gott alles in allem: In großer poetischer Form – kosmische Liturgie, Hochzeitsjubel und stilles Glück ineinander verwebend – wird es für mich unübertroffen auf den letzten Seiten des Neuen Testaments, am Ende der Geheimen Offenbarung, vom Seher ausgedrückt in Sätzen der Verheißung und der Hoffnung, mit denen ich diese Reflexionen über das ewige Leben beschließen möchte: »Dann sah ich einen neuen Himmel und eine neue Erde; denn der erste Himmel und die erste Erde sind vergangen, auch das Meer (Ort des Chaos) ist nicht mehr. Ich sah die heilige Stadt, das neue Jerusalem, von Gott her aus dem Himmel herabkommen; sie war bereit wie eine Braut, die sich für ihren Mann geschmückt hat. Da hörte ich eine laute Stimme vom Thron her rufen: Seht, die Wohnung Gottes unter den Menschen! Er wird in ihrer Mitte wohnen, und sie werden sein Volk sein; und er, Gott, wird bei ihnen sein. Er wird alle Tränen von ihren Augen abwischen: Der Tod wird nicht mehr sein, keine Trauer, keine Klage, keine Mühsal. Denn was früher war, ist vergangen.« So wird es nicht mehr nur ein Leben im Licht des Ewigen sein, sondern das Licht des Ewigen wird unser Leben und seine Herrschaft unsere Herrschaft sein: »Sie werden sein Angesicht schauen, und sein Name ist auf ihre Stirn geschrieben. Es wird keine Nacht mehr geben, und sie brauchen weder das Licht einer Lampe noch das Licht der Sonne. Denn der Herr, ihr Gott, wird über ihnen leuchten, und sie werden herrschen in alle Ewigkeit.«

Aus: »Ewiges Leben?« (1982).

3. Gottesverständnis nach Auschwitz

Wenn man sich seit Jahrzehnten mit all den Versuchen der Theodizee – in der Neuzeit von Gottfried Wilhelm Leibniz bis Hans Jonas – immer wieder beschäftigt hat (ich verweise vor allem auf das Kapitel »Gott und das Leid« in »Christ sein«), darf man es sicher so direkt sagen: Eine *theoretische Antwort* auf das *Theodizee-Problem*, scheint mir, *gibt es nicht!* Von einer gläubigen Grundhaltung her ist nur das eine zu sagen:
• *Wenn* Gott existiert, so war er auch in Auschwitz! Gläubige verschiedener Religionen und Konfessionen haben selbst in dieser Todesfabrik festgehalten: Trotz allem – Gott lebt.
• Zugleich aber hat auch der Gläubige zuzugestehen: Unbeantwortbar ist die Frage: *Wie* konnte Gott in Auschwitz sein, ohne Auschwitz zu verhindern?

Das bleibende Rätsel

Aller frommen Apologetik zum Trotz ist nüchtern einzugestehen: Wer als Theologe hier hinter das Geheimnis Gottes selbst kommen möchte, findet dort bestenfalls sein eigenes Theologumenon, sein Theologenfündlein. Weder die Hebräische Bibel noch das Neue Testament erklären uns, *wie* der gute, gerechte und mächtige Gott – alle diese Attribute kann man schließlich doch nicht aufgeben, wenn es noch um *Gott* gehen soll! –, wie er in dieser seiner Welt solch unermeßliches Leid im Kleinen (aber was ist hier »klein«?) und im Großen (ja, Übergroßen) hat geschehen lassen können, wie er »ansehen« konnte, daß Auschwitz möglich gemacht wurde, und »zusehen« konnte, wie das Gas ausströmte und die Verbrennungsöfen brannten.

Oder soll ich mich einfach mit der klassischen theologischen Formel über all das Leid des Holocausts hinwegtrösten: Gott »will« das Leid nicht; er will es aber auch nicht nicht, er läßt es vielmehr nur geschehen: »permittit«, »läßt es zu«. Doch löst das alle Rätsel auf? Nein, das löste gestern so wenig, wie es heute etwas löst. Aber Gegenfrage: Sollen dann ausgerechnet wir dieses Urproblem des Menschen aus der Welt schaffen können? Aufgrund welcher neuen Erkenntnis, aufgrund welcher eigenen Erfahrungen? Es braucht ja nicht unbedingt den Holocaust. Manchmal genügt schon ein beruflicher Mißerfolg, eine Krankheit, der Verlust, der Verrat oder der Tod eines einzigen Menschen, um uns in Verzweiflung zu stürzen. So erging es auch dem amerikanischen Rabbi Harold S. Kushner. Weil er durch eine tragische Krankheit ein Kind verlor, schrieb er ein Buch, das dann zum Bestseller wurde, mit dem Titel: »When Bad Things Happen to Good People« (»Wenn böse Dinge guten Leuten passieren«). Sein Lösungsvorschlag: Die Vorstellung von Gottes *Allmacht* ist abzuschaffen. Andere empfinden nicht weniger Anfechtungen bei dem Gedanken »When Good Things Happen to Bad People« (»Wenn gute Dinge bösen Menschen passieren«) und möchten gerne Gottes *Güte* und *Gerechtigkeit* leugnen. Beides aber ist kein Ausweg aus dem Dilemma. Denn ein aller Allmacht beraubter Gott hört auf, Gott zu sein, und die Vorstellung, daß Gott statt gütig und gerecht grausam und willkürlich wäre, ist erst recht unerträglich.

Wir müssen uns wohl oder übel damit abfinden: Weder solch vorschnelle Negationen noch solch hochspekulative Affirmationen lösen das Problem. Welche Vermessenheit des Menschengeistes, ob er nun im Kleid der theologischen Skepsis, der philosophischen Metaphysik, der idealistischen Geschichtsphilosophie oder der trinitarischen Spekulation daherkommt! Vielleicht lernt man es von daher, die Gegenargumente eines Epikur, Bayle, Feuerbach oder Nietzsche gegen solche Theodizee weniger als Blasphemie Gottes zu verstehen denn als Spott über der Menschen und besonders der Theologen Anmaßung. Besser schiene mir an diesem äußersten Punkt, bei dieser schwierigsten Frage, eine *Theologie des Schweigens.* »Würde ich Ihn kennen, so wäre ich Er«, ist ein altes jüdisches Wort. Und manche jüdischen Theologen, die angesichts allen Leids auf eine letzte Rechtfertigung Gottes lieber verzichten, zitieren nur das lapidare Schriftwort, welches auf den Bericht vom Tod der beiden durch Gottes Feuer getöteten Söhne Aarons folgt: »Und Aaron schwieg.«

Keiner der großen Geister der Menschheit – weder Augustin noch Thomas, noch Calvin, weder Leibniz noch Hegel – haben das Urproblem gelöst. »Über das Versagen aller philosophischen Versuche einer Theodizee«: Immanuel Kant schreibt dies 1791, als man in Paris an eine Absetzung Gottes dachte und dessen Ersetzung durch die Göttin Vernunft betrieb. Aber umgekehrt gefragt: Ist der *Atheismus* denn die Lösung? Ein Atheismus, der in Auschwitz sein Faustpfand sähe? Auschwitz – der Fels des Atheismus schlechthin? Oder vielleicht doch eher: Auschwitz – Folge und Ende des Atheismus? Erklärt denn Gottlosigkeit die Welt besser? Ihre grandeur und ihre misère? Erklärt Unglaube die Welt, wie sie nun einmal ist? Vermag Unglaube in unschuldigem, unbegreiflichem, sinnlosem Leid zu trösten? Als ob an solchem Leid nicht auch alle *ungläubige* Ratio ihre Grenze hätte! Nein, der Antitheologe ist hier nicht besser dran als der Theologe.

Gerade der jüdische Schriftsteller *Elie Wiesel* hat durch sein ganzes umfangreiches Dramen- und Prosa-Werk hindurch gezeigt, daß man mit »Auschwitz« weder durch eine Spekulationstheologie noch mit einer Antitheologie adäquat umgehen kann. Auf die Frage, ob wir nach Auschwitz »über Gott« reden könnten, sagte er zugespitzt: »Ich glaube nicht, daß wir *über* Gott reden können, wir können nur – wie es Kafka sagte – wir können nur *zu* Gott reden. Es hängt davon ab, wer redet. Was ich versuche, ist, *zu* Gott zu sprechen. Selbst wenn ich *gegen* ihn spreche, spreche ich *zu* ihm. Und selbst wenn ich einen Zorn auf Gott habe, versuche ich, ihm meinen Zorn zu zeigen. Aber genau darin liegt ein Bekenntnis zu Gott, nicht eine Negation Gottes.« Ob es dann nach Auschwitz überhaupt noch eine Theologie geben könne? Wiesel antwortete: »Ich persönlich glaube es nicht. Es kann keine Theologie nach Auschwitz und schon gar nicht *über* Auschwitz geben. Denn wir sind verloren, was immer wir tun; was immer wir sagen, ist unangemessen. Man kann das Ereignis niemals *mit* Gott begreifen; man kann das Ereignis nicht *ohne* Gott begreifen. Theologie, der Logos von Gott? Wer bin ich, um Gott zu erklären? Einige Leute versuchen es. Ich glaube, daß sie scheitern. Und dennoch … Es ist ihr Recht, es zu versuchen. Nach Auschwitz ist alles ein Versuch.« Was also bleibt, wenn es doch das Recht auf einen theologischen Versuch gibt?

Durchstehen im Vertrauen

Wir kommen um das ernüchternde Eingeständnis nicht herum: Wenn weder eine theologische noch eine antitheologische »Theorie« das Leid erklärt, dann ist eine andere Grundhaltung gefordert. Es ist meine über Jahrzehnte gewachsene Einsicht, zu der ich bisher keine überzeugende Alternative gefunden habe: Leid, übergroßes, unschuldiges, *sinnloses Leid* – individuelles wie kollektives – *läßt sich nicht theoretisch verstehen*, sondern *nur praktisch bestehen*. Für Christen und Juden gibt es auf das Theodizee-Problem nur eine *praktische Antwort*. Welche? Juden wie Christen mögen in dieser Frage auf verschiedene und doch zusammenhängende Traditionen verweisen:

Im äußersten Leid haben *Juden*, aber auch Christen die Gestalt des *Ijob* vor Augen, die zweierlei erkennen läßt: Gott ist und bleibt für den Menschen letztlich unbegreiflich, und doch ist dem Menschen die Möglichkeit geschenkt, diesem unbegreiflichen Gott statt Resignation oder Verzweiflung ein unerschütterliches, *unbedingtes Vertrauen* entgegenzubringen. Von Ijob her können Menschen darauf vertrauen, daß Gott auch des Menschen *Protest* gegen das Leid respektiert und sich schließlich doch als sein Schöpfer manifestiert, der ihn vom Leiden erlöst.

Für *Christen* – und warum nicht auch für Juden? – scheint im äußersten Leid über die (letztlich doch fiktive) Gestalt des Ijob hinaus die wahrhaft historische Gestalt des leidenden und sterbenden »Gottesknechtes«, des *Schmerzensmannes aus Nazaret*, auf. Sein Ausgeliefertsein, Ausgepeitschtsein, Verhöhntsein, sein langsames Dahinsterben am Kreuz hat die dreifache furchtbare Erfahrung der Opfer des Holocaust (Susan Shapiro) vorausgenommen: nämlich jene alles durchdringende Erfahrung, daß man von allen Menschen verlassen, daß man sogar des Menschseins beraubt, ja, daß man auch von Gott selbst verlassen werden kann.

Der Historiker Martin Gilbert berichtet in seiner Monographie »The Holocaust« die Geschichte des 16jährigen Jungen Zwi Michalowski: »Am 27. September 1941 sollte der Junge mit über 3000 anderen litauischen Juden umgebracht werden. Er stürzt in die Grube, unmittelbar bevor die Salve die anderen trifft. In der Nacht darauf kriecht er aus dem Massengrab und flieht ins nächste Dorf. Ein Bauer, der ihm öffnete, sieht den Nackten, mit Blut Beschmierten und sagt: ›Jude, geh zurück ins Grab, wo du hingehörst!‹ – Verzweifelt beschwört Zwi Michalowski schließlich eine ältere Witwe. ›Ich bin dein Herr, Jesus, Christus. Ich bin vom Kreuz gestiegen. Sieh mich an – das Blut, der Schmerz, das Leiden der Unschuldigen! Laß mich ein!‹ Die Witwe, erinnert sich Zwi, warf sich ihm zu Füßen und versteckte ihn drei Tage. Dann machte sich der junge Mann auf in den Wald. Dort überlebte er den Krieg als Partisan.«

Hatte Jesu Tod einen Sinn? Man soll dieses Sterben in Gottes- und Menschenverlassenheit nicht durch allerlei menschenförmige Theorie spekulativ überspielen und überhöhen wollen. Warum nicht? Weil allein im nachhinein, von der geglaubten Auferweckung Jesu zu neuem Leben durch und mit Gott, ein »*Sinn*« *in dieses sinnlose, gottverlassene Sterben* hineinkommt. Nur aufgrund dieses Glaubens ist der zu Gottes ewigem Leben erweckte Gekreuzigte die Einladung, auch bei sinnlosem Leiden hoffend, vertrauend, auf einen Sinn selbst im sinnlosen, gottverlassenen Sterben *zu vertrauen* und für sich selber in diesem Leben ein *Durchstehen* und *Durchhalten* bis zum Ende einzuüben. Also nicht die Erwartung eines Happy-Ends auf Erden wie in der Rahmengeschichte des Ijob, dem am Ende sogar die drei Töchter zurückgegeben werden. Sondern ganz radikal das Angebot, selbst im (zur Not bis zum bitteren Ende durchgestandenen) sinnlosen Leiden einen Sinn zu bejahen:

einen verborgenen Sinn, den der Mensch nicht von sich aus entdecken, wohl aber im Licht dieses einen von Gott und Menschen Verlassenen und doch Gerechtfertigten geschenkt erhalten kann. Leiden und Hoffnung gehören für die Schrift unlösbar zusammen! Hoffnung auf einen Gott, der sich trotz allem nicht als launisch-apathischer Willkürgott, sondern als Gott der rettenden Liebe erweisen und durchsetzen wird.

Ohne daß also das Leiden verniedlicht, uminterpretiert oder glorifiziert oder auch einfach stoisch, apathisch, gefühllos hingenommen wird, läßt sich vom leidenden Gottesknecht Jesus her erkennen und in oft beinahe verzweifelter Hoffnung in Protest und Gebet bekennen,

– daß Gott auch dann noch, wenn das Leiden scheinbar sinnlos ist, verborgen anwesend bleibt;

– daß Gott uns zwar nicht *vor* allem Leid, wohl aber *in* allem Leid bewahrt;

– daß wir so, wo immer möglich, Solidarität im Leiden beweisen und es mitzutragen versuchen sollten;

– ja, daß wir das Leid so nicht nur ertragen, sondern, wo immer möglich, bekämpfen, bekämpfen weniger im einzelnen als in den leidverursachenden Strukturen und Verhältnissen.

Ob dies eine lebbare Antwort ist, die das Leid nicht vergessen, aber verarbeiten hilft, muß jeder, muß jede für sich selbst entscheiden. Betroffen gemacht und ermutigt hat mich die Tatsache, daß selbst in Auschwitz ungezählte *Juden* und auch einige *Christen* an den trotz aller Schrecknisse dennoch verborgen anwesenden, an den nicht nur mitleidenden, sondern sich auch erbarmenden Gott geglaubt haben. Sie haben vertraut, und sie haben – was oft übersehen wird – auch *gebetet selbst noch in der Hölle von Auschwitz*! Unterdessen sind viele erschütternde Zeugnisse gesammelt worden, die beweisen, daß in den KZs nicht nur in aller Heimlichkeit aus dem Talmud rezitiert und Festtage begangen wurden, sondern daß selbst angesichts des Todes im Vertrauen auf Gott gebetet wurde. So berichtet Rabbi *Zvi Hirsch Meisels*, wie er am Rosch Haschana, dem jüdischen Neujahrstag, unter Lebensgefahr 1400 zum Tode verurteilten Jungen auf deren Bitten heimlich ein letztes Mal den

Schofar (»Widderhorn«) blies und, als er ihren Block verließ, ein Junge rief: »Der Rebbe hat unseren Geist gestärkt, indem er uns sagte, daß ›selbst wenn ein scharfes Schwert an der Gurgel eines Menschen liegt, er nicht an der Barmherzigkeit Gottes verzweifeln solle‹. Ich sage Euch, wir können hoffen, daß die Dinge besser werden, aber wir müssen darauf vorbereitet sein, daß sie schlechter werden. Um Gottes willen, laßt uns nicht vergessen, im letzten Moment das Schema Israel mit Hingabe auszurufen.« So haben denn ungezählte Juden (und einige Christen) in den KZs darauf vertraut, daß es einen Sinn hat, das eigene Leid hinzunehmen, den verborgenen Gott anzurufen und anderen Menschen, soweit noch möglich, bei-zustehen. Und weil Menschen sogar *in* Auschwitz gebetet haben, ist das Gebet *nach* Auschwitz zwar nicht leichter geworden, aber sinnlos, nein, sinnlos kann es jedenfalls deshalb nicht sein.

Ein dritter Weg

Und haben nun die Menschen in Auschwitz – ob Juden oder Christen – in ihren Gebeten zu einem schwachen, törichten, gefangenen, ohnmächtigen, toten Gott gefleht? Unvorstellbar! Wenn überhaupt, dann dürften sie zu einem lebendigen, teilnehmenden, wenngleich abwesenden, verborgenen Gott gerufen haben, auf dessen Macht und Güte sie vertrauten – durch alle Gewalt und Bosheit der Menschen hindurch: zur Sonne, die von dunklen Wolken völlig verdeckt ist. Wie es ein Jude auf die Mauern des Warschauer Gettos geschrieben hatte:

> *»Ich glaube an die Sonne, auch wenn sie nicht scheint.*
> *Ich glaube an die Liebe, auch wenn ich sie nicht spüre.*
> *Ich glaube an Gott, auch wenn ich ihn nicht sehe.«*

Nein, nicht der ohnmächtige Gott, sondern der mit-leidende Gott der Liebe, Stärke, Güte und Barmherzigkeit machte die Opfer stark, dem Grauen zu widerstehen. Den barmherzigen Gott in Todeslagern bekennen heißt also nicht, Gott selber *als* Gefangenen, *als* Opfer, *als* Toten bezeugen. Sondern das heißt,

Gott selber als einen lebendigen Gott *für* die Gefangenen, *für* die Opfer, *für* die Toten bekennen. Einen Gott jedenfalls, der eindeutig auf der Seite der Opfer, nicht auf der Seite der Henker steht. Unser gemeinsamer jüdischer und christlicher Glaube gilt einem Gott, dem die Zukunft gehören wird, der in Gerechtigkeit den Rechtlosen Recht verschafft und so an den Ohnmächtigen seine Macht beweisen wird, einen Gott der Lebendigen und nicht der Toten!

In summa: Die konkrete Frage des »Nicht-Eingreifens« und des »Nicht-verhindert-Habens« durch Gott habe ich mit dieser Antwort theoretisch nicht gelöst, weil ich sie nicht lösen kann. Aber ich habe versucht, sie zu relativieren. Ein *mittlerer Weg* – scheint mir – ist uns, Christen und Juden, angesichts der ungeheuren Negativität theologisch angeboten: Auf der einen Seite die Gott*losigkeit* jener, die in Auschwitz ihr stärkstes Argument gegen Gott zu finden meinen und die doch nichts erklären. Auf der anderen die Gott*gläubigkeit* jener, die Auschwitz trinitätstheologisch spekulativ verarbeiten, in eine innergöttliche Leidensdialektik hinein aufheben und so die letzte Ursache des Leidens ebenfalls nicht erklären. Dieser mittlere, bescheidene Weg ist *der Weg des unerschütterlichen, nicht irrationalen, sondern durchaus vernüftigen Gottvertrauens – trotz allem:* des Glaubens an einen Gott, der das Licht bleibt trotz und in abgrundtiefer Dunkelheit. Weil es Auschwitz gibt, sagt der Gottlose, ist mir der Gedanke an Gott unerträglich. Und der Gottgläubige, ob Jude oder Christ, darf antworten: Nur weil es Gott gibt, ist mir der Gedanke an Auschwitz überhaupt erträglich.

So sieht es aus der Perspektive jüdischer Theologie auch der orthodoxe amerikanische Theologe *Michael Wyschogrod:* »Der jüdische Glaube ist deshalb von Anbeginn an Glaube, daß Gott tun kann, was menschlich unbegreiflich ist. In unserer Zeit schließt das den Glauben ein, daß trotz Auschwitz Gott Seine Verheißung erfüllen wird, Israel und die Welt zu erlösen. Kann ich verstehen, wie das möglich ist? Nein. Und erst recht kann ich nicht verstehen, wie Gott es jemals wieder an denen gutmachen kann, die im Holocaust umkamen. Aber mit Abraham glaube ich, daß Er es tun wird. Ist dieser Glaube anstößig?

Macht er es sich mit dem Leiden der Ermordeten zu leicht? In gewisser Hinsicht ja, ganz bestimmt aber aus menschlicher Sicht. Aber Gott kann und wird es tun. Er ist nicht an das gebunden, was menschenmöglich ist. Er hat versprochen, uns zu erlösen, und Er wird es tun.«

Darüber scheint mir, müßte man in Zukunft mehr reden zwischen Juden und Christen. Ist es doch genau das, was der Apostel Paulus meint mit jenen hymnisch klingenden, aber von eigener Leidenserfahrung tief gezeichneten Sätzen, die er heute auch über Auschwitz, Hiroschima und Archipel Gulag schreiben könnte: »Ist Gott für uns, wer ist dann gegen uns? ... Denn ich bin gewiß: Weder Tod noch Leben, weder Engel noch Mächte, weder Gegenwärtiges noch Zukünftiges, weder Gewalten der Höhe oder Tiefe noch irgendeine andere Kreatur können uns scheiden von der Liebe Gottes, die in Christus Jesus ist, unserem Herrn.«

Doch erst am Ende wird offenbar, was der agnostische jüdische Philosoph Max Horkheimer so sehr von »dem ganz Anderen« erhofft hatte: »daß der Mörder nicht über das unschuldige Opfer triumphieren möge«. Und auch unsere jüdischen Brüder und Schwestern werden einstimmen können in das, was da im Anschluß an die Propheten auf den letzten Seiten des Neuen Testaments über das Eschaton als Zeugnis der Hoffnung geschrieben steht: »Und er, Gott, wird bei ihnen sein. Er wird alle Tränen von ihren Augen abwischen: Der Tod wird nicht mehr sein, keine Trauer, keine Klage, keine Mühsal. Denn was früher war, ist vergangen.«

Aus: »Das Judentum« (1991).

4. Gottesverständnis und Naturwissenschaft

Lösung der Welträtsel?

»Die Welträtsel«: Es war im 19. Jahrhundert der Berliner Physiologe Emil Du Bois-Reymond, Erforscher der Elektrizität in tierischen Muskeln und Nerven, der zwar die Naturwissenschaften zum absoluten Organ der Kultur erhob, aber doch in intellektueller Bescheidenheit von sieben letzten Weltfragen sprach, die mit der Verfassung der Welt gegeben, aber vom Menschen nicht lösbar seien. »Ignoramus et ignorabimus – Wir wissen es nicht und werden es nicht wissen«, und er meint damit vor allem das Wesen von Materie und Energie und die Erklärung der einfachen Sinnesempfindungen. Zweifel aber (»dubitemus«) meldet er an auch an der letztendlichen Erklärbarkeit von: Ursprung der Bewegung, Entstehung des Lebens, Zweckmäßigkeit in der Natur, Herkunft des vernünftigen Denkens und der Sprache, Wirklichkeit der Willensfreiheit.

»Die Welträtsel«: Es war dann der Zoologe und Naturphilosoph Ernst Haeckel (Jena), der, weniger bescheiden, in seinem an der Wende zum 20. Jahrhundert veröffentlichten und in 15 Sprachen übersetzten Bestseller diese letzten Grundfragen des Menschen im Sinn einer auf dem Darwinschen Entwicklungsgedanken begründeten monistischen Weltanschauung zu beantworten beanspruchte. Sein atheistisches Bekenntnisbuch, das die Entwicklung der Welt aus dem Urnebel bis herauf zu den geistigen Vorgängen materialistisch meint erklären zu können und den geistig-persönlichen Gott als »gasförmiges Wirbeltier« verabschiedet, mutet heute allerdings auch Naturwissenschaftler eher naiv an. Denn auch in der Naturwissenschaft hat die Stimmung bei manchen umgeschlagen: statt des früheren Fortschrittsenthusiasmus, der die Religion durch Wissenschaft meinte ersetzen zu können, heute ein oft eher trostloses Bekenntnis zu Gott- und Sinnlosigkeit von Welt und Mensch.

Niemand bestreitet es: Die Naturwissenschaft hat im 20. Jahrhundert triumphale Erfolge gefeiert und manche Welträtsel, die lange Zeit für unlösbar gehalten wurden, gelöst. Und doch: trotz aller phantastischer Erkenntnisfortschritte ist die *Rätselhaftigkeit der Welt* keinesfalls verschwunden – im Bereich des Allergrößten so wenig wie im Bereich des Allerkleinsten. Im Gegenteil hat es den Anschein: Je weiter der Mensch hinaus in den Weltraum vordringt und je tiefer hinein in die Materie, um so unanschaulicher, um so rätselhafter wird die Wirklichkeit:

– Ein rätselhafter *Makrokosmos*: Je mehr die Astrophysiker mit Hilfe gigantischer Teleskope vom Weltall erkennen, das neben der dreidimensionalen Wirklichkeit eine vierte Zeitdimension (und vielleicht noch andere Dimensionen) enthält, um so unvorstellbarer wird uns dieser (nach Einstein) unbegrenzte und doch endliche gekrümmte Zeit-Raum mit seinen immer rascher expandierenden Sternsystemen und den erst in neuester Zeit entdeckten äußerst seltsamen Objekten wie Pulsaren und Quasaren.

– Ein rätselhafter *Mikrokosmos*: Je mehr die Elementarteilchenphysiker mit Hilfe riesiger Teilchenbeschleuniger vom Atomkern erkennen, der ja wiederum aus Protonen und Neutronen zusammengesetzt ist, diese aber wiederum aus noch winzigeren Untereinheiten, den so genannten Quarks und Gluonen (= »Klebstoff«) mitsamt den elektrodynamischen, schwachen und starken Kräften und der Schwerkraft, die ihrerseits vielleicht auch wieder gemeinsame Strukturen haben, um so weniger können wir uns vorstellen, was der Urstoff oder die Urkraft der Welt nun wirklich ist. Manch ein Naturwissenschaftler hat deshalb den Eindruck: Je mehr er vom Kosmos entdeckt, desto weniger versteht er ihn. Wer viel weiß, weiß auch, was er nicht weiß – zumindest wenn er weise ist.

Neue Ergebnisse der Forschung werfen auch neue Fragen auf. Immer mehr wissen wir, und immer weniger scheinen wir das Ganze zu verstehen. Denn immer schwieriger wird es, sich ein kohärentes Bild vom Kosmos zu machen. Unendlich viel bleibt ungeklärt. Die *physikalische Wirklichkeit* ist weithin *unanschaulich*. Wie der faszinierende physikalische Makrokosmos, so läßt sich auch der nicht weniger faszinierende Mikrokosmos der subatomaren Teilchen nur noch unscharf mit unseren Begriffen darstellen. Makro- wie Mikrokosmos lassen sich letztlich *nur mit Bildern, Chiffren, Vergleichen, mit Modellen und mathematischen Formeln umschreiben.*

In der Tat: Wie soll ich mir die von der *Astrophysik* erforschte ungeheuer große Welt »vorstellen«, in der Raumfahrer, falls es ihnen je gelänge, den Weg in die Mitte unserer eigenen Milchstraße und zurück zur Erde zu finden, selber in relativer Jugend eine Menschheit anträfen, die unterdessen rund 60 000 Jahre älter geworden ist? Und wie soll ich mir die von der *Elementarteilchenphysik* erforschten unglaublich kleinen Prozesse vorstellen – in der Größenordnung bis zu 10^{-15} cm = 1 billiardstel cm (1 Billiarde = 1 Million Milliarden!) und Geschwindigkeiten von 10^{-22} sec = 1 durch 10 Trilliarden sec (1 Trilliarde = 1 Million Billiarden!)? Da verlieren doch selbst Wörter wie »Teil« und »räumliche Ausdehnung« weithin ihre Bedeutung. Der Wirklichkeitsmodus der Kernbausteine, der Protonen und Neutronen, und erst recht der Quarks, ihrer Ups und Downs, ist völlig ungeklärt. Die mit ihnen verbundenen »Flavors« (»Geschmäkker«) oder »Farben« waren »in erster Linie spaßhaft gemeint«, sagt der »Erfinder« der Quarks, der Nobelpreisträger Murray Gell-Mann, doch dienen »sie zugleich als eine Art Metapher«.

Gerade die allerneueste Technologie, die *Nanotechnologie*, ist ja in noch ganz andere Bereiche der Grenzerfahrung des Unvorstellbaren vorgedrungen. Ein Nanometer (»Nano« – griech.: »der Zwerg«) ist ein Milliardstel Millimeter = 10^{-9}. Das heißt, ein Meter verhält sich zu einem Nanometer wie der Durchmesser der Erde zu dem einer Haselnuß. Die Nanopartikel, mit denen die Nanotechnologie erfolgreich für neuartige chemische Prozesse (etwa als Additiv zum UV-Schutz in Lakken, Farben, Sonnenschutzcremes) arbeitet, sind meist 5–100 Nanometer (nm) groß; das ist etwa 5000mal kleiner als der Durchmesser eines menschlichen Haares. Unvorstellbar und doch real, diese Nano-Welt.

Auch viele Naturwissenschaftler sehen es so: Ihre Wissenschaft sitzt auf *Inseln des Wissens* und hat nur ein eingeschränktes Bild vom Kosmos. Nach den neuesten Messungen der Weltraumsonde WMAP, die während vieler Monate das ganze Firmament abgescannt, die das Alter des Universums auf 13,7 Milliarden Jahre berechnet und so das Urknall-Rahmenmodell voll bestätigt hatte, steht fest: Wir *kennen nur 4 % des Weltalls*; nur so viel besteht aus gewöhnlicher, sichtbarer Materie (Sterne, Planeten, Monde)! Und der unbekannte »Rest« von 96 %? Er besteht aus

– 23 % *Dunkler Materie*, die örtlich gebunden als Gravitationskraft wirken soll, damit die Galaxien nicht auseinanderfliegen. Vermutlich eine gewaltige Masse unsichtbarer und unhörbarer Elementarteilchen, nach denen man seit langem in verschiedenen Forschungsteams fieberhaft sucht. Bezeichnet werden sie als WIMPs, zu deutsch »Feiglinge«, doch gemeint sind »schwach wechselwirkende massive Teilchen« *(Weakly Interacting Massive Particles)*.

– 73 % *Dunkler Energie* (nach Einstein »kosmologische Konstante«), nach der aber noch gefahndet wird. Sie soll als eine Art Gravitationsfeld wirken, damit – wie man zum großen Erstaunen der Physiker festgestellt hat – das Universum sich immer schneller ausdehnen kann. »Was diese Dunkle Energie wirklich ist und wie sie sich in die Gesamtstruktur des Kosmos (und auch unsere Physik) einpaßt, ist weitestgehend unverstanden.«

»Dunkle Materie«, »Dunkle Energie«: Der Großteil unseres Universums liegt also für die Physik – trotz der Suche im All und in den Tiefen der Erde (in stillgelegten Minen und Autobahntunneln) – noch immer buchstäblich im Dunkeln! Ob der 2007 im CERN in Genf in Betrieb gehende gigantische Teilchenbeschleuniger *(Large Hadron Collider)* die gesuchten »Neutralinos« produzieren wird, die man auf der Schattenseite des Kosmos bisher nicht gefunden hat?

Zu Beginn der modernen Naturwissenschaft hat der bereits erwähnte Blaise Pascal seinen Schrecken ausgedrückt angesichts des ewigen Schweigens der unendlichen Räume der Makrowelt. Könnte einen nicht auch der Schrecken befallen angesichts der Abgründe einer endlos kleinen Mikrowelt? Dies ist das Mißverhältnis, in welchem der Mensch seit jeher steht, nach Pascal »la grandeur et misère de l'homme, Größe und Elend des Menschen«: »Denn was schließlich ist der Mensch in der Natur? Ein Nichts gegenüber dem Unendlichen, ein All gegenüber dem Nichts, eine Mitte zwischen Nichts und All. Unendlich entfernt vom Begreifen der äußersten Grenzen, sind ihm das *Ziel aller Dinge und ihr Ursprung* unüberwindbar verborgen, in einem *undurchdringlichen Geheimnis*: gleich unfähig, das Nichts zu fassen, aus dem er gehoben, wie das Unendliche, in das hinein er verschlungen ist. – Was kann er also tun, außer einen Schimmer von der Mitte der Dinge wahrnehmen, in ewiger Verzweiflung darüber, daß er weder ihren Ursprung noch ihr Ziel erkennt? Alle Dinge entstammen dem Nichts und reichen ins Unendliche. Wer kann diesen erstaunlichen Schritten folgen? Der Urheber dieser Wunder begreift sie. Kein anderer vermag es.«

Zu Recht spricht Pascal nicht nur von einem »Rätsel«, das uns umgibt und man irgendwann ein für allemal lösen könnte. Von einem »secret impénétrable« spricht er, einem »undurchdringlichen Geheimnis«, von dem sich bestenfalls in Bildern, Chiffren und Vergleichen reden läßt. Die Rätselhaftigkeit der Welt, die zugleich voll der Wunder ist, gründet in einem Geheimnis, dem man sich nur annähern kann. »Nur der Urheber dieser Wunder begreift sie.« Was oder wer ist mit diesem »Urheber« (»auteur«) gemeint?

Annäherung an das Urgeheimnis

Es ist ein schwindelerregendes »Wunder« und erregt in uns Menschen doch keinerlei Schwindel, was sich da Stunde um Stunde abspielt: Mit etwa 1000 km pro Stunde, abhängig vom Breitengrad (zum Beispiel in Tübingen am 51. Breitengrad

1050 km/h), kreisen wir um unsere eigene Erdachse. Unsere Erde aber kreist mit über 100 000 km/h um die Sonne. Und unser ganzes Sonnensystem gleichzeitig mit 800 000 km/h um das Zentrum der Milchstraße. Das alles war nicht immer so und wird wohl auch nicht immer so bleiben. Eine großartige Illustration für die Nichtnotwendigkeit, die Kontingenz, die Instabilität und Relativität der Menschheit, unseres Planeten, eines Weltalls, das sich ausdehnt … *Wohin?* Zumindest die Frage nach dem *Woher* müßte zu klären sein.

Ob uns Menschen, im Bewußtsein unserer prekären Lage im All und unseres höchst beschränkten Wissens, wenn wir an letzte Fragen des Wohin und Woher herantreten, nicht etwas intellektuelle Bescheidenheit geziemt, freilich auch keine falsche Scheu vor einer Entscheidung? Die wissenschaftstheoretische Diskussion hat gezeigt: Während die Argumente der Physik, auf Beobachtung, Experiment und Mathematik aufgebaut, einen logisch zwingenden Charakter haben, können die philosophisch-theologischen Argumente für die Annahme einer metaempirischen Wirklichkeit bestenfalls eine Hinführung und Einladung sein. Das heißt: In diesen letzten Fragen herrscht *kein intellektueller Zwang, sondern Freiheit.*

Zugleich hat sich deutlich gezeigt: Das naturwissenschaftliche Instrumentarium versagt angesichts der Frage nach dem letzten Woher dieser rätselhaften Wirklichkeit. Die Ereignisse zum Zeitpunkt t = 0 sind der Physik grundsätzlich unzugänglich. Wissenschaftliche Methoden können auch mit ständig zunehmender Reichweite und Raffinesse nicht in Erfahrung bringen, was *vor* diesem Zeitpunkt war. Kosmische Spekulationen über alternative Universen, sahen wir, erwiesen sich als Hypothesen, die von der Empirie nicht gedeckt sind. Aber auch kosmische Demonstrationen zeigten sich nicht als überzeugender Weg.

Woher also letztlich die von Anfang an gegebenen universalen Naturkonstanten oder – falls eine Vereinheitlichung der Kräfte erreicht wird – die eine Naturkonstante, woher das Universum überhaupt, das mit dem Big Bang seinen Anfang nahm? Es ist dies nicht nur die Frage nach einem Anfangsereignis, sondern die *Frage nach der Wirklichkeit überhaupt:*

Warum gibt es überhaupt etwas und nicht vielmehr nichts? Dies ist nach dem großen Mathematiker und Philosophen Gottfried Wilhelm Leibniz die Grundfrage der Philosophie oder nach dem Philosophen Martin Heidegger das »Wunder aller Wunder«: »Warum ist überhaupt Seiendes und nicht vielmehr Nichts?« Ja, dies ist die *Ur-Frage* des Menschen, die der Naturwissenschaftler, der jenseits des Erfahrungshorizonts nicht mehr zuständig ist, nicht beantworten kann. Hier geht es nicht um einen Lückenbüßer-Gott (»God of the Gaps«): Hier geht es nicht um eine »Lücke«, sondern um den absoluten Anfang. Hier stößt der Mensch auf das *Urgeheimnis* der Wirklichkeit. Es ist die Frage nach der grundlegenden Beziehung der Welt zu einem möglichen *Urgrund, Urhalt, Urziel* dieser Wirklichkeit, die sich nicht nur für den Naturwissenschaftler, sondern für den Menschen als Menschen stellt.

Oft freilich verdecken Pseudogeheimnisse – irgendwann einmal von Theologen konstruiert oder von der Volksfrömmigkeit hervorgebracht, aber gerade für Naturwissenschaftler kaum akzeptabel (»vererbte Sünde«, »unbefleckte Empfängnis«, biologische »Jungfrauengeburt«, »zwei Naturen« in Christus, »das Geheimnis von Fatima«) – den Zugang zum *wahren* Geheimnis. Ich meine das *Geheimnis im strengen Sinn*, das »Mysterium stricte dictum«, das am äußersten Horizont unserer raum-zeitlichen Erfahrung als große Frage aufscheint, am Anfang wie am Ende, aber auch in der Mitte von Welt und Mensch: jenes Urgeheimnis der Wirklichkeit, das Juden, Christen, Muslime und Gläubige mancher anderer Religionen mit dem viel mißverstandenen, viel mißbrauchten Namen »*Gott*« bezeichnen.

»Gott« also der »auteur«, »Urheber« von allem? Aber ist »Gott« mehr als eine fromme Hypothese, deren der Naturwissenschaftler nicht bedarf, wie Laplace, der »Newton Frankreichs«, gegenüber Napoleon ausdrückte? Der Naturwissenschaftler untersucht als solcher sozusagen die »grammatikalische« Struktur der Wirklichkeit, aber zugleich stellt sich natürlich die Frage nach der »Sinnstruktur« der Wirklichkeit, den großen Sinn- und Deutungsfragen des Menschen. Im Grunde steht gerade der Naturwissenschaftler vor der Alternative, angesichts dieser Fragen zu kapitulieren und Fragen nach

Ursachen aufzugeben oder aber sich auf die Frage nach Gott einzulassen. Ich möchte dem Naturwissenschaftler empfehlen, Gott zumindest als Hypothese in Betracht zu ziehen.

Gott als Hypothese

Auf die Urfrage nach der Wirklichkeit einfach zu behaupten, da gebe es keine Antwort, ist eine dogmatische Ausflucht, die einem Abdanken der Vernunft gleichkommt. Der Naturwissenschaftler müßte hier – wenn schon nicht als Wissenschaftler, so doch als vernunftgeleiteter, verantwortlicher Mensch – weiterdenken, subtiler denken, wie etwa Werner Heisenberg dachte und es auch auszusprechen wagte: »Wenn jemand aus der unbezweifelbaren Tatsache, daß die Welt existiert, auf eine Ursache dieser Existenz schließen will, dann widerspricht diese Annahme unserer wissenschaftlichen Erkenntnis in keinem einzigen Punkt. Kein Wissenschaftler verfügt auch nur über ein einziges Argument oder irgendein Faktum, mit denen er einer solchen Annahme widersprechen könnte. Auch dann, wenn es sich dabei um eine Ursache handelt, die – wie sollte es anders sein – offensichtlich außerhalb dieser unserer dreidimensionalen Welt zu suchen ist.«

»Außerhalb« muß freilich präzisiert werden: Daß unser *Universum* wahrscheinlich *endlich* ist in Raum und Zeit, wie die große Mehrheit der Naturwissenschaftler heute annimmt, ist für unser Welt- und Selbstverständnis – auch philosophisch-theologisch gesehen – von nicht geringer Bedeutung. Es bestätigt uralte religiöse Überzeugungen von der Endlichkeit und Vergänglichkeit alles Geschaffenen, alles Seienden.

Aber sofort sei hinzugefügt: Selbst die Annahme eines *unendlichen Universums* würde den unendlichen Gott nicht automatisch aus dem Kosmos »verdrängen«. Ein solches Universum wäre für den unendlichen Gott, der kein Lückenbüßer, sondern allumfassender und allesdurchdringender reiner Geist ist, keine Beschränkung seiner Unendlichkeit, sondern deren Bestätigung. Das heißt: *Der Gottesglaube ist mit verschiedenen Weltmodellen vereinbar.* Übrigens sind sowohl ein

Anfang der Zeit als auch eine unendliche Dauer der Zeit nicht vorstellbar; beides befindet sich außerhalb unseres Erfahrungsbereichs.

In der Tat: *Wenn* Gott existierte, dann wäre die Kernfrage nach dem Anfang aller Dinge beantwortet, warum überhaupt etwas ist und nicht nichts. Beantwortet wäre auch die Rahmenfrage nach den kosmischen Grundkonstanten, die von allem Anfang an die Entwicklung des Universums bestimmen. Aber eben: existiert Gott, existiert er wirklich?

Gott als Wirklichkeit

Wie finde ich Zugang zum Urgeheimnis? Wie wird es mir gewiß, daß »Gott« nicht nur eine Hypothese, eine »Idee«, sondern »Wirklichkeit« ist? Es ist bereits deutlich geworden: Nicht auf dem Boden reiner Theorie, sondern – im Prinzip hat Kant recht – auf dem Weg der gelebten und reflektierten Praxis sind auf die großen Grundfragen der Wirklichkeit Antworten zu suchen. Also nicht durch theoretische Operationen der reinen Vernunft. Allerdings auch nicht nur durch irrationale Gefühle oder pure Stimmungen. Vielmehr auf Grund einer vertrauenden, rational verantwortbaren Grundentscheidung und Grundeinstellung. Ich habe diese Vertrauenshaltung für mich immer mit Schwimmenlernen verglichen, das nicht durch Stehen am Ufer, Lesen eines Lehrbuches oder einen Trockenschwimmkurs erfolgt, sondern, vielleicht von anderen geholfen, durch das Wagnis, sich mit Haut und Haar auf das rätselhafte Wasser einzulassen, das nur den trägt, der sich ihm anvertraut und nicht steif verhält, sondern sich bewegt.

In einer solchen Vertrauenshaltung kann ich trotz aller Zweifel das – zunächst so selbstverständlich hingenommene, aber philosophisch öfter in Zweifel gezogene – *Wirklich-Sein der Wirklichkeit im Ganzen* erfahren, kann also die grundlegende Identität, Werthaftigkeit und Sinnhaftigkeit dessen, was ist, bejahen. Und in einer solchen rational verantwortbaren umfassenden Vertrauenshaltung kann ich auch das – noch mehr bezweifelte – *Wirklich-Sein Gottes*, eines Urgrundes von allem, was ist, annehmen, was sich auf mein ganzes Erleben, Verhalten und Handeln auswirkt.

Wer an der wissenschaftstheoretischen Diskussion interessiert ist, wird jetzt präzisieren können: *Unmöglich* ist sowohl ein *induktiver Beweis als auch eine deduktive Ableitung Gottes* aus dieser erfahrenen Wirklichkeit von Welt und Mensch durch eine theoretische Vernunft, die Gottes Wirklichkeit in logischen Schlußfolgerungen demonstrieren möchte. Doch *nicht unmöglich* erscheint eine *hinführende Anleitung,* welche die einem jeden zugängliche Erfahrung der so sehr fraglichen Wirklichkeit auszuleuchten versucht, um so – gleichsam auf der Linie der »praktischen Vernunft«, besser: des »ganzen Menschen« – den denkenden und handelnden Menschen vor eine freie, jedoch rational verantwortbare Entscheidung zu stellen. Diese beansprucht – wie alles zutiefst menschliche Hoffen, Glauben und Lieben – über die reine Vernunft hinaus eine Offenheit des *ganzen Menschen.*

Will man ein Verifikationskriterium zur Anwendung bringen, so darf es nicht so eng sein wie das empiristische, das nur sinnlich Erfahrbares als wirklich zuläßt. Doch darf es auch nicht so weit sein wie das rein hermeneutische, auf Grund dessen man oft unkritisch alles zu verstehen sucht. In Frage kommt nur ein *indirektes Verifikationskriterium,* das Gott an der erfahrenen Wirklichkeit von Mensch und Welt zu verifizieren versucht! Was die allgemein zugängliche Erfahrung der konkreten Wirklichkeit von Mensch und Welt bietet, kann gedanklich aufgeschlüsselt und sprachlich zum Ausdruck gebracht werden. Die Aussagen über Gott sollen im Erfahrungshorizont unseres Lebens und der grundlegenden existentiellen Fragen bewährt und bewahrheitet werden: nicht in zwingender Ableitung aus einer angeblich evidenten Erfahrung, die eine Entscheidung des Menschen erübrigen würde, wohl aber in *klärender Ausleuchtung der immer problematischen Erfahrung,* die zu einer freien Entscheidung des Menschen einlädt. Nur wenn die Rede von Gott durch die konkrete Erfahrung der Wirklichkeit von Mensch und Welt gedeckt ist, auf sie bezogen ist, mit ihr vermittelt ist, ist ihre Glaubwürdigkeit begründet.

Die Fragen nach dem Ganzen und Urgeheimnis der Wirklichkeit sind keineswegs Fragen für Ahnungslose, Schwächlinge, »Hinterweltler« (Nietzsche), sondern gerade für informierte, engagierte Menschen. Nicht Ausflucht vor dem Handeln, sondern Anreiz zum Handeln. Die Unbeantwortbarkeit dieser großen Fragen macht für viele das Ungenügen an atheistischen Ideologien aus. Dagegen ist es meine Überzeugung: Das *Ja zu Gott* ermöglicht ein *radikal begründetes Grundvertrauen zur Wirklichkeit*. Denn wer Gott bejaht, weiß um den Urgrund, das Urgeheimnis der Wirklichkeit, weiß, warum er der Wirklichkeit von Welt und Mensch trotz aller Fraglichkeit im Grunde vertrauen kann. Mein Gott-Vertrauen als qualifiziertes, radikales Grundvertrauen vermag mir die Bedingung der Möglichkeit der fraglichen Wirklichkeit anzugeben. Insofern zeigt es eine radikale Rationalität, die sich vom ideologischen Rationalismus, der die Ratio verabsolutiert, klar unterscheidet.

»Gib mir einen Punkt, wo ich hintreten kann, und ich bewege die Erde«, mit diesem Satz soll der geniale griechische Mathematiker Archimedes (285–212 v. Chr.) das von ihm bewiesene Hebelgesetz veranschaulicht haben. Wer an Gott glaubt, hat keine automatische Antwort, mit der er alle großen Fragen des Menschenlebens und der Menschheitsgeschichte »aushebeln« kann. Doch besitzt er seinen »archimedischen Punkt«: einen festen Standpunkt, von dem aus er die großen (und manchmal auch kleinen) Fragen angehen kann.

Ja, wenn Gott existiert, dann können zahllose existentielle Fragen zumindest im Prinzip beantwortet werden – wenn wir etwa an die noch umfassenderen Fragen Kants anknüpfen:

Was können wir wissen? Nicht nur: Warum ist nicht nichts, woher das Universum und wofür? Sondern auch: Woher kommt der Mensch, und wohin geht er? Warum ist die Welt, wie sie ist? Was ist letzter Grund und Sinn aller Wirklichkeit?

Was sollen wir tun? Warum tun wir, was wir tun, und warum und wem sind wir letztlich verantwortlich? Was verdient unbedingt Verachtung, was Liebe? Was ist der Sinn von Treue und

Freundschaft, aber auch von Leid und Schuld? Was ist für den Menschen entscheidendes Maß?

Was dürfen wir hoffen? Wozu sind wir auf Erden? Was soll das Ganze? Gibt es etwas, was uns in aller Nichtigkeit trägt, was uns nie verzweifeln läßt? Ein Beständiges in allem Wandel, ein Unbedingtes in allem Bedingten? Ein Absolutes trotz der überall erfahrenen Relativität? Was bleibt uns: der Tod, der am Ende alles sinnlos macht? Was soll uns Mut zum Leben und was Mut zum Sterben geben?

Meine Antwort also lautet: Wenn Gott *existiert*, dann gibt es eine grundsätzliche Antwort auf solche Fragen, dann läßt sich von der Tiefe her verstehen, warum wir sehr endliche Mangelwesen sind und doch Wesen von unendlicher Erwartung, Hoffnung und Sehnsucht. Dann läßt sich von Grund auf eine Antwort finden, woher letztlich die kosmischen Grundkonstanten, woher Materie und Energie, woher also Kosmos und Mensch sind. Doch gerade die Herkunft des Menschen muß im Spannungsfeld von Schöpfung und Evolution gesehen werden.

Aus: »Der Anfang aller Dinge. Naturwissenschaft und Religion« (2005).

VI. WELTÖKUMENE

1. Krishna

Es ist keine Frage, daß es zwischen Hinduismus und Christentum Grunddifferenzen gibt:

Von ihrer alten, großen, klassischen Tradition her sehen die Hindu-Religionen Gott, Welt und Mensch in einem *naturhaft-zyklischen Kontext*, der freilich ein singuläres Offenbarungshandeln innerhalb der Zyklen keineswegs ausschließt.

Von ihren frühesten, grundlegenden Traditionen her sehen die prophetischen Religionen – Judentum, Christentum und Islam – Gott, Welt und Mensch in einem *historisch-geschichtlichen Prozeß*, der freilich immer auch eine kosmische Dimension hat.

Aber damit ist auch schon angedeutet: Die klassischen Gegensätze zwischen Hinduismus und Christentum sind zwar ernst zu nehmen, aber nicht zu übersteigern. Verschiedene »Denkstrukturen«, früher »Schranken«, können zu »Brücken« werden. Doch ist dies bisher in bezug auf die Vermittlung von kosmischer und historischer Perspektive kaum geschehen. Es sei deshalb zunächst betont: Kosmische Religiosität ist auch in der prophetischen jüdisch-christlich-islamischen Tradition keineswegs ausgeschlossen, wiewohl sie etwa von der (in der ersten Jahrhunderthälfte einflußreichen) existentialistischen Theologie protestantischer wie katholischer Provenienz sehr an den Rand gedrängt wurde. Nein, der Glaube an Gott und an Jesus Christus darf nicht auf menschliche Existenz und Geschichtlichkeit reduziert werden; er hat notwendig eine kosmische Dimension, die außer der Menschenwelt auch die Tier- und Pflanzenwelt umfaßt.

Gott ist nun freilich auch den monotheistischen Religionen Indiens zufolge nicht nur ständig präsent im Kosmos, sondern zugleich dynamisch tätig inmitten dieser tatsächlich geschehenden Geschichte der Welt: die Menschen berufend und aufrüttelnd, helfend, hindernd und schließlich doch vollendend. Ein geschichtliches Bewußtsein ist auch in den hinduistischen Religionen vorhanden, allerdings längst nicht so ausgebildet wie in den prophetischen Religionen. Inwiefern? Die Geschichte als ganze, die *Weltgeschichte*, wird von diesen nicht als immer wieder neues kosmisches Kreisen, Entstehen und Vergehen verstanden, sondern als ein sinnvolles, zusammengehörendes, weiterführendes, zielgerichtetes Geschehen: das sich jedoch nicht linear abspielt in ständigem Aufstieg (»Fortschritt«) oder auch ständigem Abstieg (»Dekadenz«), sondern dialektisch in Krisen, Brüchen und Katastrophen. Diese Geschichte hat für die glaubenden Juden, Christen und Muslime ein Telos, ein Ziel, eine definitive Vollendung, wofür in der Bibel die Chiffren »Reich Gottes«, »neuer Himmel und neue Erde«, »ewiges Leben« stehen.

Die *Konsequenzen* dieser Geschichtsauffassung sind für die Probleme von Individuum und Gesellschaft – bis hin zu den Fragen von Ausbeutung und Unterdrückung – von größter Bedeutung. Ein sehr viel stärkeres Gewicht erhalten:
– die Geschichte der Menschheit in allen ihren Phasen;
– der Augenblick, der einzelne, seine Würde und seine Rechte;
– das geschichtliche Ereignis und die geschichtliche Persönlichkeit;
– auch die menschliche Arbeit, der Beruf, alle Dinge überhaupt;
– schließlich sogar Verantwortung, Schuld, Gewissen, Vergebung.

Ja, an Knotenpunkten der Menschheitsgeschichte erhält die Geschichte gleichsam das Gewicht der Ewigkeit. Gott, der überall und allzeit präsent, doch nicht einfach offenbar ist, begegnet den Menschen in seinem befreienden, rettenden Wort.

Gottes ewiges Wort ist ja nicht zeitlos, sondern begegnet als konkretes Ereignis in den geschichtlichen Erfahrungen bestimmter Menschen. Von daher haben die prophetischen Religionen immer wieder einzelne historische Ereignisse und Persönlichkeiten als für ihre Gotteserfahrung entscheidend angesehen: als *Gottes Wort oder Offenbarung in der wirklich geschehenen Geschichte.* Für die drei Religionen aus prophetischer Tradition heißt das:

– Grundlegende Offenbarungserfahrung für Israel ist die Befreiung des Volkes aus ägyptischer Knechtschaft.

– Grundlegende Offenbarungserfahrung für das Christentum ist Jesus von Nazaret als der Christus.

– Grundlegende Offenbarungserfahrung für den Islam ist der Empfang des Koran durch Muhammad, den Propheten.

Doch – wird hier der Hindu sofort einwerfen – gibt es eine solche grundlegende Offenbarung etwa nicht auch in den Hindu-Religionen?

Christus und Krishna

Die klassische Indologie hatte sich zunächst auf die Erforschung der frühen vedischen Religion des 2./1. vorchristlichen Jahrtausends und die frühe Philosophie der Upanishaden im 1. Jahrtausend konzentriert. Daher tritt oft bis heute zuwenig ins westliche Bewußtsein, daß die schon in den vorchristlichen Jahrhunderten einsetzende Bhakti-Bewegung und insbesondere die – vom 2. vorchristlichen bis zum 3. nachchristlichen Jahrhundert in den Vordergrund tretenden – monotheistischen Religionen des Vishnuismus und Shivaismus durchaus eine theologisch relevante Historizität anerkennen, eine grundlegende Offenbarung (»Herabkunft«, »Inkarnation«) Gottes in dieser Geschichte:

– Dies gilt für die Offenbarung Shivas in Lakulin, der den Pāshupata-Shivaismus lehrte und dessen vier Schüler und weitverzweigte Traditionskette ziemlich genau bekannt sind, gerade weil sie wichtig und getreu zu überliefern war.

– Dies gilt auch für die Offenbarung Vishnus in Krishna (und

Rāma), dessen Historizität von größter Bedeutung ist, weil mit ihm eine neue Geschichtsepoche einsetzt und eine neue Lehre verkündet wird.

Ein Vergleich zwischen Krishna und Christus ist besonders aufschlußreich. Im Westen wird oft nicht zur Kenntnis genommen, was für den gläubigen Hindu selbstverständlich ist: Es geht bei *Krishna* um eine historische Person, zu deren Wirkstätten man pilgert, um einen authentischen *Menschen* (»vere homo«). Zugleich geht es in ihm um die *Offenbarung des einen Gottes* (»vere Deus«). Das heißt: auch für Hindus hat sich der eine Gott zu einer bestimmten Zeit an einem bestimmten Ort geoffenbart. Auch für Hindus gibt es innerhalb eines zyklischen Weltgeschehens ein entscheidendes Eingreifen Gottes, das, wie im Falle Krishnas, für diese Weltzeit sozusagen endzeitlichen, eschatologischen Charakter hat. Grundlegende Offenbarung für diesen Hinduismus ist also dieser »avatāra«, die »Herabkunft« Gottes in Krishna, der die frohe Botschaft der Bhagavadgītā gebracht hat. Vor diesem Hintergrund wird das unter toleranten Hindus weitverbreitete Diktum verständlich: »Ihr glaubt an Christus, wir an Krishna – es ist dasselbe!« Eine Parallele zwischen Christus-Glauben und Krishna-Glauben also ist nicht zu leugnen. Sind beide aber wirklich dasselbe?

Unbestreitbar ist, daß es sich bei Krishna um eine historische Person handelt, wenngleich sie nur sehr vage im Zusammenhang mit der Schlacht auf dem Kuru-Feld auf die nachvedische Zeit datiert und loziert werden kann und sich verschiedene Traditionsströme an diese Gestalt angelagert haben. Aber selbst wenn die Aufzeichnungsdichte größer und der historische Forschungsstand besser wären, die *Unterschiede* zwischen Krishna und Christus sind ebenfalls nicht zu übersehen:

• Jesus Christus ist nicht wie Krishna eine Verschmelzung aus verschiedenen mythischen und historischen Gestalten:

Krishna wird bereits in einer Upanishad (8. Jahrhundert?) erwähnt, erhält aber steigende Bedeutung erst viele Jahrhunderte später durch seine Identifikation mit Krishna Vāsudeva, dem Begründer der Religion der monotheistischen Bhāgavatas, die schon im 2. Jahrhundert vor Christus als Heilsweg die liebevolle Hingabe an Gott (bhakti) lehrten.

- Jesus Christus ist nicht wie Krishna eine Offenbarung oder Inkarnation Gottes unter vielen:

Krishna wird als Offenbarung des Gottes Vishnu verstanden, und zwar als seine achte, der eine neunte (= Buddha) und noch eine letzte (= Kalkin) folgen kann.

Man kann es nicht übersehen: Im Krishna-Glauben manifestiert sich nun doch ein weniger ausgeprägtes Geschichtsbewußtsein, wie es dem zyklischen Denken eigen ist. Weil die Gestalt Krishnas aus mehreren Traditionen zusammengeflossen ist, ließ sich von vornherein nicht vermeiden, was die christliche Gemeinde bei der eindeutig datier- und lozierbaren Person Jesu durch Kanonisierung der glaubwürdigen Zeugnisse zu verhindern wußte: daß eine Menge von – zumindest vom ethischen Niveau der Bhagavadgītā her gesehen – recht fragwürdigen Mythen sich mit der Gestalt Krishnas verbinden konnte; man vergleiche nur einige der Erzählungen von Listen und Streichen, Liebesabenteuern und Ehebrüchen Krishnas mit den Evangelien, die in ihrer Verbindung von Historie und Kerygma, Geschichte und Verkündigung eine eigene Literaturgattung, aber auch Dokumente von einem außerordentlichen sittlichen Ernst darstellen.

Hinter dem weniger geschärften hinduistischen Geschichtsbewußtsein verbirgt sich in der Tat das zyklische Denken: Wenn sich die Offenbarungen Vishnus in jedem Zeitalter wiederholen, dann überhöhen, sprengen und entwerten sie faktisch die geschichtliche Gestalt durch immer wieder neue Erscheinungen. Bei Offenbarungen, die sich im Prinzip jederzeit und überall ereignen können, spielt die Historizität des Ereignisses nun einmal eine geringere Rolle. Und wichtiger als die irdische Erscheinung ist für diese (mystische!) Sicht die dahinter oder darin verborgene Gottheit, die sich immer wieder neu inkarniert. Selbst für einen an Geschichte (Evolution) interessierten indischen Denker wie Shrī Aurobindo manifestieren alle Offenbarungen dasselbe »Krishna-, Buddha- oder Christuswesen« im Menschen, das als mit dem »höchsten Wesen«, dem Absoluten, identisch erfahren werden soll.

Der für das Christentum *entscheidende Differenzpunkt* auch

vom monotheistisch hinduistischen Denken in der Frage der Christologie ließe sich von daher wie folgt umschreiben: Gewiß, *Jesus* ist nach christlichem Verständnis nicht nur irgendein großer Yogin, Satguru, aber er ist ebensowenig eine mythische Inkarnation des Göttlichen, ein Avatār, wie dies der fromme Hindu ohne weiteres verstehen kann. Wäre Jesus nämlich einfach *einer der vielen* »*Avatāras*« (»Herabkünfte«, »Inkarnationen«) Gottes in Menschengestalt (Zwerg, Parashu-Rāma, Krishna, Buddha), in Tiergestalt (Fisch, Schildkröte, Eber) oder Mischgestalt (Löwenmensch), wie dies von Vishnu erzählt wird, könnte auch der Christus leicht in die Dynamik indischer Mythologie und Kultpraxis absorbiert und aus der realen Weltgeschichte in die Innerlichkeit der Seele hineinpsychologisiert werden. Dies tun manche Hindus – oft in der Haltung großer Verstehensbereitschaft und Toleranz. Und doch können sich Christen bei solchen Deutungen kaum richtig verstanden fühlen.

Zu Recht macht der evangelische indische Theologe S. J. Samartha in seinem sehr informativen Buch »Hindus vor dem universalen Christus« (1970) auf die Konsequenzen einer Deutung Jesu als Avatāra aufmerksam: »Wenn Jesus Christus als ein *avatāra* verstanden würde, dann würde Er, wie bereits dargelegt, auf eine zweitrangige Stufe der Wirklichkeit abgeschoben werden; wenn Christi Seins-Stand erhalten bleiben soll, dann muß Er zu *Brahman* selbst in Beziehung gesetzt werden. Weiterhin, wenn die Welt als *māyā* im Sinn von unwirklich oder Illusion verstanden wird, dann würde die geschichtliche Dimension von Christi Person und Werk nicht mehr von Bedeutung sein. Was wir deshalb hier vorschlagen, ist dieses: *Brahman*, wenn nur richtig ausgelegt, muß nicht mit persönlichen Werten unvereinbar sein, und die Bezeichnung der Welt als *māyā* meint nicht ihren Seins-Stand, sondern ihre Abhängigkeit von *Brahman*. Somit wird es nicht unmöglich, Jesus Christus zu *Brahman* wie auch zur Welt in Beziehung zu setzen; damit würde die Dimension des Personhaften wie des Geschichtlichen innerhalb des Gebiets der Hindu-Spiritualität selbst zur Geltung kommen« (S. 175).

Nein, Jesus ist nicht eine mythische Figur, nicht ein göttliches Wesen, das für eine bestimmte Zeit einen irdischen Erscheinungsleib annimmt, nicht ein aller Einmaligkeit enthobenes Symbol überzeitlicher Wahrheit. Die Botschaft des Neuen Testaments macht nun einmal den christlichen Glauben (trotz einzelner mythischer Einkleidungen) fest an einem wahrhaftigen Menschen, an einer ganz bestimmten historischen Gestalt, deren Botschaft und Lebensweg: am Menschen Jesus von Nazaret, der für Glauben und Handeln, Leben und Sterben der Christen entscheidend, weil Gottes einzigartige Offenbarung ist.

Es ist schon ein entscheidender Unterschied, ob Gott sich den Menschen erschließt in einer ganzen Reihe verschiedener, wechselnder, widersprüchlicher und jedenfalls vieldeutiger mythischer Gestalten (Shiva, der sowohl Askese wie auch sexuelle Freizügigkeit legitimieren kann) oder ob er, der Verborgene, sich selbst festgelegt hat auf ein eindeutiges, bleibendes, verläßliches »Bild« (»eikon«) oder »Wort« (»logos«), wie dies nach den neutestamentlichen Schriften in der Gestalt Jesu Christi sichtbar, hörbar und verpflichtend geworden ist: in diesem einen Menschen – im Prinzip so konkret geschichtlich faßbar wie Mahātma Gandhi. Paulus hat dies für seine Situation mit den Sätzen ausgedrückt: »Es gibt keinerlei Götzen auf der Welt. Es gibt keinen Gott außer dem einen einzigen. Und wenn von Göttern im Himmel und auf Erden die Rede ist, wie es viele ›Götter‹ und viele ›Herren‹ gibt, so gibt es für *uns* jedenfalls nur den einen einzigen Gott: den Vater, von dem her alles ist und auf den hin wir leben; und den einen einzigen Herrn: Jesus Christus, durch den alles ist und durch den auch wir selbst leben« (1. Kor 8,4–6). Und weil Gott sich so und nicht anders geoffenbart hat, wird ein Christ sich für immer verpflichtet sehen, unbedingt einzustehen für das, wofür dieser Eine stand und steht: für den Dienst am Mitmenschen, unabhängig von Rang- und Kastenordnung, für Versöhnungsbereitschaft ohne Grenzen der Nation, Religion, Rasse, Klasse oder Familie, kurz, für durchgängige Gewaltlosigkeit, Selbstlosigkeit, Liebe.

Ob an diesen Punkten der Dialog nicht entschlossen weitergeführt werden sollte? Der Ansatzpunkt wäre gerade dieser konkrete Jesus der Bergpredigt und des Kreuzwegs, dem auch zahlreiche Hindus als Offenbarung vollkommener Innerlichkeit und einzigartiger Gottverbundenheit großen Respekt entgegenbringen.

Gemeinsamer Ansatzpunkt: der Jesus der Bergpredigt

Die Botschaft von Jesus Christus darf gewiß *nicht* verstanden werden in der Art jenes »*christlichen*« *Exklusivismus*, der jede Wahrheit außerhalb der christlichen ablehnt oder als von vornherein (anonym) »christlich« vereinnahmt. Sie darf sich umgekehrt aber auch ihrerseits *nicht* vereinnahmen lassen von jener Art »*hinduistischem*« (neohinduistischem) *Inklusivismus*, der auch im Christentum seine eigene und nur seine eigene Wahrheit zu entdecken meint, ja, der sich dem zentralen Inhalt der Botschaft, die dieser Jesus Christus selber ist, gar nicht stellt.

Wie sich Christen im Dialog der Wahrheit indischer Tradition stellen müssen, so wie sie sich nun einmal selbst versteht, so sollten auch umgekehrt Hindus die christlichen Quellenschriften gemäß deren Selbstverständnis zu lesen suchen und sich insbesondere der *historischen Forschung* stellen. Denn für Christen ist die Wahrheitsfrage mit der historischen Forschung zwar nicht identisch, aber doch unlösbar verbunden. Das heißt: Ob Krishna, Buddha, Ramakrishna oder Christus wirklich dasselbe meinen, ob Jesus wirklich, wie manche indische Denker behaupten, ein Mystiker war und die Advaita-Lehre vertreten hat oder eben doch in jüdischer Frömmigkeit beheimatet war – diese und viele andere Fragen sind zunächst einmal Gegenstand historischer Forschung, die man ernst nehmen sollte, und nicht nur eine Frage der Vorliebe und ungeprüfter religiöser Entscheidung.

Die Botschaft von Jesus Christus hat sich schon angesichts der nicht weniger üppigen hellenistischen Mythologie als ein bedeutender kriteriologischer Faktor erwiesen und damals in einem hohen Ausmaß zur Aufklärung und Befreiung, Entdämonisierung und Vermenschlichung der Menschen beigetragen. Ob diese selbe Botschaft nicht auch heute im Dialog mit den Hindus eine läuternde, erleuchtende, sublimierende Funktion entfalten kann? Die früher bei schlecht informierten Christen übliche selbstherrliche Haltung »Wir besitzen die Wahrheit und haben nichts zu lernen« bedarf der selbstkritischen Reflexion. Aber auch die zweifellos unbequeme Kritik indischer Denker am Hinduismus, wie neuestens die N. C. Chaudhuris bezüglich hinduistischen Animismus und Ritualismus, bezüglich der Abkoppelung der Religion von der Moral und Schwächung der Selbstverantwortung – von gläubigen Hindus mit ebensoviel Empörung aufgenommen wie die frühe europäische Religionskritik von gläubigen Christen – sollte kritisch-selbstkritisch untersucht werden. Ob so nicht auch die indischen Mythen der Historisierung, Relativierung und Sozialisierung bedürften?

Im Gegensatz zur spekulativen theologischen Vermittlung möchte ich mich all den Theologen und Exegeten anschließen, die bei ihrem Entwurf einer »indischen Christologie« – seit den ersten bedeutenden christologischen Entwürfen von V. Chakkarai, P. Chenchiah und A. J. Appasamy – »von unten« ansetzen und von jenem *Jesus der Bergpredigt und des Kreuzweges* ausgehen, der für die Armen und Verachteten eintrat, gewaltlose Liebe predigte und der von Rāmmohan Roy bis Mahātma Gandhi für viele Inder eine große Inspiration bedeutete, wie dies mit Samartha auch ein anderer prominenter evangelischer Theologe Indiens, *M. M. Thomas*, in seinem Buch über den »anerkannten Christus der indischen Renaissance« (»The Acknowledged Christ of the Indian Renaissance«, 1970) herausgestellt hat. Er zitiert ein berühmtes Wort Gandhis: »Die Botschaft Jesu, wie ich sie verstehe, ist enthalten in seiner Bergpredigt. Der Geist der Bergpredigt konkurriert unter ziemlich gleichen Bedingungen mit der Bhagavadgītā um die Herrschaft meines Herzens. Es ist diese Predigt, die mir Jesus lieb gemacht hat« (S. 204). Aber nicht nur Jesu Predigt, sondern auch seine Praxis der Gewaltlosigkeit und schließlich sein Sterben: »Obwohl ich nicht beanspruchen kann, im konfessionsgebundenen Sinn ein Christ zu sein, so ist doch das Bei-

spiel von Jesu Leiden ein Faktor im Gefüge meines grundlegenden Glaubens an die Gewaltlosigkeit, der alle meine weltlichen und zeitlichen Aktionen leitet. Jesus hätte vergebens gelebt und wäre vergebens gestorben, wenn er uns nicht lehrte, unser
ganzes Leben nach dem ewigen Gesetz der Liebe zu richten«
(S. 205).

Das »ewige Gesetz der Liebe«: Einige Inder haben den Weg vom verkündigenden Jesus zum verkündigenden Christus gefunden. Sie sehen in Jesus nicht nur das große ethische Vorbild (Bergpredigt), sondern auch Gott selbst ganz und gar durch Ihn: Er ist die Offenbarung der *Liebe Gottes* bis hinein in die Negativität des Leidens, Verlassenseins, Sterbens, des Kreuzes.

Doch für die meisten Inder war es wie für Gandhi: Für ihn war das Prinzip wichtiger als die Person, das Ewige wichtiger als das Historische, Gott lebendig hier und heute wichtiger als Gott handelnd in der Geschichte; Tod und Auferstehung geschieht alle Tage ... Und seit jener berühmten Diskussion um 1820 zwischen Rāmmohan Roy und dem Baptistenmissionar Josuah Marshman, der ersten ernsthaften christlich-hinduistischen Begegnung auf theologischer Ebene, bis zur Diskussion zwischen Gandhi und Kali Charan Banerjee in unserem Jahrhundert kann man sich fragen: Haben christliche Missionare gerade den primär am Ethos Jesu interessierten und an hinduistischen Spekulationen desinteressierten indischen Zeitgenossen nicht allzuviel an christlicher Spekulation zugemutet bezüglich Jesu göttlicher Natur und seines Sühneopfers (schon Roy hatte dies für die Mißerfolge der christlichen Mission verantwortlich gemacht und die Einheit Jesu mit Gott, dem Vater, vom Neuen Testament her als Einheit des Willens, der Absicht und des Gehorsams, nicht aber des Seins verstanden)? Und vor allem: Haben die christlichen Kirchen in Indien, oft von einer oberen »Kaste« von Klerikern beherrscht, in diesem armen Land die Botschaft des Jesus der Armen und Unterdrückten wirklich überzeugend vorgelebt? Vergleiche der christlichen und hinduistischen Lehre *und* theologische Reflexion der sozialen Situation, überhaupt: Theorie *und* Praxis müßten Hand in Hand gehen. Darum also muß es in der gegenwärtigen kirchen- und theologiegeschichtlichen Situation für die Christen aller Konfessionen in Indien gehen: um einheimische Verwurzelung ihres Christentums.

Aus: »Christentum und Weltreligionen« (1984).

2. Buddha

Anders als in der mythologischen hinduistischen Volksreligion steht bei Buddha selber am Anfang nicht der Mythos, sondern die Geschichte, die zum Mythos führt; die Geschichte des Prinzen und dann Asketen Siddhārtha Gautama, der nach langen Übungen tiefer Versenkung der Erleuchtete wurde: Wegweiser aus diesem leidvollen Leben zu einem Zustand letzter Ruhe jenseits von Unbeständigkeit und Leiden.

Buddhistische Frömmigkeit stattete diese Geschichte schon früh mit einer Reihe *wunderbarer Ereignisse* aus. Wie bei Jesus dem Christus geschieht auch beim Buddha die Geburt nicht auf normale menschliche Weise (Motiv der geschlechtlichen Verunreinigung); ähnlich wie beim Knaben Jesus weden auch aus der Kindheit des Prinzen Siddhārtha einzelne Wundertaten berichtet; nicht nur Jesus, auch Gautama wird vom bösen Geist versucht; und nicht nur der Christus, sondern auch der Buddha vollbringt nach der späteren Überlieferung eine Anzahl von Wundern, so wie auch das Sterben bei beiden von einem Erdbeben begleitet wird.

Außergewöhnliche Ereignisse werden von vielen Großen der Religionsgeschichte berichtet; sie geben dem Geschehen und den Personen übergeschichtliche Autorität, »göttliche« Legitimation. Für uns ist wichtig: Diese Wundergeschichten, die man oft für das Entscheidende im Leben Jesu gehalten hat, sagen nach heutigem Verständnis nichts aus über die Einzigartigkeit des Nazareners. Dies alles gibt es auch beim Buddha, auch bei Muhammad und Kung-futzu, in praktisch allen Religionen. Reduzierte sich also das, was man gemeinhin die »Gottessohnschaft« Jesu nennt, auf derartige außerordentliche Ereignisse bei der Geburt oder mirakulöse Taten im Leben oder Sterben, würde er sich nicht wesentlich unterscheiden von nichtchristlichen Religionsstiften – von weiteren Halbgöttern und Göttersöhnen, Heroen und Wundertätern der Antike ganz zu schweigen.

Was unterscheidet dann aber den Christus Jesus wirklich von den anderen großen Gestalten der Religionsgeschichte, vom Buddha insbesondere? An diese schwierige Frage versuchen wir uns jetzt vorsichtig heranzutasten, immer im Bewußtsein, daß die Grenzen zwischen Historie und Legende aufgrund der ungleich schwierigeren Quellenlage beim Buddha fließender sind als beim Christus. Ausgehen können wir dabei von gewissen äußeren, aber auch inneren Ähnlichkeiten zwischen Gautama und Jesus, die erstaunlich sind. Doch statt zahlreiche Details auszubreiten, konzentriere ich mich auf signifikante Grundstrukturen.

Auffällige Parallelen

Einige ethische *Grundanweisungen* sind im Buddhismus wie in der ganzen jüdisch-christlich-islamischen Tradition *gleich*: nicht zu töten, nicht zu stehlen, nicht zu lügen, nicht Unzucht zu treiben … Nur vom Rauschmittelgenuß spricht Jesus nicht, und das ist – wie wir sehen werden – kein Zufall; denn er soll ja häufig an Gastmählern teilgenommen haben. Doch in seinem ganzen *Verhalten* zeigt Jesus mehr Ähnlichkeit mit Gautama als etwa mit Muhammad, dem Kämpfer, Krieger, Staatsmann, der lebensfreudig blieb bis an sein Ende:

Wie Gautama war Jesus ein Wanderprediger, arm, heimatlos, anspruchslos, der eine entscheidende Wende in seinem Leben erfahren hatte, die ihn zur Verkündigung bewog.

Wie Gautama bediente sich Jesus bei der Verkündigung nicht einer unverständlich gewordenen Sakralsprache (Sanskrit – Hebräisch), sondern der Umgangssprache (mittelindoarischer Dialekt – aramäische Volkssprache), hat er weder eine Kodifikation noch gar eine Niederschrift seiner Lehre veranlaßt.

Wie Gautama appelliert Jesus an die Vernunft und die Erkenntnisfähigkeit des Menschen, wenngleich nicht mit systematisch-erwägenden Vorträgen und Gesprächen, so doch mit allgemeinverständlichen, eingängigen Spruchworten, Kurzgeschichten, Gleichnissen, die aus dem jedermann zugänglichen, ungeschminkten Alltag genommen sind, ohne sich auf Formeln, Dogmen, Mysterien festzulegen.

Wie für Gautama, so bedeuteten auch für Jesus Gier, Macht, Verblendung die große Versuchung, die – so nach den Versuchungsgeschichten des Neuen Testaments – der großen Aufgabe entgegenstand.

Wie Gautama, war auch Jesus, durch kein Amt legitimiert, in Opposition zur religiösen Tradition und zu deren Hütern, zur formalistisch-ritualistischen Kaste der Priester und Schriftgelehrten, die für die Leiden des Volkes so wenig Sensibilität zeigten.

Wie Gautama hatte auch Jesus bald engste Freunde um sich, seinen Jüngerkreis und eine weitere Gefolgschaft.

Aber nicht nur in ihrem Verhalten, sondern auch in ihrer *Verkündigung* zeigt sich eine grundlegende Ähnlichkeit:

• Wie Gautama trat Jesus als Lehrer auf, für beide lag ihre Autorität weniger in ihrer schulmäßigen Ausbildung als in der außerordentlichen Erfahrung einer letzten Wirklichkeit.

• Wie Gautama hatte auch Jesus eine dringende, eine frohe Botschaft (der »Dharma«, das »Evangelium«) auszurichten, die von den Menschen ein Umdenken (»in den Strom steigen«, »metánoia«) und Vertrauen (»shraddhā«, »Glauben«) forderte: nicht Orthodoxie, sondern Orthopraxie.

• Wie Gautama wollte Jesus keine Welterklärung geben, übte er keine tiefsinnige philosophische Spekulation oder gelehrte Gesetzeskasuistik; seine Lehren sind keine geheimen Offenbarungen über die Beschaffenheit des Gottesreiches; sie zielen auch nicht auf eine bestimmte Ordnung der weltlichen Rechts- und Lebensverhältnisse.

• Wie Gautama geht Jesus aus von der Vorläufigkeit und Vergänglichkeit der Welt, der Unbeständigkeit aller Dinge und der Unerlöstheit des Menschen: seiner Blindheit und Torheit, seiner Verstricktheit in die Welt und seiner Lieblosigkeit gegenüber seinen Mitmenschen.

- Wie Gautama zeigt Jesus einen Weg der Erlösung aus der Ichsucht, Weltverfallenheit, Blindheit: eine Befreiung, die nicht durch theoretisches Spekulieren und philosophisches Räsonieren erreicht wird, sondern durch eine religiöse Erfahrung und einen inneren Wandel: ein ganz praktischer Weg zum Heil.
- Wie bei Gautama werden bei Jesus auf dem Weg zu diesem Heil besondere Voraussetzungen intellektueller, moralischer oder weltanschaulicher Art nicht gemacht: Der Mensch soll hören, verstehen und daraus die Konsequenzen ziehen; niemand wird nach dem wahren Glauben, nach dem orthodoxen Bekenntnis abgefragt.
- Wie Gautamas Weg, so ist auch der Weg Jesu ein Weg der Mitte zwischen den Extremen der Sinnenlust und der Selbstquälerei, zwischen Hedonismus und Asketismus, ein Weg, der eine neue selbstlose Zuwendung zum Mitmenschen ermöglicht: Nicht nur die allgemeinen Sittengebote entsprechen sich bei Buddha und Jesus weithin, sondern auch, im Prinzip, die »Gesinnungsethik« und die Grundforderungen der Güte und der Mitfreude, des liebenden Mitleids (Buddha) und der mitleidenden Liebe (Jesus).

Aber: so groß die Ähnlichkeit im ganzen Verhalten und in Grundzügen der Verkündigungen und Einstellung ist, so groß ist nun doch die Unähnlichkeit in der näheren Ausformung, der konkreten Gestaltung, der praktischen Realisierung.

Signifikante Unterschiede

Nach den Zeugnissen des Neuen Testaments stammte Jesus nicht aus einer Familie reicher, adliger Großgrundbesitzer; er wuchs nicht auf, wie Gautama nach der Überlieferung von sich bekennt: verwöhnt, sehr verwöhnt durch Feste und vielerlei Lebensgenuß. Nein, Jesus kam offenbar aus einer Handwerkerfamilie, die sich kaum jenen Überfluß gestatten konnte, der so manche reiche Söhne wie Gautama zum Lebensüberdruß und dann zur Flucht aus dem Elternhaus trieb.

Anders als Gautama wandte sich Jesus auch nicht primär den von der Zivilisation übersättigten Zeitgenossen zu, die in

Lebensekel aussteigen wollten aus der Gesellschaft des Überflusses. Er wandte sich – von keiner Partei oder menschlichen Autorität gedeckt, ohne Würdetitel in Anspruch zu nehmen und seine eigene Rolle oder Würde zum Thema seiner Botschaft zu machen – an die Mühseligen und Beladenen, die Armen, die er nicht deshalb seligpries, weil Armut ein wünschenswertes Ideal wäre, sondern weil diese noch eine Offenheit bewahrt haben für jene andere Wirklichkeit, auf die es ihm ankam.

Jesus war kein Einsamer unter Einsamen (= Monachus, Mönch), die um das Eine ringen. Er war der Meister in einer Lebensgemeinschaft von Jüngern, für die er keinen Orden gegründet, keine Ordensregeln, Gelübde, asketischen Gebote, keine besonderen Kleider und Traditionen vorgeschrieben hatte.

Die Welt war für Jesus nichts Nichtiges, aus der es sich zurückzuziehen gelte und die im Akt der Versenkung in ihrer Nichtigkeit zu durchschauen wäre; sie ist erst recht nicht mit dem Absoluten einfach zu identifizieren, sie ist vielmehr die gute, wenngleich vom Menschen immer wieder verdorbene Schöpfung.

Die Wende in Jesu Leben bedeutet kein Aufgeben eines falschen Weges und das Suchen der eigenen Erlösung; nie beruft er sich auf ein eigentliches Erleuchtungs- oder Bekehrungserlebnis. Die Wende bedeutet bei ihm ein Hervortreten aus der Verborgenheit in die Öffentlichkeit: keine Abkehr also von der Welt und einem Pantheon von Göttern, verbunden mit einer Wendung nach innen, sondern eine Hinwendung zur Welt aus einer eigentümlichen Unmittelbarkeit zu dem einen Gott Israels heraus, den er aber – in skandalöser Vertrautheit – mit »Abba«, »lieber Vater«, anredet, was Distanz und Nähe, Kraft und Geborgenheit zugleich ausdrückt. Kein Aussteigen also aus einem Kreislauf der Geburten durch eigenes Bemühen ist das Ziel, sondern das Eingehen in die Vollendung durch Gottes gnädig vollendendes Gericht.

Der religiös-philosophische Hintergrund beider – darauf kann ich hier nur kurz aufmerksam machen – muß also sehr *verschieden* gesehen werden: Bei Jesus keine Vorstellung von einem automatisch wirkenden Gesetz der Vergeltung aller moralisch bedeutsamen guten oder bösen Taten (karman), sondern bei aller Anerkennung der Schuld und Sünde des Menschen der Akzent auf Gottes immer wieder vergebender Gnade; keine Wiederverkörperung in einem anderen irdischen Leben, sondern das menschliche Leben in seiner Einmaligkeit, ausgerichtet auf ein definitives ewiges Leben. Im ganzen also kein Im-Kreis-Denken, sondern ein zielgerichtetes Geschichtsdenken für den einzelnen wie die Gesamtmenschheit. So verkündet Jesus keine Botschaft für alle Zeiten (sosehr seine Botschaft von der »ewigen Wahrheit« Gottes kündet), sondern den Anbruch der Endzeit, den Einbruch von Gottes Ewigkeit in die Welt-Zeit. Für die »Zwischenzeit« fordert Jesus nicht nur nichthassenden Gleichmut und das ruhende Gefühl freundlicher Eintracht, sondern die liebende Zuwendung und tätige Anteilnahme.

Am deutlichsten können wir uns den Unterschied zwischen Gautama und Jesus klarmachen, wenn wir auf die Unterscheidung zwischen *mystischer und prophetischer* Frömmigkeit zurückgreifen, wie sie von Friedrich Heiler und anderen entwickelt und neuerdings von Gustav Mensching auf den Buddha Gautama und den Christus Jesus angewandt wurde (»Buddha und Christus – Vergleich«, 1978). So gesehen haben der Buddha wie der Christus ihre je eigene Größe:

• Der Buddha Gautama ist ein harmonisch in sich ruhender *Erleuchteter und Wegweiser aus mystischem Geist:*

Von niemandem gesandt, fordert er für die Erlösung vom Leiden im Nirvāna ein Aufgeben des Lebenswillens, ruft er zu Weltabkehr und Inneneinkehr, zu methodischer Meditation in Stufen der Versenkung und so schließlich zur Erleuchtung.

So bringt er in Gleichmut ohne alle persönliche Anteilnahme jeder fühlenden Kreatur – Mensch und Tier – Sympathie, Milde und Freundlichkeit entgegen: ein universales *Mitleid* und friedvolles *Wohlwollen.*

• Der Christus Jesus aber ist ein leidenschaftlich ergriffener *Gesandter und Wegweiser aus prophetischem Geist* und, für viele schon zu seinen Lebzeiten, der Gesalbte (»Messias«, »Christus«):

Für die Erlösung aus Schuld und allem Übel im Reich Gottes ruft er die Menschen zur Umkehr; statt an ein Aufgeben des Willens appelliert er gerade an des Menschen Willen, den er nach dem Willen Gottes auszurichten fordert, welcher ganz auf das umfassende Wohl, das Heil, des Menschen zielt.

So verkündet er eine persönlich anteilnehmende Liebe, die alle Leidenden, Unterdrückten, Kranken, Schuldiggewordenen und auch des Menschen Gegner, Feinde einschließt: eine universale *Liebe* und aktive *Wohltätigkeit*.

Der Erleuchtete und der Gekreuzigte

Worin also besteht – wenn wir bei der historischen Betrachtungsweise bleiben – zuallerletzt der grundlegende Unterschied zwischen Jesus und Buddha? Wir bekommen ihn wohl nur dann entscheidend in den Blick, wenn wir die Figur des lächelnden Buddha, sitzend auf einer Lotosblüte, und die des leidenden Jesus, ans Kreuz genagelt, nebeneinanderhalten. Nur von dieser historischen Perspektive her läßt sich die sehr viel mehr umfassende symbolisch-dogmatische Bedeutung des Buddha für die Buddhisten und des Christus für die Christen richtig verstehen.

Gautama ging durch seine Erleuchtung in das – schon in diesem Leben zugängliche – Nirvāna ein, lebte danach aber als der Erleuchtete noch Jahrzehnte, bis er schließlich durch den – aus nichtigem Anlaß erfolgten – Tod einging ins endgültige Nirvāna, ins Parinirvāna. Er lebte, wenngleich nicht ohne Schmerz und Leid, so doch heiter-ernsten Sinnes, harmonisch und erfolgreich, schließlich hochangesehen bei den Mächtigen; seine Lehre breitete sich aus, und seine Jüngerzahl wuchs ins Ungezählte. Er starb im hohen Alter von 80 Jahren an einer Lebensmittelvergiftung, aber auch dies friedlich, umgeben von seinen Jüngern. Überall in der Welt künden noch heute die Statuen dieses Buddha von seiner Gelassenheit, Abgeklärtheit, seinem Frieden, seiner tiefen Harmonie, ja seiner Heiterkeit.

Ganz anders der Mann aus Nazaret: Sein öffentliches Leben dauerte nicht Jahrzehnte, sondern bestenfalls drei Jahre, möglicherweise nur einige wenige dramatische Monate, bevor es gewaltsam beendet wurde. Eine höchst angespannte Geschichte von Anfang bis Ende, bestimmt von einem lebensgefährlichen Konflikt mit der religiösen Institution und ihrer Hierarchie: seine ganze Geschichte letztlich eine Leidensgeschichte mit Verhaftung, Auspeitschung und Hinrichtung am Ende. Nichts Abgeklärtes und Vollendetes läßt dieses Leben erkennen. Es blieb Fragment, ein Torso. Von Erfolg zu Lebzeiten jedenfalls keine Spur; dieser Mann stirbt nach den vorliegenden Berichten als Verachteter und Verfluchter, als Irrlehrer, Pseudoprophet, Gotteslästerer, Volksverführer. Ein Ende in Einsamkeit unter größter Qual: von seiner Familie gemieden, seinen Jüngern verlassen, seinem Gott offenkundig vergessen. Das allerletzte, was sie von ihm hören, ist sein Schrei am Kreuz. Von damals bis heute – und viele Jahrhunderte wagte man dies künstlerisch gar nicht darzustellen – das Bild des *Leidenden schlechthin*! Ein Leiden freilich, das schon die ersten christlichen Gemeinden nicht als schiere Verzweiflung eines Gescheiterten verstanden, sondern als einen Akt höchster Hingabe, letzter Liebe zu Gott und den Menschen.

Ein Leidender, der nicht Mitleid verströmt, sondern selber Mitleid erheischt, der nicht in sich ruht, sondern sich total hingibt. So also, *als der in Hingabe und Liebe Leidende*, unterscheidet sich dieser Jesus nach christlichem Verständnis vom Buddha, dem Mitleidenden, unterscheidet er sich unverwechselbar auch von all den vielen Göttern und verspotteten Religionsstiftern, unterscheidet er sich von allen religiösen Genies, Heroen und Cäsaren der Weltgeschichte: als der Leidende, als der Getötete, als der *Gekreuzigte*. Doch dieser Gekreuzigte ist – nach christlicher Glaubensübersetzung – nicht ins Nichts gefallen, sondern aus der vorläufigen, vergänglichen, unbeständigen Wirklichkeit in das wahre, ewige Leben aufgenommen worden. Kein »über-natürlicher« Eingriff eines Deus ex machina, sondern das »natürliche« Hineinsterben in die eigentliche, wahre Wirklichkeit: ein Endzustand jedenfalls ohne alles Leiden.

Aus: »Christentum und Weltreligionen« (1984).

3. Konfuzius

Kein Vergleich ohne Berücksichtigung der sehr *verschiedenen Quellenlage.* Denn sehr viel schwieriger noch als zum historischen Jesus ist der Zugang zum historischen Konfuzius. Während die ersten Paulus-Briefe (die ältesten Dokumente des Neuen Testaments) gut 20 Jahre und das erste Evangelium (des Markus) rund 40 Jahre nach Jesu Tod verfaßt wurden, wurden die »Gespräche« (Lun-yü: Hauptquelle für die Lehre des Meisters Kung) zumindest 100 Jahre und die erste Konfuzius-Biographie (von Szu-ma Ch'ien) fast 400 Jahre nach Konfuzius geschrieben. Einem Minimum an solider historischer Evidenz entspricht dabei eine Fülle *legendären Materials,* wiewohl die »Gespräche« weniger »Kerygma« und Redaktion aufweisen als die Evangelien. Was verbindet Konfuzius und Jesus?

Was Konfuzius und Jesus verbindet

Wie das *Geburtsjahr* Jesu steht auch das des Konfuzius nicht sicher fest und ist auch seine Geburt von Legenden umrankt.

Wie Jesus, so stammt auch der Meister Kung trotz zugeschriebener hoher Abstammung (David, Shang) aus *dürftigen Verhältnissen* und unbedeutender Familie.

Wie dem Knaben Jesus, so wird auch dem Knaben Kung eine wunderbare *Frühreife* zugeschrieben, ohne daß wir von beider Jugend historisch Verifizierbares wüßten.

Wie Jesus, so ist auch Konfuzius nach mühseligen *Wanderjahren* gestorben, ohne erreicht zu haben, was er erstrebt hatte: angesichts ihrer großen Hoffnung auf ein kommendes Friedensreich eine Enttäuschung und ein *Scheitern.*

Und wie Jesu Wirken, so ist auch das des Konfuzius erst *nach dem Tod geschichtsmächtig* geworden.

Doch: Wie für Jesus von Nazaret, so ist auch für Konfuzius die *öffentliche Lehrtätigkeit* von Bedeutung, von der Schüler das für sie Entscheidende festgehalten haben. Dabei fällt auf: Wie die *»Gespräche«* des Konfuzius eine Sammlung von Einzelsprüchen, Anekdoten und Unterhaltungen (20 Kapitel und 497 Verse) darstellen, so enthalten die *Evangelien* (auf dem Hintergrund freilich einer ganz bestimmten Leidensgeschichte) ebenfalls verhältnismäßig kurze Sammlungen von Logien, Parabeln und Gesprächen.

Und wie Jesus, so entwickelte auch Kung *kein systematisches* und in sich strukturiertes *Lehrgebäude*, in welchem Sitte, Sittlichkeit und Recht, Philosophie und Theologie klar geschieden wären; eine gewisse erste Systematisierung erfährt die Lehre im Fall des Konfuzius erst durch Menzius (circa 371–289) und Hsün-tzu (circa 298–238).

Und wie bezüglich der Verkündigung Jesu, so ließe sich wohl auch bezüglich der Lehre des Konfuzius durch eine *moderne Hermeneutik* und differenzierte Methoden – für die Erforschung des Neuen Testaments seit 200 Jahren entwickelt – mehr historisch Gesichertes herausfinden.

Aber schon auf dem gegenwärtigen historischen Wissensstand sind nicht wenige *Parallelen* in Selbstverständnis und Praxis zwischen Jesus und Konfuzius offenkundig:

Beide lebten in der *Zeit einer gesellschaftlichen Krise* ihres Volkes und versuchten als wandernde *»Lehrer«* und *»Meister« (»Rabbi«, »Fu-tzu«) durch ihre Botschaft auf diese Krise zu antworten.*

Beide sammelten, ohne daß ihre eigene Familie eine Rolle spielte, *Jünger oder Schüler* um sich, deren soziale Herkunft nicht entscheidend war, die ihre Botschaft weitertragen sollten.

Keiner von ihnen war ein *Asket* (Eremit, Mönch), der sich aus der Welt zurückgezogen hätte, beide wirkten mitten in diesem Leben, aßen, tranken und wurden von »Frommen« kritisiert.

Keiner von ihnen war ein *Mystiker*, der psychologische Selbstanalyse betrieben, Stufen der Meditation gelehrt, nach Ekstase oder dem Nirvāna gestrebt hätte.

Keiner von ihnen war ein *Metaphysiker*, der über Gott, den Grund des Seins und überhaupt letzte Fragen spekuliert hätte, und keiner von ihnen hat sich gar als »Gott« bezeichnet; beide waren vielmehr auf praktische Nachfolge ausgerichtet.

Umgekehrt war weder der eine noch der andere ein *Skeptiker* oder ein *Rationalist*, der alles Denken auf Vernünftigkeit und alles Religiöse auf Moral reduziert hätte, ohne einer transzendenten Realität (»Gott«, »Himmel«) gewahr zu werden.

Beide hatten vielmehr Teil auch an *traditionellen religiösen Vorstellungen*, die uns heute zum Teil fremd sind (messianische Naherwartung im Falle Jesu; Opfer, Geisterglaube und Omina im Fall des Konfuzius).

Beide waren ganz praktisch mit der *überkommenen Ordnung* (dem »Gesetz« = »tora«; den »Riten« = »li«) konfrontiert und interpretierten diese gegen äußerlichen Konformismus und Heuchelei kritisch auf eine innere Haltung hin.

Beide lebten, was sie sagten, und vertraten eine höchst individuelle und personale *Ethik*, die sich in klaren sittlichen Forderungen äußerte. Freilich gerade in diesem Punkt brechen nun auch die entscheidenden Unterschiede auf, die um des besonderen Profils des Konfuzius und Jesu willen ebenso scharf herausgearbeitet werden sollen.

Das Eigenprofil von Konfuzius und Jesus

Will man die *Grunddifferenz* zwischen Jesus von Nazaret und Konfuzius in historischer Perspektive, ohne zu werten, umschreiben, so ergibt sich folgendes Profil: Sosehr beide auf Erneuerung aus sind und faktisch die geistigen Grundlagen für ein neues Zeitalter legen:

• *Konfuzius*, bei allem Blick nach vorn, orientiert sich *nach rückwärts*: an einer besseren *Vergangenheit*, am *frühen Kaiserreich* der alten Herrscher. Das heißt: Kungs klares Leitbild für die Zukunft ist das eines idealisierten *Altertums*: dessen ganz in der Familie beheimatetes sittlich-politisches Ethos sowie dessen gesellschaftlich-staatliche Ordnung.

Außerordentlich wichtig waren ihm von daher Fragen der

äußeren Form: das von innen kommende *Einhalten der alten Riten,* der ursprünglichen religiösen wie zivilen Sitten, Ordnungen und Umgangsformen (faktisch die der Chou-Zeit): »Ich bin ein Vermittler, nicht ein Schöpfer; ich glaube an und habe eine Leidenschaft für die Alten« (VII,1). Denn: Nicht vor Göttern und Geistern soll der Mensch sich ängstigen, sondern der großen alten Tradition sich beugen.

• *Jesus von Nazaret* dagegen, bei aller Verwurzelung im Glauben der Väter, orientiert sich *nach vorn:* an einer besseren *Zukunft, am kommenden* Reich Gottes, des Vaters: »Dein Reich komme!« (Mt 6,10).

Das heißt: Jesu herausforderndes Leitbild ist die schon jetzt zu realisierende *Gottesherrschaft,* ihre Gnade und Verheißung. Unwichtig sind ihm deshalb die äußeren Formen und Gebräuche, Reinheits- und Sabbatvorschriften; auf die innere Gesinnung kommt es an. Der einzelne wird zur Entscheidung aufgerufen; die Familie muß zurücktreten.

Das *Einhalten der Gebote,* sofern es Gottes Gebote sind, ist ihm zwar grundsätzlich Voraussetzung, doch Jesus konzentriert sie alle auf ein Hauptgebot: »Du sollst den Herrn, deinen Gott, lieben und deinen Nächsten wie dich selbst« (Mk 12,30f). Denn: Nicht der Tradition der Väter soll der Mensch sich beugen, sondern dem Willen Gottes, der im konkreten Fall auch ein Übertreten des Gebots, um des Wohls eines Menschen willen, erlaubt.

Deutlich verschieden also sind von vornherein sowohl der *religiöse Horizont* wie das *Zentrum der Botschaft* bei Konfuzius und bei Jesus von Nazaret, die beide den unmittelbaren Nachfolgern und späteren Bewunderern als Modell dienen sollten:

• Religiöser Horizont ist für Konfuzius der (als wirksame Macht, Ordnung, Gesetz oder Wesen verstandene) *»Himmel« (t'ien),* der die ursprünglichen, lebensvollen Göttergestalten des alten China verdrängt hat, der in den »Gesprächen« nur einmal *Shang-ti* (»Herr in der Höhe«) genannt wird, der allen übergeordnete Himmel, dessen Willen der Mensch (und besonders der Herrscher) zu verstehen und dem er zu gehorchen hat: »Wer gegen den Himmel sündigt, hat niemand, zu dem er beten kann« (III,13). Achtzehnmal findet sich *t'ien* in den »Gesprächen«, und immer im Zusammenhang mit Willen, Handeln und Emotion.

Aber: im *Zentrum* des Interesses von Konfuzius steht der *Mensch* mit seinen natürlichen familiären (und so auch sozialen) Grundbeziehungen:

Der Mensch, der nicht zu einem Heiligen, wohl aber zu einem für alles Gute, Wahre und Schöne (Musik!) sich ständig offenhaltenden »edlen Menschen« (nicht: »Edelmann«, sondern »sittlich Edlen«), zum politisch engagierten »Weisen« werden soll.

Aufs Ganze also eine – freilich ganz und gar religiös bestimmte – *Anthropozentrik*!

• Religiöser *Horizont* ist bei Jesus von Nazaret das kommende »Himmelreich«, das mit dem »Gottesreich« identisch ist; das Gottesreich als die Erfüllung der alten Verheißungen und der Erlösung von allem Übel verstanden, in das der Mensch aufgrund von Gottes gnädiger Berufung eingehen soll.

Und im *Zentrum* von Jesu Denken, Tun und Beten steht so der (als persönliches Gegenüber ansprechbare) *Gott* selbst, er, der barmherzige »Vater«, dessen Willen ganz und gar auf das Heil des Menschen ausgerichtet ist: »Dein Wille geschehe im Himmel wie auf Erden«! (Mt 6,10). Aufs Ganze also eine – freilich ganz und gar human ausgerichtete – *Theozentrik*!

Ist jetzt nicht vielleicht schon sichtbar, wie sich die Gestalt des Konfuzius in einer globalen historischen Betrachtung in die »eine religiöse Geschichte der Menschheit« und ihrer herausragenden Gestalten einordnen läßt?

Ein dritter Grundtypus von Religiosität

Aus all dem wird deutlich:

Neben den beiden großen religiösen Stromsystemen semitisch-prophetischer und indisch-mystischer Tradition gibt es in der Menschheitsgeschichte noch ein drittes, eben das chinesisch-weisheitliche, wie es sich schon im chinesischen Altertum abzuzeichnen beginnt. Wir können sagen: Neben dem Christus Jesus (auf der Linie der hebräischen Propheten und in Jesu

Nachfolge dann auch der Prophet Muhammad) einerseits und dem Buddha Gautama (und allen Mystikern Indiens) andererseits verkörpert *Konfuzius* durchaus einen dritten Grundtypus von Religiosität, den man – ohne dabei irgendeinen über- oder unterzuordnen – von den anderen beiden absetzen kann und muß.

So möchte ich die Unterschiede mit wenigen Strichen skizzieren, indem ich die verschiedenen Gestalten, die verschiedenen Botschaften und die daraus hervorgehende verschiedene Praxis des Christus Jesus, des Buddha Gautama und des Meisters Kung charakterisiere:

1. Inwiefern haben wir es hier mit drei typischen *Gestalten* zu tun? Kurz gesagt:

Der Christus Jesus ist ein leidenschaftlich ergriffener *Gesandter und so Wegweiser aus semitisch-prophetischem Geist* und, für viele schon zu seinen Lebzeiten, der *Gesalbte* (»Messias«, »Christus«) schlechthin.

Der Buddha Gautama ist ein weltabgewandter, harmonisch in sich ruhender *Erleuchteter und so Wegweiser aus indisch-mystischem Geiste.*

Meister Kung dagegen ist ein nüchtern Ethos und Politik reflektierender, umfassend gebildeter *Lehrer und so Wegweiser aus dem Geist fernöstlich-humanistischer Weisheit,* der sich erst lange nach seinem Tod durchsetzte. Auf die Frage, was Weisheit sei, antwortete Meister Kung: »Seiner Pflicht gegen die Menschen sich weihen, Dämonen und Götter ehren und ihnen fernbleiben, das mag man Weisheit nennen« (VI,20).

2. Inwiefern trägt auch ihre *Botschaft* sehr verschiedene Züge? Formelhaft zusammengefaßt:

Der Christus Jesus, von Gott gesandt, ruft im Blick auf eine Erlösung aus Schuld und allem Übel im *Reich Gottes* die Menschen zur Umkehr auf, appelliert an des Menschen Willen, den Willen Gottes zu tun im praktischen Dienst am Mitmenschen.

Der Buddha Gautama, von niemandem gesandt, appelliert zur *Erlösung vom Leiden* im Nirvāna gerade an ein Aufgeben des Willens und ermahnt so zur Weltabkehr und Inneneinkehr: zur methodischen Meditation in Stufen der Versenkung und schließlich zur Erleuchtung.

Meister Kung dagegen fordert – statt auf eine göttliche Offenbarung auf die Stimme des Altertums hörend – in Ehrfurcht vor dem Willen des »Himmels« die Erneuerung der äußeren Verfassung des Staates wie der inneren Verfassung eines jeden einzelnen Menschen und so die sittlich-politische Wiederherstellung und Befestigung einer wohlwollenden Regierung, einer wahrhaft *sozialen Ordnung und Harmonie in Familie und Staat*: »Wenn man durch Erlasse leitet und durch Strafen ordnet, so weicht das Volk aus und hat kein Gewissen. Wenn man durch Tugend leitet und durch Sitte ordnet, so hat das Volk Gewissen und erreicht (das Gute)« (2,3).

3. Inwiefern folgt daraus eine verschiedene *Praxis*? Bei sehr viel Gemeinsamem an elementaren sittlichen Geboten gilt doch:

Der Christus Jesus verkündet eine persönlich anteilnehmende Liebe, die alle Leidenden, Unterdrückten, Kranken, schuldig Gewordenen und auch des Menschen Gegner, Feinde, einschließt: eine universale *Liebe* und ganz und gar aktives *Wohltun*.

Der Buddha Gautama bringt in Gleichmut ohne alle persönliche Anteilnahme, die das Herz an Irdisches fesselte, jeder fühlenden Kreatur – Mensch und Tier – Duldung, Sympathie, Milde und Freundlichkeit entgegen: ein universales *Mitleid* und schonendes *Wohlwollen*.

Meister Kung dagegen will durch nüchterne rationale Überlegung den Sinn für menschliche Autonomie und Verantwortung stärken. Das menschliche Schicksal soll in Ehrfurcht vor dem Himmel, aber ohne Angst vor Geistern und Gespenstern, durch eigene Tätigkeit bewältigt, eine harmonische Beziehung zwischen dem Menschen und der Natur soll angestrebt und allen Menschen *Menschlichkeit (jen)*, menschliche Güte, Gutherzigkeit, Wohlwollen, den Bösen allerdings statt Liebe *Gerechtigkeit* entgegengebracht werden. »Ein Mensch ohne Menschlichkeit, was hilft dem die Form? Ein Mensch ohne Menschlichkeit, was hilft dem die Musik?« (3,3).

Ist es von daher so ganz unverständlich, daß die Jesuitenmissionare des 16. und 17. Jahrhunderts sehr viel mehr als im Buddhismus im alten Konfuzianismus so etwas wie eine natürliche Religion auf philosophischer Ebene sahen? Eine Religion, die ähnlich wie die griechische Philosophie eines Platon, Aristoteles oder der Stoa eine »praeparatio evangelii«, eine *Vorbereitung auf das Evangelium*, darstellte, die also zur zeitgemäßen Darstellung der christlichen Botschaft durchaus kritisch genutzt und positiv integriert werden konnte? Bei diesem Unternehmen war gewiß vieles zu naiv gedacht – sowohl bezüglich des Konfuzianismus wie bezüglich der christlichen Lehre; beide lassen sich nicht so einfach harmonisieren und stellen durchaus verschiedene religiöse Systeme dar, wie John D. Young in seiner Untersuchung über das Scheitern der christlichen Mission im 17. Jahrhundert betont hat (»Confucianism and Christianity. The First Encounter«, Hongkong 1983). Und doch: Ist es im heutigen Kontext des Dialogs der Weltreligionen nicht überlegenswert, ob das Humanum (*jen*) des Konfuzianismus so etwas wie die Grundlage für ein gemeinsames Ethos der Menschheit sein könnte?

Aus: »Christentum und Chinesische Religion« (1988).

4. Muhammad

Bekanntlich gibt es viele Religionen, die keine Propheten im strengen Sinn kennen: Die Hindus haben ihre Gurus und Sadhus, die Chinesen ihre Weisen, die Buddhisten ihre Meister; sie alle haben nicht wie *Juden, Christen* und eben auch die *Muslime* ihre Propheten. Kein Zweifel indessen, wenn einer in der gesamten Religionsgeschichte schlechthin »*der Prophet*« genannt wird, weil er behauptete, *dies* zu sein, aber auf keinen Fall *mehr* – dann war es Muhammad.

Muhammad – ein Prophet?

Und war er es? Auch der rechtgläubige Christ (oder Jude) kann, falls er sich orientieren läßt, bestimmte Parallelen zu den alttestamentlichen Propheten nicht bestreiten:
• Wie die *Propheten Israels* wirkte auch Muhammad nicht kraft eines von der Gemeinschaft (oder ihren Autoritäten) verliehenen Amtes, sondern aufgrund einer besonderen persönlichen Beziehung zu Gott.
• Wie die Propheten Israels war Muhammad eine willensstarke Persönlichkeit, die sich von ihrer göttlichen Berufung völlig durchdrungen, total beansprucht, exklusiv beauftragt sah.
• Wie die Propheten Israels, so hat auch Muhammad in eine religiös-gesellschaftliche Krise hineingesprochen, stand er mit seiner leidenschaftlichen Frömmigkeit und seiner umstürzenden Verkündigung in Opposition zur vermögenden herrschenden Kaste und zu der von ihr gehüteten Tradition.
• Wie die Propheten Israels will Muhammad, der sich meist

»Warner« nennt, nichts als Sprachrohr Gottes sein und Gottes Wort, nicht sein eigenes, verkünden.

• Wie die Propheten Israels kündet Muhammad unermüdlich den einen Gott, der keine anderen Götter neben sich duldet und der zugleich der gütige Schöpfer und barmherzige Richter ist.

• Wie die Propheten Israels, so fordert auch Muhammad gegenüber Gott unbedingten Gehorsam, Unterwerfung, »Hingabe« (»Islam«): alles das, was Dankbarkeit gegenüber Gott und Großzügigkeit gegenüber den Mitmenschen einschließt.

• Wie die Propheten Israels verbindet auch Muhammad seinen Monotheismus mit einem Humanismus, den Glauben an den einen Gott und sein Gericht mit der Forderung nach sozialer Gerechtigkeit: Gericht und Erlösung; Drohungen den Ungerechten, die in die Hölle gehen, und Verheißungen den Gerechten, die zu Gottes Paradies versammelt werden.

Wer immer die Bibel, das Alte Testament zumal, und den Koran nebeneinander legt und nebeneinander liest, der fragt sich: Haben nicht die drei *Offenbarungsreligionen* semitischen Ursprungs – Judentum, Christentum und Islam –, haben nicht insbesondere Altes Testament und Koran *dieselbe Basis*? Redet nicht in beiden überdeutlich der eine und selbe Gott? Entspricht das »So spricht der Herr« des Alten Testaments nicht dem »Sage« des Koran, das alttestamentliche »Geh hin und künde!« nicht dem koranischen »Stelle dich auf und warne!«? In der Tat: Auch die Millionen Arabisch sprechender Christen kennen für »Gott« kein anderes Wort als – »Allah«!

Ist es also nicht vielleicht doch nur ein dogmatisches Vorurteil, wenn wir zwar Amos und Hosea, Jesaja und Jeremia als Propheten anerkennen, Muhammad aber nicht? Was immer man vom Standpunkt westlich-christlicher Moralität gegen Muhammad einwenden mag (Waffengewalt, Polygamie, Sinnenleben), es ist nun einmal unbestreitbar,

• daß noch heute bald 800 Millionen Menschen in den riesigen Räumen zwischen Marokko im Westen und Bangladesch im Osten, den Steppen Zentralasiens im Norden und der indonesischen Inselwelt im Süden alle durch die fordernde Kraft eines Glaubens geprägt sind, der wie kaum ein anderer seine Bekenner zu einem einheitlichen Typus hat werden lassen;

- daß alle diese Menschen verbunden sind durch ein einfaches Glaubensbekenntnis (»Es gibt keinen Gott außer Gott, und Muhammad ist sein Prophet«); verbunden sind durch fünf Grundpflichten (Glaubensbekenntnis, Gebet, Armensteuer, Fastenmonat, Wallfahrt); verbunden sind durch die alles durchdringende Ergebenheit in Gottes Willen, als dessen unabänderliche Entscheidung auch das Leid hinzunehmen ist;
- daß in allen diesen Völkern ein Sinn lebendig geblieben ist für eine grundsätzliche Gleichheit der Menschen vor Gott und eine übernationale Brüderlichkeit, welche die Rassen (Araber und Nichtaraber) und sogar die indischen Kasten mindestens grundsätzlich zu überwinden vermochte.

Ich bin sicher, es wächst in der Christenheit heute die Überzeugung: Wir kommen angesichts des welthistorischen Faktums Muhammad nicht darum herum, *Korrekturen* vorzunehmen. Die aus dogmatischer Unduldsamkeit stammende »Exklusivitätsseuche«, die der liberale britische Universalhistoriker Arnold Toynbee geißelte, ist aufzugeben, und in bezug auf die Figur des Propheten ist zuzugeben:
- daß die Menschen im Arabien des 7. Jahrhunderts zu Recht auf die Stimme Muhammads gehört haben;
- daß sie – gemessen am sehr diesseitigen Polytheismus der altarabischen Stammesreligionen – auf ein ganz anderes religiöses Niveau, eben das einer monotheistischen Hochreligion, gehoben wurden;
- daß sie allesamt von Muhammad – besser: vom Koran – unendlich viel Inspiration, Mut und Kraft zu einem religiösen Neuaufbruch empfangen haben: zum Aufbruch in größere Wahrheit und tiefere Erkenntnis, zum Durchbruch auf Verlebendigung und Erneuerung der überlieferten Religion. Der Islam als die große Lebenshilfe!

Wahrhaftig, für die Menschen des arabischen Raumes und schließlich weit darüber hinaus war und ist Muhammad der religiöse Reformator, Gesetzgeber und Führer: *der* Prophet schlechthin. Ja, im Grunde ist Muhammad, der immer nur ein Mensch sein wollte, für diejenigen, die ihm nachfolgen (»imitatio Mahumetis«), mehr als für uns ein Prophet: Er ist ein Lebensmodell für jene Lebensform, die der Islam sein will. Und wenn die katholische Kirche nach der Erklärung über die nichtchristlichen Religionen des Vatikanum II (1964) »auch die *Muslime* mit Hochachtung betrachtet, die den alleinigen Gott anbeten ..., der zu den Menschen gesprochen hat«: *dann* müßte meines Erachtens dieselbe Kirche – und müßten alle christlichen Kirchen – auch *den einen* »mit Hochachtung betrachten«, dessen Namen in jener Erklärung aus Verlegenheit verschwiegen wird, obwohl doch er und er allein die Muslime zur Anbetung dieses einen Gottes geführt hat und nun einmal durch *ihn* dieser Gott »zu den Menschen gesprochen hat«: Muhammad, den Propheten!

Es wird ja oft übersehen: Schon in alttestamentlicher Zeit gab es sehr verschiedene Propheten; und vielleicht waren auch sie nicht alle große Heilige. Nach Aussagen des Neuen Testaments indessen gibt es auch *nach* Jesus echte Propheten: Menschen, die ihn und seine Botschaft bestätigen, deuten und in eine Zeit und Situation hinein aussagen. So nahmen die »Propheten« etwa in den paulinischen Gemeinden (wie aus dem ersten Korintherbrief hervorgeht) die zweite Stelle nach den Aposteln ein. Doch ist die Prophetie – ein Phänomen vor allem judenchristlichen Ursprungs – bald nach dem Ende der paulinischen Mission und mit dem Zurücktreten des Judenchristentums aus dem Erscheinungsbild der meisten christlichen Gemeinden verschwunden; nach der montanistischen Krise im 2./3. Jahrhundert (die urchristlich-apokalyptisch inspirierte Lehre des Montanus gab sich als »die neue Prophetie«) sind die Propheten (und Prophetinnen!) weithin in Verruf geraten. Aber vom Neuen Testament her gesehen muß man sich nicht von vornherein dogmatisch dagegen wehren, wenn sich Muhammad als ein echter Prophet nach Jesus verstand, der beanspruchte, mit ihm in grundlegender Übereinstimmung zu sein. Freilich: Das Verhältnis zwischen Jesus, dem Christus, und Muhammad, dem Propheten, bleibt im einzelnen noch zu klären. Doch hätte nicht schon diese Zuerkennung des Prophetentitels für Muhammad schwerwiegende Konsequenzen, besonders für die Botschaft, die er verkündet hat, die niedergelegt ist im Koran?

Muhammad und der Koran

Nach islamischem Selbstverständnis hat Muhammad den Koran direkt von Gott empfangen: Gottes Wort, bei welchem sich die Frage eines jüdischen oder christlichen Einflusses gar nicht stellt, nicht stellen darf. Diese Überzeugung ist schon deshalb ernst zu nehmen, weil ungezählte Generationen Kraft, Mut und Trost im individuellen wie im sozialen Leben daraus gezogen haben. Zumindest dies dürfte der historischen Wirklichkeit entsprechen, worauf die muslimischen Gelehrten größtes Gewicht legen: daß Muhammad – obwohl kaum Analphabet – die *Bibel* weder selbst gelesen hat noch sich je vorlesen ließ. Gab es doch damals, wie wir hörten, überhaupt keine arabische Bibelübersetzung und wäre doch manches, was sich im Koran auf die Bibel bezieht, klarer, genauer und weniger fragmentarisch präsentiert worden.

W. M. Watt hat in seiner großen Islam-Darstellung (1980) in Würdigung von Muhammads Charakter herausgearbeitet, daß dieser glaubensmäßig ganz davon überzeugt war, zwischen Allahs Offenbarungen und seinen eigenen Gedanken unterscheiden zu können. Doch viele (und vielleicht die grundlegenden) Fragen sind hier noch offen, und die Diskussion dürfte noch lange anhalten. Die Rolle von Muhammad bei der Entstehung des Koran wird sich kaum ausschalten, freilich auch der frühe Einfluß *mündlicher Überlieferung* aus dem Judentum und dem Christentum kaum verleugnen lassen. Wohlinformierte Muslime werden es kaum bestreiten:

1. Verbindungen bestanden zur Zeit Muhammads nicht nur zur christlichen Großmacht Byzanz, sondern auch zu Juden und Christen in Nachbarterritorien, auf der arabischen Halbinsel selbst, ja sogar in Mekka und Medina;

2. der Koran selbst nimmt immer wieder auf biblische Figuren Bezug: neben Abraham (und zwei altarabischen Propheten!) vor allem auf die anderen drei großen »Propheten« Noah, Mose und Jesus, aber auch auf David, Salomo, Jona, Johannes den Täufer und die Jungfrau Maria. Konnte dies alles Muhammad nicht auch schon vor seinem Offenbarungserlebnis bekannt und wichtig gewesen sein?

Islamischem Glauben kann es somit nur helfen, wenn sich auch islamische Gelehrte der Problematik anzunehmen beginnen: Schon 1958 hatte der Pakistani *Fazlur Rahman* in einem bedeutenden Buch »Prophecy in Islam« deutlich gemacht, daß auch im klassischen Islam die Auffassungen bezüglich dieser Frage nicht so monolithisch waren, wie es oft dargestellt wurde. Und in seinem neuesten Buch »Major Themes of the Qur'an« (1980) stellt Rahman, jetzt Professor an der University of Chicago, den koranischen Befund so dar:

Nach den ältesten Berichten hatte Muhammad um das vierzigste Lebensjahr, vorbereitet durch einen längeren Entwicklungsprozeß, eines oder mehrere echte ekstatische Erlebnisse: vor allem die Erfahrung von seiner Berufung, die er (wie auch die alttestamentlichen Propheten) nicht angestrebt hatte. Dem Berufungserlebnis folgten weitere Offenbarungserlebnisse, die Muhammad durch den »Geist« oder »geistigen Botschafter« (der manchmal mit Gabriel identifiziert wird) in seinem »Herzen«, also in seinem Innersten erfuhr; erst die spätere Orthodoxie hat diese innere geistige Erfahrung, die vielleicht von somatischen Phänomenen begleitet war, in der Gestalt eines öffentlich erscheinenden Engels (oder einer Stimme) verobjektiviert. Zweifellos hatte Muhammad seine Einsichten im Laufe seiner weiteren Tätigkeit in Mekka und Medina ausgestaltet (regelmäßige Gemeinschaftsgebete und Almosensammlung haben aber sicher ebensoviel wie seine Verkündigung zu der für die muslimische Gemeinschaft typischen Solidarität beigetragen). 23 Jahre hat so die Offenbarung des Koran gedauert. Rahman stellt schließlich fest: »Es besteht kein Zweifel, daß, wo auf der einen Seite die Offenbarung von Gott ausging, sie auf der anderen Seite innig verbunden war mit seiner tieferen Persönlichkeit« (S. 100).

Wie immer man die Frage nach der Entstehung des Koran beantworten mag, wichtig ist, daß heute auch nach einer wissenschaftlich reflektierten muslimischen Auffassung das *Gotteswort des Koran* zugleich als das *Menschenwort des Propheten* verstanden werden muß. Die Problematik stellt sich also bezüglich des Koran ähnlich wie bezüglich der Bibel. Das heißt: Es stellt sich die unbequeme, aber doch auch unumgängliche

Frage: Wenn schon historische Bibelkritik (zugunsten eines zeitgenössischen biblischen Glaubens) – warum nicht auch (zugunsten eines der heutigen Zeit angemessenen muslimischen Glaubens) eine historische *Korankritik*?

An diesem schwierigen, aber grundlegenden Punkt des Offenbarungsverständnisses müßten Christen und Muslime heute weiterreden (dafür bräuchten wir in Zukunft nicht nur christliche Islamwissenschaftler). Wir werden im christlich-islamischen Dialog nicht wirklich weiterkommen, wenn wir uns nicht über das für die Anwendung historisch-kritischer Instrumentarien erforderliche *Wahrheitsverständnis* Rechenschaft geben. Jedermann weiß: es gibt zur Zeit in verschiedenen islamischen Ländern mächtige Re-Islamisierungsbestrebungen. Vielleicht ist es auf längere Sicht doch nicht ganz und gar ausgeschlossen, daß in einem selbstbewußteren Islam, der doch in vielfacher Hinsicht westliche Wissenschaft und Kultur aufzuarbeiten versucht, mit der Zeit auch eine historisch-kritische Erforschung des heiligen Buches gestattet und realisiert wird. Was meint *historisch-kritisches Koranverständnis*?

• Der Koran nicht verstanden als Sammlung fixer Formeln, starrer Doktrinen, unveränderlicher Rechtssätze; als ob der Koran ohne Rücksicht auf Zeit, Ort, Personen ungeschichtlich weitertradiert werden könnte. Auf die Historie kann nicht verzichtet werden! Dies wäre ein unkritisch dogmatisches Verständnis des Koran – sei es nun muslimischer oder christlicher Provenienz.

• Der Koran aber auch nicht verstanden als ein Fluß ständig wechselnder Interpretationen je nach Zeit, Ort und Personen; als ob die Bedeutung des Koran nichts anderes sei als die Geschichte seiner Bedeutungen. Auf Kritik kann nicht verzichtet werden! Dies wäre ein *unkritisches phänomenologisches* Verständnis – sei es nun christlicher oder muslimischer Provenienz.

• Vielmehr der Koran verstanden als eine in liturgischer Rezitation immer wieder neu vernommene *lebendige Botschaft*: als das große *prophetische Zeugnis* von dem einen und einzigen mächtigen und barmherzigen Gott, dem Schöpfer und Vollender, seinem Gericht und seiner Verheißung. Ein konstantes

Zeugnis, das in immer erneuerter Gestalt, je nach Zeit, Ort und Personen, variabel weitergegeben werden darf und soll, um so gerade heute bestimmte Konflikte mit Naturwissenschaft, Historie und auch mit modernem Ethos und Rechtsbewußtsein unzweideutig und konstruktiv zu lösen. Das wäre das historisch-kritische Verständnis muslimischer oder christlicher Provenienz, das keineswegs im Widerspruch zu einer gläubigen positiven Grundeinstellung zur jeweiligen Religion stehen muß.

Und – dies ist eine letzte, freilich ganz und gar zentrale Frage – wie sollte künftig über Jesus und Muhammad gesprochen werden?

Jesus und Muhammad in einem künftigen Dialog

Ja, wie könnte heute ein Muslim Jesus zu sehen versuchen; und wie ein Christ Muhammad? Nur wenige Andeutungen kann ich mir hier erlauben und dabei dreierlei voraussetzen:

1. Christen und Muslime glauben an einen einzigen Gott und von daher an eine einzige Heilsgeschichte: Wie die Christen deshalb schon Adam, Noah, Abraham und alle Väter Israels als »Christen« vor Christus betrachten, so anerkennen die Muslime dieselben Väter und auch Jesus als »Muslime« vor Muhammad.

2. Für Christen ist dieser Muhammad (der für Jesus zeugte) nicht gleichgültig und kann nicht mehr als Pseudoprophet abgetan werden, als ob es nach Christus keine Propheten mehr gäbe.

3. Für Muslime hat dieser Jesus (für den auch Muhammad zeugte) etwas bleibend Wichtiges zu sagen.

Christentum und Islam lassen sich also nicht als total geschiedene Religionen voneinander absetzen, sondern sie sind – wie auch Judentum und Christentum – als religiöse Bewegungen ineinander verwoben. Wie könnten also Muslime Jesus und wie Christen Muhammad sehen?

Wie könnten *Muslime Jesus* sehen? Sie sehen ihn schon jetzt als den größten Propheten und Botschafter des einen Gottes, der als »Knecht Gottes« von Gott besonders ausgezeichnet wurde von seiner Geburt bis zu seiner Erhöhung zu Gott und der mit dem, was er verkündete, für Muhammad eine bleibende Bedeutung hat.

Gewiß: Für Muslime wird nach wie vor Muhammad und der von ihm gebrachte Koran entscheidende Richtlinie für Glauben und Handeln, Leben und Sterben sein; Muslime sollten also zur Vermeidung aller Begriffsverwirrung auch nicht im weiten (wörtlichen) Sinn als »Christen« bezeichnet werden, wie es etwa Wilfred Cantwell Smith tut.

Aber: Wenn Jesus im Koran schon »Wort« Gottes und Träger des »Evangeliums« genannt wird, müßten Muslime dann dieses Evangelium nicht umfassender zu verstehen suchen? Müßten sie nicht ernst nehmen:

daß von Jesu Botschaft und Praxis her das oft so bedrückende islamische Gesetz um Gottes und des Menschen willen relativiert und der Mensch zwar nicht vom Gesetz, wohl aber von der Gesetzlichkeit (ähnlich wie bei den Judenchristen) befreit wäre;

daß von Leben, Sterben und neuem Leben Jesu her ein neues, vertieftes Verständnis Gottes als des liebenden und mitleidenden aufleuchtet;

daß von Jesu Tod her im Namen eben dieses Gottes auch dem äußerlich so sinnlosen Leiden und Scheitern gegenüber ein Sinnangebot gemacht ist?

Wie könnten *Christen Muhammad* sehen? Viele Christen sehen ihn bereits als den für viele Völker dieser Erde bedeutenden Propheten, der schon zu seinen Lebzeiten mit reichem Erfolg gesegnet war.

Gewiß: Für Christen ist nach wie vor Jesus Christus und die von ihm verkündete frohe Botschaft entscheidender Maßstab für Glauben und Handeln, Leben und Sterben: definitives Wort Gottes (Hebr 1,1 f.). Es sollten also auch umgekehrt Christen nicht im weiten Sinn als »Muslime« bezeichnet werden, wie wiederum Smith vorschlägt. Christus ist und bleibt so das *entscheidende Regulativ* für die Christen um Gottes und der Menschen willen.

Aber: Müßten Christen, die ja dem Neuen Testament zufolge weiterhin Propheten kennen, diesen Muhammad nicht ernster nehmen? Müßten sie die Mahnungen des Koran nicht ernst nehmen:

daß der eine unvergleichliche Gott ganz und gar im Zentrum des Glaubens zu stehen hat;

daß eine Beigesellung irgendwelcher Götter oder Göttinnen nicht in Frage kommt;

daß Glaube und Leben, Orthodoxie und Orthopraxie bis in die Politik hinein zusammengehören?

Muhammad wäre so immer wieder *prophetisches Korrektiv* für Christen im Namen des einen und gleichen Gottes, wäre ein *prophetischer Warner.* »Ich folge nur dem, was mir eingegeben wird, ich bin nichts als ein deutlicher Warner« (Sure 46,9).

Ob man jedoch die Anerkennung der hellenistischen Konzilien von Nikaia bis Chalkedon von einem Muslim oder Juden verlangen darf? Was hätte der Jude Jesus von Nazaret selbst getan? Die Frage hat nicht nur für ein arabisches, sondern auch für ein afrikanisches, indisches und indonesisches und schließlich auch für ein chinesisches und japanisches Christentum nicht geringe Bedeutung.

Letztlich geht es sowohl im Islam wie im Christentum um eine *Glaubensentscheidung,* die man aber vor sich selber und anderen vernünftig zu verantworten hat. Als Christ kann ich dabei der Überzeugung sein, daß ich, wenn ich für mein Leben und Sterben diesen Jesus als den Christus gewählt habe, seinen Nachfolger Muhammad, insofern er sich auf den einen und selben Gott und auf Jesus beruft, mitgewählt habe.

Nicht Missionierung im kolonialen Stil (der Muslime durch die Christen und jetzt der Christen durch die Muslime) ist heute angebracht, wohl aber *Zeugnis vom eigenen Glauben* (der Muslime gegenüber den Christen und der Christen gegenüber den Muslimen): zur gegenseitigen Information, gegenseitigen Herausforderung und so schließlich gegenseitigen Transformation.

Aus: »Christentum und Weltreligionen« (1984).

5. Abraham

»Als Abram 99 Jahre alt war, da erschien Jahwe dem Abram und sagte zu ihm: Ich bin der mächtige *Gott* (El schaddaj); wandle vor mir und sei ganz! Ich will meinen *Bund* zwischen mir und dir stiften, und ich will dich mehren im Übermaß. Da fiel Abram auf sein Gesicht nieder. Und Gott redete mit ihm und sprach: Siehe, das ist mein Bund mit dir: Du sollst zum Vater vieler Völker werden. Du sollst nicht mehr Abram heißen, Abraham soll dein Name sein; denn zum Vater vieler Völker mache ich dich ... Ich richte meinen Bund auf zwischen mir und dir und deinen Nachkommen nach dir nach ihren Geschlechtern zu einem ewigen Bund, daß ich dein und *deiner Nachkommen Gott* sei. Und ich gebe dir und deinen Nachkommen das Land deiner Fremdlingschaft, das ganze *Land Kanaan* zu ewigem Besitz, und ich will ihnen Gott sein ... An dem Fleisch eurer Vorhaut sollt ihr beschnitten werden. Das soll zum Zeichen des Bundes zwischen mir und euch sein.«

In diesem Gespräch zwischen Gott und dem fast 100jährigen Abraham – dem das Gespräch mit Abrahams Frau Sara fast gleichgewichtig entspricht! – hat der in der Zeit des babylonischen Exils schreibende Priestertheologe alle Verheißungen der Väter kunstvoll in ein Ganzes verarbeitet und es zur Mitte seiner Vätergeschichte gemacht. Die *grundlegende Bedeutung Abrahams* für die Geschichte, Frömmigkeit und Theologie Israels und des Judentums bis auf den heutigen Tag wird so schon im ersten Buch der Hebräischen Bibel eindrucksvoll herausgestellt. Als Grundelemente israelitischen Glaubens erscheinen hier:

• Die Initiative hat *Gott*, mit dem der Mensch weder eins ist noch eins wird, sondern »vor« dem der Mensch handeln und dem er sich »ganz« unterwerfen soll: Nicht eine Einheitsmystik, sondern das *Gegenüber* von Gott und Mensch bestimmt so von Anfang an die abrahamische Religion.

• Zwischen dem mächtigen Gott und dem erwählten Menschen aber wird von Gott ein ewiger *Bund* gegründet, der ein Wechselverhältnis zwischen Gott und dem Menschen bedeutet, welches durch das Bundeszeichen der Beschneidung besiegelt werden soll.

• Die mit dem Bund gegebene Doppelverheißung an die Nachkommenschaft Abrahams: Sie werden ein großes Volk bilden, das *Gottes Volk* sein wird; und sie werden das *verheißene Land* verliehen bekommen, das Land Kanaan.

Was weiß man von Abraham?

Abram also, programmatisch umbenannt (die spätere Interpretation) zu »Abraham«, dem »Vater vieler Völker«, ist nach den Texten der Bibel eindeutig der Urvater des Volkes Israel. Was aber verbirgt sich hinter dieser übergroßen biblischen Gestalt? Was weiß man heute über Abraham als historische Figur? Über ihn persönlich weiß man kaum Gesichertes; eine Abraham-Biographie ist unmöglich. Die *Patriarchengeschichten* von Genesis Kapitel 11–35: sie sind unsere einzigen Quellen. Und sie sind gerade keine Biographie, keine Geschichtsschreibung in unserem Sinne. Sie sind, was alle drei Erzväter betrifft, eine Reihe von lose verknüpften Kurzgeschichten mit Doubletten und Widersprüchen. Genauer besehen handelt es sich zunächst um lange vor der schriftlichen Fixierung mündlich überlieferte *Sagen*. Sagen freilich sind keine Märchen. Sie haben in der Regel – in aller Kürze, Vereinfachung und Konzentration auf wenige Personen – einen historischen Kern. Und so behauptet denn heute auch kein kritischer Exeget mehr, Abraham, Isaak und Jakob seien so etwas wie depotenzierte Götter, rein mythische Figuren, fiktive Ahnherren von bestimmten Menschengruppen gewesen. Kein Stamm und keine Sippe beruft sich ja auf sie. Und nicht zuletzt wegen ihrer gängigen westsemitischen Personennamen scheint es sich bei ihnen um historische Gestalten zu handeln, auch wenn alle Versuche, sie zu datieren, mißlungen sind.

Durch die Patriarchen-Geschichten aber schimmern soziokulturelle Verhältnisse (»Sitz im Leben«) durch, wie sie in den rund 500 Jahren zwischen 1900–1400 v. Chr. in Palästina geherrscht haben müssen. Über sie sind wir einigermaßen unterrichtet, und zwar durch die Erzählung von Sinuhe, dem Ägypter, der dort unter Halbnomaden gelebt hat (20. Jh. v. Chr.); durch ägyptische Ächtungstexte, die rebellierende Fürsten verfluchten (19./18. Jh.); durch die mesopotamischen Texte von Mari am mittleren Euphrat (18. Jh.) und aus Nuzi bei Kirkuk (15./14. Jh.), schließlich durch die in Amarna am mittleren Nil gefundenen Briefe aus dem Staatsarchiv der Pharaonen Amenophis III. und Amenophis IV. Echnaton (14. Jh.), wegen dessen neuartigem Ein-Gott-Glauben das ägyptische Reich in eine tiefe Krise geriet.

Freilich – auch dies ist wahr: Bei Abraham, seinem Sohn und seinem Enkel handelt es sich keineswegs, wie manchmal behauptet wird, nur um eine über drei Generationen sich hinziehende private Familiengeschichte. Dafür sind nun einmal die hier angedeuteten religiös-politischen Implikationen der Verheißungen zu schwerwiegend, die an dieser Geschichte hängen. Dafür ist auch der weltpolitische Horizont hier durchaus mitgegeben. Denn nicht zu übersehen ist, daß die Abrahamsgeschichte im Buche Genesis mit der *Vor- und Universalgeschichte der Menschheit überhaupt* verbunden wird, wie sie mit der Geschichte des »Turmbaus« zu Babel dann zunächst abgeschlossen erscheint. Der biblischen Überlieferung zufolge, welche zwei Überlieferungen zu kombinieren versucht, ist Abrahams Familie aus der reichen südmesopotamischen Handelsstadt Ur ausgewandert (deren Zikkurat oder Hochtempel, dem Mondgott Sin geweiht, ist 1922–1934 ausgegraben worden) und ist von der nordmesopotamischen Stadt Haran am großen Euphratknie aus, wie so viele im 2. Jahrtausend v. Chr. aus Mesopotamien und der syrisch-arabischen Wüste, in das Land Kanaan eingewandert.

Gerade diese Herkunft aber sollte – bei aller Bedeutung des verheißenen und verliehenen Landes – in der so wechselhaften jüdischen Geschichte immer wieder von großer symbolischer Bedeutung werden. Abraham war von Anfang an kein Einheimischer, sondern ein Immigrant, »*ein Fremder und Beisasse*«. Das einzige Eigentum, das er erwarb, soll eine Grabstätte bei Hebron gewesen sein, und bis heute wird denn auch dort jüdischen, christlichen, muslimischen Pilgern und Touristen das »Grab Abrahams« gezeigt. Als Kulturlandnomade zwischen Städten und Dörfern lebend, hatte Abraham zwar einen gewissen Kontakt mit den Einheimischen, muß aber in Lebensform und Lebensart zu ihnen doch noch mehr Distanz gehalten haben, die ihm wie auch den anderen Patriarchen keine eheliche Verbindung mit einheimischen Familien gestattete. Gewiß: Abraham wird als ein »Hebräer« (»ᶜibri«) bezeichnet; das aber dürfte nach neuesten Forschungen nicht einfach gleichbedeutend mit »Israelit« gewesen sein; denn die »habiru« oder »hapiru« der mesopotamischen Keilschrifttexte und die »ᶜprw« der ägyptischen Texte, die wohl mit den »Hebräern« identisch sind, bezeichnen weniger ein bestimmtes Volk als eine mindere soziale Schicht und Lebensform, oft Fremde, Umherstreifende, Söldner oder Fronarbeiter, »outlaws«, die aber gelegentlich zu höchsten Stellungen aufsteigen können.

Der Vater des Glaubens

Für die heutige Situation der Religionen ist jedoch ein weiteres von nicht geringer Bedeutung: Durch die Geschlechterabfolge, die *Genealogie*, erscheint Abraham *in die semitische »Verwandtschaft« eingebunden*: Mit Abraham werden sein Sohn Isaak und sein Enkel Jakob – möglicherweise erst nachträglich so miteinander verbunden – als die Urahnen Israels betrachtet. Heutige, zumal christliche Kritiker des Islam mögen dabei beachten: auch für die frühen biblischen Stammeskulturen war Polygamie selbstverständlich. Schon Abraham hatte ja bekanntlich mehrere Nebenfrauen. Denn dem Buch Genesis zufolge zeugte Abraham mit Sara *Isaak*, den Vater Esaus und Jakobs, der, später Israel genannt, als Vater der zwölf Stämme gilt. Mit seiner ägyptischen Nebenfrau, der Sklavin Hagar, aber zeugte Abraham *Ismael*, den Stammvater von zwölf zum Ismaeliten-Verband gehörenden Gruppen. Mit Ketura schließlich wurde er zum Ahnherrn von sechzehn protoarabischen Nomadengruppen. Dies alles ist nicht ohne Bedeutung für heutige Fragestellungen: Israel hat sich ursprünglich mit den semitischen Aramäern des späten 2. Jahrtausends und mit den ebenfalls semitischen Protoarabern der ersten Hälfte des 1. Jahrtausends in Nord- und Nordwestarabien durchaus verwandt gefühlt; zumindest dies wollen die (im einzelnen kaum historischen) Genealogien aussagen.

Was aber ist das für ein *Gott*, von dem in diesen Patriarchenerzählungen die Rede ist? Auffälligerweise sind diese Sagen mit bestimmten Heiligtümern verbunden, vor allem mit Sichem, Bet-El, Hebron und Beerscheba. Manche Exegeten vermuten deshalb, es handle sich hier um ätiologische Sagen, um Gründungssagen also, welche die möglicherweise schon vorisraelitischen, kanaanitischen Heiligtümer für den Kult der Israeliten legitimieren sollten, insofern an diesen Orten Gott sich den Erzvätern geoffenbart hat. Jedenfalls ist deutlich: Von Anfang an war der Gott der Patriarchenreligion ein Gott, der weder an den Himmel noch an ein Heiligtum gebunden ist, sondern welcher der eine »Gott des Vaters« (Ahnen) ist, dem er seine Offenbarungen kundgetan hat: der Gott Abrahams, der Gott Isaaks, der Gott Jakobs, der Gott der Väter. Nach der Seßhaftigkeit aber hat dieser Gott Elemente des kanaanitischen Gottes El (unter verschiedenen Namen wie El schaddaj) aufgenommen, so daß der Gott der Genesis sowohl als Vätergott wie als El bezeichnet werden kann und sich gleichzeitig als persönlicher wie als kosmischer Gott darstellt. Deshalb herrscht heute Übereinstimmung unter den kritischen Exegeten: So wie das hohe Ethos der Bibel dürfte auch der strenge Monotheismus nicht schon zur Zeit der Patriarchen geherrscht haben; historisch gesehen war Abraham sicher ein Henotheist, der die Existenz mehrerer Götter voraussetzte, aber nur den einen Gott, seinen Gott, als höchste und verpflichtende Autorität annahm.

Und die *Beschneidung*? Sie ist kein damals völlig neu eingeführter Ritus. Sie ist ein uralter Brauch (mit dem Steinmesser vollzogen), der ursprünglich nicht nur in Kanaan, bei den semitischen Nachbarn Israels und in Ägypten, sondern auch in Afrika, Amerika und Australien, nicht jedoch bei den Philistern, Babyloniern und Assyrern verbreitet war. Er wurde entweder aus hygienisch-medizinischen oder aus gesellschaftlichen (Initiationsritus) oder religiösen Gründen praktiziert. Unter den Israeliten war er seit der Seßhaftigkeit in Kanaan selbstverständlich, so daß er sich in den ältesten Gesetzesbeständen der Israeliten gar nicht findet und nur einmal im Buch Levitikus ohne besondere Betonung erwähnt wird. Nach dem Untergang der Reiche Israel und Juda und dem Exil unter den Babyloniern aber, die ja nicht beschnitten waren, wird die (früher selbstverständliche) Beschneidung zu einem besonderen religiösen Zeichen der Zugehörigkeit zum israelitischen Volk; jetzt erst erhält sie ihre spezifische Bedeutung als nicht mehr zu tilgende Eigentumsmarke Gottes und Bundeszeichen, das sich schließlich in Gen 17 geradezu als Gesetzesvorschrift formuliert findet.

Grundlegender aber für Abraham ist – folgen wir dem Buche Genesis – das Vertrauen auf Gott. Grundlegend ist der unbedingt *vertrauende Glaube*. Dieser Glaube, heißt es, wird Abraham »zur Gerechtigkeit angerechnet«. Dabei wird Glaube (hebräisch »aman« = fest sein; Kausativform »he'emin« = glauben, vertrauen) in der ganzen Hebräischen Bibel nie als Annahme einer vorgelegten Wahrheit, als ein »Für-wahr-Halten« von Unbeweisbarem verstanden, sondern als unerschütterliches Vertrauen auf eine menschlich nicht zu realisierende Verheißung, als Treue, als Zuversicht, als »Amen«-Sagen. Abraham ist demnach Ur- und Vorbild eines in diesem Sinne Glaubenden, ein Mann, der aufgrund dieses Glaubens dann auch die allergrößte Probe bestehen kann – das ihm zugemutete, aber eben von Gott letztlich doch nicht gewollte Opfer seines Sohnes.

Ein *erstes*, erfreuliches *Fazit*: Man hat nicht ohne Grund die drei Religionen, die sich auf ihn, Abraham, berufen und in denen der Mensch »vor« Gott (»coram Deo«) steht, sich ganz auf Gott verläßt und so »an« Gott (»in Deum«) glaubt – im Gegensatz zu den mystischen Einheitsreligionen Indiens oder auch den Weisheitsreligionen Chinas – als *Glaubensreligionen* bezeichnet. Abraham erscheint so als der gemeinsame *Stammvater aller drei großen Religionen semitischen Ursprungs*, die man deshalb auch die drei *abrahamischen Religionen* nennt. Sie können als ein großes religiöses Stromsystem nahöstlichen Ursprungs verstanden werden, das sich von den Systemen indischen oder fernöstlichen Ursprungs wesentlich unterscheidet.

Die abrahamische Ökumene

Gewiß: im Verlauf der Geschichte haben Judentum, Christentum und Islam Abraham sehr verschieden gedeutet und benutzt. Und doch gibt es zwischen den drei Religionen bezüglich Abraham keinen totalen Dissens, wohl aber eine *Konvergenz*, die ein Gespräch sinnvoll erscheinen läßt. Ob eine der drei Religionen Abraham ausschließlich beanspruchen darf? Ob Abraham nicht ihnen allen gehört, ja eine Herausforderung *für* alle drei Religionen auch heute sein könnte?

Selbst in den schlimmsten Zeiten des mittelalterlichen oder neuzeitlichen Judenhasses konnte die *Christenheit* ja nie ganz vergessen, daß sie aus dem Judentum, das sich auf Abraham berief, stammte und mit diesem zumindest die Hebräische Bibel, die Psalmen und viele hebräische Elemente des Gottesdienstes (von »Hosianna« bis »Amen«) weiterhin teilte. In den beiden Großevangelien des Lukas und Mattäus (der selber aus dem Judentum stammte) wurde schon durch Jesu Stammbaum nachdrücklich daran erinnert, daß der Christus Jesus ein Nachkomme Abrahams gewesen sei. Und der Gott, der »seinen Knecht Jesus verherrlichte«, war kein anderer als »der Gott Abrahams, Isaaks und Jakobs«. Ja, wenn auch die Christenheit nach Paulus auf der Rechtfertigung durch den vertrauenden Glauben beharrte, so wollte sie doch ebenfalls auf gute Werke keineswegs verzichten, soll doch Paulus zufolge der Glaube durch die Liebe tätig sein. Mit dem Johannesevangelium schließlich unterstreicht insbesondere der genannte Jakobusbrief die Notwendigkeit der Werke außerordentlich scharf gegenüber einem »Glauben«, der nur in untätigem Bekennen besteht.

Umgekehrt aber betonen im *Judentum* auch die Rabbinen die Bedeutung von Abrahams Glaubensgehorsam. Und auch sie binden das Erbe der Verheißung Abrahams keineswegs ausschließlich an die leibliche Abstammung. Offensichtlich hat der Koran mit seiner Argumentation hier durchaus einen richtigen Punkt getroffen: Abraham selber war ja zunächst einmal, bevor er zum ersten monotheitischen »Missionar« wurde, *Konvertit* zum wahren Glauben, und dies über viele Jahrzehnte. Ja, nach den Erklärungen von Rabbinen hat Abraham gerade durch seine sehr späte Beschneidung (mit 99 Jahren!) für alle Zukunft auch Nichtjuden die Möglichkeit eröffnet, zum Judentum überzutreten, so daß er auf diese Weise das Vor-Bild nicht nur der Juden, sondern auch aller zum Judentum übergetretenen Heiden (Proselyten) und damit zum Stammvater *aller* Nationen geworden ist. Zumindest insofern also ist auch für das Judentum eine *geistige* Nachfolge Abrahams eine Zeitlang möglich. »N. N., Sohn unseres Vaters Abraham«, so wird denn auch bis zum heutigen Tag der zur Toralesung aufgerufene Konvertit angesprochen! Ja, noch mehr: Auch Christen, die Christen bleiben wollen, können heutiger jüdischer Theologie zufolge mit den Muslimen zusammen als »Kinder Abrahams« angesehen werden, wie der Jerusalemer Gelehrte David Flusser feststellt: »In der jüdischen Religion kann die Existenz des Christentums (und des Islam) verstanden werden als eine Erfüllung von Gottes Verheißungen an Abraham, ihn zum Vater vieler Völker zu machen.«

Auch die engen Beziehungen des *Islam* zum Judentum ließen sich trotz aller Sonderlehren des Koran nicht übersehen. Muslime berufen sich für ihren Glauben auf denselben abrahamischen Ursprung, Israeliten umgekehrt fühlen sich ihrerseits vom Ursprung her mit den frühen Arabern verwandt. Historisch gesehen gab es spätestens seit König Salomos Zeiten zahlreiche nachweisbare wirtschaftliche Bande zwischen dem Lande Kanaan und Arabien, die sich bis in die Zeiten des Propheten Muhammad durchhielten, als zahlreiche jüdische Gemeinden in Arabien lebten. Die islamische Koranexegese und Geschichtsschreibung ergänzt denn auch die Aussagen des Koran über Abraham ohne irgendwelche Hemmungen aus der

Hebräischen Bibel oder der jüdischen Haggada und wirkt umgekehrt auch auf die jüdische Tradition und Interpretation ein. Die Hebräische Bibel selber enthält eine ganze Reihe von Anspielungen auf die engen Beziehungen zwischen Juden und Arabern; in die Bücher »Ijob« und »Sprüche« sind zahlreiche arabische Worte eingegangen, und auch noch die spätere Mischna enthält Abschnitte, die sich auf das Verhalten von Juden in Arabien beziehen. Und so ist es denn nicht verwunderlich, daß die Juden durch ihre ganze Geschichte hindurch eine gewisse Affinität zur arabischen Kultur empfanden, so daß sich die blühendsten Zentren des mittelalterlichen Judentums gerade in muslimischen Ländern zu entwickeln vermochten: unter den Abbasiden im Irak, unter den Maurenherrschern in Spanien und nach der Vertreibung aus Spanien unter den Ottomanen in Istanbul und Saloniki …

Was also, so muß hier schon im Vorfeld gefragt werden, eint über alle mehr oder weniger zufälligen historischen Beziehungen hinaus die drei Religionen des nahöstlichen Stromsystems? Was eint Juden, Christen und Muslime grundsätzlich? Was kann als *reales Fundament* für eine ins Bewußtsein zu hebende und faktisch neu zu realisierende abrahamische Ökumene – bei aller Eigenständigkeit der drei Religionen – angesehen werden? Was eint die drei abrahamischen Religionen schon jetzt?

Man braucht in ökumenischen Dialogen zusammen mit Juden und Muslimen nur Vertretern der indischen und chinesischen Stromsysteme gegenüberzusitzen, um zu merken, wieviel Juden, Christen und Muslimen nun doch trotz allem Streit gemeinsam ist: Es ist ein weithin ähnliches Grundverständnis von Gott, vom Menschen, von der Welt und der Weltgeschichte überhaupt. Eine Art *abrahamische Ökumene*, die in einer langen Geschichte begründet ist und die durch alle Feindschaft und Kriege nicht ausgetilgt werden konnte. »Es ist eine Erbgeschichte größten Ausmaßes«, stellt denn auch der Religionswissenschaftler Kurt Rudolph mit Recht fest, »die hier in der Religionsgeschichte unseres Kulturkreises zu Tage kommt und die das Verhältnis der drei großen Religionen des Vorderen Orients bis heute bestimmt, auch wenn es oft von den Gläubigen (bewußt oder unbewußt) nicht wahrgenommen wird«.

Fazit: Die drei abrahamischen Religionen Judentum, Christentum und Islam sind durch große Gemeinsamkeiten verbunden, die schon mit dem Namen Abrahams gegeben sind. Allen trennenden Unterschieden zum Trotz sind ihnen gemeinsam:

• *semitischer Ursprung und Sprache:* das Arabische ist in Struktur und Vokabular eng verwandt mit dem Hebräischen Israels sowie dem Aramäischen Jesu und der christlichen Urgemeinde; alle drei abrahamischen Religionen kommen aus der semitischen Sprachgruppe;

• *der Glaube an den einen und selben Gott* Abrahams, ihres Stammvaters, der nach allen drei Überlieferungen der große Zeuge dieses einen wahren und lebendigen Gottes gewesen ist;

• eine nicht in kosmischen Zyklen denkende, sondern zielgerichtete Geschichtsschau: eine universale Heilsgeschichte vom Anfang in Gottes Schöpfung fortschreitend durch die Zeiten, ausgerichtet auf ein Ende durch Gottes Vollendung;

• die *prophetische Verkündigung* und die in der Heiligen Schrift ein für alle Male niedergelegte und bleibend normative Offenbarung;

• das in des einen Gottes Willen begründete *Grundethos* einer elementaren Humanität: die Zehn (oder ihnen entsprechende) Gebote (»Dekalog«).

Mit einem Satz gesagt: Judentum, Christentum und Islam, diese drei abrahamischen Religionen, bilden zusammen die ethisch ausgerichtete *monotheistische Weltbewegung* nahöstlich-semitischen Ursprungs und prophetischen Charakters, die sich von den Religionen Indiens und Chinas – hier nicht etwa abzuwerten – von Herkunft und Struktur her grundlegend unterscheidet. Gemeinsam könnten sie einen höchst wichtigen Beitrag zur Ökumene der Religionen überhaupt leisten.

Daß trotz aller offensichtlichen Differenzen gerade im Christentum eine deutliche Rückbesinnung auf das gemeinsame Erbe Abrahams bereits stattgefunden hat, unterstreichen die vom *Zweiten Vatikanischen Konzil* 1962–1965 verabschiedeten Dokumente. Die katholische Kirche bekennt hier ausdrücklich, daß sie ohne Abraham und sein Volk nicht denkbar wäre.

Und wenn auch der nun folgende Text allzusehr vom christlichen Selbstverständnis her konzipiert und formuliert ist, so wird doch das Gemeinsame zwischen Juden und Christen genügend deutlich: »Bei ihrer Besinnung auf das Geheimnis der Kirche gedenkt die Heilige Synode des Bandes, wodurch das Volk des Neuen Bundes mit dem Stamme Abrahams geistlich verbunden ist. So anerkennt die Kirche Christi, daß nach dem Heilsgeheimnis Gottes die Anfänge ihres Glaubens und ihrer Erwählung sich schon bei den Patriarchen, bei Mose und den Propheten finden. Sie bekennt, daß alle Christgläubigen als Söhne Abrahams dem Glauben nach in der Berufung dieses Patriarchen eingeschlossen sind und daß in dem Auszug des erwählten Volkes aus dem Lande der Knechtschaft das Heil der Kirche geheimnisvoll vorgebildet ist.«

Aus: »Das Judentum« (1991).

6. Mose

Was ist eigentlich historisch von Mose selbst zu halten, der doch in der israelitischen Heilsgeschichte eine einzigartige Stellung innehat? Manche sehen in ihm geradezu den Gründer der jüdischen Religion. Sie stellen ihn auf eine Stufe mit anderen Gründergestalten, mit Jesus, Muhammad, Konfuzius und Buddha Gautama, obschon alle diese Gestalten im Kontext ihrer Religion bekanntlich eine sehr verschiedene Rolle gespielt haben. Die Anfänge der Jahwe-Religion jedenfalls, dies zeigte sich bereits, sind überaus komplex und lassen sich keinesfalls einfach auf eine einzige Person zurückführen. Und steht Mose überhaupt so sehr im Mittelpunkt der Geschichte, wie sie faktisch ablief? Oder haben sich nicht vielleicht zahlreiche aus recht verschiedenen Quellen kommende Sagen und Geschichten, Gebote und Vorschriften einfach um diese eine Figur als Kristallisationspunkt angesammelt?

Eine historische Figur

Außerbiblisch ist Mose nicht bezeugt; literarische Zeugnisse von ihm selbst sind keine überliefert. Eines freilich wird heute nicht mehr bestritten: daß Mose eine historische Gestalt war und nicht etwa ein depotenzierter Mondgott, wie in einer wilden Hypothese zu Beginn unseres Jahrhunderts behauptet wurde. Der Name Mose ist ägyptisch, und Mose wird in Ägypten geboren sein, wenngleich er mit größter Wahrscheinlichkeit kein Ägypter, sondern ein Semit war. Moses Aufenthalt bei den (sonst den Israeliten durchaus feindlichen) Midianitern, seine Heirat mit einer Midianiterin und seine guten Beziehungen zu seinem Schwiegervater in Midian, wo er dann auch die entscheidende Begegnung mit dem Gott Jahwe hatte, werden von vielen Exegeten ebensowenig bezweifelt wie seine Verbindung mit den Israeliten, deren Auswanderung er anführte. Die große Frage freilich ist: Was genau war Moses Funktion und Stellung?

Es gibt kaum eine Kategorie von religiöser »Leadership«, die in der Forschung nicht schon auf Mose angewendet worden wäre. Aufgrund der Quellen erscheint es freilich indiskutabel, ihn simpel als Wüstenwundertäter, gar als Zauberer abzuqualifizieren. Daß er aber umgekehrt geradezu ein Volksgründer gewesen sein soll, erscheint ebenso als Rückprojektion späterer Zustände, wie daß er ein Theologe und Vertreter eines bereits damals exklusiven Monotheismus gewesen sei. Aber auch daß Mose schlicht ein ostjordanischer Beduinenscheich war, dessen Grab in der Nähe des Berges Nebo verehrt wurde (wie Martin Noths mühevolle überlieferungsgeschichtliche Konstruktion nachzuweisen meint, obwohl Deut 34,6 Moses Grab als »bis auf diesen heutigen Tag« unbekannt bezeichnet), erscheint als genauso abenteuerliche Vermutung wie die entgegengesetzte, Mose sei im Grunde schon alles das gewesen, was ihm die spätere Tradition zugeschrieben habe; er habe zugleich prophetische, richterliche und bundesmittlerische Funktionen in einem spezifisch »mosaischen« Amt vereinigt.

Keine Frage ist, daß das Mose-Bild in den verschiedenen Pentateuch-Schichten eine nicht unerhebliche Entwicklung durchgemacht hat: vom Boten Jahwes (J), Volksführer (E) und Wundertäter (JE) bis hin zum Gesetzgeber (Deut) und göttlichen Lichtglanz ausstrahlenden Stellvertreter Gottes (P). Doch was immer des weiteren historisch umstritten ist: insgesamt erscheint Mose als eine außerordentlich komplexe charismatische Gestalt: ein inspirierter Führer, der selber aber nicht kämpft; ein Offenbarungsempfänger, der aber durchaus ein Mensch mit Schwächen ist; ein Kultstifter, der persönlich aber keine Opfer darbringt. Zwar dürfte Mose kein Prophet im Sinne der späteren großen Schriftpropheten des Südreiches und des Exils gewesen sein (er selber hat ja nichts aufgeschrieben), wohl aber ein Prophet im Sinne der frühen charismatischen Propheten des Nordreiches (Elija, Elischa, Hosea). Mose war wahrscheinlich eine völlig prophetische Gestalt, die den Typus der drei »prophetischen« Religionen von Anfang an prägte und den denn auch alle drei abrahamischen Religionen als ihre zweite große Leitfigur anerkennen.

Das religiöse Profil

Die bereits genannten Strukturunterschiede der verschiedenen religiösen Flußsysteme lassen Moses Profil deutlich erscheinen. Denn dieser Mose, der nach der Berufungserzählung des Buches Exodus in Midian angesichts des brennenden Dornbuschs den Gott Jahwe erfährt und, sein Antlitz verhüllend, mit Gott spricht, ist bestimmt kein abgeklärter Weiser im Geist fernöstlicher Harmonie und Humanität, für den das Absolute, der »Himmel« und sein Wille, zwar feststünde, aber nur als Horizont, nicht als Zentrum. Nein, Mose, mit Gottes Offenbarung konfrontiert, will nicht nur wie etwa der weise Konfuzius nüchtern über Ethos und Politik reflektieren. Ehrfurcht vor dem Willen des Himmels wäre ihm nicht genug. Mose blickt nicht zurück auf ideale Vorfahren und eine Vorzeit. Harmonie in Familie und Staat, zwischen Mensch und Mitmensch, Mensch und Natur ist nicht sein Ideal. Was dann?

Noch eine andere Abgrenzung: Dieser Mose, der durch die Wüste seinen »Stämmen« voran- und einer doch recht ungewissen Zukunft entgegengeht, ist auch kein Augen und Ohren schließender Mystiker im Geiste indischer Innerlichkeit und Alleinheit, der, um das Absolute zu finden, sich nach innen kehrte, ja, der wie etwa der Buddha in methodischer Meditation Stufen der Versenkung durchliefe, um Erleuchtung zu erlangen. Für Mose ist das Absolute, ist die letzte – erste Wirklichkeit kein Nirvāna, keine Leere, kein dem Menschen völlig unähnliches Unfaßbares. Es ist allerdings auch kein Brahman, ist nicht das allumfassend – alldurchdringende Eine, Reine, Unendliche, das über alle Rede erhaben wäre und sich in Gedanken nicht ausdrücken und in Worten nicht beschreiben ließe. Noch einmal: Was dann?

Die Antwort kann nur lauten: Mose ist ein typisch prophetischer Mensch im Geist einer nahöstlich-semitischen Glaubens-
und Hoffnungsreligiosität: Für ihn ist Gott ein großes – gewiß
geheimnisvoll-verborgenes, aber dem Menschen doch nicht
völlig unähnliches – personhaftes Gegenüber voll der Macht
und Barmherzigkeit: der lebendig handelnde Gott des Zorns
und der Gnade, der Herr über Leben und Tod, von dem der
Mensch abhängig ist: ein sprechendes und ansprechbares Du!
In der prophetischen Religion sieht sich der Mensch gewis-
sermaßen vor diesen Gott gestellt, dem er ein Wort, dem er
Antwort, ja dem er Verantwortung schuldet und nach dessen
Willen er bestimmte Aufgaben zu erfüllen hat.

Beim Propheten im strengen Sinn geht es darüber hinaus um
eine ganz persönliche Berufung für einen ganz bestimmten
Auftrag: Der Prophet soll ja ganz und gar Botschafter Gottes
sein, Gottes Wort und Wille sollen dem Volk und dem einzelnen durch Wort oder Zeichen kundgetan werden. Kein
Guru, der womöglich selber zum Gott wird. Im Gegenteil: ein
leidenschaftlicher Sprecher für Gott, der durch vertrauenden
Glauben an diesen einen Gott binden will. In diesem Sinn wird
Mose Anführer des Exodus, der Befreiung, der Wüstenwanderung.

So gilt denn von Mose, dem Verkünder des Jahwe-Willens
und Führer seines Volkes, in exzellenter Weise, was Friedrich
Heiler, hervorragender Analytiker des mystischen und prophetischen Typos, von der prophetischen Frömmigkeit überhaupt gesagt sagt: Prophetische Frömmigkeit ist »aktiv, for-
dernd und verlangend. Im prophetischen Erleben flammen die
Affekte auf, der Wille zum Leben behauptet sich, siegt und tri-
umphiert auch in der äußeren Niederlage, er trotzt dem Tod
und der Vernichtung. Aus tiefster Not und Verzweiflung bricht
schließlich, aus dem zähen Lebenswillen geboren, der Glaube,
die unerschütterliche Zuversicht, das felsenfeste Bauen und
Vertrauen, die kühne, wagende Hoffnung durch ... Der Prophet (ist) ein Kämpfer, der sich stets aus dem Zweifel zur Gewißheit, aus der quälenden Unsicherheit zur absoluten Le-
benssicherheit, aus der Verzagtheit zum frischen Lebensmut,
aus der Furcht zur Hoffnung, aus dem niederdrückenden Sün-

dengefühl zum seligen Gnaden- und Heilsbewußtsein empor-
ringt.

In der Tat: Mose ist der Prototyp des Propheten: der
einzige in der hebräischen Bibel, mit dem Gott nicht nur »in
Gesichten« und »Träumen«, sondern »von Mund zu Mund«
geredet hat. So kann es denn in der deuteronomischen Ab-
schiedsrede Moses an sein Volk heißen: »Einen Propheten
wie mich wird dir der Herr, dein Gott, je und je erstehen lassen aus der Mitte deiner Brüder – auf den sollt ihr hören!« Ja,
so erscheint Mose nach Abraham als der zweite große Repräsentant der prophetischen Religionen, der als solcher auch
vom Christentum und vom Islam akzeptiert wird. Allerdings –
wie schon im Falle Abrahams – mit erheblichen Unterschieden im Verständnis!

Im Spiegel von Judentum, Christentum, Islam

a) Welche Stellung hat Mose im nachbiblischen Judentum? Er
bleibt die zentrale Gestalt, an die nur Abraham, teilweise Jakob und David und dann der Messias heranreichen. Kaum zu
übersehen die Legenden, die sein Leben von der Geburt (Jugend am Hof des Pharao) bis zu seinem Tod ausschmücken. In
den apokryphen, nicht in den biblischen Kanon aufgenomme-
nen Schriften wird Mose überhöht und geradezu heroisiert;
man vergleiche die »Apokalypse des Mose« und »Moses Himmelfahrt«, wobei es vermutlich noch mehr uns nicht erhalten
gebliebene Mose-Schriften gab. Während nun aber das hellenistische Judentum Mose gegen den heidnischen Antijudaismus zum Genie idealisiert, zum Lehrer des Orpheus, von dem
alle großen Weisen gelernt hätten, sieht die rabbinische Überlieferung in Mose in allererster Linie den Gesetzeslehrer, den
Lehrer des Gesetzes schlechthin. »Mose, unser Rabbi« (hebr.
»Mosche Rabbenu«): Unter den verschiedenen möglichen Titeln für Mose hatte das rabbinische Judentum den einen ausge-
wählt, den des »Rabbi«. Und jetzt bilden nicht nur Gesetze im
Pentateuch die Tora, nein – und dies ist wichtig –, der ganze
Pentateuch ist jetzt Tora: »die Tora des Moses«.

Konsequenz: Alles, was von der Schöpfung über die Patriarchen bis hin zu künftigen Ereignissen dort zu finden ist, das alles gilt jetzt als dem Mose von Gott geoffenbart, gar diktiert. Ja noch mehr: Sowohl die schriftliche Tora, von nun an als die »Fünf Bücher Mose« betrachtet, als auch die mündliche Tora mit ihren zahllosen gesetzlichen Bestimmungen und Anwendungen wird auf Mose zurückgeführt. So ist aus Mose, dem Anführer des Exodus, der Befreiung und der Wüstenwanderung, mehr und mehr Mose, der Hort der Tradition und der Beharrung, geworden. Nicht hoch genug reden konnte man von ihm, dem Vater der Weisheit und Prophetie, um dessentwillen die Welt geschaffen worden sei.

b) Wie aber wird nun Mose im Christentum gesehen? Im Neuen Testament ist Mose die am meisten (80mal) genannte Gestalt des Alten Testaments. Ganz selbstverständlich wird er auch hier als Autor des Pentateuch betrachtet und deshalb als Prophet und Gesetzgeber, der Gottes Botschaft verkündete: Des Mose Gebot ist Gottes Gebot. »Mose und die Propheten« meint bei Lukas »die Tora und die Propheten«: Sie sind selbstverständlich die Bibel auch der jungen Christengemeinde.

Ja, das Bild des Mose ist auch für die neutestamentliche Gemeinde so mächtig, daß vieles im Leben und Wirken Jesu geradezu im Licht der prophetischen Gestalt des Mose gesehen und unter Umständen auch bewußt nachgebildet wird. Schon für die Kindheitsgeschichte nach Mattäus dürfte die Mosegeschichte im Hintergrund gestanden haben: Warnung vor dem König, Ermordung der unschuldigen Kinder, Flucht ins Exil bis zu des Königs Tod ... Aber auch das vierzigtägige Wüstenfasten und die Speisung der Fünftausend sind Mosetypologie. Das heißt: Hier überall erscheint Mose als der Typos Jesu Christi, des Propheten der Endzeit. Im Johannesevangelium wird sogar ausdrücklich auf die Manna-Speisung in der Wüste verwiesen. Und auch die nur bei Lukas (am Ende seines Evangeliums und zu Beginn der Apostelgeschichte) sich findende Himmelfahrt Jesu ähnelt der des Mose. Ja, nach Lukas sollen »Mose und die Propheten« insgesamt geradezu als Prophezeiung des Jesus-Ereignisses verstanden werden.

Allerdings wird gerade so auch der Zwist offenbar, der die Figur des Mose im Neuen Testament von Anfang an als ambivalent erscheinen läßt: Mose wird hochgeschätzt, Jesus aber höher! Und das gilt durch die ganzen Evangelien hindurch:

– bei Markus, wo Mose in der Verklärungsgeschichte zusammen mit Elija persönlich für Jesus Zeugnis ablegt;

– bei Mattäus, wo die »Bergpredigt« die Gesetzgebung am »Berg« Sinai überbieten soll;

– bei Lukas, wo Jesus ausdrücklich als zweiter Mose und Erlöser seines Volkes präsentiert wird;

– bei Johannes, nach welchem das Gesetz zwar durch Mose kam, die Gnade und die Wahrheit aber durch Jesus Christus;

– in den paulinischen Briefen und im Hebräerbrief erst recht, wo Mose durchgängig die Gesetzesreligion repräsentiert, die zwar nicht einfach abgeschafft, wohl aber durch die Gnade Gottes in Jesus Christus entscheidend relativiert wird.

c) Und im Islam? Auch hier ist Mose die neben Abraham am häufigsten genannte biblische Gestalt. Mose habe das Kommen des Propheten Muhammads, seines Nachfolgers, vorausgesagt, heißt es, ja, Mose sei einer der ganz großen Propheten gewesen. Warum? Weil auch er wie der Prophet Muhammad von Gott ein Buch erhalten habe! Juden wie Christen gehören damit zu den »Leuten des Buches«, zu den Schriftbesitzern. Sie haben als solche teil an der ewig gleich geoffenbarten Wahrheit, die ebenfalls in einem Buch, der himmlischen Urschrift des Koran, aufbewahrt wurde. Mose als Prophet und Gesetzesverkünder kann auf diese Weise ganz und gar als Vorbild für Muhammad verstanden werden.

Manches wird im Koran von Mose erzählt, was sich schon in der biblischen Überlieferung findet oder aber in der außerbiblischen Tradition und Folklore. Ja, auch andere biblische Geschichten können vom Koran auf Mose angewandt werden. Und erinnert nicht auch in Muhammads Leben vieles an Mose? Der Empfang der (diktierten und von Engeln übermittelten) Offenbarung und die Flucht (nach Medina), aber auch die siegreiche Anführerschaft auf dem Zug durch die Wüste, schließlich sein seliger Tod und die Himmelfahrt, die ja bekanntlich in Jerusalem stattgefunden haben soll! Einiges aus der islamischen Überlieferung wurde denn nun auch umgekehrt in die jüdische Mose-Tradition aufgenommen. Und doch bleibt bei allen Parallelen eines unbestritten: Für Muslime ist nun einmal Muhammad das »Siegel« der Propheten, der letzte und größte der Propheten, der das Gesetz des Mose – anders als Juden und Christen – unverfälscht neu verkündet.

Aus: »Das Judentum« (1991).

VII. KUNST, LITERATUR, MUSIK

1. Kunst und Sinnfrage

Eines muß von vorneherein gesagt werden: Kunst darf nicht überfordert, darf nicht mit Religion zur Kunstreligion identifiziert werden; Kunst kann und will heute nicht direkt Lebenssinn verschaffen. Aber zu bedenken ist auch der Kontrapunkt: Kunst darf, wenn auch nicht überfordert, so doch herausgefordert werden! Jeder große Maler transzendiert ja auf seine Weise das Sichtbare, macht Unsichtbares sichtbar. Und wenn Kunst schon der Selbstdarstellung und Welterfahrung dient, der Aufschlüsselung, Ausdeutung, Entdeckung unserer Wirklichkeit, soll sie dann in den letzten Fragen, die diese Wirklichkeit betreffen, schlechthin stumm bleiben? Sollte sie sich nicht gerade in den großen Fragen nach dem Sinn oder Unsinn des Lebens wieder deutlicher engagieren, vielleicht auch wieder stärker auf Grund einer kritisch vermittelten Lebens-Orientierung, eines geprüften Ja: nicht nur der Mut zur Darstellung negativer Erfahrungen, des Häßlichen, des Sinnlosen, sondern auch der Mut zur Darstellung positiver Sinngehalte, Werte, Gefühle, des »Schönen« in diesem Sinn: also gerade nicht als verharmlosendes Sedativ, sondern als herausfordernde Evokation des anschaulich gewordenen Guten.

Ich meine nun freilich nicht etwa, daß Kunst wieder *religiös* werden sollte. Ich meine auch nicht, daß Kunst vor allem religiöse Sujets hervorbringen und die traditionellen Symbole für Transzendenz anwenden sollte. Nein, ein Zurück von der Autonomie in die Heteronomie und Abhängigkeit ist nicht möglich. Aber sollte die Kunst der Zukunft nicht wieder neu *religionsoffen* werden können? Ein Vorwärts in aller Autonomie und Selbständigkeit zu einem neuen Verwurzeltsein, zu einer neuen Grund-Gewißheit, zu einem neu verankerten Grund-

273

Vertrauen? Also nicht eine ideologisch-säkularistische Kunst, die ständig vom Nihilismus bedroht ist. Wohl aber eine durchaus säkulare Kunst, die in einem absoluten Sinn-Grund ihre verborgene Basis hat; die – ob gegenständlich wie Beckmann und Schlemmer oder ungegenständlich wie Kandinsky und Mondrian – etwa durch Gestaltung von Licht und Raum etwas ahnen läßt von der umgreifenden Geheimnisdimension aller Dinge; die indirekt etwas aufscheinen läßt von dem, »was mich unbedingt angeht«, wie es der Theologe Paul Tillich zu sagen pflegte.

Wie immer sich der Künstler zur religio, zur Gottesfrage, zu Glauben oder Unglauben stellt, die Chancen, die ihm und seinem Werk gerade ein im Gottesglauben verwurzeltes Grundvertrauen bietet, sind unübersehbar. Auch und gerade für den Künstler dürfte es von größter Bedeutung sein, daß die großen Fragen nach Grund und Sinn, Woher und Wozu nicht unbeantwortet bleiben, Anlässe ständig immer wieder zu Zweifel, Resignation oder Rebellion. Auch und gerade für die Arbeit des Künstlers dürfte es von größter Bedeutung sein, daß er weiß, *woher wir kommen, wohin wir gehen, wer wir sind* (auf Parallelen zwischen Kunst und Theologie sei dabei nur am Rand hingewiesen).

Kunst als Erbe von Sinn

Für den Künstler, der weiß, *woher wir kommen*, ist ein neues Verhältnis zur *Vergangenheit* möglich. Das ist ein *Erstes*.

Wer nämlich in durchaus begründetem Vertrauen darum weiß, daß Welt und Mensch nicht aus dem Nichts kommen, das nichts erklärt, sondern aus jenem Grund der Gründe, der als Ur-Grund auch Ur-Ziel von Mensch und Welt ist, der wird die Vergangenheit nicht vergötzen:

Die Tradition wird nicht sein Gott sein!

Die Historie wird für seine Kunst zwar wichtig sein, aber doch nicht zur Weltanschauung, zum Historismus, werden.

Nein, ich verdamme hier nicht das *geschichtliche Bewußtsein*, die *Historizität* auch in Kunst (und Theologie). Jede Kunst steht in einem komplexen Geflecht historischer Bezüge. Nichts also gegen jene Hinwendung zur Geschichte, die bestimmte Elemente aus einer vergangenen Epoche oder Kultur in großer Freiheit in die eigene Gestaltung aufnimmt und so wahrhaft Neues schafft. Das haben Renaissance und auch die deutsche Klassik getan in ihrer schöpferischen Aktualisierung der Antike. Das taten auch Moderne wie etwa Picasso, lernend von der Kunst des schwarzen Afrika, der Hethiter, Sumerer, der iberischen und griechischen Archaik, von der Kunst der Azteken und Maya, des Mittelalters wie der Renaissance, des 17. oder 19. Jahrhunderts.

Was ich ablehne, ist jedoch der – nicht zuletzt in kirchlichen und neokonservativen Kreisen noch immer verbreitete – *weltanschauliche Historismus*, ich meine jede Art von *Vergangenheitsgläubigkeit*: als ob Gott nur mit einer bestimmten Kunst (oder Theologie) der Vergangenheit gewesen sei, mit der der Gegenwart aber nichts zu schaffen habe;

als ob eine bestimmte Kunst (oder Theologie) der Vergangenheit von vornherein die qualitativ bessere sei;

als ob das Alte statt Stimulans schlechthin Vorbild zu sein hätte, statt zu evozieren zu imitieren sei.

Wer nur durch historische Anleihen seinen Stil findet und auf Stilnachahmung angewiesen ist, verrät seine schöpferische Schwäche und geistige Impotenz – er mag dabei das alte Imperium Romanum vergötzen wie der italienische Faschismus oder das Mittelalter anbeten wie die Neuromanik, Neugotik oder Neuscholastik. Zu blutleerer Scholastik führt solcher nostalgischer Historismus allemal: in der Theologie nicht nur, auch in der Kunst.

Nein, »geschichtliche Treue«, »Traditionalität« kann in Kunst (und Theologie) nie oberstes Gesetz sein, reine Richtigkeit der Darstellung hat die naturlistische Pedanterie zur Folge; solch »historisches Bewußtsein« wird, wie Nietzsche richtig analysiert hat, zur »historischen Krankheit«. Repetition und Imitation der Vergangenheit provozieren ihre Denunziation.

Von Staat wie Kirche, von Künstlern wie Kunstbetrachtern darf heute erwartet werden: Statt einer rückhaltlosen Festlegung auf irgendeine Vergangenheit vielmehr in Freiheit eine kritisch-sichtende Haltung auch zur eigenen Geschichte. Nur so sind wir gefeit gegen jenen lähmenden Mythos »Verfall«, nach dem es auch in der Kunst seit dem Goldenen Zeitalter stets abwärts gegangen sei.

Wer an einen ersten-letzten Sinn-Grund von Welt und Mensch glaubt, der kann auf keinen Fall an die endgültige Dekadenz des Menschen und seiner Kunst glauben, der kann im Gegenteil aus dem Rückblick auf die Kunst der Vergangenheit mehr Lebensorientierung, mehr Lebenssinn für sich, seine Arbeit und dann auch für andere Menschen schöpfen: Die große Kunst der Vergangenheit wird für ihn so zu einem unvergleichlich kostbaren *Erbe von Sinn.*

Kunst als Vorwegnahme von Sinn

Für den Künstler, der weiß, *wohin wir gehen,* ist ein neues Verhältnis zur *Zukunft* möglich. Das ist ein *Zweites.*

Wer nämlich in durchaus begründetem Vertrauen sich darauf verläßt, daß Menschenleben und Menschheitsgeschichte nicht in einem Nichts verenden, das wiederum nichts erklärt, sondern voll-endet werden in jenem Ziel aller Ziele, das als Ur-Ziel auch schon Ur-Grund ist von Welt und Mensch, der wird die Zukunft nicht vergötzen:

Der Fortschritt wird nicht sein Gott sein!

Das Futurum wird für seine Kunst zwar wichtig sein, aber nicht zur Weltanschauung, zum Futurismus, werden.

Nein, ich rede hier nicht gegen die *Orientierung nach vorn,* gegen die *Futuristik* auch in der Kunst (und Theologie). Nichts gegen jene bewußte Ausrichtung der Kunst auf die Zukunft, die sich gegen alle konventionelle Statik programmatisch auf die Dynamik der Geschichte einläßt und den technologischen Fortschritt der Menschen in die künstlerische Auseinandersetzung mit einbezieht. Dies haben die italienischen Futuristen getan, als erste um die künstlerische Darstellung von Bewegung, Energie, Geschwindigkeit, um eine kinetische Kunst, bemüht.

Wovor ich warnen möchte, ist nur der – wahrhaftig nicht nur

in Italien und in der Kunst verbreitete – *weltanschauliche Futurismus*, ich meine jede Art von *Zukunftsgläubigkeit*:

als ob Gott erst durch die technologische Evolution oder die politisch-soziale Revolution käme und mit der Kunst (oder Theologie) der Vergangenheit nichts zu tun habe;

als ob immer wieder krampfhaft mit Null anzufangen sei und jede Revolte auch schon eine große Erneuerung wäre;

als ob die gerade neueste Kunst (oder Theologie) nicht nur die erstbeste, sondern die erste und die beste überhaupt sei.

Wer für eine permanente Revolution, für ständige Kultur- oder Kunstrevolution, für eine sofort heraufzuführende neue Menschheit plädiert und agiert, der fördert noch keineswegs den Fortschritt. Dies beweisen nicht nur die Roten Garden, sondern auch das genannte Futurismus-Manifest Mariettis, seine Beschimpfung der Museen als Friedhöfe, Schlafsäle und Schlachthöfe der Kunst und sein fortschrittsbegeistertes Eintreten für das vivere pericolosamente, für Kampf und Gewalt, Militarismus, Patriotismus, Krieg, ein Zusammengehen also von Futurismus und Faschismus – nach Walter Benjamin die große Leiche im Schrank der gesamten modernen Bewegung. Zum Totalitarismus kann solcher aufs Ganze gehender Futurismus allzu leicht führen: in der Kunst ebenso wie in der Religion.

Nein, auch »Neuheit«, »Novität« kann in der Kunst (und in der Theologie) nie oberstes Gesetz sein; radikaler Bruch mit aller Tradition verbürgt noch nichts Besseres; stets noch rascherer Wechsel von Modeströmungen und Ismen – hervorgerufen weniger durch die immanente Entwicklung der Kunst als durch Zwänge des Ausstellungswesens, der Galerienkonkurrenz, des Kunstmarktes, der Massenmedien – ist Ausdruck einer Novitätssucht, die manchmal den Absatz der Kunstware fördert, wahre Kunst aber tötet.

Von Staat wie Kirche, von Künstlern wie Kunstbetrachtern darf erwartet werden: Statt einer verantwortungslosen Festlegung in utopischem Sendungsbewußtsein auf irgendeine programmierte Zukunft vielmehr in Offenheit eine nüchtern-realistische Haltung auch gegenüber den verschiedenen Utopien unserer Zeit.

Nur so sind wir gefeit gegen den verführerischen Mythos »Fortschritt«, nach welchem auch in der Kunst das Goldene Zeitalter unmittelbar bevorstände.

Wer an einen ersten-letzten Sinn-Grund von Welt und Mensch glaubt, der kann zwar kaum an den automatischen Aufstieg des Menschen und seiner Kunst glauben, der kann jedoch ohne Zukunftsangst gerade aus dem Vertrauen auf eine Kunst der Zukunft mehr Lebensorientierung, mehr Lebenssinn für sich, seine Arbeit und dann auch für andere Menschen schöpfen:

Die immer wieder neu mögliche, stets fortlebende Kunst wird für ihn so eine hoffnungsspendende *Vorwegnahme von Sinn*.

Kunst als Erhellung von Sinn

Für den Künstler, der weiß, *wer wir sind*, wird ein neues Verhältnis zur *Gegenwart* möglich. Das ist ein *Drittes*.

Wer in durchaus begründetem Vertrauen sich darauf einläßt, daß wir endliche Mangelwesen sind und doch Wesen unendlicher Erwartung und Sehnsucht, daß wir nicht an uns selber einen letzten Halt finden, sondern nur an jenem Ur-Halt, der auch Ur-Grund und Ur-Ziel von Welt und Mensch ist, der wird die Gegenwart nicht vergötzen:

Der Augenblick wird nicht sein Gott sein!

Die augenblickliche Impression wird für seine Kunst zwar wichtig sein, aber doch nicht zur Weltanschauung, zum Impressionismus, werden.

Nein, ich wende mich nicht gegen die *Impression*, gegen jene Konzentration auf die unmittelbare Gegenwart, eine Kunst, die, ohne Bilder im konventionellen Sinn zu malen, den flüchtigen Augenblickseindruck einzufangen und zu gestalten versucht, den »Zufall« als künstlerisches Mittel nutzend in Individualität, Subjektivität und Spontaneität. So hat der französische Impressionismus seine künstlerischen Experimente mit Licht, Sonne und Farbe durchgeführt, sich zunehmend loslösend vom Gegenstand.

Ich kritisiere nur jenen – in völlig anderer Gestalt auch in neuer amerikanischer Kunst sich zeigenden – *weltanschaulichen Impressionismus*, ich meine jede Art von *Gegenwartsgläubigkeit* in Kunst (oder Theologie):

als ob Gott nur durch das Momentane wirke und die Geschichte nach hinten und nach vorne keine Rolle spiele;

als ob nur die ungeschichtliche »ewige« Gegenwart zähle und die Geschichte geleugnet, das Verkettetsein in Vergangenheit und Zukunft ignoriert werden könne.

Wer für das impressionistische »l'art pour l'art« eintritt, opfert gar leicht die Kunst jenem oberflächlich schönen Schein, dem es an Tiefe, Gehalt und Durchgestaltung gebricht. Dies jedenfalls war der Vorwurf der Nachimpressionisten, die schon früh eine Sinn- und Inhaltsentleerung fürchteten. Dies ist auch der Vorwurf an bestimmte Formen amerikanischer Pop-Art, die ihre bildnerischen Motive und Mittel weitgehend aus dem Showgeschäft und der Werbung nahm und diese nur wenig – durch Siebdruckverfahren und ähnliches – verfremdete.

Zum naiven kulturoptimistischen Konformismus führt solcher amerikanischer, aufs Momentane fixierter, artistisch unverbindlicher »Impressionismus« unter Umständen dort, wo er kühl-indifferent (und ohne das Stimmungshafte des französischen Impressionismus) das Ausgeliefertsein der Konsumgesellschaft an die fabrizierte und reproduzierte künstliche Wirklichkeit der Cola-Flaschen, Klischees und Idole einfach hinnimmt und in naiver Poetisierung – und anders als Dada und Surrealismus ohne kritisches Bewußtsein – als heile Dingwelt verklärt (»Pop is liking things«, Andy Warhol). Kunst wird hier allzu leicht zur künstlerisch-kitschigen Bestätigung des Status quo! Und selbst Junk-Art, Müll-Kunst und Land-Art, die einsame Landschaft-Kunst, lassen sich dann durch die Mechanismen der Kulturindustrie unterhaltsam verwerten und vermarkten, wenngleich etwas schlechter konservieren als die »schönen Künste«.

Nein, auch »Gegenständlichkeit« oder »Aktualität« kann in der Kunst nicht oberstes Gesetz sein. Weder Fototreue noch Anlehnung an Comic strips noch Environment, Montage wirklicher Elemente zum gemalten Bild, garantieren aus sich allein die künstlerische Bewältigung der Wirklichkeit. Nicht alles, was interessant ist, ist auch schon Kunst, nicht jedes Happening ein Kunstereignis. Die Metamorphose von Zeichen, Signalen und Symbolen der Werbung, Verkehrsregelung und der Massenmedien kann gewiß ästhetische Erlebnisse vermitteln. Aber sie kann unter Umständen auch nur plakativ unsere moderne Spießbürgerlichkeit, Oberflächlichkeit, Sexbesessenheit und die Banalität heutiger Slogans und Appeals, Happenings und Idolfiguren verraten.

Von Staat wie Kirche, von Künstlern wie Kunstbetrachtern darf erwartet werden: Statt eines passiven Hinnehmens der gegenwärtig herrschenden Zustände, im Bewußtsein unserer Zeitlichkeit eine kritische Haltung gerade auch zur banalvulgären Gegenwart unserer Massenkultur, die sowohl Rückerinnerung an Vergangenes wie Vorausschau auf Künftiges mit einschließen muß (»This is Tomorrow« war der mahnende Titel einer Londoner Pop-Ausstellung 1956). Nur so sind wir in unserer billigen Verschleiß- und Wegwerfgesellschaft gefeit gegen den Mythos »ewige Wiederkehr des gleichen«, der für Nietzsche die andere Seite eines (vielen freilich noch nicht bewußten) Nihilismus ist.

Wer an einen ersten-letzten Sinn-Grund von Welt und Mensch glaubt, der kann auch in einer Zeit des Verschleißes der Moden und der Auflösung der Ismen kaum an ein definitives Chaos der Kunst glauben, der kann vielmehr gerade aus der tieferen Einsicht in die Kunst der Gegenwart mehr Lebensorientierung, mehr Lebenssinn für sich, seine Arbeit und dann auch für andere Menschen schöpfen:

Die gerade heute aktuelle Kunst erschein ihm dann mit all ihren ungeheuren Spannungen und Widersprüchlichkeiten als eine zeitgemäße *Erhellung von Sinn.*

Aus: »Kunst und Sinnfrage« (1980).
© Benziger Verlag, Zürich

2. Thomas Mann und die Frage der Gnade

Es ist unleugbar: Bis zu seinem Ende verspürte dieser Autor ein banges Bedürfnis nach Gutmachung, Reinigung und Rechtfertigung. Er hatte gewiß recht, wenn er vermutete, die Theologie erachte »die künstlerische Bemühung gar nicht als ein Rechtfertigungs- oder Erlösungsmittel«. Rechtfertigung durch Werke – eine zwiespältige Sache. Für eine christliche Theologie ist es jedenfalls von größter Bedeutung, daß sich in diesem Schriftsteller, den man zu Unrecht einen bürgerlich-protestantischen »Leistungsethiker« genannt hat, das Bewußtsein vom Ungenügen der Leistungen des Menschen bewahrt hat, vom *Ungenügen, sich durch Werke rechtfertigen* zu können. Thomas Mann fügt denn auch an dieser Stelle bezeichnenderweise hinzu: »... vermutlich hat sie (die Theologie) sogar recht damit«! Sonst würde man ja, meint er, mit mehr Genugtuung, Beruhigung und Wohlgefallen auf das vollbrachte Werk zurückblicken. In Wirklichkeit aber? »In Wirklichkeit setzt der Prozeß der Schuldbegleichung, der – wie mir scheinen will, religiöse – Drang nach Gutmachung des Lebens durch das Werk sich im Werke selbst fort, denn es gibt da kein Rasten und kein Genüge, sondern jedes neue Unternehmen ist der Versuch, für das vorige und alle vorigen aufzukommen, sie herauszuhauen und ihre Unzulänglichkeit gutzumachen.«

Gefeiert – und auch gerechtfertigt?

Der »religiöse Drang nach Gutmachung des Lebens«: Religiös Unsensible (und »Unreligiöse« gibt es nun einmal beinahe so wie »Unmusikalische«) werden die Dialektik der Rechtfertigung kaum verstehen: das ganze Leben unter Rechtfertigungszwang – und doch Unmöglichkeit der Selbstrechtfertigung durch die Werke – und gerade deshalb *Angewiesenheit auf Gnade, bis zum Ende.* Ich denke: In dieser für das Christentum zentralen Grundeinsicht besteht, Thomas Mann bestätigt es selber, die religiöse Tiefendimension dieses Lebens, besteht eine letzte Einheit seiner Person. Jetzt – bei nachlassender Kraft seinem Ende nahe – in der Schiller-Rede in Stuttgart 1955 kann Thomas Mann Shakespeares Epilog aus dessen wohl letztem Stück »Der Sturm« zitieren: »So wird es gehen bis zuletzt, wo es mit Prosperos Worten heißen wird: ›And my ending is despair‹, ›Verzweiflung ist mein Lebensend‹.« Ist also Verzweiflung die letzte Konsequenz, für Shakespeare, für den müde gewordenen Thomas Mann? Nein, jenseits der Verzweiflung bleibt auch hier eine Hoffnung, eine einzige Hoffnung: »Da wird«, fährt Thomas Mann fort, »wie für Shakespeares Magier, nur *ein* Trostgedanke bleiben.« Und was ist dieser allerletzte »Trostgedanke«? Antwort: »Der an die Gnade, diese souveränste Macht, deren Nähe man im Leben schon manchmal staunend empfand und bei der allein es steht, das Schuldiggebliebene als beglichen anzurechnen«. »Mercy«, »Erbarmen« – so steht es bei Shakespeare.

Gewiß: Mit alldem kehrt Thomas Mann nicht zurück zu einem anthropomorph-personalen Gottesbild im Sinne der jüdisch-christlichen Tradition. Und doch wird man nicht übersehen können, daß Thomas Mann »Gnade« mehr transpersonal als »Macht«, ja als »souveränste« (nicht mehr menschliche) Macht versteht, die aber eine durchaus erfahrbare, »staunend« empfundene »*Nähe*«, so etwas wie eine personale Dimension in sich einschließt. Ist denn Rechtfertigung – dieser Begriff aus der Gerichtssprache – ohne eine personale Beziehung zu denken? Setzt Rechtfertigung nicht ein Beziehungsverhältnis voraus zwischen mir als Person und einer souveränen und doch nahen Instanz, vor der mein Leben – im wahrsten Sinne des Wortes – zur Sprache kommt? Gewiß: Vorsicht ist geboten vor Vereinnahmung dieser Rede von der Gnade für ein christliches, biblisches Gottesbild; Vorsicht aber auch vor der Verharmlosung und Verflachung dieser Rede von Gnade. Thomas

Mann wollte nicht direkt von Gott sprechen, er begnügte sich damit, indirekt, vorsichtig tastend – die Rechtfertigung, Rettung, Erlösung der souveränen Macht der erbarmenden Gnade zuzuschreiben, einer Gnade, die die Schuld nicht anrechnet und der auch ein menschliches »Staunen«, ja als Gegenteil von »Verzweiflung« eine um die Schuld wissende Zuversicht, ein Vertrauen, ein »Glaube« entspricht. Aber ist nicht gerade dies das »Wunder, das über den Glauben geht, das Licht der Hoffnung«, von dem Thomas Mann auf der letzten Seite seines »Doktor Faustus« mit Emphase gesprochen hatte?

Wollte man hier traditionell theologisch formulieren, wäre man versucht zu sagen: Bei aller Bedeutsamkeit der Werke geschieht – auch nach der Erfahrung dieses Schriftstellers – die definitive Rechtfertigung des Menschen doch nicht durch die Werke, sondern durch die Gnade allein – aufgrund schuldbewußter, staunender Zuversicht, aufgrund von vertrauendem *Glauben*! Nein, kein allem Zweifel enthobenes Glauben, sondern: Simul iustus *et* peccator, zugleich Gerechter *und* Sünder, Glaubender *und* Zweifelnder! Thomas Mann bekennt sich ja bis zu seinem Tode dazu (UNESCO-Kongreß in Salzburg 1952), daß er »nicht viel Glauben« (im dogmatisch-lehrhaften Sinn) habe, daß er aber »an die Güte glaube« (Glauben im Sinne unerschütterlicher Zuversicht), »die ohne Glauben (im dogmatischen Sinn) bestehen und geradezu das Produkt des Zweifels sein könne«. Immerhin – diese Nebenbemerkung sei gestattet – kennt auch das Evangelium einen gläubigen Ungläubigen, der sagen kann: »Ich glaube, Herr, hilf meinem Unglauben!«

In der Tat: Bis zu seinem sich nähernden Ende blieb dem (von den religiösen Anfängen der Menschheit sozusagen »alles« wissenden) Autor des Josephsromans das »Bewußtsein« – so jetzt in seinem letzten großen Essay (»Versuch über Tschechow« 1954) –, »daß man auf die letzten Fragen ja doch keine Antwort wisse, mit dem Gewissensbiß, daß man den Leser hinters Licht führe«. Kein »Wissen«, nein, und doch ein »seltsames Trotzdem«, ein anderes Wort für ein merkwürdig »trotziges« Vertrauen: Dieses »seltsame Trotzdem« lasse ihn – Thomas Mann – »die Arbeit, die treue, unermüdliche Arbeit bis ans Ende« weiterführen. Nein, für diesen Autor gab es keine dogmatische Sicherheit und Unfehlbarkeit, aber es gab ein Geheimnis und ein Wunder des Lebens: ein »Wunder, das über den Glauben geht«.

Dieser Hintergrund läßt schließlich auch Sätze aus einer Ansprache Thomas Manns vor Hamburger Studenten im Jahre 1953, zwei Jahre vor seinem Tod, verständlich werden. In einer für ihn so ungewohnten emotionalen Bewegung kann er – in Erinnerung an Gottesdienste seiner Lübecker Jugend, beschwörend den Studenten zurufen: »Gnade. Nicht umsonst spielt dieser Begriff in meine späteren dichterischen Versuche – schon in die Josephsgeschichten, dann in den ›Faustus‹, dann in die Wiedererzählung der Gregoriuslegende – immer stärker hinein.« Und Thomas Mann fährt fort: »Gnade ist es, was wir alle brauchen, und jenes ›Gnade sei mit euch‹, mit dem in der Lübecker Marienkirche allsonntäglich die Predigt begann, – wie mein Blick über Sie hingeht, möchte ich es, das Herz bedrängt von dieser gefährlichen Zeit, jedem einzelnen von Ihnen persönlich, der deutschen Jugend insgesamt, Deutschland selbst und unserem alten Europa wünschend, zurufen: Daß Gnade mit ihm sei und ihm helfe, sich aus Wirrnis, Widerstreit und Ratlosigkeit ins Rechte zu finden.«

Durch Gnade also aus Wirrnis, Widerstreit und Ratlosigkeit ins Rechte! Ein wunderlicher Weg – blickt man auf dieses Leben zurück – des ursprünglichen Schopenhauerianers, Nietzscheaners, Wagnerianers, dessen Anfänge im Zeichen von Religionskritik und Atheismus standen, im Zeichen auch der Apotheose der Kunst als Ersatzreligion, und für den die Musik bis zum Ende einen unverzichtbaren Trost bedeutete. Ein wunderlicher Weg, der aber aus sich selbst heraus, aus Lebenserfahrungen, Brüchen, Krisen, aus dem Bewußtsein eigener Abgründigkeiten und Verschuldungen religiöse Fragen freisetzte, religiöse Tiefenschichten offenlegte, religiöse Grunderfahrungen thematisieren ließ. Ein Kirchenchrist im üblichen Sinn wurde er deshalb nicht. Doch bleibt ein Letztes zu bedenken:

Christentum als Erfahrung, Leben, unmittelbares
Ereignis

Begreiflich, daß dieser Erbe und Kritiker der bürgerlichen *Kultur* auch die bürgerliche *Kirche* schon früh diskreditiert sah. So sehr er die Kirche, als sein Savonarola-Drama »Fiorenza« (1906) in einer katholischen Zeitung als »antikatholisches, ja antichristliches Tendenzstück« angegriffen wurde, als »unpersönliche Institution«, als »unantastbare Idee« bejahen wollte: gegenüber »ihren nicht immer würdigen Darstellern« war er mehr als reserviert. Das Thomas Manns Drama »eigentlich begeisternde Motiv« war denn auch nicht die Institution Kirche, sondern das Schicksal Savonarolas, dem allein »damals das Christentum ein Erlebnis, ein Wille, eine Weltanschauung, eine Leidenschaft« war: »in der Tat einer der leidenschaftlichsten und radikalsten Christen aller Zeiten«. So damals der gerade Dreißigjährige. Die Kirche der Gegenwart freilich war für Thomas Mann – ähnlich der Kirche der Renaissance – Teil jener bürgerlichen Dekadenz-Gesellschaft, die er zusammenbrechen sah und die vom heraufziehenden Faschismus dann erst recht hinweggefegt werden sollte. Kein Savonarola weit und breit! Oder gab es vielleicht doch noch die Erfüllung eines jener »Träume seiner Jugend«, für die der Mensch nach Schillers Wort – »soll Achtung tragen, wenn er Mann sein will«?

Lebendiges Christentum: dieser alte »Traum seiner Jugend« wurde nun zur Erfahrung seines Alters. Wie? Im kalifornischen Exil ist Thomas Mann – nur bedingt erstaunlich – der Unitarian Church beigetreten. Einer christlichen Gemeinschaft, die ohne allen Anspruch auf ein dogmatisches System (vor allem ohne »die wunderlichste dogmatische Zumutung«, daß »Eins gleich Drei und Drei gleich Eins« sind) ein ethisch betontes Christentum lebt. In dieser Kirche wurden Thomas Manns Enkel getauft – »mit einem Minimum an religiöser Prätention, in den verständig-menschlichsten Formen zu Christen geweiht. Es war die angenehmste kirchliche Erfahrung, die ich gemacht habe«. Ja, Thomas Mann fühlte sich der Unitarian Church verbunden, weil in dieser Kirche der Geist des »christlichen Humanismus« herrschte – und dieser Geist hatte Thomas Mann stets angezogen, ihn hatte er stets »in wahrer Sympathie bewundert«. 1949 stiftete er den Betrag des Weimarer Goethe-Preises für den Wiederaufbau der dortigen Herder-Kirche, der Kirche des zutiefst humanen Theologen und Philosophen Johann Gottfried von Herder.

Der *Geist des engagierten christlichen Humanismus* also: ein früher Wunsch und eine späte Erfahrung des Schriftstellers Thomas Mann. Seltsam zu denken, daß solch ein Schriftsteller mehr von diesem Geist erfahren hätte im Verlaufe eines über acht Jahrzehnte währenden Lebens – wenn er eine andere Kirche, eine andere Theologie, eine andere Frömmigkeit im Geist dieser christlichen Menschlichkeit erfahren hätte! Welche Folgen hätte dies für das Werk haben können! Seltsam zu denken, wie Thomas Mann zum Christentum, ja, wie er auch zur Kirche gestanden hätte, wenn er nicht die Koalition von Protestantismus und Wilhelminismus vor dem Ersten Weltkrieg und von Christentum und Hitlertum während des Zweiten Weltkriegs kennengelernt hätte, sondern eine Kirchlichkeit und Christlichkeit im Geiste etwa jenes Martin Niemöllers, der zu den tapfersten kirchlichen Widerstandskämpfern gehörte …

Doch hier brauche ich nun nicht mehr zu spekulieren und hypothetisch zu reden, denn diesem *Martin Niemöller* hat Thomas Mann in der Tat eine eigene Betrachtung gewidmet und ihm ein Vorwort zu einer Ausgabe seiner Predigten geschrieben. In der Reflexion über die letzten Kanzelreden Niemöllers (wohl aus dem Jahr 1940), im Nachdenken über diese zum Teil schon unter Geheimpolizei-Bewachung gehaltenen Ansprachen der Kampfzeit unmittelbar vor Niemöllers erneuter Verhaftung und Einlieferung ins Konzentrationslager, fallen Sätze, die bei Thomas Mann früher undenkbar gewesen wären: »Ich habe sie mit Gefühlen gelesen, für die Sympathie ein sehr schwacher Ausdruck ist, – mit Ergriffenheit, mit der gleichen Erschütterung, die die Hörer im erfüllten Kirchenschiff durchbebte, als sie gesprochen wurden; und die zu vollständig ungemeinen Szenen führte, zu ganz unzeitgemäßen Vorgängen, wie daß die Menschen draußen auf dem Pflaster vor der Kirche auf ihre Knie fielen und den Luther-Sang anstimmten: ›Ein feste Burg ist unser Gott‹... Das Evangelium selbst hatte sich in der Brust dieses Mannes erneuert; er, der geglaubt hatte, es zu kennen, hatte es in tiefer Ergriffenheit neu entdeckt, und sein Erlebnis übertrug sich auf seine bürgerliche Gemeinde. Das Evangelium war nicht mehr Wort und Überlieferung und beschauliche Exegese, es war Erfahrung, Leben, unmittelbares Ereignis.«

Da sind sie also wieder, jene eingangs von mir gebrauchten Worte: »Erfahrung, Leben, unmittelbares Ereignis«. Es sind Thomas Manns eigene Worte, gebraucht für ein lebendiges Christentum – »das Evangelium neu entdeckt«. Ein letztes Mal deshalb die Überlegung: Seltsam zu denken, daß das Evangelium sich diesem Lübecker Protestanten schon früher als »Erfahrung, Leben, unmittelbares Ereignis« vermittelt hätte. Vielleicht wäre er schon früher – und nicht erst aufgrund der Faschismuserfahrung – zu der Überzeugung gelangt, daß die Rede von der »Überwindung des Christentums« ein »vermessenes Geschwätz« ist. »Das Christentum, diese Blüte des Judentums, bleibt einer der beiden Grundpfeiler, auf denen die abendländische Gesittung ruht und von denen der andere die mediterrane Antike ist.«

Und vor diesem Hintergrund wird am Ende unserer Interpretation des Weges von Thomas Mann vielleicht sogar eine Szene im Vatikan ein ganz klein wenig besser verständlich: der Empfang für Thomas Mann bei Pius XII. Mit einer Halbjüdin verheiratet, wußte er um den katholischen Faschismus und um das Versagen dieses Papstes in der Tragödie der Judenvernichtung, aber auch um die *»Bedrängnis« der katholischen Kirche*, »die sie auch dem Zögling der protestantischen Kultur wieder ehrwürdig gemacht« (so im berühmten Brief an die Neue Zürcher Zeitung 1936, der seine Ausbürgerung zur Folge hatte). 1943 dann auf einer Massenversammlung in San Francisco zum Protest gegen die Ausrottmaßnahmen der Nationalsozialisten gegen Juden kann Thomas Mann erklären: »In Deutschland waren es die katholische Kirche und die Juden, die gegenüber einem engen und kulturgeschichtlichen Nationalismus allein schon durch ihr Dasein die universalistischen europäischen Prinzipien repräsentierten.« Und so sah er denn nun, wenn er sich auch jetzt wieder als »Erbe protestantischer Kultur bezeichnete«, im Papst trotz allem »zwei Jahrtausende abendländischer Geschichte« vergegenwärtigt, mit dem er über die »letztliche Solidarität aller homines religiosi« in der »*einen* Welt« reden konnte (Brief an Reinhold Schneider vom 18. 12. 1953). Eine Idealisierung? Eine Heroisierung? Bei diesem Ironiker doch wohl mehr als Ironie: die nüchterne, universalgeschichtlich erprobte und lebensgeschichtlich erfahrene Einsicht vielmehr, daß ein humanes Christentum, in dem die Traditionen der Antike, des Humanismus und der Aufklärung aufgehoben sind, doch wohl die Grundlage bilden könnte, um auch in der Nachmoderne, nach dem Zusammenbruch von bürgerlicher Kunst, Kultur und Bildung, eine neue geistig-religiöse Grundlage zu schaffen. Für die Zeit nach dem Krieg hatte Thomas Mann schon in seinem Vortrag in Washington 1943 gefordert: »Was vor allem wiederherzustellen ist, das sind die von einer falschen Revolution mit Füßen getretenen Gebote des Christentums, und aus ihnen muß das Grundgesetz für das künftige Zusammenleben der Völker abgeleitet werden, vor dem alle sich werden beugen müssen.«

Gibt es – am Ende auf die lange geistige Odyssee des genialen Dichters und doch so fragilen Menschen Thomas Mann zurückgeblickt – so etwas wie eine Grundeinsicht im Blick auf dieses Werk? Für mich besteht sie darin: Ich lese dieses Gesamtwerk von unübertroffener Breitenwirkung und Tiefenresonanz – von den »Buddenbrooks« und besonders vom »Zauberberg« angefangen über die Joseph-Tetralogie und den »Doktor Faustus« bis hin zum »Erwählten« und zur »Betrogenen« (den »Hochstapler Felix Krull« nicht ausgeschlossen) – wie ein immer intensiveres *Plädoyer für Humanität*, das – angesichts aller Aufschwünge und Abgründe der Lebens- und Menschheitsgeschichte – für diesen Schriftsteller zunehmend im Zeichen der Dialektik von Schuld und Sühne, Sünde und Gnade stand, das aber zunehmend auch zu einem *Plädoyer für Humanität durch Religiosität* geworden ist. Thomas Mann – immer deutlicher der Vertreter eines »*religiös fundierten und ge-*

tönten Humanismus« und gerade so einer der großen *Anwälte der Menschlichkeit* in unserem so erschreckend unmenschlichen Jahrhundert.

Aus: »Anwälte der Humanität« (1989).
© Droemer/Knaur-Kindler Verlag, München

3. Mozart und die Spuren der Transzendenz

Schaut man bezüglich Mozarts Glaubenshaltung genauer hin, so stellt man fest: Alle Detektivarbeit skeptischer Analytiker vermochte hier auch mit psychoanalytischen Methoden kaum ernsthaft »Belastendes«, gar Material einer Chronique scandaleuse, zu entdecken, und in den großen Streit zwischen den Konstanze-Kritikern und den Konstanze-Apologeten brauche ich mich hier nicht einzumischen. Man wird in jedem Fall folgern dürfen: Ein an Menschen und Gott Verzweifelter, der »aufgegeben« hat, der hätte nicht bis in seine allerletzten Tage hinein unermüdlich gearbeitet; der hätte in diesem seinem Todesjahr 1791 nicht neben Menuetten, deutschen Tänzen, Ländlern und Contretänzen zugleich die umjubelte »Zauberflöte« und die Krönungsoper »La clemenza di Tito«, der hätte nicht das »Ave verum«, die »Kleine Freimaurerkantate«, das B-Dur-Klavierkonzert, das vielleicht sanfteste seiner Konzerte, und das Klarinettenkonzert komponieren können; der hätte nicht sein allerletztes und unvollendetes Werk, sein Requiem, noch am Abend vor seinem unerwarteten Tod an seinem Krankenbett proben lassen.

Nein, es war keine »spekulative Selbstbeschwichtigung, unmozartisch«, wenn Mozart an seinen Vater schrieb: »Da der Tod – genau zu nehmen – der wahre Endzweck unseres Lebens ist, so habe ich mich seit ein paar Jahren mit diesem wahren, besten Freunde des Menschen so bekannt gemacht, daß sein Bild nicht allein nichts Schreckendes mehr für mich hat, sondern recht viel Beruhigendes und Tröstendes! Und ich danke meinem Gott, daß er mir das Glück gegönnt hat, mir die Gelegenheit – Sie verstehen mich – zu verschaffen, ihn als den *Schlüssel* zu unserer wahren Glückseligkeit kennen zu lernen.«

Hier also haben wir die Begründung für den Satz: »Für diese Glückseligkeit danke ich alle Tage meinem Schöpfer und wünsche sie von Herzen jedem meiner Mitmenschen.« Und ich gestehe dankbar, daß schon das eine Klarinettenkonzert KV 622, dieses letzte, exakt zwei Monate vor seinem Tod vollendete Orchesterwerk Mozarts von unüberbietbarer Schönheit, Intensität und Verinnerlichung, aller düsteren und resignativen Züge bar, einen Doktoranden der Theologie vor 35 Jahren, in einem Pariser Dachzimmer, wo es nur ein Dutzend Platten gab, fast täglich neu erfreut, gestärkt, getröstet, kurz, ein kleines Stück Glückseligkeit vermittelt hat. Und jeder, jede von Ihnen dürfte beim Hören von Mozarts Musik solche kleinen Augenblicke der »Glückseligkeit« irgendwann einmal empfunden haben. Womit ich bei meinem persönlichen Bekenntnis zu Mozart angekommen bin.

Die Kunst des Transzendierens

Nicht Mozarts bloße Existenz oder Person, wohl aber sein Werk vermag vor Sinnlosigkeit und Verzweiflung zu bewahren. Natürlich kann man auch Mozarts Musik sehr verschieden hören: als Musikbanause, Musikliebhaber oder Musikwissenschaftler; mit Hilfe eines Klangmediums oder ganz direkt im Konzertsaal; mit der Partitur in der Hand oder gleichsam mit der Hand auf dem Herzen ganz Ohr; peinlich auf philologische Noten- und Werktreue achtend oder emotional hineingerissen in die wunderbare, hinter den Noten verborgene Klangwelt. Letztlich dürfte es darauf ankommen, ob ich mich, studierend oder auskostend, dieser Musik ganz öffne, sie ganz in mich einlasse, mich ganz auf sie einlasse.

Tut man dies, erfährt man, daß gerade Mozarts Musik die hohe *Kunst des Transzendierens* ist, verstanden – zunächst *musikwissenschaftlich* – als Kunst des Formulierens, Variierens, Überleitens. Man kann auch als Laie davon fasziniert sein, wie bei Mozart sämtliche Musikgattungen gestaltet und zugleich – in Sonaten, Kammermusik, Sinfonien und besonders in den Opern – ihre Grenzen überschritten werden;

wie da – man denke an die Einbeziehung der Kontrapunktik Bachs und der Oratorien Händels oder an die c-Moll-Messe mit dem »barocken« Kyrie und dem »modernen« Christe – Stile wechseln und ineinandergehen;

wie da eine unnachahmliche Balance zwischen den Gegensätzen – von Dur-Moll-Diatonik, Chromatik, Enharmonik – erreicht wird und damit unzählige überraschende Übergänge ermöglicht werden, die den Reiz der Ungewißheit des Woher-Wohin haben;

wie insbesondere das Adagio als Mittelsatz zwischen den dramatischen und getanzten Ecksätzen eine neuartige Seelensprache oft meditativen Charakters spricht: das neue Espressivo der Humanitätsmelodie und der Arien ohne Worte, die oft geradezu den Charakter der Versenkung, der vergeistigten Liebe, der Meditation und des Gebetes annehmen.

Und hat dieses Transzendieren musikalischer Kategorien, Gattungsgrenzen und Modi in differenziertester Seelenkunst mit der *Transzendenz im eigentlichen Sinn* etwas zu tun? Durchaus. Das wird in der so gar nicht sentimentalen, starken und bewegenden Musica sacra Mozarts, der die völlige Trennung der traditionalistischen Kirchenmusikreformer des 19. Jahrhunderts zwischen weltlicher und sakraler Kunst erfreulicherweise noch nicht kennt und der doch sehr wohl zwischen Oper und Kirche zu unterscheiden weiß, natürlich am handgreiflichsten: etwa dort, wo Mozart, der Musikdramatiker par excellence, vom »passus et sepultus« zu »resurrexit« und »ascendit« komponiert und transzendiert. Alles wie in der Oper? Gerade nicht: »Läßt sich all gut hören«, sagt Mozart von der Missa eines damals bekannten Opernkomponisten, »nur nicht in der Kirche«, und legt besagter Missa zum Beweis flugs bis zum Credo einen weltlich-possierlichen Text unter (etwa statt des »Kyrie eleison«: »Hol's der Geyer, das geht flink!«).

In seinen eigenen reifen Werken bildet die theologisch unreflektierte, doch hochsensible Vertonung der liturgischen Texte nicht nur den Raum, den Rahmen, die Atmosphäre für die Liturgie, sondern ist selber musikalisch erklingende Liturgie. Man denke bei seinen über sechzig kirchenmusikalischen Werken nur an die c-Moll-Messe oder an die Credo- oder die Krönungsmesse und auch an das »Ave verum corpus« am Ende des Lebens, welches in der Intensität des Ausdrucks der Melodik und der chromatischen Harmonik zu zeigen vermag, wie Musik selber Gottesdienst sein kann. Über seiner letzten, großartigsten, aber unvollendeten Messe – mitten im Satz »Lacrimosa dies illa« – ist Mozart am 5. Dezember 1791 gestorben …

Doch Musik ist nicht fertig, wenn sie fertiggeschrieben ist, nicht einmal wenn sie aufgeführt wird. Denn auch der Hörer wirkt an ihr in einem jeweils neuen Kontext mit. Komposition, Präsentation und Rezeption von Musik (bei der Literatur und der bildenden Kunst ist es ähnlich) bilden ein komplexes Ineinander. Und wenn ich so vom Kompositionsvorgang wieder zum Rezeptionsvorgang zurückzukommen wage, so rede ich nicht von dem, was Mozarts Genie bewußt (oder gar programmatisch) in Musik gesetzt haben muß, sondern was die Musik dieses Genies – und jedes Genie ist Gabe, besser: Gnade – ihrerseits uns zu schenken vermag: dies allerdings je nach Aufnahmefähigkeit des Hörers (»quidquid recipitur, ad modum recipientis recipitur«!). So kommt es denn ganz darauf an, *wie* man Mozart hört, und es gibt nun einmal die vielfältigsten Arten des Interpretierens und Rezipierens. Niemand hat hier ein Interpretationsmonopol, der Theologe zuallerletzt, der sich ja von vornherein hüten muß, die Kunst religiös zu vereinnahmen.

Erfahrung der Transzendenz

Und doch werden auch Musikfachleute nicht widersprechen, daß auch der religiös orientierte Hörer ein Recht auf persönliche Erfahrungen mit der Musik dieses durchaus nicht unreligiösen Musikers hat, bei der sich Geist und Form decken und die vielleicht etwas zu sagen vermag, was nicht in Worten, sondern nur in Tönen sagbar ist. Und bei aller wissenschaftlich-rationalen Nüchternheit der Beschäftigung mit dem historisch-einzigartigen Phänomen Mozart ist es diese eine Erfahrung, die mich immer wieder zu dieser Musik zieht: Wenn ich ohne Störung von außen, zu Hause allein oder auch mal im Konzert, ganz und gar intensiv Mozarts Musik aufzunehmen versuche, die Augen vielleicht geschlossen, dann spüre ich plötzlich, wie sehr ich vom Gegenüber des Klangkörpers losgekommen bin, nur noch den gestalteten Ton höre, Musik und sonst nichts. Es ist die Musik, die einen jetzt ganz umfängt, durchdringt und plötzlich von innen her klingt. Was ist geschehen? Ich spüre, daß ich gänzlich, mit Augen und Ohren, Leib und Geist nach innen gewendet bin; das Ich schweigt, und alles Äußere, alle Entgegensetzung, alle Subjekt-Objekt-Spaltung ist für einen Augenblick überwunden. Die Musik ist nicht mehr ein Gegenüber, sondern ist das Umfangende, Durchdringende, von innen her Beglückende, mich ganz Erfüllende. Mir drängt der Satz sich auf: »In ihr leben wir, bewegen wir uns, und sind wir.«

Doch dies ist bekanntlich ein Wort der Schrift aus der Rede des Apostels Paulus auf dem Areopag zu Athen, wo Paulus vom Suchen, Ertasten und Finden *Gottes* spricht, der keinem von uns fern ist, in dem wir leben, uns bewegen und sind. Und nicht nur der Agnostiker Hildesheimer, der jegliche Offenbarung ablehnt, hätte es gewagt gefunden, dieses Wort von Gottes Offenbarung auf die *Musik* anzuwenden, sondern auch der Dogmatiker Barth, der die Offenbarung ganz auf das Wort der Bibel beschränkt haben wollte und der erst gegen Ende seines Lebens (im letzten Band seiner unvollendeten »Kirchlichen Dogmatik«) neben dem einen Wort und Licht Jesu Christus auch andere Lichter, Worte und Wahrheiten in der Geschöpfeswelt anzuerkennen bereit war – freilich, wie er meint, nur sozusagen als Rücklichter jenes einen Lichtes, als Reflexe jener einen Wahrheit und Offenbarung ... Von Musik und auch von Mozart darf bei Barth in diesem Zusammenhang nicht mehr die Rede sein.

Phantasiere ich also oder spekuliere ich? Nein. »Wenn ich große Musik höre«, gestand in einer Diskussion über Offenbarung und autonome Vernunft der Musiktheoretiker Theodor W. Adorno, welcher der traditionellen Religion bekanntlich mehr als reserviert gegenüberstand, »dann glaube ich zu wissen, daß das, was diese Musik sagt, nicht die Unwahrheit sein kann.« Adorno zitiert als Beispiel Bachs Matthäus-Passion; er hätte dafür ebenso Mozarts Requiem zitieren können. Musik also, welche die Wahrheit sagt: Ich meine, daß dies nicht etwa nur für die Vokalmusik und die ausgesprochen religiöse Musik, nein, daß das auch schon für reine Instrumentalmusik – und besonders für die Intimität vieler zweiter Sätze – gelten kann: daß ein zweckfreies Meisterwerk in reiner Klangrede Wahrheit kündet. Ja, Töne, Klänge können sprechen und sagen letztlich doch etwas Unaussprechliches, Unsagbares: inmitten der Musik ein »ineffabile mysterium«.

Wahrhaftig, wie keine andere Musik, so scheint mir Mozarts Musik – wiewohl keine himmlische, sondern eine durchaus irdische Musik – in ihrer sinnlich-unsinnlichen Schönheit, Kraft und Durchsichtigkeit zu zeigen, wie ganz fein und dünn die Grenze ist zwischen der Musik, die ungegenständlichste aller Künste, und der Religion, die es schon immer besonders mit der Musik zu tun hatte. Denn: Beide, wenngleich verschieden, weisen ins letztlich Unsagbare, ins Geheimnis. Und wenngleich Musik nicht zur Kunstreligion werden darf, so ist doch die Kunst der Musik das geistigste aller Symbole für jenes »mystische Heiligtum unserer Religion«, das Göttliche selbst. Anders gesagt: Mozarts Musik ist für mich nicht bloß dort religiös relevant, wo religiös-kirchliche Themen oder Formen vertont sind, sondern gerade durch die Kompositionstechnik der nonvokalen, rein instrumentellen Musik, durch die Weltdeutung seiner Musik, welche die außermusikalische Begrifflichkeit übersteigt.

Gewiß: Man muß sich dieser Musik, in einer bestimmten Weise öffnen, und jede Interpretation begibt sich hier in einen heiklen Bereich. Mit Recht hat ein Kritiker an die Adresse theologischer Interpretation formuliert: »Das, was Mozart mit ihr (seiner Musik) bezweckte, könnte ja auch etwas Diabolisches sein, ein virtuoser Spaß, ein Nihilismus hinter dem Anschein liebevollen Verständnisses, eine höhere Form der Amoral.« In der Tat: Mozarts Musik ist gewiß kein Gottesbeweis. Aber ein Beweis für Nihilismus? Davon, nein, davon kann erst recht keine Rede sein.

Im Gegenteil, es gibt ungezählte Menschen, die es bestätigen: In bestimmten Momenten des Mitvollzugs mag es dem sensiblen, hörbereiten Menschen, einsam und doch nicht, geschenkt sein, sich in jenem vernünftig-übervernünftigen Vertrauen zu öffnen, von dem ich gesprochen habe: um feinhörig in dem reinen, ganz verinnerlichten und uns doch umfangenden wortlosen Klang etwa des Adagios des Klarinettenkonzerts in uns noch ein *ganz anderes* zu vernehmen: den Klang des Schönen in seiner Unendlichkeit, ja, den Klang des *einen Unendlichen*, das uns übersteigt und für das »schön« kein Wort ist. Chiffren also, *Spuren der Transzendenz*! Man muß sie nicht, man kann sie wahrnehmen, hier gibt es keinen Zwang: Öffne ich mich, so kann ich gerade in diesem wortlos sprechenden Geschehen der Musik von einem unaussprechlich-unsagbaren Geheimnis angerührt werden, kann in diesem überwältigenden, befreienden, beglückenden Erleben der Musik die Anwesenheit einer tiefsten Tiefe oder höchsten Höhe selbst erspüren, erfühlen und erfahren. Reine Gegenwart, stille Freude, Glückseligkeit. Die religiöse Sprache braucht, um solche Erfahrung und Offenbarwerdung der Transzendenz zu umschreiben, noch immer das Wort *Gott*, dessen Wesen (Nikolaus von Kues zufolge) gerade jene – auch für Mozarts Musik charakteristische – Coincidentia oppositorum ausmacht: die Versöhnung aller Gegensätzlichkeiten.

Aber ich will hier einhalten und niemandem etwas aufdrängen. Ging es mir doch von vornherein nicht um eine religiöse Vereinnahmung dieser großen Musik, sondern um meine Erfahrungen *mit* dieser Musik, die natürlich geprägt sind von meiner eigenen Lebens- und Glaubensgeschichte. Und doch könnte man fragen: Bin ich so nun schließlich und endlich doch zum Schwärmer geworden, zum Mozart-Schwärmer oder gar, schlimmer, zum religiösen Schwärmer? Nein, mit Entrückung, Verrückung oder Verzückung hat dies alles nichts zu tun, nicht bei Mozart, auch nicht bei mir. Und selbst Bernard Shaw, der alte Spötter, nannte Mozarts Musik »the only music yet written that would not sound out of place in the mouth of God«: »die einzige Musik, bisher geschrieben, die nicht deplaziert klingen würde im Munde Gottes«. Als aufgeklärter Mensch am Ende des 20. Jahrhunderts verliere ich also gerade beim Hören der Mozartschen Musik nicht etwa plötzlich alle Vernunft, werde vielmehr gerade zur Vernunft gebracht. Ja, hin und wieder werde ich – und dafür kann ich Wolfgang Amadeus Mozart nie genug dankbar sein, und ich möchte es deshalb auch Ihnen allen wünschen – in jenen Frieden versetzt, der alle kritische und auch theologische Vernunft übersteigt.

Aus: »Mozart – Spuren der Transzendenz« (1991).

VIII. DIE RELIGIÖSE SITUATION DER ZEIT

1. Theologie im Paradigma der Postmoderne

Immer deutlicher wurde mir im Verlauf der siebziger Jahre, daß die Krise heutiger Theologie keine Krise von Einzelsymptomen, sondern eine Grundlagenkrise ist. In der katholischen Theologie hatte man begonnen – schon unter Paul VI., dann aber seit 1978 forciert unter Johannes Paul II. –, die Zeichen auf Restauration zu setzen. Eine systemkritische und entschieden auf ökumenische Weite bedachte katholische Theologie geriet immer mehr in die Defensive. Warum aber eine ökumenische Reformtheologie in die Defensive geriet: dies zu verstehen, mußte man über Einzelpersonen, Einzelereignisse, Einzelsymptome hinausblicken.

Auf der Suche nach Zusammenhängen

Die von dem Naturwissenschaftler *Thomas S. Kuhn* entwikkelte Paradigmenanalyse half mir, die gegenwärtige Krise in einem größeren geschichtlichen Zusammenhang zu sehen: als Streit, als Konflikt nicht nur verschiedener Theologen und Theologien, sondern großräumiger Paradigmen. Gibt es nicht – das war die Frage – trotz aller Rückschläge im einzelnen heute eine Theologie, die auf die Herausforderungen eines neuen Paradigmas adäquat reagieren kann? Was ich in Einzelanalysen durchgeführt hatte auf der Suche nach Konsens, sollte in einem breiteren theologischen Kontext für die heutige Theologie überhaupt geleistet werden – auf unserem internationalen ökumenischen Symposion »Ein neues Paradigma von Theologie«, das 1983 an der Universität Tübingen stattfand. Dieses Symposion wollte den Theologen kein starres, uniformes, monolithisches Einheitsparadigma von Theologie und Kirche aufdrängen. Es ging von vornherein davon aus, daß jedes Paradigma von Theologie und Kirche (als Einheit verstanden) wie in der Vergangenheit so auch heute eine *Pluralität* divergierender Schulen, divergierender Denkrichtungen, ja *divergierender Theologien* enthält. Dies war schon immer Ausdruck von Kreativität und Vitalität, aber auch von Konflikt und Streit.

Und doch sollten die Denkanstrengungen auf diesem Symposion daraufhin gerichtet sein, die Oberfläche divergierender Theologien zu durchstoßen und nach einem *Gemeinsamen* zu fragen. Denn unbestreitbar ist ja:

– Sosehr Theologen wie Irenäus, Clemens und Origenes, Tertullian und Cyprian, Athanasios und die Kappadokier in ihren theologischen Ansätzen, Lösungsversuchen und Folgerungen verschieden waren, sosehr einten sie doch – retrospektiv betrachtet – Überzeugungen ihrer Zeit, die von der apokalyptisch-eschatologischen Gesamtkonstellation der ursprünglich judenchristlichen Urgemeinde grundlegend verschieden waren.

– Und sosehr, von Augustin angeregt, Anselm und Abälard, Thomas und Bonaventura, Scotus und Ockham methodisch verschiedene Wege gingen und zu inhaltlich teilweise unterschiedlichen, ja unversöhnlichen Ergebnissen kamen, so spiegelten sie doch allesamt das grundlegende Verstehensmodell ihrer, eben der mittelalterlichen, Epoche wider, das sich vom urchristlich-apokalyptischen Verstehensmodell, aber auch von dem der griechischen und frühen lateinischen Kirchenväter wesentlich unterschied.

– Und sosehr Luther, Zwingli und Calvin theologisch miteinander stritten, so einigte sie doch genau das, was mit dem mittelalterlichen, zum Unterschied vom Osten typisch römisch-katholischen Verstehensmodell von Kirche und Theologie unversöhnbar war.

– Und sosehr mit dem Beginn der Neuzeit die Theologie unter dem Eindruck der neuen rationalistisch-empirischen Philosophie und Naturwissenschaft in konträre Schulen auseinanderging, klar war sowohl für Semler wie Reimarus, für Schleiermacher wie für Baur, Ritschl, Harnack und Troeltsch, daß Theologie nicht mehr getrieben werden konnte wie im Zeitalter der Reformation oder der protestantischen Orthodoxie.

Hier wurde überall – in Diskontinuität *und* Kontinuität! – aus ursprünglicher Innovation schließlich Tradition. Freilich: man konnte solch große geschichtliche Wandlungsprozesse auch ignorieren; dann wurde aus Tradition Traditionalismus. Dann versuchte und versucht man, sein vertrautes *altes Verstehensmodell zu konservieren* bzw. mit frischem Putz zu *restaurieren*:

– Man konnte so im Raum griechischer oder russischer Orthodoxie zum Apologeten des altkirchlich-hellenistischen Modells werden: Schlüsselworte: »parádosis«, »traditio« und »patres«.

– Man wurde katholischerseits dann zum neuscholastischen Verfechter des mittelalterlichen (bzw. gegenreformatorischen) römisch-katholischen Systems und einer Denzinger-Theologie: Schlüsselworte: »ecclesia«, »papa«, »magisterium«.

– Man wurde protestantischerseits zum Vertreter einer biblizistischen lutherischen oder calvinistischen Orthodoxie, eines protestantischen Fundamentalismus: Schlüsselworte: Wort Gottes und Inerranz.

– Man wird heute auch von einem liberalen Traditionalismus sprechen können, wenn er die Wendung zur Nachaufklärung, zur Postmoderne nicht zur Kenntnis genommen hat: Schlüsselworte: Vernunft und Geschichte.

Was heißt »Paradigmenwechsel«?

Solch große umfassende Verstehensmodelle von Theologie und Kirche angesichts epochaler großräumiger Zeitumbrüche kann man mit Thomas S. Kuhn »Paradigma« nennen und die Ablösung eines alten Verstehensmodells durch einen neuen Paradigmakandidaten »*Paradigmenwechsel*«. Diese großen epochalen Paradigmen oder Grundmodelle möchte ich zur Klärung und Unterscheidung *Makro*paradigmen nennen, weil sie ihrerseits wieder eine große Zahl von *Meso*paradigmen für verschiedene Teilgebiete der Theologie (Zwei-Naturen-Lehre für die Christologie, anselmianische Satisfaktionslehre für die Soteriologie) und noch mehr *Mikro*paradigmen für viele Einzelfragen einschließen, mit denen sich die verschiedenen Theologien auseinanderzusetzen haben.

Nein, nicht um die Propagierung eines naiv-optimistischen Fortschrittsdenkens (idealistischer oder marxistischer, positivistischer oder sozialdarwinistischer Art) geht es hier, aber auch nicht um ein skeptisch-pessimistisches Abfallsdenken (Abfall vom Evangelium), sondern um ein *dialektisches Verständnis der Geschichte von Theologie und Kirche*, das immer Aufstieg und Abfall, Erkenntnisfortschritt und Vergessen, Kontinuität und Diskontinuität mit sich bringt: in einem relativierende Negation, bewahrende Affirmation und weiterführendes Transzendieren.

Anliegen unseres Tübinger Unternehmens war nicht eine Rechtfertigung der Kuhnschen Analysen. Es ging vielmehr darum, die unbestreitbar richtigen und wichtigen wissenschaftsgeschichtlichen und wissenschaftstheoretischen Grundgedanken Kuhns aufzugreifen und nach Applikationsmöglichkeiten im Raum der Geisteswissenschaften, näherhin der Theologie, zu fragen: zur Selbsterhellung und Selbstvergewisserung der *Lage heutiger Theologie*. Aus der dem Symposion vorgelegten Skizze (vgl. S. 294) wird zumindest dies eine deutlich: Wir haben es in unserem Jahrhundert mit der Konkurrenz, ja oft dem konfliktträchtigen Streit nicht nur divergierender Theologien, sondern divergierender Paradigmen zu tun. Dieser Konflikt ist Resultat der geschichtlichen Ungleichzeitigkeit jener großen Verstehensmodelle, mit denen Theologen oder Kirchenvertreter jeweils arbeiten. Und bei dieser Analyse von Überschneidungen und Überlagerungen verschiedener Großparadigmen in der einen und gleichen Epoche, davon bin ich überzeugt, kann die Kuhnsche Paradigmentheorie außerordentlich erhellend sein. Zeitgenössische Theologie versichert sich so ihrer Herkunft und ihrer Zukunft. Sie kann so auch dem jeweiligen Paradigma einer bestimmten Epoche geschichtliche Gerechtigkeit widerfahren lassen. Und weil es hier um Paradigmen geht, um lang herangereifte, tief verwurzelte, alles beeinflussende, oft bewußte und oft unbewußte Grundannahmen, ist der Streit zwischen sogenannten »Progressiven« und »Konservativen« in den verschiedenen Kirchen oft so hart, scheinbar so unversöhnlich.

Unterdessen haben sich in unserem Jahrhundert, für uns alle evident, in der Folge des Ersten und Zweiten Weltkriegs in Theologie und Kirche *neue theologische Lösungsansätze* entwickelt, die auf die ungeheuren soziokulturellen Umwälzungen unserer Zeit adäquat zu reagieren versuchen. Und noch einmal stellt sich die Frage:

Sosehr Karl Barth, Rudolf Bultmann und Paul Tillich, sosehr die beiden Niebuhr und Walter Rauschenbusch sich in Ansatz, Methode und Konsequenzen unterschieden, sosehr stimmten sie doch überein nicht nur in ihrer Kritik des römisch-katholischen Systems und der protestantischen Orthodoxie, sondern auch in ihrer Kritik an aufklärerischer Vernunft- und Fortschrittsgläubigkeit, in ihrer Kritik an Kulturprotestantismus und Historismus, kurz, in ihrer Ablehnung des Liberalismus des 19. Jahrhunderts. Wären alle diese großen Theologen deshalb nicht trotz aller Divergenzen zusammenzusehen im Rahmen eines neuen, nämlich neuzeitlich-nachaufklärerischen oder nachmodernen Paradigmas von Theologie und Kirche, das den Denkrhythmus unserer Zeit zu bestimmen scheint?

– *Wo also stehen wir*, die wir heute Theologie zu treiben haben – mit Auschwitz, Hiroschima und Archipel Gulag im Rücken?
– Was eint bei allen Unterschieden die Vertreter der dialektischen und der existentialen Theologie, der hermeneutischen und der politischen Theologie, der Prozeß-Theologie und der feministischen, schwarzen und nichtwestlichen Befreiungstheologie?
– Was sind also die uns allen gemeinsamen Bedingungen der Möglichkeit heutigen Theologietreibens, welche – unter der Oberfläche divergierender Theologien – die neuzeitlich-nachaufklärerische Theologie in der Ökumene zusammenhalten?

Das heißt: Angestrebt wurde auf unserem Symposion kein Konsens für bestimmte Lehren und Dogmen, sondern ein Kon-

PARADIGMENWECHSEL IN DER GESCHICHTE VON THEOLOGIE UND KIRCHE

Versuch einer Periodisierung und Strukturierung

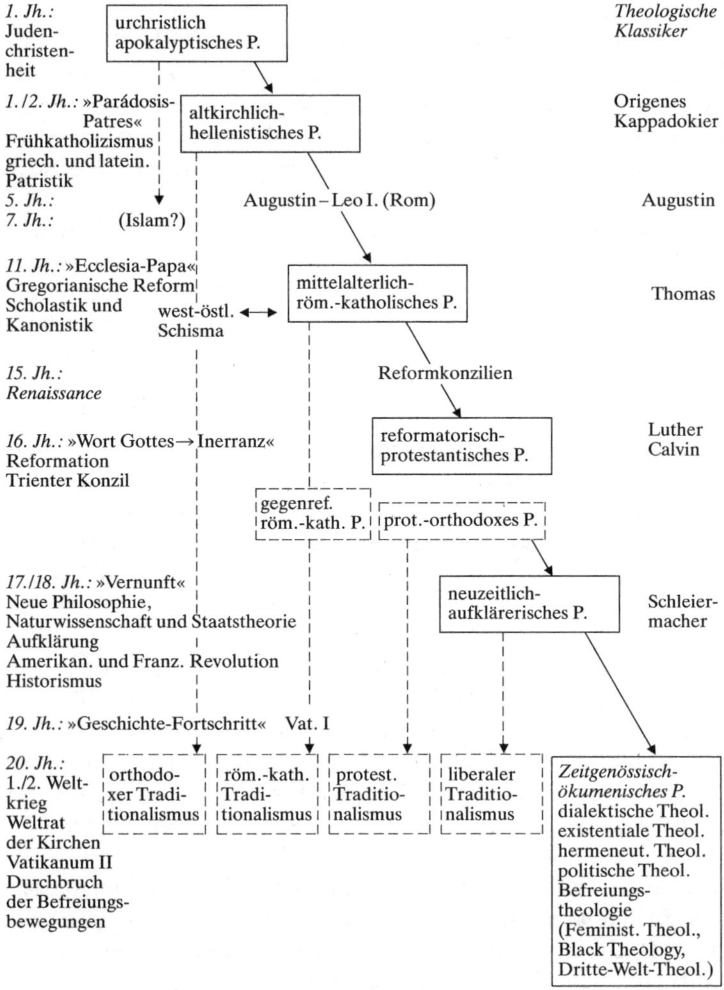

1. Jh.:
Juden-
christen-
heit

urchristlich apokalyptisches P.

Theologische Klassiker

1./2. Jh.: »Parádosis-
Patres«
Frühkatholizismus
griech. und latein.
Patristik
5. Jh.:
7. Jh.: (Islam?)

altkirchlich-hellenistisches P.

Origenes
Kappadokier

Augustin – Leo I. (Rom)

Augustin

11. Jh.: »Ecclesia-Papa«
Gregorianische Reform
Scholastik und
Kanonistik

west-östl. ←→ Schisma

mittelalterlich-röm.-katholisches P.

Thomas

15. Jh.:
Renaissance

Reformkonzilien

16. Jh.: »Wort Gottes → Inerranz«
Reformation
Trienter Konzil

reformatorisch-protestantisches P.

Luther
Calvin

gegenref.
röm.-kath. P. | prot.-orthodoxes P.

17./18. Jh.: »Vernunft«
Neue Philosophie,
Naturwissenschaft und Staatstheorie
Aufklärung
Amerikan. und Franz. Revolution
Historismus

neuzeitlich-aufklärerisches P.

Schleier-macher

19. Jh.: »Geschichte-Fortschritt« Vat. I

20. Jh.:
1./2. Welt-
krieg
Weltrat
der Kirchen
Vatikanum II
Durchbruch
der Befreiungs-
bewegungen

orthodo-xer Tradi-tionalismus | röm.-kath. Tradi-tionalismus | protest. Traditio-nalismus | liberaler Traditio-nalismus

Zeitgenössisch-ökumenisches P.
dialektische Theol.
existentiale Theol.
hermeneut. Theol.
politische Theol.
Befreiungs-theologie
(Feminist. Theol.,
Black Theology,
Dritte-Welt-Theol.)

sens für ein bestimmtes theoretisch-praktisches Verständnis von Theologie heute.

Nicht ein starrer Kanon unveränderlicher Wahrheiten, sondern ein geschichtlich sich verändernder Kanon von Grundbedingungen, die erfüllt sein wollen, wenn Theologie ihre Zeitgenossenschaft ernst nimmt, wenn sie zeitgemäß und evangeliumsgemäß zugleich sein will. Was heißt das konkret für Ethos und Stil einer heutigen Theologie, die ökumenisch ausgerichtet sein will?

Ethos und Stil ökumenischer Theologie

Was zunächst das *Ethos* allen Theologisierens betrifft, so braucht es für eine Theologie im neuen postmodernen Paradigma:

(1) Eine nicht opportunistisch-konformistische, sondern eine *wahrhaftige* Theologie: eine denkende Rechenschaft vom Glauben, welche die christliche Wahrheit in Wahrhaftigkeit sucht und sagt.

Und dies durchaus zum Dienst an der *Einheit* der Kirche Jesu Christi. Denn: keine wahrhaftige Kirche ohne eine wahrhaftige Theologie!

(2) Eine nicht autoritäre, sondern eine *freie* Theologie: eine Theologie, die ihrer Aufgabe ohne Behinderung durch administrative Maßnahmen und Sanktionen von seiten der Kirchenleitungen nachkommt und ihre begründeten Überzeugungen nach bestem Wissen und Gewissen ausspricht und publiziert.

Und dies durchaus zum Dienst an der *Autorität* der Kirche. Denn: keine freie Kirche ohne eine freie Theologie!

(3) Eine nicht traditionalistische, sondern *kritische* Theologie: eine Theologie, die frei und wahrhaftig sich verpflichtet weiß dem wissenschaftlichen Wahrheitsethos, der methodologischen Disziplin und der kritischen Überprüfung all ihrer Problemstellungen, Methoden und Ergebnisse.

Und dies durchaus zum Dienst an der *Erbauung* der Kirche, ihres Aufbaus in dieser Gesellschaft. Denn: keine kritische Kirche in dieser Gesellschaft ohne eine kritische Theologie!

(4) Eine nicht konfessionalistische, sondern *ökumenische* Theologie: eine Theologie, die in der je anderen Theologie nicht mehr den Gegner, sondern den Partner sieht und die statt der Trennung auf Verständigung aus ist, und dies nach zwei Richtungen: *ad intra*, für den Bereich der zwischenkirchlichen, innerchristlichen Ökumene, und *ad extra*, für den Bereich der außerkirchlichen, außerchristlichen Weltökumene mit ihren verschiedenen Regionen, Religionen, Ideologien und Wissenschaften. Diese Art von Ökumenizität entspricht den transkulturellen oder universalistischen Aspekten der Paradigmenanalyse in Theologie und in anderen Disziplinen.

Und dies durchaus zum Dienst an der *Sendung* der Kirche in dieser Gesellschaft. Denn: keine ökumenische Kirche ohne eine ökumenische Theologie!

Eine Theologie im neuen Paradigma fordert ebenfalls einen anderen *Stil* allen Theologisierens. Seine Grundsätze:

(1) Keine Geheimwissenschaft nur für schon Glaubende, sondern Verständlichkeit auch für Nicht-Glaubende.

(2) Keine Prämierung »schlichten« Glaubens oder Verteidigung eines »kirchlichen« Systems, sondern in strenger Wissenschaftlichkeit kompromißloses Mühen um die Wahrheit.

(3) Ideologische Gegner sollen weder ignoriert noch verketzert, noch theologisch vereinnahmt, sondern in größtmöglicher Weite und Toleranz »in optimam partem« interpretiert und zugleich der fairen, sachlichen Diskussion ausgesetzt werden.

(4) Interdisziplinarität ist nicht nur zu fordern, sondern zu üben: Dialog mit den mitbetroffenen Wissenschaften und Konzentration auf die eigene Sache gehören zusammen.

(5) Kein feindliches Gegeneinander, aber auch kein friedlich-schiedliches Nebeneinander, sondern ein kritisch-dialogisches Miteinander, insbesondere von Theologie und Philosophie, von Theologie und Naturwissenschaft, von Theologie und Literatur: Religion und Rationalität, aber auch Religion und Poesie gehören zusammen!

(6) Es sollen nicht Probleme der Vergangenheit Priorität haben, sondern die weiträumigen und vielschichtigen Probleme der Menschen und der menschlichen Gesellschaft von heute.

(7) Die alle anderen Normen normierende Norm einer christlichen Theologie kann nicht wieder irgendeine kirchliche oder theologische Tradition oder Institution, sondern nur das Evangelium, die ursprüngliche christliche Botschaft selbst sein: eine Theologie, überall orientiert am historisch-kritisch analysierten biblischen Befund!

(8) Es soll weder in biblischen Archaismen und hellenistisch-scholastischen Dogmatismen noch in modischem philosophisch-theologischem Jargon geredet werden, sondern in der allgemeinverständlichen Sprache der heutigen Menschen, wofür keine Anstrengung zu scheuen ist.

(9) Glaubbare Theorie und lebbare Praxis, Dogmatik und Ethik, persönliche Frömmigkeit und Reform der Institutionen sind nicht zu trennen, sondern in ihrem unverbrüchlichen Zusammenhang zu sehen.

(10) Keine konfessionalistische Gettomentalität, sondern ökumenische Weite, die die Weltreligionen ebenso mitberücksichtigt wie die modernen Ideologien: Größtmögliche Toleranz gegenüber dem Außerkirchlichen, Allgemeinreligiösen, dem Menschlichen überhaupt und andererseits Herausarbeitung des spezifisch Christlichen gehören zusammen!

Müßte ich der Theologie des neuen Paradigmas schließlich einen Namen geben, so würde ich sie abgekürzt – ohne mich darauf festzulegen – eine *kritische ökumenische Theologie* nennen. Was für mich auch ganz persönlich – es sei hier wiederholt – heißt: eine Theologie, die in einem neuen Zeitalter *gleichzeitig* zu sein versucht:

(1) »katholisch«, beständig um die »ganze«, die »universale« Kirche bemüht – *und* gleichzeitig »evangelisch«, streng auf die Schrift, auf das Evangelium bezogen;

(2) »traditionell«, stets vor der Geschichte verantwortet – *und* zugleich »zeitgenössisch«, betroffen die Fragen der Gegenwart aufgreifend;

(3) »christozentrisch«, entschieden und unterschieden christlich – *und* doch »ökumenisch«, auf die »Ökumene«, den ganzen »bewohnten Erdkreis«, alle christlichen Kirchen, alle Religionen, alle Regionen ausgerichtet;

(4) theoretisch-wissenschaftlich, mit der Lehre, der Wahrheit befaßt – *und* gleichzeitig praktisch-pastoral, um das Leben, die Erneuerung und Reform bemüht.

Aus: »Theologie im Aufbruch« (1987).

2. Das Geheimnis des Christentums

Mit der Sache sind wir noch längst nicht am Ende. Und diese Sache heißt: Analyse der religiösen Situation der Zeit. Dafür haben wir uns den Weg durch die Geschichte gebahnt und auch schon das Tor zur Gegenwart geöffnet. Deshalb kann dieses Buch über das Christentum um der Sache willen keinen Epilog, keinen Abgesang, kein Nach-Wort erhalten. Bestenfalls einen Blick nach vorn. Ein Vor-Wort für das Künftige.

Ein Rückblick

Die historische Analyse der fünf bisherigen Großkonstellationen des Christentums – des judenchristlich-apokalyptischen, des hellenistisch-byzantinischen, des römisch-katholischen, des reformatorisch-protestantischen und des aufgekärt-modernen Paradigmas – hat uns einen vertieften und geschärften Einblick in die noch gegenwärtige Vergangenheit des Christentums gegeben.

Doch gerade durch diese historisch-systematische Diagnose der in der Gegenwart noch immer wirkenden geistigen Kräfte einer jahrtausendealten Geschichte sind wir stets auch in die Gegenwart eingewiesen worden: Sie muß nach dem in unserem Jahrhundert erfolgten Paradigmenwechsel von der Moderne zur Nach-Moderne eigens analysiert werden, um von dort her die in der Zukunft gegebenen verschiedenen Optionen zu sichten. Das wird in einem anderen Band geschehen.

Das eine aber ist jetzt schon sicher: Das neue Paradigma von Christentum, so ist trotz der gegenwärtigen ökumenischen »Baisse« zu hoffen und anzustreben, wird – sonst werden die

Kirchen zu Sekten! – ein postkonfessionelles, ein ökumenisches Paradigma sein. Die Spuren der anderen »konfessionellen« Paradigmata werden noch erkennbar bleiben, aber aufgehoben sein in eine neue ökumenische Synthese von Christsein. Dieses wird künftig nicht mehr durch drei antagonistische Konfessionen, sondern durch drei komplementäre Grundhaltungen gekennzeichnet sein:

• Wer ist orthodox? Die Analyse von P II ließ es deutlich werden: Wem besonders an der »rechten Lehre«, der wahren Lehre, gelegen ist. Konkret: an jener Wahrheit, die, weil Gottes Wahrheit, nicht dem Belieben einzelner (Christen, Bischöfe, Kirchen) ausgeliefert sein soll, die vielmehr durch die getreue Überlieferung der gesamten Kirche an immer wieder neue Generationen kreativ weitergegeben und gelebt werden soll.

• Wer ist katholisch? Die Analyse von P III hat es gezeigt: Wem besonders an der katholischen, das heißt ganzen, allgemeinen, umfassenden, gesamten Kirche gelegen ist. Konkret: an der in allen Brüchen sich durchhaltenden Kontinuität von Glaube und Glaubensgemeinschaft in der Zeit und in ihrer Universalität im Raum.

• Wer ist evangelisch? Die Analyse von P IV konnte zeigen: Wem in allen kirchlichen Traditionen, Lehren und Praktiken besonders am ständigen Rückgriff auf das Evangelium (Schrift) gelegen ist. Konkret: an der ständigen praktischen Reform nach der Norm dieses Evangeliums.

Doch damit ist schon deutlich geworden: Richtig verstanden schließen sich heute »orthodoxe«, »katholische« und »evangelische« Grundhaltungen keineswegs mehr aus. Heute kann auch der geborene Orthodoxe oder Katholik wahrhaft evangelisch, heute kann der geborene Protestant und Katholik wahrhaft orthodox, heute kann der geborene Protestant und Orthodoxe wahrhaft katholisch gesinnt sein. Leben nicht bereits jetzt zahllose Christen überall in der Welt – trotz der Widerstände in den kirchlichen Apparaten – faktisch eine vom Evangelium her zentrierte echte Ökumenizität? Wahres Christsein bedeutet heute ökumenisches Christsein.

Was zu tun bleibt

Die Aufgaben für eine ökumenische Theologie sind geblieben, riesige Aufgaben, die es in einem weiteren Band zu behandeln gilt. Und den einzelnen kann da leicht Schwindel befallen. Denn was sind für das Christentum in unserer Zeit die Herausforderungen der Gegenwart und was die Möglichkeiten der Zukunft? Ich wage es, diese bleibenden Aufgaben im folgenden schematisch zu benennen, auch wenn ich (trotz beträchlicher Vorarbeiten) keine Gewißheit habe, daß sich alles, wie hier angegeben, auch durchführen läßt; weiß man doch immer erst am Ende des Weges, was wirklich gangbar ist. Deshalb – mit allen Vorbehalten – eine vorläufige Skizze (von mir oder anderen) noch zu leistender Aufgaben:

Was sind die Herausforderungen der Gegenwart? Folgende Thematik wäre hier zu behandeln:

Polyzentrisches Christentum in einer polyzentrischen Welt

- Afrika – eine theologische Herausforderung
- Asien – Erfolge und Scheitern des Christentums
- Lateinamerika – ein Kontinent zwischen Verzweiflung und Hoffnung
- Nordamerika – religiöser Pluralismus als Chance der Bewährung

Was sind die Möglichkeiten der Zukunft? Folgende Thematik wäre hier zu behandeln:

Chancen für eine christlichere Christenheit

- Die Wiedergeburt der östlichen Orthodoxie
- Die Erneuerung der katholischen Kirche
- Die Reformation der Reformation
- Chancen des Christentums in der Dritten Welt

Perspektiven für eine friedlichere Weltökumene

- Christentum und Judentum
- Christentum und Islam
- Christentum und Hinduismus
- Christentum und Buddhismus
- Christentum und Konfuzianismus

Neue Synthesen

- Religion und Kosmos (Theologie und Naturwissenschaft)
- Religion und Psyche (Theologie und Psychotherapie)
- Religion und Polis (Theologie und Politik)
- Religion und Kultur (Theologie und Ästhetik)

Eine Religiosität für die Menschheit

- Mensch und Natur: kosmische Religiosität
- Mann und Frau: ganzheitliche Religiosität
- Reiche und Arme: befreiende Religiosität
- Meine Religion und andere Religionen: ökumenische Religiosität

Aber es werden nun manche doch fragen: Wird denn das Christenum im dritten Jahrtausend noch so viel wie bisher bedeuten, wird es noch so viel Kraft und Geist aufbringen können? Ich komme jetzt auf die Frage des Anfangs zurück: Muß man – im Blick auf die Herausforderungen des dritten nachchristlichen Jahrtausends – am Christentum nicht verzweifeln?

Warum hat das Christentum überlebt?

Wenn wir am Ende dieser historischen Bilanzierung auf die in verschiedenen Strängen verlaufende dramatische Geschichte des Christentums zurückblicken, wenn wir uns noch einmal vergegenwärtigen, was wir alles über das judenchristlich-apokalyptische, das hellenistisch-griechisch-russische, das römischkatholische, das reformatorisch-protestantische und schließlich das modern-aufgeklärte Paradigma gehört haben, so wird man mir zumindest dies zugestehen: Ich habe die Abweichungen von der Ur-Kunde, vom Ursprung, vom ursprünglich guten Wesen, ich habe all die grauenhaften Fehlentwicklungen und Dekadenzerscheinungen, die monströsen Verbrechen und Laster der christlichen Repräsentanten keineswegs verschwiegen, sondern immer klar angesprochen. Es ist nicht nötig, nochmals die Judenverfolgungen und die Ketzerjagden zu erwähnen, die »Heiligen« Kriege und die Hexenverbrennungen, die Religionskriege und all die anderen im Namen des Christentums angerichteten Verbrechen. Aber zugleich habe ich deutlich zu machen versucht, daß die Geschichte des Christentums keinesfalls einfach als eine Geschichte von Schurken und Verbrechern, als eine »Kriminalgeschichte« erzählt werden kann, sondern daß sie sachgemäß erzählt werden muß als eine Geschichte, in der das Wesen des Christentums trotz allen Unwesens immer wieder durchbricht.

Und so geht einem die Frage nicht aus dem Kopf: Warum hat dieses Christentum trotz all des Unchristlichen in seiner Geschichte immer wieder überlebt? Denn wie ein großer Strom, der irgendwo bescheiden beginnt und sich immer wieder neu in die sich hebende Landschaft eingeschnitten hat, hat sich diese Religion ja immer wieder in neue Kulturlandschaften eingefügt. Sie hat dabei gewaltige Abstürze erlebt und Umwälzungen durchgemacht, ja oft selber neue welthistorische Umschichtungen ausgelöst. Aber ob man dabei nicht auch den Strom von Güte, Barmherzigkeit, Hilfsbereitschaft, Fürsorge sehen muß, der von der Quelle, vom Evangelium her durch die Geschichte fließt? Zugegeben: Unendlich viel Geschiebe, Geröll, Schlamm und Abfall haben sich dabei auf dem langen Weg durch die Jahrhunderte angesammelt. Aber ist das Quellwasser des Ursprungs wirklich völlig verdorben worden, wie viele sagen? Wie aber kommt es dann, daß das Wesen des Christentums sich nicht verlor, sondern immer wieder erkennbar wurde: Jesus Christus und seine Sache als Orientierung, Maßstab, Lebensmodell für das konkrete Leben des einzelnen und der Glaubensgemeinschaft, für die Beziehungen sowohl zum

Mitmenschen, zur menschlichen Gesellschaft wie schließlich zu Gott?

Seltsam: Immer wieder war es der Geist des Nazareners, der auch bei versagenden Personen, Institutionen und Konstitutionen sich durchzusetzen vermochte, wo immer nicht nur Worte gemacht, sondern ganz praktisch Nachfolge geschah; denn die Wahrheit des Christentums ist ja nicht nur Erkenntniswahrheit, sondern Lebenswahrheit. Wie also kommt es, daß weder heidnische Kaiser noch »christliche« Diktatoren, weder machtgierige Päpste noch finstere Inquisitoren, weder verweltlichte Bischöfe noch fanatische Theologen diesen Geist auszulöschen vermochten? Warum konnte die Hierarchie die Diakonie, die Dogmatik die Nachfolge Christi nie völlig überspielen? Was mag an diesem Geist sein, daß er in allen Jahrhunderten in einer Bewegung sondergleichen immer wieder Menschen motiviert, ja ergriffen hat, all die kulturellen, gesellschaftlichen, politischen, kurz: paradigmatischen Verfestigungen aufzubrechen und die urchristlichen Ideale einer Liebe zum Nächsten und Fernsten ernst zu nehmen? Seltsames Geheimnis der Geschichte: Altkirchliche Mönche und Heilige finden sich da neben Hoftheologen und Hofbischöfen, ein Franz von Assisi neben Innozenz III. und Bonifaz VIII., ein Martin Luther neben Leo X., eine Katharina von Siena und eine Teresa von Avila neben Großinquisitoren, ein Blaise Pascal inmitten des französischen Absolutismus, ein Bischof Ketteler in einer Zeit der Verdrängung der sozialen Frage, ein Karl Barth, ein Dietrich Bonhoeffer und ein Alfred Delp im Widerstand gegen das verbürgerlichte Kulturchristentum und den Nationalsozialismus – von Gestalten in unseren Tagen wie Johannes XXIII., Willem Visser't Hooft, Martin Luther King, Helder Camara und Mutter Teresa ganz zu schweigen.

All diese bekannten Namen stehen nur stellvertretend für die zahllosen Unbekannten, deren Namen in keiner Kirchengeschichte verzeichnet sind und die dennoch die verborgene Kraft des Christentums ausmachen, seine wahre Geistgeschichte! Jene Glaubensbewertung der zahllosen Unbekannten durch Jahrhunderte, die sich an den Werten, Maßstäben und Haltungen des Mannes aus Nazaret orientieren; die von ihm gelernt haben, daß diejenigen selig sind, die arm sind vor Gott, die keine Gewalt anwenden, die hungern und dürsten nach der Gerechtigkeit, die barmherzig sind, Frieden stiften und um der Gerechtigkeit willen verfolgt werden; die von ihm gelernt haben, Rücksicht zu nehmen und zu teilen, vergeben zu können und zu bereuen, Schonung und Verzicht zu üben und Hilfestellung zu geben. Sie zeigen es bis auf den heutigen Tag, daß das Christentum, wo es sich wirklich nach seinem Christus richtet und sich von ihm die Kraft geben läßt, eine geistige Heimat, ein Zuhause des Glaubens, der Hoffnung und der Liebe zu bieten vermag. Sie zeigen immer wieder im Alltag der Welt, daß oberste Werte, unbedingte Normen, tiefste Motivationen und höchste Ideale gelebt werden können. Ja, daß von der Tiefe ihres Christus-Glaubens her gerade auch Leid und Schuld, Verzweiflung und Angst überwunden werden können. Nein, dieser Glaube an Christus ist keine bloße Vertröstung auf ein Jenseits, sondern eine Basis für Protest und Widerstand gegen Unrechtsverhältnisse hier und heute, getragen und gestärkt von einer unstillbaren Sehnsucht nach dem »ganz anderen«.

Zugegeben: Für Kriminologen und Pathologen des Christentums ist diese oft verborgene Christentumsgeschichte ebenso uninteressant wie für bestimmte Journalisten, die der Tagessensation nachhetzen. Ist es doch sehr viel leichter, von einem Bischofsskandal oder einer Papstreise zu berichten als von Pfarrern oder Pfarrerinnen vor Ort in den Gemeinden, die sich im Dienst an jungen und alten Menschen aufreiben und die diesen ihren Dienst auch noch frohen Herzens und aufrechten Ganges tun. Es sind aber gerade diese Frauen und Männer, ob ordiniert oder nicht, die die Sache Jesu Christi weitertragen. Ja, es gab immer wieder Zeiten, wie wir sahen, da vom wahren Christentum im Leben und Treiben der Hierarchen und Theologen wenig zu beobachten war, wo aber noch immer jene zahllosen meist unbekannten Christen (»kleine Leute«, aber auch immer einige Bischöfe, Theologen und besonders Gemeindepfarrer und Ordensleute) da waren, die den Geist Jesu Christi wachhielten.

Was ist das für ein Geist, was für eine Kraft, die da überall am Werk ist? Alles nur Zufall? Alles nur Schicksal? Alles nur strukturelle Konstellation? Nein, für den glaubenden Christen ist hier zweifellos mehr im Spiel. Für ihn ist deutlich, daß es sich bei diesem wirkmächtigen Geist Jesu Christi nicht um einen unheiligen Menschengeist, sondern um den Heiligen Geist, den Geist, die Kraft und Macht Gottes handelt: Gottes Geistesgegenwart im Herzen der Glaubenden und so auch in der Glaubensgemeinschaft. Dieser Geist sorgt dafür, daß über das Christentum nicht nur geredet, geforscht, informiert und doziert wird, sondern daß es mit dem Herzen erfahren, erlebt und auch wirklich im Leben gelebt und verwirklicht wird – recht und schlecht, wie es halt so der Menschen Art ist, und im Vertrauen auf diesen Geist Gottes. Und deshalb dürfen sich die Christen darauf verlassen, daß das Christentum auch im dritten Jahrtausend nach Christus eine Zukunft hat, daß dieser Geist- und Glaubensgemeinschaft eine eigene Art von »Unfehlbarkeit« eignet, die nicht darauf beruht, daß irgendwelche Autoritäten in bestimmten Situationen keine Fehler machen und Irrtümer begehen, sondern daß trotz aller Fehler und Irrtümer, Sünden und Laster die Gemeinschaft der Glaubenden durch den Geist in der Wahrheit Jesu Christi gehalten wird.

Auf seltsame Weise fühlt man sich erinnert an den berühmten Rat des Pharisäers Gamaliel, eines Zeitgenossen Jesu, der ein beim ganzen Volk angesehener jüdischer Gesetzeslehrer war. Dieser soll – so jedenfalls berichtet die Apostelgeschichte – nach der Verhaftung der Apostel im »Hohen Rat« zu Jerusalem über solche Christen gesagt haben: »Ist dies Vorhaben oder dies Werk von Menschen, so wird's untergehen; ist es aber von Gott, so könnt ihr sie nicht vernichten – damit ihr nicht dasteht als solche, die gegen Gott streiten wollen« (Apg 5,38f.).

Aus: »Das Christentum. Wesen und Geschichte« (1994).

3. Kein Weltfriede ohne Religionsfriede

Religionen können auch im *Positiven*, im Aufbauenden unendlich viel leisten und haben viel geleistet. Sie können durch Individuen, religiöse Gruppen oder auch ganze Religionsgemeinschaften in nachhaltiger Weise für Frieden, soziale Gerechtigkeit, Gewaltlosigkeit und Nächstenliebe in der Welt eintreten. Sie können Grundhaltungen wie Friedfertigkeit, Machtverzicht und Toleranz propagieren und aktivieren. Beispiele? Ich greife nur zwei politische Exempel heraus:

Positive Beispiele

Beispiel 1: Jahrhundertelang galten *Frankreich* und *Deutschland* als Erbfeinde. Im 19./20. Jahrhundert haben sie in nationalistischem Geist drei große Kriege geführt, von denen zwei sich zu Weltkriegen ausweiteten. Wenn nach dem Zweiten Weltkrieg nicht wieder die alten Ressentiments geweckt wurden und die Revanche-Politik nicht wieder dominierte, ja, wenn heute ein erneuter Krieg zwischen Frankreich und Deutschland völlig undenkbar erscheint, so verdankt dies die Welt Männern wir Charles de Gaulle, Konrad Adenauer, Robert Schumann, Jean Monnet, Alcide de Gasperi. Als große Politiker dachten sie nicht in erster Linie bürokratisch-technokratisch à la Bruxelles, sondern verfolgten aufgrund ihrer furchtbaren Erfahrungen (politisch durchaus realistisch) eine ethisch-religiös fundierte Vision: Schluß jetzt, ein für allemal, mit diesen Kriegen zwischen europäischen Nationen. Ein vereintes Europa auf christlich-abendländischer Grundlage, wirtschaftlich und verteidigungspolitisch verbunden, ist die beste

Garantie dafür, daß die Völker in Zukunft friedlich zusammenleben. Und um deutlich zu machen, daß die Versöhnung von Frankreich und Deutschland nach so viel antichristlichem Ungeist aus christlichem Geiste kam, haben de Gaulle und Adenauer diese Versöhnung mit einem Gottesdienst in der Krönungskathedrale der französischen Könige zu Reims vor aller Weltöffentlichkeit besiegelt.

Beispiel 2: Nach dem Zweiten Weltkrieg waren die ideologischen Fronten zwischen der *Bundesrepublik Deutschland* und den *Staaten des Warschauer Paktes* völlig verhärtet: Wie soll man – nach den beispiellosen Greueltaten der Deutschen im Osten und der Vertreibung Millionen Deutscher aus ihren angestammten Gebieten – einander vergeben können? Schon Ende der 50er Jahre hatte der damalige Bischof von Berlin und spätere Münchner Kardinal Julius Döpfner mit einem mutigen Aufruf zur Versöhnung einen ersten Schritt getan. Durch einen Sturm der Entrüstung aber ließ er sich rasch zum Schweigen bringen. Es war dann die Evangelische Kirche in Deutschland, die 1965 einen erneuten Vorstoß wagte. Durch eine theologisch wohlbegründete und politisch wohlabgewogene Denkschrift bereitete sie die Aussöhnung zwischen Deutschen einerseits sowie Polen, Tschechen und Russen andererseits vor. Möglich wurde nicht zuletzt dadurch Jahre später jene Politik der Ostverträge, deren Ergebnis, auch wenn man es im einzelnen kritisch beurteilen mochte, sich faktisch doch als tragfähige Basis für eine vorläufige politische Normalisierung erwiesen hat, bis es endlich 1989 zum großen Umbruch kam.

Religionen für den Frieden

Die Beispiele ließen sich vermehren: Ich könnte die Bürgerrechtsbewegung der Vereinigten Staaten in den 60er Jahren nennen, die von einem schwarzen Pastor, Martin Luther King, angeführt und von vielen Pastoren, Priestern, Nonnen mitgetragen wurde; ich könnte die Friedensbewegung der 80er und 90er Jahre nennen, wo von den USA bis Japan, von Nordirland, Osteuropa bis nach Südafrika religiös Motivierte – Christen und Buddhisten vor allem – an der Spitze stehen. Ich könnte fortfahren ..., doch ich frage statt dessen mit Blick auf die Zukunft:

Was würde es für die Welt von morgen bedeuten, wenn die religiösen Führer aller großen und auch kleinen Religionen sich heute entschlossen zu ihrer Verantwortung für Frieden, Nächstenliebe und Gewaltlosigkeit, für Versöhnung und Vergebung aussprächen? Wenn sie, von Washington bis Moskau, von Jerusalem bis Mekka, von Belfast bis Teheran, von Amritsar bis Kuala Lumpur, statt Konflikte mitzuschüren, mithelfen würden, Konflikte zu lösen? Alle Religionen der Welt haben heute ihre Mitverantwortung für den Weltfrieden zu erkennen. Und deshalb kann man nicht genügend die These wiederholen, für die ich überall in der Welt wachsendes Verständnis gefunden habe: *Kein Friede unter den Nationen ohne einen Friede unter den Religionen*, kurz: kein Weltfriede ohne Religionsfriede!

Die konstruktive Auseinandersetzung mit den anderen Religionen dieser Welt um des Friedens in der Welt willen ist geradezu überlebenswichtig. Entweder haben wir im dritten Jahrtausend – nach dem Vorbild Europas – eine ganz anders friedliche »Ökumene«, oder wir haben überhaupt keine »Ökumene«, keine »bewohnte Erde« mehr. 1988 wurden Computer-Fotografien von der am weitesten entfernten Milchstraße unseres Kosmos (4C41.17) veröffentlicht; sie ist 15 Milliarden Lichtjahre von uns entfernt. Nein, angesichts der Unermeßlichkeit des Universums und unserer eigenen maßlosen menschlichen Selbstüberschätzung: Ein Deus Creator et Evolutor ist wahrhaftig nicht gerade auf unseren kleinen Planeten angewiesen, der da am Rande einer der in die Hunderte Millionen gehenden Galaxien mitfliegt! Umgekehrt: dieser kleine Planet ist bitter nötig auf den Deus Creator et Evolutor angewiesen! Diese Einsicht zwingt uns, unsere Verantwortung füreinander wahrzunehmen und unsere Verbissenheit im Umgang miteinander abzubauen. Das gilt vor allem für die Situation im Nahen Osten, wo die abrahamischen Religionen gleichermaßen betroffen sind.

Das eine ist klar: Es wird keinen Frieden im Nahen Osten

geben, weder eine Lösung der Golffrage noch eine Lösung der Palästinafrage, wenn die abrahamische Ökumene nicht weltpolitisch wirksam gemacht werden kann. Wie soll man sonst in allen Lagern den frommen Fanatikern wehren? Positiv ausgedrückt:

- Aufgrund der *Hebräischen Bibel* und des *Neuen Testaments* sollten sich *Juden und Christen* gemeinsam einsetzen für die Würde der arabischen und islamischen Völker, die nicht die letzten Kolonien auf dieser Erde sein wollen.

- Aufgrund von *Koran* und *Neuem Testament* sollten sich *Muslime und Christen* gemeinsam engagieren für das Lebensrecht des jüdischen Volkes, das mehr als alle anderen Völker in den letzten zweitausend Jahren gelitten hat und beinahe ausgerottet worden wäre.

- Aufgrund von *Hebräischer Bibel* und *Koran* sollten sich *Juden und Muslime* gemeinsam einsetzen für die bedrohte Freiheit der Christengemeinden in manchen Ländern des Nahen und Mittleren Ostens.

- Ein gemeinsames Engagement also aller drei Religionen für Frieden, Gerechtigkeit und Freiheit, für Menschenwürde, für Menschenrechte und die Erhaltung der Schöpfung, in Zusammenarbeit selbstverständlich mit den Völkern auch aus der *indischen*, *chinesischen* oder *japanischen* Tradition.

Gerade die Religionen sollten sich dabei auf ihr eigenes Programm besinnen, in dem das Wort »*Frieden*« – in der Hebräischen Bibel »*schalom*«, im Koran »*salam*« und im Neuen Testament »*eirene*« – eine so große Rolle spielt:

– »Suche Frieden, und jage ihm nach!« hörten wir aus den Psalmen (Ps 34,15). »Und sie werden ihre Schwerter zu Pflugscharen schmieden«, ist die Friedensvision des Propheten Jesaja: »Kein Volk wird wider das andere das Schwert erheben, und sie werden den Krieg nicht mehr lernen« (Jes 2,4).

– »Selig, die Frieden stiften; denn sie werden Söhne (und Töchter) Gottes genannt werden«, heißt es in der Bergpredigt (Mt 5,9). Und der Apostel Paulus: »Vergeltet niemandem Böses mit Bösem!« (Röm 12,17).

– Und der Koran, bei aller Aufforderung, gegen die ungläubigen Feinde zu rüsten, fordert: »Und wenn sie (die Feinde) sich dem Frieden zuneigen, dann neige auch du dich ihm zu und vertrau auf Gott!« (Sure 8,61). Und: »Wenn sie (die Ungläubigen) sich von euch fernhalten und nicht gegen euch kämpfen und euch Frieden anbieten, dann erlaubt euch Gott nicht, gegen sie vorzugehen« (Sure 4,90).

Dies ist mein Desiderat für die Zukunft: Keine Synagoge, Kirche oder Moschee sollte es mehr geben, die nicht für die religiöse Verständigung einen Beitrag leistet. In allen Synagogen, Kirchen und Moscheen sollte für den Frieden nicht nur gebetet, sondern aktiv geworben und gearbeitet werden. Dafür brauchen wir alle zusammen eine Vision, brauchen wir Phantasie, Mut und unermüdlichen tatkräftigen Einsatz.

Aus: »Projekt Weltethos« (1990) und »Das Judentum« (1991).

IX. DAS PROJEKT WELTETHOS

1. Auf dem Wege zu einem Weltethos

- Jede *Minute* geben die Länder der Welt 1,8 Millionen US-Dollar für militärische Rüstung aus;
- jede *Stunde* sterben 1500 Kinder an Hunger oder durch Hunger verursachte Krankheiten;
- jeden *Tag* stirbt eine Tier- oder Pflanzenart aus;
- mit Ausnahme der Zeit des Zweiten Weltkrieges wurden in den 80er Jahren in in jeder *Woche* mehr Menschen verhaftet, gefoltert, ermordet, zur Flucht getrieben oder auf andere Weise durch repressive Regierungen unterdrückt als zu irgendeinem anderen Zeitpunkt in der Geschichte;
- jeden *Monat* kommen durch das Weltwirtschaftssystem weitere 7,5 Mrd. US-Dollar Schulden zu den 1500 Mrd. Dollar hinzu, die schon jetzt eine unerträgliche Last für die Menschen in der Dritten Welt sind;
- jedes *Jahr* wird eine Fläche des Regenwaldes, die $^3/_4$mal so groß ist wie Korea, für alle Zeiten zerstört.

Braucht es angesichts dieser Zahlen, die leicht durch analoge ergänzt oder ersetzt werden könnten, einer langen Begründung, warum wir ein globales Ethos benötigen, um zu überleben? Vielleicht nicht. Und doch wird man sich die Mühe einer Begründung und Konkretisierung nicht ersparen können. Denn die Krise der gegenwärtigen Weltstunde ist nicht das Ergebnis kurzfristiger, sondern das Produkt langfristiger krisenhafter Entwicklungen. Wer heute die Frage nach einem globalen Ethos stellt, hat sich bewußt zu sein, daß die gegenwärtige Situation Ausdruck eines tiefgreifenden Epocheneinbruchs ist, der bereits mit dem Ersten Weltkrieg einsetzte.

Die Heraufkunft der postmodernen Weltordnung

Mit Blick auf die Möglichkeiten der Zukunft ist eine kurze Erinnerung an die welthistorische Wasserscheide von 1918 durchaus am Platz. Die Geschichte kümmert sich ja wenig um runde Kalenderdaten. Und viele Historiker sind sich darüber einig, daß das 19. Jahrhundert erst mit dem Ersten Weltkrieg geendet und das 20. Jahrhundert erst 1918 richtig begonnen hat. Hier bereits setzt, sieht man genauer zu, die Wende ein zu einer neuen Weltepoche nach der Moderne. »*Post-Moderne*« – ein problematischer Begriff gewiß, der mehr Ausdruck der Verlegenheit als der Bestimmtheit ist für eine neue Weltepoche, die noch keinen Eigennamen besitzt, die jetzt aber gegen Ende des Jahrhunderts zunehmend ins allgemeine Bewußtsein tritt. Auch für mich ist Postmoderne weder ein alles erklärendes Zauber- oder Passepartout-Wort noch ein polemisches Hieb- und Stichwort, sondern ein zwar mißverständlicher, aber unumgänglicher heuristischer Begriff: ein genau zu bestimmender, problemstrukturierender »Such-Begriff« zur Analyse dessen, was unsere Epoche von der Moderne unterscheidet.

Die Zeitenwende von der »Moderne« zur »Postmoderne« wird meist zu kurzatmig und kurzfristig angesetzt, so, wenn man sie erst in den 70er oder 80er Jahren beginnen läßt. Der grundlegende Einbruch der Moderne ist schon mit dem Zusammenbruch der bürgerlichen Gesellschaft und der eurozentrischen Welt um die Zeit des *Ersten Weltkrieges* zu sehen. Für Mittel- und Osteuropa brachte er den Zusammenbruch des 1000jährigen deutschen Kaisertums und des Zarenreiches, des 400jährigen protestantischen Staatskirchentums und der modernen liberalen Theologie; neben dem Untergang des Habsburgerreiches brachte die Zeitenwende den Zusammenbruch des Ottomanischen Reiches und des chinesischen Kaiserreiches ... Nicht das oft nebulös-feuilletonistisch gebrauchte *Wort* »Postmoderne« also ist entscheidend, sondern die Sache: die *Tatsache eines globalen Epochenumbruchs*, der in seinen Implikationen genauer zu analysieren ist. Das Wort Postmoderne, für das bisher kein Ersatz gefunden wurde, möchte ich also nicht primär literaturhistorisch oder architekturtheoretisch gebrauchen (in welchen Bereichen die Probleme relativ spät bewußt geworden sind), sondern *welthistorisch*.

Schon nach dem Weltkrieg 1914–1918 taten sich nämlich auch Chancen auf, die *zusammengebrochene Welt der Moderne*, die um die Mitte des 17. Jahrhunderts mit moderner Philosophie (Descartes), Naturwissenschaft (Galilei) und säkularem Rechts-, Staats- und Politikverständnis begonnen hatte, durch eine neue friedvollere, *postmoderne Weltordnung* aufzufangen:

• Schon damals war vielen klar, daß die Weltherrschaft der europäischen Mächte grundlegend erschüttert war und daß nach diesem globalpolitischen Erdbeben die Eurozentrik von einer *Polyzentrik* (neben Europa jetzt Amerika, Sowjetrußland und auch Japan) abgelöst werden würde.

• Schon damals war deutlich geworden, daß moderne Wissenschaft und Technik den Kriegen eine wesentlich andere *Vernichtungsqualität* geben würden und ein neuer Weltkrieg mit noch perfekterer Todestechnologie Europa vollends ruinieren könnte.

• Schon damals gab es eine *Friedensbewegung*, die entschieden für totale Abrüstung oder gar Pazifismus eintrat.

• Schon damals gab es massive *Zivilisationskritik*, hatten Weitblickende begriffen, daß Industrialisierung nicht nur technischen Fortschritt bringen, sondern mit der Zeit auch die Umwelt zerstören würde.

• Schon damals erreichte die *Frauenbewegung* in vielen Ländern ihren definitiven Durchbruch: Gleichberechtigung bei politischen Wahlen und bei der Berufswahl begann sich durchzusetzen.

• Schon damals begann mit internationalen Konferenzen und Bünden die *ökumenische Bewegung*, die nach dem Zweiten Weltkrieg zum Ökumenischen Rat der Kirchen und zum Zweiten Vatikanischen Konzil führte.

Alle diese Bewegungen sind also kein »Verrat« an der Moderne, aus vormodern-»antimodernistischen« Motivationen

geboren, sondern sie sind Zeichen eines produktiven, vor-
wärtsweisenden Wandels hin zu einer postmodernen Gesamtkonstellation.

Dimensionen des postmodernen Paradigmas

Wir sahen: Schon seit den beiden Weltkriegen ist die Menschheit in einem epochalen Paradigmenwechsel von der Moderne
zur Postmoderne begriffen, in einem Wandel der Gesamtkonstellation, die jetzt auch im Bewußtsein der Massen durch-
gebrochen ist. Wie unser neues Zeitalter einmal heißen wird,
welchen Namen (wie »Reformation«, »Aufklärung«) oder
Übernamen (»Barock«, »Rokoko«) es bekommen wird, wissen
wir zur Zeit noch nicht. Der Ersatzbegriff »post-modern« läßt
sich indessen bereits jetzt durch einige positive Bestimmungen
ersetzen. Zunehmend deutlicher – trotz aller Gegenbewegun-
gen, abweichenden Trends und zu erwartenden Krisen – weist
die postmoderne Weltkonstellation, knapp umrissen, folgende
Dimensionen auf:

• Geopolitisch gesehen haben wir es mit einer *posteurozentri-
schen* Konstellation zu tun: vorbei die Weltherrschaft von fünf
rivalisierenden europäischen Nationalstaaten (England,
Frankreich, Österreich, Preußen/Deutschland, Rußland).
Heute sind wir mit einer *polyzentrischen Konstellation verschiedener Weltregionen* konfrontiert: führend Nordamerika,
Sowjetrußland, Europäische Gemeinschaft, Japan, später wohl
auch China und Indien.

• Außenpolitisch gesehen haben wir mit einer *postkoloniali-
stischen* und *postimperialistischen* Weltgesellschaft zu rechnen.
Konkret heißt dies (im Idealfall) international kooperierende,
wahrhaft vereinigte Nationen.

• Wirtschaftspolitisch gesehen entwickelt sich eine *postkapita-
listische*, *postsozialistische* Wirtschaft. Man kann sie mit eini-
gem Recht eine *öko-soziale Marktwirtschaft* nennen.

• Sozialpolitisch gesehen bildet sich eine *postindustrielle* Gesellschaft. Sie wird in den entwickelten Ländern zunehmend
eine *Dienstleistungs-* und *Kommunikationsgesellschaft* sein.

- Gesellschaftspolitisch zeichnet sich im Verhältnis der Geschlechter ein *postpatriarchales System* ab. In Familie, Berufsleben und Öffentlichkeit entwickelt sich deutlich ein mehr *partnerschaftliches Verhältnis von Mann und Frau.*
- Kulturpolitisch gesehen gehen wir in Richtung auf eine *postideologische* Kultur. Es wird künftig eine mehr *plurale, ganzheitlich ausgerichtete Kultur* sein.
- Religionspolitisch gesehen zeichnet sich eine *postkonfessionelle* und *interreligiöse* Welt ab. Das heißt: langsam und mühselig entwickelt sich eine *multikonfessionelle ökumenische Weltgemeinschaft.*

Es geht bei diesem epochalen Paradigmenwechsel, welcher Lebenswelt, Arbeitswelt, Kulturwelt und Staatenwelt umfaßt, nicht zuletzt um neue Werte, um ein neues Ethos.

Keine Weltordnung ohne Weltethos

Denn das eine ist sicher: Der Mensch kann nicht durch immer mehr Gesetze und Vorschriften verbessert werden, freilich auch nicht nur durch Psychologie und Soziologie. Im Großen wie im Kleinen ist man ja mit derselben Situation konfrontiert: Sachwissen ist noch kein Sinnwissen, Reglementierungen sind noch keine Orientierungen, und *Gesetze sind noch keine Sitten.* Auch das Recht braucht ein moralisches Fundament! Die ethische Akzeptanz der Gesetze (die vom Staat mit Sanktionen versehen und mit Gewalt durchgesetzt werden können) ist Voraussetzung jeglicher politischer Kultur. Was nützen den einzelnen Staaten oder Organisationen, ob der EG, den USA oder der UNO, immer neue Gesetze, wenn ein Großteil der Menschen gar nicht daran denkt, sie auch einzuhalten, und ständig genügend Mittel und Wege findet, um verantwortungslos die eigenen oder kollektiven Interessen durchzusetzen. In den nächsten fünf Jahren etwa müßten in den USA wegen der neuen Drogenwelle (so schätzt der National Council on Crime and Delinquency) für 460 000 neue Gefangene neue Zellen gebaut und insgesamt 35 Milliarden Dollar ausgegeben werden.

Schon aus wirtschaftlichen Gründen also kann die Forderung nach mehr Überwachung, Polizei, Gefängnissen und schärferen Gesetzen nicht die einzige Lösung sein, um mit solch schwerwiegenden Problemen unserer Zeit fertig zu werden. Neben der Frage der zu finanzierenden Umstellung der Kokainanpflanzung in Südamerika geht es doch offensichtlich zugleich um ein Grundproblem der Erziehung (Familie, Schule, Gruppe, Öffentlichkeit) in Nordamerika (und Europa). »Quid leges sine moribus« heißt ein römisches Diktum: was sollen Gesetze ohne Sitten!?

Gewiß: alle Staaten der Welt haben eine Wirtschafts- und Rechtsordnung, aber in keinem Staat der Welt wird sie funktionieren ohne einen ethischen Konsens, ohne ein Ethos ihrer Staatsbürger/innen, aus dem der demokratische Rechtsstaat lebt. Gewiß: auch die internationale Staatengemeinschaft hat bereits transnationale, transkulturelle, transreligiöse Rechtsstrukturen geschaffen (ohne die internationale Verträge ja purer Selbstbetrug wären); was aber ist eine Weltordnung ohne ein – bei aller Zeitgebundenheit – *verbindendes und verbindliches Ethos* für die gesamte Menschheit, ohne ein *Weltethos*? Nicht zuletzt der Weltmarkt erfordert ein Weltethos! Räume mit schlechthin unterschiedlicher oder gar in zentralen Punkten widersprüchlicher Ethik wird sich die Weltgesellschaft weniger denn je leisten können. Was nützen ethisch fundierte Verbote in dem einen Land (man denke an bestimmte Finanz- und Börsenmanipulationen oder an aggressive gentechnologische Forschungen), wenn sie durch Ausweichen in andere Länder unterlaufen werden können? Ethik, wenn sie zum Wohle aller funktionieren soll, muß unteilbar sein. Die ungeteilte Welt braucht zunehmend das ungeteilte Ethos! Die postmoderne Menschheit braucht gemeinsame Werte, Ziele, Ideale, Visionen.

Aber – die große umstrittene Frage: Setzt dies alles nicht einen religiösen Glauben voraus? Nicht notwendigerweise. Aber es ist auch nicht zu bestreiten: Durch alle Jahrtausende hindurch waren die Religionen jene Orientierungssysteme, welche die Grundlage für eine bestimmte Moral bildeten, sie legitimierten, motivierten und oft auch mit Strafen sanktionierten.

Die Ambivalenz von Religion

Niemand kann es leugnen: Ihre moralische Funktion haben die Religionen, wie alles Menschliche ambivalente geschichtliche Größen, recht und schlecht wahrgenommen. Recht *und* schlecht: Daß gerade die Hochreligionen viel zum geistig-sittlichen Fortschritt der Völker beigetragen haben, läßt nur Voreingenommenheit übersehen. Daß sie diesen Fortschritt aber auch oft behindert, ja verhindert haben, läßt sich ebensowenig wegdiskutieren. Oft bewährten sich die Religionen weniger als Motoren des Fortschritts (so etwa trotz aller Einseitigkeiten und Schwächen die protestantische Reformation), sondern präsentierten sich als Bastionen der Gegenreform und Gegenaufklärung (so wie schon im 16. und 19. Jahrhundert auch heute wieder das selbstherrliche, machtbesessene Vatikanische Rom).

Positives *und* Negatives ließe sich freilich wie vom Christentum so auch vom Judentum und vom Islam, vom Hinduismus und Buddhismus, vom chinesischen Konfuzianismus und Taoismus berichten. In jeder der großen Weltreligionen findet sich neben einer (den Anhängern meist besser bekannten) mehr oder weniger triumphalen *Erfolgsgeschichte* auch eine (von ihnen lieber verschwiegene) *Chronique scandaleuse*. Gibt es doch bis in unsere Tage hinein Zeiten, wo sich, wie es der amerikanische Psychiater Edgar Draper formulierte, »die institutionalisierte Religion nicht besonders gestört hat an ihren bizarren Anhängern, wilden Strömungen, komischen Heiligen, lasziven Brahmanen, paranoiden Predigern, gestörten Rabbis, exzentrischen Bischöfen oder psychopathischen Päpsten; noch schien sie bereit, Charakterstärke solchen Häretikern, Reformern oder Rebellen zuzugestehen, die sich ihrer Lehre widersetzten«. Und doch: Religion hat auch eine wichtige Grundfunktion ausgeübt.

Religionen sprechen mit absoluter Autorität, und sie bringen diese nicht nur mit Worten und Begriffen, Lehren und Dogmen, sondern auch mit Symbolen und Gebeten, Riten und Festen – also rational und emotional – zum Ausdruck. Denn Religionen besitzen Mittel, um nicht nur für eine intellektuelle Elite, sondern auch für breite Bevölkerungsschichten die ganze Existenz des Menschen zu formen – und dies geschichtlich erprobt, kulturell angepaßt und individuell konkretisiert. Nein, Religion kann nicht alles, doch vermag sie ein gewisses »Mehr« im Menschenleben zu eröffnen und zu schenken:

• Religion vermag eine spezifische Tiefendimension, einen umfassenden Deutungshorizont angesichts auch von Leid, Ungerechtigkeit, Schuld und Sinnlosigkeit und einen letzten Lebenssinn auch angesichts des Todes zu vermitteln: das *Woher und Wohin unseres Daseins*.

• Religion vermag oberste Werte, unbedingte Normen, tiefste Motivationen und höchste Ideale zu garantieren: das *Warum und Wozu unserer Verantwortung*.

• Religion vermag durch gemeinsame Symbole, Rituale, Erfahrungen, Ziele ein Zuhause des Vertrauens, des Glaubens, der Gewißheit, Ich-Stärke, Geborgenheit und Hoffnung zu schaffen: eine *geistige Gemeinschaft und Heimat*.

• Religion vermag Protest und Widerstand gegen Unrechtsverhältnisse zu begründen: die schon jetzt wirksame, unstillbare *Sehnsucht nach dem »ganz anderen«*.

Echte Religion, die sich auf das eine Absolute (Gott) bezieht, *unterscheidet sich wesentlich von jeder Quasi- oder Pseudoreligion*, die etwas Relatives verabsolutiert, vergöttlicht: sei es die atheistische »Göttin Vernunft« oder den »Gott Fortschritt« mit all seinen (lange Zeit ebenfalls nicht hinterfragten) »Untergöttern« im Pantheon der Moderne: Wissenschaft (Naturwissenschaft), Technologie (»High Tech«) und Industrie (»Kapital«). Sie alle erscheinen jetzt in der Postmoderne weitgehend entmythologisiert und entideologisiert, das heißt: relativiert. Wir sollten sie in dieser neuen Weltkonstellation auch nicht durch einen neuen Götzen, etwa den »Weltmarkt«, dem alle Werte unterzuordnen wären, ersetzen, sondern durch den erneuerten Glauben an den einen wahren Gott. *Echte Religion,* die sich so auf das eine und einzige Absolute bezieht, hat in der Postmoderne wieder eine *neue Chance* – nicht mehr und nicht weniger. Was heißt das im Blick auf ein Weltethos?

Ethische Perspektiven der Weltreligionen

Gewiß, Religionen waren und sind immer in Versuchung, zum Zwecke des Machterhalts ihrer Institutionen, Konstitutionen und Hierarchien nur um sich selber zu kreisen. Und doch vermögen sie, wo sie wollen, mit noch anderer moralischer Kraft als viele internationale Organisationen der Welt glaubwürdig zu machen, daß es ihnen um das *Wohl des Menschen* geht. Denn alle großen Religionen bieten ja mit Autorität eine *religiöse Grundorientierung* an – Halt, Hilfe und Hoffnung angesichts der Eigenmechanik aller menschlichen Institutionen, angesichts des Eigeninteresses der verschiedenen Individuen und Gruppen und angesichts der Überinformation durch die Medien.

Konkret: Gerade wer in der prophetischen Tradition an Gott wahrhaft glaubt, dem sollte es in der Praxis konsequenterweise um das Wohl des Menschen gehen. So das jüdische Doppelgebot von Gottes- und Nächstenliebe und dessen Radikalisierung (bis hin zur Feindesliebe) in der jesuanischen Bergpredigt, so auch die unablässige Forderung des Koran nach Gerechtigkeit, Wahrhaftigkeit und guten Werken. Aber auch die buddhistische Lehre von der Überwindung menschlichen Leids ist hier zu nennen, ebenso das hinduistische Streben nach Erfüllung des »dharma« und die konfuzianische Forderung, die kosmische Ordnung und damit das Humanum zu bewahren. Hier überall werden mit unbedingter Autorität – wie es eben nur die Religionen können und dürfen – das Wohl und die Würde des Menschen als Grundprinzip und Handlungsziel des menschlichen Ethos herausgestellt. Das heißt: des Menschen Leben, Integrität, Freiheit und Solidarität im ganz konkreten Fall. Menschenwürde, Menschenfreiheit, Menschenrechte lassen sich so nicht nur positivistisch statuieren, sondern in einer letzten Tiefe begründen, religiös begründen.

Gewiß, Religionen waren und sind immer in Versuchung, sich auf spezielle Traditionen, mysteriöse Dogmen und rituelle Vorschriften zu fixieren und sich abzukapseln. Und doch können sie, wo sie wollen, mit noch anderer Autorität und Überzeugungskraft als Politiker, Juristen und Philosophen grundlegende *Maximen elementarer Menschlichkeit* zur Geltung bringen. Denn alle großen Religionen fordern ja bestimmte »non-negotiable standards«: ethische Grundnormen und handlungsleitende Maximen, die von einem Unbedingten, einem Absoluten her begründet werden und deshalb für Hunderte von Millionen Menschen auch unbedingt gelten sollen.

Konkret: Fünf große Gebote der Menschlichkeit, die zahllose Applikationen auch in Wirtschaft und Politik haben, gelten in *allen* großen Weltreligionen: (1) nicht töten; (2) nicht lügen; (3) nicht stehlen; (4) nicht Unzucht treiben; (5) die Eltern achten und die Kinder lieben. Diese Gebote mögen für viele allgemein klingen. Aber wieviel müßte sich ändern und sollte sich auch ändern, wenn etwa nur das Gebot »Du sollst nicht stehlen« wieder mehr ins allgemeine Bewußtsein träte und angewandt würde auf das (leider immer mehr auch in früher diesbezüglich intakten Staaten grassierende) Übel der Korruption?

Solche unbedingt geltenden Normen wehren einem *prinzipienlosen Libertinismus*, der allein aus dem Augenblick lebt und sich ausschließlich nach der Situation richtet. Umgekehrt allerdings dürfen solche Normen auch nicht im Geist eines *unfreien Legalismus* angewendet werden, der sich völlig unbekümmert um die konkrete Situation an den Buchstaben des Gesetzes halten will. In komplexen Fragen wie Empfängnisverhütung, Schwangerschaftsabbruch oder Sterbehilfe kann man Lösungen nicht einfach in der Bibel oder einem anderen heiligen Buch nachschlagen.

Hier ist immer zu bedenken: Ethik ist weder Thetik noch Taktik. Weder soll allein das Gesetz (Gesetzesethik) noch allein die Situation (Situationsethik) herrschen. Denn: Normen ohne die Situation sind leer; die Situation aber ohne Norm ist blind. Vielmehr: Die Normen sollen die Situation erhellen und die Situation die Normen bestimmen. Gut, sittlich ist also nicht einfach das abstrakt Gute oder Richtige, sondern das konkret Gute oder Richtige: das Angemessene. Mit anderen Worten: Nur in der bestimmten Situation wird die Verpflichtung konkret. Aber in einer bestimmten Situation, die freilich nur der Betroffene selber zu beurteilen vermag, kann die Verpflichtung durchaus unbedingt werden. Das heißt: Unser Sollen ist immer situationsbezogen, aber in einer bestimmten Situation kann das Sollen kategorisch werden: ohne Wenn und Aber. In jeder konkreten sittlichen Entscheidung ist also die allgemeine normative Konstante zu verbinden mit der besonderen situationsbedingten Variablen.

Gewiß, Religionen waren und sind immer in Versuchung, in der Individual- wie in der Sozialethik, in der Sexual- wie in der Wirtschafts- und Staatsethik legalistisch auf irgendwelchen rigoristischen Extrempositionen herumzureiten. Und doch können sie, wo sie wollen, Hunderte von Millionen Menschen auf dieser Erde für einen *vernünftigen Weg der Mitte zwischen Libertinismus und Legalismus* gewinnen. Denn alle großen Religionen fördern ja Handlungsbilder, die einen Weg der Mitte weisen – so wichtig im Blick auf die Komplexität individueller und kollektiver Neigungen, Emotionen und Interessen.

Konkret: Es ist ein Weg der Mitte zwischen Besitzgier und Besitzverachtung, Hedonismus und Asketismus, Sinnenlust und Sinnenfeindlichkeit, Weltverfallenheit und Weltverneinung. Seien es die kultisch-sozialen Pflichten, die das gesamte Leben eines Hindu strukturieren, sei es die buddhistische »Gelassenheit« im Umgang mit der Welt oder die auf Weisheit zielende Lehre des Konfuzius, seien es die Gebote von Tora und Talmud, die den Menschen vor Gott auf seine Pflichten in der Welt hinweisen, seien es die weder legalistische noch asketische Verkündigung Jesu oder die vielen vernünftigen, an den Erfordernissen des Alltags orientierten Anweisungen des Koran: gefordert ist in allen Fällen ein verantwortungsbewußtes

Handeln – sich selbst und der Umwelt gegenüber. Alle Religionen fordern nicht nur bestimmte Spielregeln, sondern bestimmte *Dispositionen, Haltungen, »Tugenden«*, die das Verhalten des Menschen von innen zu steuern vermögen, all das, was gesetzliche Vorschriften eben nicht in gleicher Weise zu leisten vermögen. In die gegenwärtige gesellschaftliche Situation hinein übersetzt, würde der vernünftige Weg der Mitte bedeuten: ein Weg zwischen ignorantem Rationalismus und larmoyantem Irrationalismus, zwischen Wissenschaftsgläubigkeit und Wissenschaftsverteufelung, zwischen Technikeuphorie und Technikfeindlichkeit, zwischen bloßer Formaldemokratie und totalitärer Volksdemokratie.

Gewiß, Religionen waren und sind immer in Versuchung, sich in einem unendlichen Gestrüpp von Geboten und Vorschriften, Kanones und Paragraphen zu verlieren. Und doch können sie, wo sie wollen, mit ganz anderer Autorität als jede Philosophie begründen, daß die Anwendung ihrer Normen nicht von Fall zu Fall, sondern kategorisch gilt. Religionen können Menschen eine oberste Gewissensnorm geben, jenen für die heutige Gesellschaft immens wichtigen *kategorischen Imperativ*, der in ganz anderer Tiefe und Grundsätzlichkeit verpflichtet. Denn alle großen Religionen fordern ja so etwas wie eine *»goldene Regel«* – eine nicht nur hypothetische, bedingte, sondern eine kategorische, apodiktische, *unbedingte Norm* – durchaus praktikabel angesichts der höchst komplexen Situation, in der einzelne oder auch Gruppen oft handeln müssen.

Diese »goldene Regel« ist schon bei Konfuzius bezeugt: »Was du selbst nicht wünschst, das tue auch nicht anderen Menschen an« (Konfuzius, ca. 551–489 v. Chr.), aber auch im Judentum: »Tue nicht anderen, was du nicht willst, das sie dir tun« (Rabbi Hillel, 60 v. Chr.–10 n. Chr.), und schließlich auch im Christentum: »Alles, was ihr wollt, das euch die Menschen tun, das tut auch ihr ihnen ebenso.« Kants kategorischer Imperativ könnte als eine Modernisierung, Rationalisierung und Säkularisierung dieser goldenen Regel verstanden werden: »Handle so, daß die Maxime deines Willens jederzeit zugleich als Prinzip einer allgemeinen Gesetzgebung gelten könne«, oder: »Handle so, daß du die Menschheit, sowohl in deiner Person als in der Person eines jeden anderen … jederzeit zugleich als Zweck, niemals bloß als Mittel brauchst.«

Gewiß, Religionen waren und sind immer in Versuchung, Menschen autoritär zu kommandieren, blinden Gehorsam zu fordern und die Gewissen zu vergewaltigen. Und doch können sie, wo sie wollen, überzeugende *sittliche Motivationen* bieten. Denn gegenüber so viel Frustration, Lethargie und Apathie besonders in der jungen Generation heute können sie aus uralter Tradition in zeitgemäßer Form überzeugende *Motive des Handelns* bieten: nicht nur wie die Philosophie ewige Ideen, abstrakte Prinzipien und allgemeine Normen, sondern auch die lebendige Verkörperung einer neuen Lebenseinstellung und eines neuen Lebensstils.

Konkret: Bis heute wirken diejenigen Lebensmodelle motivierend, die sich in Leben und Lehren der großen Leitfiguren der Weltreligionen darstellen: im Buddha, in Jesus Christus, in Kung-futzu oder Lao-tzu, im Propheten Muhammad. Das Wissen um das Gute, seine Normen, Modelle, Zeichen werden dem einzelnen nun einmal sozial vermittelt. Und da macht es einen alles entscheidenden Unterschied, ob man Menschen einen neuen Lebensstil abstrakt vordoziert oder ob man sie mit Verweis auf ein verpflichtendes konkretes Lebensmodell zu einem solchen Lebensstil einladen kann: zur Nachfolge Buddhas, Jesu Christi, Kung-futzus, Lao-tzus oder des Propheten Muhammad.

Gewiß, Religionen waren und sind immer in Versuchung einer doppelten Moral, nämlich der ethischen Forderungen nur anderen zu predigen und nicht selbstkritisch zuerst auf sich selber anzuwenden. Doch können sie, wenn sie wollen, auch heute noch – oder heute wieder neu – mit einzigartiger Überzeugungskraft gegen Leere und Sinnlosigkeit für Hunderte von Millionen Menschen in Lehre, Ethos und Ritus glaubwürdig einen *Sinnhorizont* auf dieser Erde selber aufscheinen lassen – und auch eine letzte *Zielbestimmung*.

Konkret: Alle Religionen beantworten die Frage nach dem

Sinn des Ganzen, des Lebens, der Geschichte mit dem Blick auf eine schon hier und jetzt sich auswirkende allerletzte Wirklichkeit – ob diese nun mit dem klassischen Judentum als »Auferweckung«, mit dem Christentum als »ewiges Leben«, mit dem Islam als »Paradies«, mit dem Hinduismus als »Moksha«, mit dem Buddhismus als »Nirvāna« oder mit dem Taoismus als »Unsterblichkeit« umschrieben wird. Gerade angesichts vieler Frustrationen und vieler Erfahrungen des Leidens und Scheiterns können Religionen helfend und weiterführend ein Sinnangebot über den Tod hinaus und eine Sinngebung schon hier und jetzt vermitteln, und dies nicht zuletzt dort, wo moralisches Handeln erfolglos blieb.

Aus: »Projekt Weltethos« (1990).

2. Weltethos als Grundlage der Weltgesellschaft

Schon in der Menschenrechtsdebatte des französischen Revolutionsparlaments von 1789 wurde die Forderung erhoben: Wenn man eine Deklaration der Rechte des Menschen proklamiere, so müsse man damit eine Deklaration der Pflichten des Menschen verbinden. Sonst hätten am Ende alle Menschen nur Rechte, die sie gegen andere ausspielen würden, aber niemand würde mehr die Pflichten kennen, ohne welche die Rechte nicht funktionieren könnten.

Nicht nur Rechte, sondern auch Pflichten

Wir sahen in unserem historischen Rückblick, daß die Pflichten Jahrtausende vor den Rechten formuliert wurden. Aber 200 Jahre nach der Revolution von 1789 leben wir in einer Gesellschaft, in der einzelne und Gruppen ständig Rechte gegen andere geltend machen, ohne für sich selber irgendwelche Pflichten zu erkennen. Kaum jemand kann hierzulande ein Haus oder eine Straße bauen, kaum eine Behörde ein Gesetz oder eine Vorschrift erlassen, ohne daß nicht sogleich Rechte dagegen geltend gemacht werden. Zahllose Ansprüche können heutzutage als Rechte insbesondere dem Staat gegenüber vorgebracht werden. Leben wir doch in einer Anspruchsgesellschaft, die sich oft auch als »Rechtsanspruchsgesellschaft«, ja »Rechtsstreitgesellschaft« präsentiert und den Staat – so hat man die Bundesrepublik Deutschland genannt – zu einem »Justizstaat« macht. Allen voran allerdings die USA, wo ein Drittel aller Rechtsanwälte weltweit praktiziert; dort verbrauchen die Kosten der Schadenersatzregelung circa 3 % des gesamten

Bruttosozialprodukts. Ob sich also nicht vielleicht gerade in unseren überentwickelten Rechtsstaaten bei allem berechtigten Insistieren auf Rechten eine neue Konzentration auf die Pflichten nahelegt?

Natürlich ist mir bekannt, daß der Begriff Pflicht arg mißbraucht worden ist. Von totalitären, autoritären, hierarchischen Ideologien aller Art wurde die »Pflicht« (gegenüber Vorgesetzten, dem Führer, dem Volk, der Partei, dem Papst ...) eingehämmert; furchtbare Verbrechen wurden aus »Pflicht« oder aufgrund eines den Gehorsam aus göttlicher Autorität absichernden »Eides« begangen. »Pflicht ist Pflicht!« und »Befehl ist Befehl!«, beides darf nie wieder zur Parole werden; blinder Gehorsam, ob in Staat oder Kirche, ist unsittlich. Aber alle Mißbräuche sollten uns nicht hindern, den Begriff der Pflicht differenziert aufzunehmen, einen Begriff, der seit Cicero (»De officiis«) und dem Mailänder Bischof Ambrosius (»De officiis ministrorum«) eine lange Geschichte hat und durch Immanuel Kant zu einem Schlüsselbegriff der Moderne geworden ist.

Es läßt sich ja nicht übersehen, daß gerade die Pflicht – dies war der Leitgedanke von Kant – das Vernunftwesen Mensch auszeichnet gegenüber dem Tier, das nur Neigungen, Instinkten, Trieben oder äußerem Zwang und Dressur folgt. Doch ist der Mensch eben nicht nur ein Vernunftwesen, das ganz selbstverständlich seiner Vernunft folgt und ergo keine Pflicht bräuchte. Vernunft- und Triebwesen zugleich, hat der Mensch die Möglichkeit – die Chance und das Risiko –, sich in Freiheit entscheiden zu können und seiner Vernunft gemäß zu handeln. In diesem Sinn, modern-immanent verstanden, ist die Pflicht ein Anspruch der Vernunft, der verbindlich ist und doch auf Freiheit zielt. Das schließt freilich andere, »externe« Instanzen (Gott, positives Gesetz) nicht grundsätzlich aus, da eine in Theonomie begründete Autonomie des Menschen keine Heteronomie, keine Fremdbestimmung bedeuten muß.

Es ist zudem wichtig zu sehen, daß die Pflicht zwar moralisch nötigt, aber nicht physisch zwingt. Sie folgt, wenn man schon einmal von äußeren Autoritäten absieht, aus der eben nicht rein technischen oder ökonomischen, sondern ethischen Vernunft, die den Menschen zu moralischem Handeln anhält und nötigt. Doch wird in der modernen Menschenrechtsdiskussion eines übersehen: Alle Rechte implizieren Pflichten, aber:

Nicht alle Pflichten folgen aus Rechten

Ich mache dies zuerst mit Hilfe dreier Beispiele deutlich, ein eher spezielles, ein mehr generelles und ein ganz allgemeines, um dann eine genauere Bestimmung für das Verhältnis von Rechten und Pflichten vorzunehmen:

(1) Ein spezielles Beispiel: Die Pressefreiheit einer Zeitung oder eines Journalisten wird vom modernen Rechtsstaat garantiert und geschützt; der Journalist, die Zeitung, haben das Recht der freien Berichterstattung. Dieses Recht darf der Staat nicht nur nicht antasten, er muß es im Gegenteil aktiv schützen und zur Not auch mit seiner Gewalt durchsetzen. Deshalb haben Staat und Bürger die Pflicht, dieser Zeitung oder dieses Journalisten Recht auf freie Berichterstattung zu respektieren.

Aber: mit diesem Recht ist noch keineswegs die Pflicht des Journalisten oder der Zeitung selber angesprochen, nämlich sachlich und fair zu berichten, die Wirklichkeit nicht zu verzerren und die Öffentlichkeit nicht zu manipulieren, vielmehr wahrheitsgemäß zu informieren.

(2) Ein mehr generelles Beispiel: Auch das Recht auf Eigentum eines jeden Menschen wird vom modernen Rechtsstaat garantiert. Es enthält die rechtliche Pflicht für andere (den Staat oder einzelne Bürger), dieses Eigentum zu respektieren und sich nicht daran zu vergreifen.

Aber: Mit diesem Recht ist keineswegs auch schon die Pflicht des Eigentümers selber angesprochen, das Eigentum nicht unsozial, sondern sozial zu gebrauchen, die unstillbare Gier des Menschen nach Geld, Prestige und Konsum zu zügeln und einen Sinn für Maß und Bescheidenheit zu entwickeln.

(3) Ein ganz allgemeines Beispiel: Die Gewissensfreiheit eines jeden Menschen, nach seinem ureigenen Gewissen entscheiden zu dürfen, enthält die rechtliche Pflicht für andere (den einzelnen wie den Staat), die freie Gewissensentschei-

dung zu respektieren; die Schutzwürdigkeit des individuellen Gewissens ist verfassungsmäßig garantiert.

Aber: Mit diesem Recht ist keineswegs die ethische Gewissenspflicht des einzelnen selber festgehalten, in jedem Fall seinem ureigenen Gewissen zu folgen, auch und gerade dann, wenn ihm dies unangenehm oder zuwider ist.

Aus all dem folgt: Rechte implizieren gewisse Pflichten, das sind rechtliche Pflichten. Aber keineswegs alle Pflichten folgen aus Rechten. Es gibt auch originär ethische Pflichten. Schon der evangelische Naturrechtsethiker Samuel von Pufendorf (1632–94) und der jüdische Philosoph Moses Mendelssohn (1728–86) haben unterschieden zwischen:

– »vollkommenen« Pflichten, Pflichten im engeren Sinn: Das sind die rechtlichen Pflichten, etwa Gewissens- und Religionsfreiheit zu respektieren, Pflichten, die der Staat erzwingen darf und deren Verletzung er ahnden soll;

– die »unvollkommenen« Pflichten, Pflichten im weiteren Sinn: Das sind die ethischen Pflichten, etwa Gewissens-, Liebes- und Humanitätspflichten, die auf der eigenen Einsicht beruhen und vom Staat gerade nicht erzwungen werden können, wenn er nicht ein totalitärer Zwangsstaat sein will. Solche Pflichten sind freiwillig zu leisten. Das macht ihre Größen, aber auch ihre praktischen Grenzen aus. Doch bedenke man dabei:

Was sollen Rechte ohne Sitten?

Diese Unterscheidung zwischen rechtlichen und ethischen Pflichten ist wichtig für eine genauere Unterscheidung der Ebenen des Rechtes und des Ethos, die viele Implikationen hat, gerade für die Verwirklichung der Menschenrechte. Zuerst ist die Frage zu klären: Kann man aufgrund der Menschenrechte allein ein für die ganze Menschheit gültiges Menschheitsethos entwickeln? Die Ebenen des Rechts und des Ethos sind vielfach aufeinander bezogen: sowohl die Entstehung wie das Vorhandensein wie die Anwendung von Recht setzen schon ein Ethos voraus. Doch andererseits erschöpft sich das

Ethos gerade nicht im Recht. Die Ebenen des Rechts und des Ethos sind also grundsätzlich zu unterscheiden, was gerade für die Menschenrechte von Bedeutung ist:
• Menschen haben fundamentale Rechte, wie sie in den Menschenrechtserklärungen ausformuliert sind. Ihnen entsprechen die Pflichten sowohl des Staates wie der einzelnen Bürger, diese Rechte zu achten und zu schützen: Es sind dies rechtliche Pflichten. Hier sind wir auf der Ebene des Rechts, der Gesetze, der Paragraphen, der Justiz, der Polizei …

Das bedeutet praktisch: Das äußere, gesetzeskonforme Verhalten ist überprüfbar, das Recht ist im Prinzip einklagbar und zur Not erzwingbar (»Im Namen des Gesetzes«).
• Menschen aber haben zugleich originäre Pflichten, die schon mit ihrem Personsein gegeben sind und die nicht in irgendwelchen Rechten gründen: Es sind dies rechtlich nicht fixierte ethische Pflichten. Hier sind wir auf der Ebene des Ethos, der Sitten, des Gewissens, des »Herzens« …

Dies bedeutet praktisch: Die innere, moralisch gute Gesinnung ist nicht überprüfbar; sie ist deshalb auch nicht einklagbar und erst recht nicht erzwingbar (»Gedanken sind frei«).
• Fazit: Aus den Menschenrechten allein, so grundlegend sie für den Menschen sind, läßt sich kein umfassendes Menschheitsethos ableiten, das auch des Menschen vorrechtliche Pflichten umfassen muß. Vor jeglicher rechtlichen Fixierung und staatlichen Gesetzgebung gibt es die sittliche Eigenständigkeit und bewußte Eigenverantwortung des einzelnen Menschen, mit der nicht nur elementare Rechte, sondern auch elementare Pflichten verbunden sind.

Die Unterscheidung von Recht und Ethos hat schwerwiegende Folgen: Weil Recht und Ethos nicht von vornherein identisch sind, sondern auseinanderklaffen können, funktioniert das Recht sehr oft überhaupt nicht. Das gilt gerade für die Politik: Wenn einer oder beide Vertragspartner, wie etwa im vergangenen Jugoslawienkrieg, von vornherein nicht den ethischen Willen haben (der eben leider nicht direkt überprüfbar und erst recht nicht erzwingbar ist), den ausgehandelten Waffenstill-stand einzuhalten, dann nützen auch die von Großmächten mitunterschriebenen Waffenstillstandsverträge und alle ihre rechtlichen Absicherungen nichts; sie werden dann, sobald die Gelegenheit günstig ist, den Krieg weiterführen – mit welcher politischen oder juristischen Begründung auch immer. Die Realisierung des grundlegenden Prinzips des Völkerrechts »pacta sunt servanda«, »Verträge sind zu halten«, hängt ganz entscheidend am ethischen Willen der Vertragspartner. Es ge-nügt schon die (ebenfalls nicht zu kontrollierende) geheime Hinzufügung »rebus sic stantibus« (Bismarck), damit auch der feierlichste Rechtsvertrag auf Sand gebaut und bei geänderter Situation einseitig als nicht mehr gültig erklärt werden kann.

Im Hinblick auf die völkerrechtliche Ebene hatte 1955 Max Huber (1874–1960) die Relevanz der Unterscheidung von Recht und Ethos geltend gemacht. Huber, nicht nur renom-mierter schweizerischer Völkerrechtler, sondern auch Präsi-dent des Ständigen Internationalen Gerichtshofs in Den Haag (1925–28) sowie Präsident des Internationalen Komitees vom Roten Kreuz (1928–45), entfaltet in seinen Überlegungen den Begriff eines »Internationalen Ethos«, das hinter, über und transzendent gegenüber dem Recht stehe und daher nicht auf dieses Recht begründet werden könne. Für den Völkerrechtler gilt ganz grundsätzlich: »Weder das Recht noch die Sitte kön-nen sich auf die Dauer behaupten ohne die Autorität eines hinter ihnen stehenden, aus einem anderen und höheren Be-reiche stammenden Ethos, das die bloße Sitte in die Sittlichkeit erhebt.« In bezug auf das Völkerrecht, das den souveränen Staaten eine sehr große Bewegungsfreiheit für die Politik ein-räumt, habe das Ethos »die Aufgabe, für diesen weiten Spiel-raum politischen Handelns Maßstäbe zu geben und Schranken zu ziehen«.

»Quid leges sine moribus?« lautet deshalb ein römisches Diktum: Was nützen alle Gesetze, wenn keine Sitten, keine sittliche Gesinnung, keine Gewissensverpflichtung dahinter-steht? Was nützt ein Friedensvertrag, der nur auf dem Papier steht, der nicht in die Köpfe und, da es sich ja hier nicht um ein rein rationales Geschehen handelt, erst recht nicht in die »Herzen« der Menschen Eingang gefunden hat? Es ist nicht zu übersehen: Die Verwirklichung von Frieden, Gerechtigkeit und Menschlichkeit hängt ab von der Einsicht und Bereitschaft des Menschen, dem Recht Geltung zu verschaffen. Mit anderen Worten: das Recht braucht ein moralisches Fundament! Für eine neue Weltordnung heißt dies:

• Eine bessere Weltordnung kann mit Gesetzen. Konventionen und Verordnungen allein nicht geschaffen oder gar erzwungen werden.

• Der Einsatz für Menschenrechte setzt ein Bewußtsein für Verantwortung und Pflichten voraus, wofür gleichzeitig Kopf und Herz der Menschen angesprochen werden müssen.

• Das Recht hat ohne Ethos auf Dauer keinen Bestand, und es wird deshalb keine neue Weltordnung geben ohne ein Weltethos.

Aus: »Weltethos für Weltpolitik und Weltwirtschaft« (1997).

3. Eine erste Ausformulierung des Weltethos

Zur Vermeidung von Mißverständnissen sei hier wiederholt: Weltethos meint keine neue Weltideologie, meint erst recht keine einheitliche Weltreligion jenseits aller bestehenden Religionen, meint am allerwenigsten die Herrschaft einer Religion über alle anderen. Weltethos meint, wie dargelegt, den Grundkonsens bezüglich bestehender verbindender Werte, unverrückbarer Maßstäbe und persönlicher Grundhaltungen, ohne den jeder Gemeinschaft früher oder später anarchische Zustände oder eine neue Diktatur drohen. Doch wird man nun bestimmt erwarten, daß ich es, wenn es um einen ethischen Grundkonsens geht, nicht belasse bei allgemeinen Programmworten (Wahrheit, Gerechtigkeit, Menschlichkeit) und der goldenen Regel, sondern diesen Konsens inhaltlich näher bestimme. Doch will man das Weltethos konkretisieren, muß zuerst die formale Frage geklärt sein:

Wie soll das Weltethos konkretisiert werden? Kriterien

Wenn wir die bisherige philosophisch-politologische Diskussion ernst nehmen, dann muß – dafür ist Walzers Terminologie nützlich – ein Doppeltes vermieden werden:

(1) Eine Konkretisierung des Weltethos darf nicht nur ein »dünnes« Minimum an Ethos bieten: Alle hilfreichen Anregungen von seiten der Philosophie sollten selbstverständlich aufgenommen werden, ob sie nun mehr von der analytischen Sprachphilosophie, von der Frankfurter Kritischen Theorie oder von einer Geschichtstheorie inspiriert sind. Die Konkretisierung des Weltethos sollte so formuliert sein, daß auch Phi-

losophen wie Agnostiker und Atheisten sie sich zu eigen machen können, auch wenn sie eine mögliche transzendente Begründung einer solchen Konkretisierung nicht teilen.

Aber: Wenn man sich bei der Konkretisierung des Weltethos auf die neuere philosophische Ethik beschränken wollte, käme man möglicherweise über problematische Verallgemeinerungen und pragmatische Modelle (transzendental, utilitaristisch oder auch nur regionalistisch begründet) kaum hinaus. Es sollten jedoch nicht nur Intellektuelle oder Gebildete angesprochen werden.

(2) Eine Konkretisierung des Weltethos darf aber auch nicht ein »dichtes« Maximum an Ethos bieten wollen: Eine solche Konkretisierung soll selbstverständlich auch für die wirtschaftliche und politische Ebene Relevanz haben und die Bemühungen um eine gerechte Wirtschafts-, Sozial- und Umweltordnung nach Kräften unterstützen.

Aber: Wenn sich eine solche Konkretisierung direkt zu weltpolitischen oder wirtschaftspolitischen Fragen wie etwa zum Nahostkonflikt oder zur Lösung der Schuldenkrise äußern wollte, so würde eine solche zu »dichte« Weltethos-Konkretisierung sofort in die weltpolitische Diskussionen und Konfrontationen hineingezogen werden; sie würde den politischen Dissens eher vertiefen als überbrücken. Deshalb kann auch keine bestimmte moderne westliche Staats- oder Gesellschaftstheorie die Voraussetzung einer solchen Konkretisierung bilden.

Um bei der Konkretisierung voranzukommen wären drei Sackgassen von vornherein zu vermeiden:
– Eine Verdoppelung der Menschenrechtserklärung: Eine Weltethos-Konkretisierung sollte die Menschenrechtserklärung der UNO, die oft ignoriert, verletzt und umgangen wird, ethisch abstützen. Aber wenn dabei nur Aussagen der Menschenrechtserklärung wiederholt würden, könnte man auf eine solche Konkretisierung verzichten; Ethos ist, wie wir sahen, mehr als Recht, ethische Pflichten sind mehr als nur rechtliche Pflichten. Überdies würde einer solchen Ethos-Konkretisierung der Vorwurf besonders von seiten der östlichen Nationen und Kulturen nicht erspart bleiben, es handele sich hier um ein typisch »westliches« Unternehmen. Das darf es nicht sein.

– Eine kasuistische Moralpredigt: Eine Weltethos-Konkretisierung soll sich gewiß nicht scheuen, auch unbequeme Wahrheiten und Forderungen – etwa die Ehrfurcht vor allem Leben – deutlich anzusprechen und dabei auch den sexuellen Bereich nicht auszusparen. Aber wenn dabei in der Art bestimmter Religionsvertreter nur mit erhobenem Zeigefinger oder drohender Faust gemahnt würde, wenn man sich wieder einmal im Gestrüpp von Geboten und Vorschriften, Kanones und Paragraphen verlöre, ja wenn man sich verbindlich gerade zu den schwierig zu beurteilenden Fällen (»Kasus«) äußern wollte, so würde eine solche Konkretisierung bei vielen Frauen und Männern heute berechtigterweise auf Abwehr stoßen und nichts Konsensfähiges hervorbringen. Sich auf die in allen Nationen, Kulturen und Religionen umstrittenen Etagen wie Abtreibung oder Euthanasie einlassen, hieße, eine solche Konkretisierung von vornherein zu torpedieren.

– Eine schwärmerisch-religiöse Proklamation: Gewiß kann eine Weltethos-Konkretisierung gerade (wenn auch nicht nur) von religiös motivierten Menschen vorgenommen werden, die überzeugt sind, daß die vorfindliche empirische Welt nicht die letzte, höchste, »absolute« geistige Wirklichkeit und Wahrheit ist. Aber wenn bei einer solchen Konkretisierung einfach kosmisches Bewußtsein, globale Harmonie, geistige Kreativität, universale Einheit, allumfassende Liebe und eine spirituelle Vision einer besseren Welt beschworen würden, wenn nur die »Mutter Erde« hymnisch gepriesen und dabei die ökonomische, politische und soziale Wirklichkeit der gegenwärtigen hochkomplexen Industriegesellschaft nicht genügend ernst genommen würde, so würde eine solche Konkretisierung wirklichkeitsfremd ausfallen.

Möchte man bei der Konkretisierung des Weltethos vorankommen und gar zu seiner Ausformulierung vordringen, so müßten folgende formale Kriterien erfüllt werden: Eine formelle Weltethos-Erklärung müßte

– wirklichkeitsbezogen sein: Die Welt muß realistisch so gesehen werden, wie sie wirklich ist, nicht nur, wie sie sein sollte. Deshalb muß immer wieder ausgegangen werden von dem Ist-Zustand, um von da zum Soll-Zustand fortzuschreiten. Um die reale Bedeutung zunächst allgemein erscheinender Normen zu erkennen, muß bei bestimmten Negativerfahrungen eingesetzt werden. Was wahrhaft menschlich ist, ist nicht immer leicht zu definieren, was wirklich unmenschlich ist, dafür hat jedermann viele Beispiele parat:

– auf die tiefere ethische Ebene vorstoßen, die Ebene der verbindlichen Werte, unverrückbaren Maßstäbe und inneren Grundhaltungen. Sie darf nicht auf der juristischen Ebene der Gesetze, kodifizierten Rechte und einklagbaren Paragraphen, aber auch nicht auf der politischen Ebene der konkreten politischen Lösungsvorschläge hängenbleiben;

– allgemein verständlich sein: Technische Argumente und wissenschaftlicher Jargon, welcher Provenienz auch immer, sind zu vermeiden. Alles ist in einer Sprache zu formulieren, die zumindest der durchschnittliche Zeitungsleser zu verstehen vermag und die auch in andere Sprachen übersetzbar ist;

– konsensfähig sein: Keine numerische Einstimmigkeit, wohl aber eine moralische Einmütigkeit wäre anzustreben. Deshalb wären Statements zu vermeiden, die von bestimmten ethischen oder religiösen Traditionen her von vornherein abgelehnt werden. Verurteilungen, die als Verletzungen religiöser Gefühle verstanden werden, sind kontraproduktiv.

Wer sich so Schwierigkeitsgrad und Qualitätsmerkmale einer Ausformulierung des Weltethos vor Augen führt, wird nicht erstaunt sein, wenn Skeptiker und Pessimisten ein solches Vorhaben für fast oder ganz unmöglich ansehen. Nur sei diesen Skeptikern und Pessimisten verraten: Um der Konsistenz des systematischen Gedankenganges willen mußte ich diese formalen Bedingungen gleichsam a priori darlegen; faktisch aber sind sie a posteriori, bei der näheren Bestimmung der konkreten Inhalte eines Weltethos, mühselig genug erarbeitet worden. Mit anderen Worten: Die Diskussion über die Möglichkeit einer Ausformulierung des Weltethos ist müßig. Denn: Eine erste Erklärung zum Weltethos muß nicht erst erarbeitet werden, sondern sie liegt bereits promulgiert und publiziert vor, erarbeitet genau nach den hier festgehaltenen formalen Kriterien.

Zum ersten Mal in der Geschichte der Religionen hat es der Council des Parlaments der Weltreligionen, das vom 28. August bis zum 4. September 1993 in Chicago unter Beteiligung von 6500 Menschen aus allen möglichen Religionen tagen sollte, gewagt, eine Erklärung zu einem Weltethos ausarbeiten zu lassen und vorzulegen; der Verfasser dieses Buches hatte die Ehre und Last, diese Erklärung zu entwerfen, und hat in einer eigenen Veröffentlichung über die ganze Entstehungsgeschichte und den breiten internationalen und interreligiösen Konsultationsprozeß Rechenschaft abgelegt. Diese Erklärung hat, wie nicht anders zu erwarten war, während des Parlaments heftige Diskussionen ausgelöst. Aber das Erfreuliche ist: In einer Zeit, wo so viele Religionen in politische Konflikte, ja, blutige Kriege mitverwickelt sind, haben Repräsentanten höchst unterschiedlicher großer und kleiner Religionen diese Erklärung mit ihrer Unterschrift sich zu eigen gemacht, stellvertretend für ungezählte Gläubige auf dieser Erde. Diese Erklärung bildet nun die Basis für einen umfangreichen, sicher lange währenden Diskussions- und Akzeptanzprozeß, der in allen Religionen – so hoffen wir – trotz aller Hemmnisse stattfinden wird. Denn selbstverständlich ist diese erste Erklärung für die Menschenpflichten – ähnlich wie die erste Erklärung für die Menschenrechte 1776 im Zusammenhang der amerikanischen Revolution – nicht ein Endpunkt, sondern ein Anfangspunkt.

Eines der vielen hoffnungsvollen Zeichen für diesen Akzeptanzprozeß ist die nachhaltige Bestätigung der Erklärung von Chicago durch einen Report des InterAction Councils früherer Staats- und Ministerpräsidenten unter dem Vorsitz des ehemaligen deutschen Bundeskanzlers Helmut Schmidt. Dieser Report wurde unter dem Titel »In Search of Global Ethical Standard« in Wien vom 22.–24. März 1996 mit Experten aus den verschiedenen Religionen diskutiert und in einer Hauptversammlung des InterAction Councils am 22. Mai 1996 in Vancouver verabschiedet. Natürlich wissen auch diese Staatsmänner um die negative Rolle, welche die Religionen in der Welt vielfach gespielt haben und noch immer spielen: »Die Welt ist auch heimgesucht von religiösem Extremismus und Gewalt, die im Namen der Religion gepredigt und praktiziert werden.« Aber das hindert diese Staatsmänner nicht, auch die positive Rolle der Religionen gerade im Hinblick auf ein gemeinsames Ethos der Menschheit zur Kenntnis zu nehmen: »Religiöse Institutionen verfügen noch immer über die Loyalität von Hunderten von Millionen Menschen«, und dies trotz aller Säkularisierung und allen Konsumismus: »Die Religionen der Welt konstituieren eine der großen Weisheitstraditionen der Menschheit. Dieser Fundus, alt in seinen Ursprüngen, ist nie mehr als heute benötigt worden.« Wichtig seien nun einmal die minimalen Maßstäbe, die ein gemeinsames Leben überhaupt möglich machen; ohne Ethos und Selbstbeschränkung würde die Menschheit wieder in chaotische Zustände zurückkehren: »In der Welt eines noch nie dagewesenen Wandels hat die Menschheit einen verzweifelten Bedarf an einer ethischen Basis, auf der sie sich gründen soll.« Erfreulich deutlich sind die Aussagen über den Vorrang des Ethos vor der Politik: »Ethos soll vor der Politik und dem Gesetz Vorrang haben, weil das politische Handeln es mit Werten und Wahlmöglichkeiten (»choices«) zu tun hat. Ethos muß deshalb unsere politische Führung informieren und inspirieren.« Um auf den sich vollziehenden epochalen Wandel zu antworten, bedürfen unsere Institutionen einer Neu-Verpflichtung (»re-dedication«) auf ethische Normen: »Die Quellen für eine solche Neu-Verpflichtung können wir in den Religionen und ethischen Traditionen der Welt finden. Sie verfügen über die spirituellen Ressourcen, um der Lösung unserer ethischen, nationalen, sozialen ökonomischen und religiösen Spannungen eine ethische Anleitung zu geben. Die Weltreligionen haben verschiedene Lehren, aber sie alle treten ein für ein gemeinsames Ethos grundlegender Maßstäbe. Was die Glaubensgemeinschaften der Welt eint, ist weit größer, als was sie trennt.« Der InterAction Council macht sich die Chicago-Erklärung zum Weltethos positiv zu eigen: »Wir sind deshalb dankbar, daß das 1993 in Chicago versammelte Parlament der Weltreligionen eine Erklärung zu einem Weltethos proklamiert hat, die wir im Prinzip unterstützen.« Klar wird die rechtliche und ethische Ebene unterschieden und herausgestellt, daß das, was die Vereinten Nationen in ihrer Erklärung der Menschenrechte und den beiden ergänzenden Konventionen verkündet haben, durch die Erklärung der Weltreligionen aus der Perspektive der Menschenpflichten bestätigt und vertieft wird: die volle Realisierung der inneren Würde der menschlichen Person, die unveräußerliche Freiheit und Gleichheit sowie die notwendige Solidarität und Interdependenz aller Menschen, sowohl als Individuen wie als Gemeinschaften. Auch die Staatsmänner sind überzeugt, »daß es keine bessere Weltordnung geben wird ohne ein Weltethos«. Natürlich wissen auch Politiker sehr wohl, daß ein Weltethos kein Ersatz ist für die Tora, die Evangelien, den Koran, die Bhagavadgītā, die Reden des Buddha oder die Lehren des Konfuzius oder anderer. Es geht nur um »einen minimalen Grundkonsens bezüglich bindender Werte, unwiderruflicher Maßstäbe und moralischer Haltungen, der von allen Religionen trotz ihrer dogmatischen Differenzen bejaht und auch von Nichtgläubigen mitgetragen werden kann«. Die Allianz von Glaubenden und Nichtglaubenden (zugleich auch die von Theologen, Philosophen, Religions- und Sozialwissenschaftlern) in Sachen Ethos ist wichtig. Worauf zielt sie?

Der Kern eines globalen Ethos

Die ethische Grundforderung der Chicago-Erklärung ist die elementarste, die man an Menschen stellen kann und die doch keineswegs selbstverständlich ist: Menschlichkeit, im Sinn von wahrer Menschlichkeit, von Humanität: »Nach wie vor werden überall auf der Welt Menschen unmenschlich behandelt. Sie werden ihrer Lebenschancen und ihrer Freiheit beraubt, ihre Menschenrechte werden mit Füßen getreten, ihre menschliche Würde wird mißachtet. Aber Macht ist nicht gleich Recht! Angesichts aller Unmenschlichkeit fordern unsere religiösen und ethischen Überzeugungen: Jeder Mensch muß menschlich behandelt werden! Das heißt: Jeder Mensch – ohne Unterschied von Alter, Geschlecht, Rasse, Hautfarbe, körperlicher oder geistiger Fähigkeit, Sprache, Religion, politischer Anschauung, nationaler oder sozialer Herkunft – besitzt eine unveräußerliche und unantastbare Würde.«Auf diese Weise ist der moderne Mensch mit seinem »Willen zur Macht« mit aller Deutlichkeit darauf aufmerksam gemacht, daß er auch in unserer Zeit keineswegs »jenseits von Gut und Böse« steht, daß der Maßstab der Menschlichkeit vielmehr von allen zu respektieren ist: »Alle, der einzelne wie der Staat, sind deshalb verpflichtet, diese Würde zu achten und ihren wirksamen Schutz zu garantieren. Auch in Wirtschaft, Politik und Medien, in Forschungsinstituten und Industrieunternehmungen soll der Mensch immer Rechtssubjekt und Ziel sein, nie bloßes Mittel, nie Objekt der Kommerzialisierung und der Industrialisierung. Niemand steht ›jenseits von Gut und Böse‹: kein Mensch und keine soziale Schicht, keine einflußreiche Interessengruppe und kein Machtkartell, kein Polizeiapparat, keine Armee und auch kein Staat. Im Gegenteil: Als ein mit Vernunft und Gewissen ausgestattetes Wesen ist jeder Mensch dazu verpflichtet, sich wahrhaft menschlich und nicht unmenschlich zu verhalten. Gutes zu tun und Böses zu lassen!« Ob mit solchen Grundforderungen nicht nur Woodrow Wilson, sondern auch Hans Morgenthau, der in seinem Leben so viel Unmenschlichkeit erlitten hat und zugleich stets auf der Suche nach allgemeingültigen Maßstäben war, einverstanden gewesen wäre? Jedenfalls ist es ein Zeichen der Zeit, daß heutzutage auch ein Gremium bewährter und durchaus realistischer Staatsmänner als Basis eines Weltethos die beiden Grundprinzipien ausdrücklich übernimmt:

- Jeder Mensch muß menschlich behandelt werden!
- Was du willst, das man dir tut, das tue auch den anderen.

Diese beiden Prinzipien sollen die unverrückbare, unbedingte Norm für alle Lebensbereiche sein, für Familie und Gemeinschaften, für Rassen, Nationen und Religionen. Auf ihrer Basis werden dann auch vom InterAction Council vier unverrückbare Weisungen bejaht, bezüglich derer alle Religionen übereinstimmen. (Sie können hier zunächst nur mit den Titeln ohne weitere Explikation wiedergegeben werden; man könnte sie in Erinnerung an die Demonstranten von Prag oder Rangoon ganz knapp auch mit den ethischen Imperativen wie »Gerechtigkeit«, »Wahrheit«, »Menschlichkeit« oder wie immer wiedergeben):

- die Verpflichtung auf eine Kultur der Gewaltlosigkeit und der Ehrfurcht vor allem Leben: die uralte Weisung: Du sollst nicht töten! Oder positiv: Hab Ehrfurcht vor dem Leben!;
- die Verpflichtung auf eine Kultur der Solidarität und eine gerechte Wirtschaftsordnung: die uralte Weisung: Du sollst nicht stehlen! Oder positiv: Handle gerecht und fair!;
- eine Verpflichtung auf eine Kultur der Toleranz und ein Leben in Wahrhaftigkeit: die uralte Weisung: Du sollst nicht lügen! Oder positiv: Rede und handle wahrhaftig!;
- eine Verpflichtung auf eine Kultur der Gleichberechtigung und die Partnerschaft von Mann und Frau: die uralte Weisung: Du sollst nicht Unzucht treiben! Oder positiv: Achtet und liebet einander!

Nachdem im Zusammenhang des Ethos der Politiker gerade die Frage der Wahrhaftigkeit eine so große Rolle gespielt hat und wir hier schon einige Differenzierungen vorgenommen haben, dürfte es von Interesse sein zu sehen, wie im Parlament der Weltreligionen gerade diese Verpflichtung auf ein Ethos der Wahrhaftigkeit elementar und natürlich nicht nur für Politiker formuliert wurde. Sie sei hier im Wortlaut wiedergegeben:

Verpflichtung auf Wahrhaftigkeit

Ungezählte Menschen in allen Regionen und Religionen bemühen sich auch in unserer Zeit um ein Leben in Ehrlichkeit und Wahrhaftigkeit. Und doch gibt es in der Welt von heute unendlich viel Lug und Trug, Schwindel und Heuchelei, Ideologie und Demagogie:

- Politiker und Geschäftsleute, welche die Lüge als Mittel der Politik und des Erfolges benützen;
- Massenmedien, die statt wahrhaftiger Berichterstattung ideologische Propaganda, die statt Information Desinformation verbreiten, die statt der Wahrheitstreue ein zynisches Verkaufsinteresse verfolgen;

– Wissenschaftler und Forscher, die sich moralisch fragwürdigen ideologischen oder politischen Programmen oder auch wirtschaftlichen Interessengruppen ausliefern sowie Forschungen rechtfertigen, welche die sittlichen Grundwerte verletzen;
– Repräsentanten von Religionen, die Menschen anderer Religionen als minderwertig abqualifizieren und die Fanatismus und Intoleranz statt Respekt, Verständigung und Toleranz verkünden.

A. Aus den großen alten religiösen und ethischen Traditionen der Menschheit aber vernehmen wir die Weisung: Du sollst nicht lügen! Oder positiv: Rede und handle wahrhaftig! Besinnen wir uns also wieder neu auf die Konsequenzen dieser uralten Weisung: Kein Mensch und keine Institution, kein Staat und auch keine Kirche oder Religionsgemeinschaft haben das Recht, den Menschen die Unwahrheit zu sagen.

B. Dies gilt besonders:
• Für die Massenmedien, denen zu Recht die Freiheit der Berichterstattung zur Wahrheitsfindung garantiert ist und denen damit in jeder Gesellschaft ein Wächteramt zukommt: Sie stehen nicht über der Moral, sondern bleiben in Sachlichkeit und Fairneß der Menschenwürde, den Menschenrechten und den Grundwerten verpflichtet. Sie haben kein Recht auf Verletzung der Privatsphäre von Menschen, auf Verzerrung der Wirklichkeit und auf Manipulation der öffentlichen Meinung.
• Für Kunst, Literatur und Wissenschaft, denen zu Recht künstlerische und akademische Freiheit garantiert sind: Sie sind nicht entbunden von allgemeinen ethischen Maßstäben, sondern sollen der Wahrheit dienen.
• Für die Politiker und die politischen Parteien: Wenn sie ihr Volk ins Angesicht belügen, wenn sie sich der Manipulation von Wahrheit, der Bestechlichkeit oder einer rücksichtslosen Machtpolitik im Inneren wie im Äußeren schuldig machen, haben sie ihre Glaubwürdigkeit verspielt und verdienen den Verlust ihrer Ämter und ihrer Wähler. Umgekehrt sollte die öffentliche Meinung diejenigen Politiker unterstützen, die es wagen, dem Volk jederzeit die Wahrheit zu sagen.

- Für die Repräsentanten von Religionen schießlich: Wenn sie Vorurteile, Haß und Feindschaft gegenüber Andersgläubigen schüren, wenn sie Fanatismus predigen oder gar Glaubenskriege initiieren oder legitimieren, verdienen sie die Verurteilung der Menschen und den Verlust ihrer Gefolgschaft.

Niemand täusche sich: Es gibt keine Weltgerechtigkeit ohne Wahrhaftigkeit und Menschlichkeit!

C. Deshalb sollten schon junge Menschen in Familie und Schule lernen, Wahrhaftigkeit in Denken, Reden und Tun einzuüben. Jeder Mensch hat ein Recht auf Wahrheit und Wahrhaftigkeit. Er hat das Recht auf die notwendige Information und Bildung, um die für sein Leben grundlegenden Entscheidungen treffen zu können. Ohne eine ethische Grundorientierung freilich vermag er kaum das Wichtige vom Unwichtigen zu unterscheiden. Bei der heutigen täglichen Flut von Informationen sind ethische Maßstäbe eine Hilfe, wenn Tatsachen verdreht, Interessen verschleiert, Tendenzen hofiert und Meinungen verabsolutiert werden.

D. Wahrhaft Mensch sein heißt im Geist unserer großen religiösen und ethischen Traditionen das folgende:
- Statt Freiheit mit Willkür und Pluralismus mit Beliebigkeit zu verwechseln, der Wahrheit Geltung zu verschaffen;
- statt in Unehrlichkeit, Verstellung und oppourtunistischer Anpassung zu leben, den Geist der Wahrhaftigkeit auch in den alltäglichen Beziehungen zwischen Mensch und Mensch zu pflegen;
- statt ideologische oder parteiische Halbwahrheiten zu verbreiten, in unbestechlicher Wahrhaftigkeit die Wahrheit immer neu zu suchen;
- statt einem Opportunismus zu huldigen, in Verläßlichkeit und Stetigkeit der einmal erkannten Wahrheit zu dienen.

Aus: »Weltethos für Weltpolitik und Weltwirtschaft« (1997).

4. Muslimischer Beitrag zum Dialog der Kulturen

Schon 1998, fast auf den Tag genau drei Jahre vor dem 11. September 2001, bekundete die UN-Vollversammlung in einer Resolution ihre »feste Entschlossenheit, den Dialog zwischen den Kulturen zu erleichtern und zu fördern«, und beschloß gegen alle Kassandrarufe eines »Zusammenpralls der Kulturen« (»clash of civilizations«), »das Jahr 2001 zum *Jahr des Dialogs der Kulturen* zu erklären«.

Brücken in die Zukunft

Unerwarteterweise war der Anstoß zu dieser Resolution von muslimischer Seite gekommen, und zwar von der Islamischen Republik Iran, besonders von deren Präsidenten Seyed Mohammad Khatami (im eigenen Land, wiewohl von einer überwältigenden Mehrheit gewählt, von den Konservativen zunehmend angefochten und behindert), der in seiner Rede vor der UN-Vollversammlung am 21. September 1998 erklärte: »Ich möchte im Namen der Islamischen Republik Iran als ersten Schritt vorschlagen, daß die Vereinten Nationen das Jahr 2001 zum ›Jahr des Dialogs der Kulturen‹ bestimmen, in der ernsthaften Hoffnung, daß *durch solch einen Dialog die Verwirklichung von universeller Gerechtigkeit und Freiheit angestoßen* werden möge. Zu den kostbarsten Errungenschaften dieses Jahrhunderts zählt, daß der Dialog und die Ablehnung von Gewalt, die Förderung des Verstehens auf den Feldern Kultur, Wirtschaft und Politik, die Festigung der Grundlagen von Freiheit, Gerechtigkeit und Menschenrechten als notwendig und bedeutend akzeptiert werden. Die Durchsetzung und Verbreitung von zivilisierten Verhaltensformen, sei es auf nationaler oder internationaler Ebene, hängen vom Dialog zwischen Gesellschaften und Kulturen ab, die unterschiedliche Ansichten, Neigungen und Herangehensweisen vertreten. Wenn die Menschheit an der Schwelle zu einem neuen Jahrhundert und einem neuen Jahrtausend all ihre Anstrengungen auf die Institutionalisierung des Dialogs richtet, wenn sie Feindseligkeit und Konfrontation durch Diskurs und gegenseitiges Verstehen ersetzt, dann wird sie künftigen Generationen ein unschätzbares Erbe hinterlassen.«

Die Ereignisse des 11. September 2001, der Krieg in Afghanistan und die eskalierende Lage im Nahen Osten bestätigen auf tragische Weise die ungeheure Dringlichkeit einer Initiative wie das »Internationale Jahr des Dialogs der Kulturen«. Am 8. und 9. November 2001 kommt die UN-Vollversammlung erneut zusammen, um über den Dialog der Kulturen – die laufenden Aktivitäten des Jahres, den Bericht der Expertengruppe und die weitere Agenda – zu beraten. Unter Leitung des früheren beigeordneten UN-Generalsekretärs Giandomenico Picco überreichen einige Mitglieder der von UN-Generalsekretär Kofi Annan berufenen »Gruppe herausragender Persönlichkeiten«, zu der von islamischer Seite Dr. A. Kamal Aboulmagd (Ägypten), Prinz El Hassan bin Talal (Jordanien) und Dr. Javad Zarif (Iran) gehören, dem UN-Generalsekretär ein gedrucktes Exemplar der amerikanischen Originalausgabe ihres Berichts: »Crossing the Divide. Dialogue among Civilizations«, dt.: »Brücken in die Zukunft. Ein Manifest für den Dialog der Kulturen«. Dieses Manifest zielt, wie bereits im Zusammenhang des Israel-Palästina-Konflikts berichtet, auf ein neues Paradigma internationaler Beziehungen auf der Basis eines globalen Ethos. Leider wurden in den USA sowohl das Motto des Internationalen Jahres als auch die Publikation – im Gegensatz zu Deutschland – weder von Medien und Öffentlichkeit noch von Politikern rezipiert, wiewohl dies gerade dort von hoher Aktualität und politischer Brisanz gewesen wäre.

In der Vollversammlung sprechen sich nach zweitägiger Diskussion die Delegationen der verschiedenen Staaten, darunter sehr viele islamische, samt und sonders gegen den Zusammenprall und für den Dialog der Kulturen aus. Schließlich verabschiedet die Vollversammlung am 9. November eine (vor allem von muslimischer Seite initiierte) Resolution mit einer *»Globalen Agenda für den Dialog der Kulturen«*. Darin werden die vorausgegangenen Resolutionen in Erinnerung gerufen und die eminente Bedeutung des Dialogs der Kulturen für die heutige Welt hervorgehoben. Neun Artikel beschreiben ausführlich Ziele, Prinzipien und Teilnehmer dieses Dialogs: so Artikel 1 programmatisch den Dialog zwischen den Kulturen als einen Prozeß, der gegründet ist auf dem »kollektiven Verlangen zu lernen, Vorannahmen freizulegen und zu untersuchen und gemeinsamen Sinn und Kernwerte zu entfalten«, und Artikel 2 fordert konkret »die Entwicklung von besserem Verstehen auf der Basis *gemeinsamer ethischer Standards und universaler menschlicher Werte«.*

Gemeinsame ethische Standards und universale menschliche Werte

Mit dieser Resolution drückt die UN-Vollversammlung aus, was die Expertengruppe in ihrem Manifest breit ausführt, daß es ein wirkliches Zusammenleben, eine echte Gemeinschaft auf diesem Globus nur dann geben wird, wenn »Menschen zusammenleben, ein *gemeinsames Ethos* vertreten und einen praktikablen Bürgersinn pflegen sowie miteinander ein Allgemeinwohl anstreben«. Was ist damit gemeint? Jedenfalls nicht, wie manchmal von muslimischer Seite befürchtet, ein westlicher Kulturimperialismus: Nicht eine einzige Weltreligion oder Welteinheitskultur ist das Ziel. Nein, ein Nebeneinander »unterschiedlicher Lebensstile und Glaubensbekenntnisse«, das freilich nur dann konfliktfrei möglich ist, »solange die Vielfalt und die Unterschiede die Grundrechte und Freiheiten anderer nicht stören«.

Insofern ist es für die Autoren naheliegend, ganz auf der Linie des Parlaments der Weltreligionen von Chicago 1993, die in allen religiösen und humanistischen Traditionen verwurzelte *Goldene Regel* als ersten großen gemeinsamen ethischen Wert der Menschheit herauszustellen. Sie fordert »das Wahrnehmen, die Anerkennung, die Annahme und die Hochschätzung des anderen als Bestandteil unseres eigenen Selbstverständnisses«, sie kann uns helfen »zu lernen, wie man menschlich ist«. *Menschlichkeit, Gegenseitigkeit und Vertrauen* – dies sind die Grundhaltungen, die es einzuüben gilt für ein Leben im Geist der Goldenen Regel: »Ohne Menschlichkeit und Vertrauen gibt es keine gemeinsame Basis für die Ermittlung von Werten als gemeinsames geistiges Bemühen gleichgesinnter Partner im Dialog.«

Schließlich werden unter dem Gesichtspunkt der *Versöhnung* als Antwort auf den Teufelskreis von Haß und Gewalt – ein Ansatz, den die Ereignisse des 11. September 2001 und dessen Folgen in dramatischer Weise bestätigten – jene *vier unverrückbaren Weisungen* in Erinnerung gerufen, die neben der Goldenen Regel und dem Prinzip Menschlichkeit den Kern eines Weltethos ausmachen: die Forderung nach *Gewaltlosigkeit, Gerechtigkeit, Wahrhaftigkeit* und *Partnerschaft von Mann und Frau.*

Wie lassen sich nun diese Werte und Standards von der islamischen Tradition her begründen, bestätigen und bekräftigen?

Islamische Begründung des Weltethos

Asghar Ali Engineer, ein führender indischer Muslimgelehrter, hat sich die Mühe gemacht, die Weltethos-Erklärung des Parlaments der Weltreligionen von 1993 mit der Botschaft des Koran zu vergleichen. Seine lapidare Schlußfolgerung lautet, »daß die *Erklärung zum Weltethos ganz in Übereinstimmung mit dem Geist des Islam* steht«.

Unter Berücksichtigung der Erkenntnisse dieser Arbeit lege ich kurz dar, wie die vier elementaren ethischen Verpflichtungen, die sich in allen großen religiösen und philosophischen Traditionen finden, auch im heiligen Buch der Muslime, dem Koran, begründet sind. Ich halte mich an die Kernsätze der Weltethos-Erklärung von 1993, bestätigt durch »Ein Aufruf an unsere führenden Institutionen« anläßlich des Parlaments der Weltreligionen 1999 in Kapstadt/Südafrika und schließlich durch das Manifest »Crossing the Divide. Dialogue among Civilizations« 2001.

• Eine *Kultur der Gewaltlosigkeit* und der *Ehrfurcht vor dem Leben*:
»Hab Ehrfurcht vor dem Leben« – »Nicht töten«, foltern, quälen, verletzen!
Der Respekt für das Leben, tatsächlich für alles Leben, ist tief in der islamischen Ethik verwurzelt. Der Koran sagt, daß die Tötung eines unschuldigen Menschen der Tötung der gesamten Menschheit gleichkomme. Und aus den Ḥadīṯen ergibt sich, wie der Prophet um die Tiere und um die Natur besorgt war.

• Eine *Kultur der Solidarität* und einer *gerechten Wirtschaftsordnung*:
»Handle gerecht und fair« – »Nicht stehlen«, ausbeuten, bestechen, korrumpieren!
Für die Ethik des Koran ist die Gerechtigkeit so zentral, daß nur eine gerechte Person eine rechtgläubige sein kann: »Ihr Gläubigen! Steht Gott gegenüber als Zeugen für die Gerechtigkeit ein! Und der Haß, den ihr gegen Leute hegt, soll euch ja nicht dazu bringen, daß ihr nicht gerecht seid. Seid gerecht! Das entspricht eher der Gottesfurcht.« Eine ungerechte Gesellschaftsordnung kann keine islamische Ordnung sein. Der Koran verlangt, daß die Überschüsse, die über die tatsächlichen Bedürfnisse hinausgehen, an die Bedürftigen und Armen verteilt werden. Auf diesem Hintergrund ist die obligatorische Sozialabgabe Zakāt sogar einer der fünf Pfeiler des Islam.

• Eine *Kultur der Toleranz* und des *Lebens in Wahrhaftigkeit*:
»Sprich und handle wahrhaftig« – »Nicht lügen«, täuschen, fälschen, manipulieren!
Die Ethik des Koran ist wesentlich auf Wahrheitstreue gegründet: Wahrheit *(ḥaqq)* ist einer der Namen Gottes und als Wert im Islam genauso zentral wie Gerechtigkeit. Eine gerechte Gesellschaftsordnung ist ohne die Wahrhaftigkeit als fundamentales Postulat nicht zu verwirklichen.

• Eine *Kultur der Gleichheit* und der *Partnerschaft von Mann und Frau*:

»Achtet und liebet einander« – »Nicht Sexualität mißbrauchen«, nicht betrügen, erniedrigen, entwürdigen!

Im Prinzip gibt der Koran Frauen und Männern den gleichen Status: »Die Frauen haben (in der Behandlung von seiten der Männer) dasselbe zu beanspruchen, wozu sie (ihrerseits den Männern gegenüber) verpflichtet sind, (wobei) in rechtlicher Weise (zu verfahren ist).«

• Das *Humanitätsprinzip*, das elementarste Prinzip des Weltethos, die Menschenwürde eines jeden Menschen, steht in den Grundaussagen des Koran: Gott hat den Menschen vor allen anderen Geschöpfen ausgezeichnet und ihn zu seinem Statthalter auf Erden eingesetzt. Die *Goldene Regel* der Gegenseitigkeit aber ist in der Sunna überliefert: »Keiner von euch ist ein Gläubiger, solange er nicht seinem Bruder wünscht, was er sich selber wünscht.«

Alles dies ist so offensichtlich gemeinsames Erbe der drei abrahamischen Religionen, daß viele erbitterte Auseinandersetzungen der Vergangenheit in diesem Geist überwunden werden könnten. Es wird geschichtsmächtig konkretisiert im berühmten *islamischen Pflichtenkodex* von Sure 17,22–38, der große Übereinstimmung mit dem Dekalog der Bibel aufweist.

Basis einer Verständigung zwischen dem Islam und dem Westen

Mit der Debatte und dem Beschluß der UN-Vollversammlung hat der Dialog der Kulturen und damit auch die Idee eines Weltethos Eingang gefunden in grundsätzliche Überlegungen der Vereinten Nationen, angeregt vor allem durch ihren Generalsekretär und Friedensnobelpreisträger Kofi Annan und dessen Initiative. Der Generalsekretär hat dies persönlich bestätigt mit einer großen und viel beachteten Weltethos-Rede, die er auf Einladung der Stiftung Weltethos am 12. Dezember 2003 an der Universität Tübingen gehalten hat über die Thematik: *Gibt es noch universelle Werte?*

Kofi Annan ist der Überzeugung, daß »in unserem Zeitalter der Globalisierung ein noch dringenderer Bedarf besteht an solchen universellen Werten als je zuvor. *Jede Gesellschaft muß durch gemeinsame Werte verbunden sein*, so daß ihre Mitglieder wissen, was sie voneinander erwarten können und daß es bestimmte, von allen getragene Grundsätze gibt, die ihnen eine gewaltlose Beilegung ihrer Differenzen ermöglichen. Dies gilt für örtliche Gemeinwesen ebenso wie für Staatsgemeinschaften.«

Dies gilt in besonderem Maße für das Verhältnis des Westens zum Islam: Bei aller Verurteilung der Attentate vom 11. September 2001 gegen die Vereinigten Staaten dürfen wir doch »nicht zulassen, daß solche Anschläge einen ›Zusammenprall der Kulturen‹ provozieren, in dem Millionen Menschen aus Fleisch und Blut einer Schlacht zwischen zwei Abstraktionen – dem ›Islam‹ und dem ›Westen‹ – zum Opfer fallen, *als ob islamische und westliche Werte unvereinbar wären*«: »Sie sind es nämlich *nicht*, wie Ihnen die Millionen gläubiger Muslime, die hier in Deutschland und anderswo auf der Welt leben, als erste versichern würden. Dennoch müssen viele dieser Muslime jetzt erleben, daß sie Gegenstand von Verdächtigungen, Schikanen und Diskriminierung werden, während in Teilen der islamischen Welt jeder, der mit dem Westen oder westlichen Werten in Verbindung gebracht wird, Feindseligkeit oder sogar Gewalt ausgesetzt ist.«

Kofi Annan betont, »daß die *Gültigkeit* universeller Werte *nicht davon abhängt, ob sie überall eingehalten* oder angewandt werden. Ein Ethikkodex ist immer der Ausdruck eines Ideals oder einer Bestrebung, ein Maßstab, an dem sich moralisches Fehlverhalten messen läßt, nicht so sehr eine Vorschrift, die sicherstellen soll, daß ein solches Fehlverhalten nie vorkommt.«

Für Christentum wie Islam gilt, »daß keine Religion und *kein ethisches System je wegen moralischer Entgleisungen einiger ihrer Anhänger verurteilt werden sollten.* Wenn ich als Christ beispielsweise nicht will, daß mein Glaube nach den Handlungen der Kreuzritter oder der Inquisition beurteilt wird, muß ich auch selbst sehr vorsichtig sein, um nicht den Glauben eines anderen nach den Handlungen zu beurteilen, die einige wenige Terroristen im Namen seines Glaubens begehen.«

Es ist also falsch, »einen bestimmten Glauben oder ein bestimmtes Wertesystem wegen der Handlungen oder Aussagen einiger seiner Anhänger zu verurteilen«. Aber »ebenso *falsch*« ist es, »den Gedanken, daß gewisse Werte universell sind, *aufzugeben, nur weil einige Menschen diese Werte nicht zu akzeptieren scheinen.* Ja, ich meine sogar, daß gerade die Existenz derartiger Verirrungen uns verpflichtet, die gemeinsamen Werte zu bekräftigen und zu wahren. Wir müssen imstande sein zu sagen, daß bestimmte Handlungen und Überzeugungen nicht nur unseren eigenen sittlichen Vorstellungen zuwiderlaufen, sondern von allen Menschen verworfen werden sollten.«

Kofi Annan ist sich wohlbewußt, daß Werte und Normen nie abstrakt angewandt werden können, sondern immer nur konkret *unter Berücksichtigung der individuellen und kulturellen Situation*, was eine bestimmte Bandbreite verschiedener Interpretationen und Realisationen gestattet: »Der Besitz solcher gemeinsamen Werte löst natürlich nicht alle Probleme, und er ändert auch nichts daran, daß die verschiedenen Gesellschaften einen gewissen Gestaltungsspielraum haben, um Probleme auf unterschiedliche Art zu lösen.«

Der Generalsekretär präzisiert dies anhand der vier Weisungen der Weltethos- Erklärung des Parlaments der Weltreligionen:

– »Wir mögen uns alle aufrichtig zur *Gewaltlosigkeit und zur Achtung vor dem Leben* bekennen und können doch unterschiedlicher Auffassung darüber sein, ob es legitim ist, Menschen zu töten, die selbst getötet haben, oder Gewalt anzuwenden, um Unschuldige zu verteidigen, denen Gewalt angetan wird.

– Wir mögen alle aufrichtig für *Solidarität* mit unseren Mitmenschen und für eine *gerechte Wirtschaftsordnung* eintreten und doch keine Einigung darüber erzielen können, mit welcher Politik eine solche Wirtschaftsordnung am besten verwirklicht werden kann.

– Wir mögen uns alle der *Toleranz* und der *Wahrhaftigkeit* tief verbunden fühlen und uns doch nicht darüber einigen, wie tolerant wir gegenüber Staaten oder Systemen sein sollen, die uns intolerant und verlogen erscheinen.

– Und wir mögen alle aufrichtig für *Gleichberechtigung und Partnerschaft* zwischen Mann und Frau eintreten, ohne uns darüber einig zu sein, wie weit die gesellschaftliche Rollenverteilung von Männern und Frauen gehen soll oder ob es Aufgabe der Gesellschaft ist, die Heiligkeit der Ehe zu gewährleisten.«

Soweit der Generalsekretär der Vereinten Nationen, der die Weltorganisation im Jahr 2003 bestens durch ihre vielleicht bisher schwierigste Periode geführt hat.

Mit diesen Entwicklungen bin ich nun, und ich kann ein Aufatmen nicht verhehlen, am Ende meiner Trilogie »Zur religiösen Situation der Zeit« angekommen. Ich bin mir wohlbewußt, daß ich in diesen drei Bänden – »Das Judentum« (1991), »Das Christentum« (1994) und »Der Islam« (2004) – für jede der drei abrahamischen Religionen, denen in den letzten 25 Jahren meine wissenschaftliche Hauptarbeit galt, manch Unbequemes ausgesprochen und zugleich Zukunftsperspektiven entwickelt habe, die bisweilen allzu utopisch erscheinen mögen. Aber das ganze Werk ist getragen von einer *dreifachen unerschütterlichen Hoffnung*:

daß jede der drei prophetischen Religionen aufgrund ihres spirituellen und ethischen Reichtums ein wirkmächtiges Zukunftspotential besitzt,

daß alle drei in Verständigung und Zusammenarbeit zu größerer Gemeinsamkeit gelangen können und

daß alle drei Weltreligionen gemeinsam einen unverzichtbaren Beitrag zu einer friedlicheren und gerechteren Welt leisten werden.

Und so darf ich denn diese Trilogie beenden mit den Programmsätzen, mit denen ich sie vor einem Vierteljahrhundert begonnen habe. Allerdings darf ich sie, nachdem ich die dort geforderte »Grundlagenforschung« für die abrahamischen Religionen geleistet habe, ergänzen und präzisieren in einer Weise, wie sie erst recht von Juden, Christen und Muslimen bejaht werden dürften:

KEIN FRIEDE ZWISCHEN DEN NATIONEN
OHNE FRIEDE ZWISCHEN DEN RELIGIONEN!

KEIN FRIEDE ZWISCHEN DEN RELIGIONEN
OHNE DIALOG ZWISCHEN DEN RELIGIONEN!

KEIN DIALOG ZWISCHEN DEN RELIGIONEN
OHNE GLOBALE ETHISCHE STANDARDS!

KEIN ÜBERLEBEN UNSERES GLOBUS
OHNE EIN GLOBALES ETHOS, EIN WELTETHOS,
GEMEINSAM GETRAGEN VON RELIGIÖSEN
UND NICHTRELIGIÖSEN MENSCHEN!

Aus: »Der Islam. Geschichte – Gegenwart – Zukunft« (2004).

X. ERSTE LEBENSBILANZ:
   ERKÄMPFTE FREIHEIT

Zum Gespräch beim Großinquisitor

Auf Donnerstag, 14. Oktober 1965, 12 Uhr hat er mich bestellt – in den Palazzo des Sanctum Officium im ersten Stock. Sein Auftritt hätte nicht theatralischer inszeniert werden können: Beim ersten mächtigen Glockenschlag der Peterskirche werden die beiden Flügeltüren des Saales gleichzeitig mit einem Knall von einem Monsignore aufgestoßen, und im Türrahmen steht er in seiner ganzen purpurnen Pracht: der vielgefürchtete Großinquisitor, der Chef des Sanctum Officium, Kardinal Alfredo Ottaviani. Und schlägt das Kreuz und betet laut: »Angelus Domini nuntiavit Mariae – der Engel des Herrn brachte Maria die Botschaft.« Ich antworte mit fester Stimme auf Latein: »Et concepit de Spiritu Sancto – Und empfing vom Heiligen Geist.« Und so abwechselnd der ganze »Angelus Domini« mit seinen drei Ave Maria. Ich kann den Gedanken nicht verscheuchen, wie da wohl andere, an solche frommen römischen Sitten nicht gewöhnt, verdattert dagestanden hätten.

Erst dann begrüßt mich der Kardinal, und wir setzen uns auf die barocken rot-goldenen Sessel. Das eine Auge aufgrund einer Altersschwäche halb geschlossen, starrt er mich mit dem anderen um so mehr an – aber wieviel sieht er? Ich möge nicht gleich anschließend auf der Piazza di San Pietro eine Pressekonferenz abhalten, meint er einleitend. Nichts fürchtet man in der Tat bei der Inquisition so sehr wie die Öffentlichkeit. Dann spricht der Kardinal mich mit deutlich lokalrömischer Aussprache des Italienischen (»romanaccio«) an auf meinen kritischen Artikel nach der dritten Konzilssession. Besonders regt ihn auf, daß ich behauptet habe, die Glaubwürdigkeit des Papstes sei infolge der Ereignisse der »settimana nera« auf Null abgesunken. Er belehrt mich über die Bedeutung des Papsttums in schwieriger Zeit. Ich sei schließlich in Rom groß geworden, hätte hier sieben Jahre gelebt und studiert und viel empfangen. Da dürfe man doch erwarten, daß ich treu zum Papst stehe, ganz und gar loyal in uneingeschränkter Solidarität. Ich höre den Kardinal an, ohne zu unterbrechen. Er gilt als wandelndes Lexikon aller römischen Vorschriften, Dogmen, Prinzipien – ohne jedes Sensorium jedoch für das, was heute so viele Katholiken zutiefst aufwühlt.

Natürlich hätte ich nun im einzelnen erklären können, nicht den Papst lehne ich ab, sondern den Papalismus, nicht das römische Zentrum, sondern dessen – nun auch im Konzil kritisierten – Zentralismus, Juridismus und Triumphalismus. Aber soll ich mich auf eine theologische Diskussion einlassen mit einem Kirchenrechtler und Dogmatiker, der weder von Exegese noch von Dogmengeschichte etwas versteht und der vor dem Konzil kirchlichen Buchzensoren erklärt hatte, die moderne katholische Theologie komme ihm vor »wie ein Kreuzworträtsel«? Der aber trotzdem der Überzeugung ist, er, der oberste Glaubenshüter, sei in jedem Fall – selbst gegenüber dem Konzil – im Recht, weil er für den Papst selber steht? Ottaviani lebt und denkt – so werde ich es freilich erst später analysieren können – in einem anderen »Paradigma«, lebt noch ganz in der mittelalterlich-gegenreformatorisch-antimodernen Konstellation von Kirche und Gesellschaft. Und deswegen kann ich mit ihm von meinem modern-postmodernen Paradigma aus so schwierig diskutieren wie ein Vertreter des modernen kopernikanischen Weltbildes mit einem Vertreter des alten ptolemäischen. Sonne, Mond und Sterne, Gott, Christus und die Kirche sind zwar für uns beide dieselben, aber wie wir diese Größen sehen, ist ganz und gar verschieden, verschieden eben je nach der »Konstellation«, dem Paradigma. Wir leben in derselben Kirche und doch in einer anderen Welt.

Ich beobachte den Kardinal mit seinem Cäsarenkopf aufmerksam, während er seinen Monolog hält, und fühle mit ihm beinahe so etwas wie Mitleid. Er, der den gefährlichen Spruch »Semper idem – immer derselbe« im Wappen trägt, ist im

Dienst der Kurie alt geworden, fast erblindet und hoffnungslos hinter der Entwicklung von Theologie und Kirche zurückgeblieben. Doch nicht einmal eine Eiche kann »immer dieselbe« sein, wenn sie sich nicht »immer wieder verändert«, Blätter abwirft und neue sprießen läßt und wächst.

Ihm gegenübersitzend, erinnere ich mich an die geradezu tragische Szene, wie Ottaviani schon am Ende der ersten Session das letzte seiner vier Schemata mit dem bezeichnenden Titel »De ecclesiae militantis natura – über die Natur der streitenden Kirche« vorgetragen hatte mit einem scharfen Kapitel über Autorität und die absolute Notwendigkeit der römischen Kirche für das Heil. Während er jedoch bei seiner ersten Konzilsrede am 14. Oktober selbstbewußt und selbstsicher geredet hatte, so jetzt eher gedämpft und traurig, wohl wissend, daß er die Zielscheibe der meisten, auch grausamen Konzilswitze ist (»o Gott, schließe seine Augen in deiner Allmacht auf ewig«). Doch mit seinem völlig aussichtslosen Schema wollte er zumindest mit Würde untergehen und sagte: »Ich erwarte die üblichen Litaneien von euch allen zu hören: es ist nicht ökumenisch und ist zu scholastisch, es ist nicht pastoral und zu negativ und ähnliche Klagen. Dieses Mal will ich euch ein Geständnis machen: diejenigen, die schon gewöhnt sind zu sagen ›tolle, tolle, substitue illud – nimm es weg und ersetze es‹, sind schon bereit zur Schlacht. Und ich will auch etwas anderes offenbaren: Schon bevor dieses Schema verteilt wurde, war ein alternatives Schema vorbereitet. So ist alles, was mir bleibt, zu verstummen. Denn wie die Schrift sagt: ›wo niemand hört, ist es sinnlos zu reden‹ (Acta I,4 p. 9).« Der Kardinal hatte das Mikrophon eingeschaltet gelassen und sich aus der Aula unter allgemeiner Heiterkeit entfernt. Er wußte, im Konzil hatte er verloren. Nicht aber in der Kurie.

Was soll ich dem Chef des Offiziums nun sagen? Nachdem ich ihm sehr lange zugehört habe, unterbreche ich ihn freundlich: »Eminenza, darf ich nun auch etwas sagen?« Er: »Sì, sì, si capisce.« Ich: »Eminenza, Lei sa: sono ancora giovane. – Sie wissen, ich bin noch jung.« Da geht plötzlich ein Leuchten über das zerfurchte Gesicht des halbblinden 75jährigen Bäckersohnes aus Trastevere, der sich durch all die Jahre um ein dortiges

Waisenhaus kümmerte: »Sì, sì, questo è vero, Sie sind noch jung, und als ich noch jung war, da hab ich auch viele Dinge gemacht, die ich später nicht mehr machte …« Und so redet er weiter – offenkundig war er doch nicht so ganz »immer derselbe«. Ich hatte zu seinem Herzen gesprochen, und er hat es mir ein wenig geöffnet. Dann versuche ich ihm einiges verständlich zu machen, wie ich zu Rom und dem Papst stehe.

Schließlich sagt er: Ich hätte doch an der Gregoriana studiert, deshalb solle ich dort mit zwei meiner Professoren reden, mit P. Bertrams, dem Kirchenrechtler, und mit P. Hentrich, früher zweiter Privatsekretär Pius'XII. So werde ich denn in Gnaden ungestraft entlassen. Acht Tage später gehe ich an die Gregoriana und spreche mit den beiden Jesuiten, die mir ins Gewissen reden, aber – von einem kleinen Zornanfall des sonst so ruhigen P. Bertrams abgesehen – mich in keiner Weise bedrohen. Eines habe ich dabei eingesehen: Ich habe in meiner scharfen Kritik am Papst unterlassen zu erwähnen, daß er von seinem Standpunkt aus durchaus in guter Absicht gehandelt habe. Das hatte man mir vorgehalten: Was ich den Protestanten immer ausdrücklich zugestehe, hätte ich ja doch auch dem Papst zugestehen können. Das sehe ich ein. Aber daß ich es nicht getan hatte, geschah nicht, weil ich des Papstes gute Absichten bezweifelte, sondern weil ich sie als selbstverständlich voraussetzte. Giovanni Battista Montini ist für mich der Gefangene des römischen Systems!

Schon nach Veröffentlichung meiner kritischen Analyse der »settimana nera« in der dritten Konzilsperiode hatte ich am 17. Februar 1965 an den persönlichen Theologen des Papstes, jetzt als Bischof Sua Eccellenza Carlo Colombo, geschrieben: »Was ich über den Papst und seine Haltung geschrieben habe, tat ich, um gerade den Papst in seinen ursprünglichen Intentionen zu stützen. Niemand bezweifelt seine guten Absichten und sein ehrliches Wollen zum Heil von Kirche, Christenheit und Menschheit. Viele fürchten nur und immer mehr, daß manche Leute um ihn sich den entschiedenen Aktionen, welche man entsprechend diesen Intentionen in der ganzen Welt erwartet, entgegenstellen. Dem Mißtrauen, welchem der Papst heute in sehr weiten und sehr wichtigen Kreisen von Kirche und Welt begegnet, muß mit allen Mitteln entgegengearbeitet werden. – So hoffe ich, daß mein Beitrag als zwar kritische, aber in seiner ganzen Zielsetzung konstruktive Hilfe erkannt wird. Nichts würde mich mehr freuen, als wenn ich für den Papst im Dienst an der Kirche noch mehr tun könnte. Ich möchte es Ihnen überlassen, diesen Artikel – falls Ihnen dies richtig erscheint – Seiner Heiligkeit weiterzugeben. Es wäre mir außerordentlich daran gelegen, nicht nur daß mir eine bona fides zugebilligt wird, sondern auch, daß die in diesem Artikel ausgedrückten Anliegen so vieler Menschen in ihrer positiven Ausrichtung verstanden werden. Ich kann gar nicht sagen, wieviel die Kirche, die Christenheit, die Welt gerade von Papst Paul VI. erwarten.«

Aber ich kann nicht leugnen, daß ich es in meinem – ohnehin schon überlangen – publizierten Artikel versäumt habe, die guten Intentionen Pauls VI. hervorzuheben. Und so nehme ich mir vor, diese in Zukunft stets zu erwähnen. Jedenfalls ist dies mit ein Grund, weswegen ich nun dem Papst selber Ende November 1965 einen erklärenden Brief schreibe. Ich möchte, wenn möglich, noch einmal mit ihm persönlich Kontakt haben und über die noch immer nicht entschiedene Frage der Geburtenregelung reden, bevor das Konzil am 8. Dezember zu Ende geht und ich nach Tübingen zurückkehre. Eine Audienz zu erreichen dürfte freilich außerordentlich schwer sein. Denn in diesen letzten Tagen des Konzils ist er, da er unter anderem alle Bischofskonferenzen einzeln verabschiedet, überbeschäftigt. Ich lasse meinen Brief über seinen Privatsekretär Don Pasquale Macchi an den Papst gehen, und zu meinem Erstaunen erhalte ich innerhalb dreier Tage die Antwort. Sie ist positiv. Papst Paul VI. – ganz anders als später sein polnischer Nachfolger – ist sofort bereit, mich zu empfangen, und nicht wie so oft in einer kleinen Gruppe (Spezialaudienz), sondern unter vier Augen (Privataudienz).

Bei Paul VI.: »In den Dienst der Kirche treten«?

Auch Yves Congar berichtet in seinen Memoiren von einer Privataudienz bei Paul VI. Die römische Kurie brauche dringend fähige jüngere Kräfte, habe der Papst ihm gesagt, und er habe dabei besonders an Küng und Ratzinger gedacht, aber – Küng schiene doch nicht genügend »Liebe zur Kirche« zu haben. Wie Joseph Ratzinger dem Papst seine »Liebe zur Kirche« kundtat, weiß ich nicht. Aber was ich selber dem Papst sagte, ist mir genau in Erinnerung geblieben.

Unmittelbar also vor dem Konzilsende, am Donnerstag, dem 2. Dezember 1965 gegen 12.15 Uhr, bin ich auf dem Weg zur Privataudienz bei Paul VI. Mit meinem Peritus-Ausweis im Auto hinauf zum Damasushof und von dort im kleinen Lift hinauf in den vierten Stock. Freundlich salutieren die Schweizer Gardisten, einen ihrer Landsleute erkennend. Empfang durch die Monsignori des Protokolls (»Anticamera«). Gang durch etwa ein Dutzend unter Paul VI. geschmackvoll modernisierte, nicht mehr rot-gold, sondern beige und grau gehaltene und mit kostbaren Kunstwerken ausgestattete große Säle, für Spezialaudienzen verwendet. Dabei bimmelt es geheimnisvoll. Es sind, so entdecke ich schließlich, die Orden am Band des Cameriere della Spada in spanischer Hoftracht, der mich begleitet. Von dem im Vorzimmer diensttuenden Monsignore wird mir nach kurzem Warten im letzten Saal die Tür zur ebenfalls renovierten, großartigen päpstlichen Privatbibliothek geöffnet. Aber statt, wie Pius XII., am anderen Ende des weiträumigen Saales, erwartet mich Paul VI. direkt rechts neben der Tür, an seinem Schreibtisch sitzend. Um so dem Besucher die Hemmungen zu nehmen und die früher üblichen drei Kniebeugungen zu ersparen? Jedenfalls, ob beabsichtigt oder nicht, ein gelungener kleiner Überraschungscoup.

Papa Montini – das weiß ich von früheren Begegnungen – wirkt unter vier Augen sehr viel sympathischer und menschlicher als bei seinen oft steifen öffentlichen Auftritten. Stirnglatze, scharf geschnittene Nase, seine Augen sind unter den buschigen Augenbrauen freundlich und forschend zugleich auf mich gerichtet. Als ich Platz nehme, hält er mir eine kleine Ansprache. Seine Stimme ist rauher, als seine zarte Gestalt erwarten läßt. Offensichtlich hat er sich die Führung des Gesprächs genau überlegt. Zuerst lobt er mit einem korrekten, aber letztlich undurchdringlichen Lächeln über Gebühr meine ungewöhnlichen »doni«, »Gaben«. Es erinnere ihn an meinen Tübinger Vorgänger Karl Adam, dessen »Wesen des Katholizismus« ein Freund von ihm in den zwanziger Jahren ins Italienische übersetzt und das er noch nach dem Einschreiten des Sanctum Officium unter der Hand weitergegeben hatte (letzteres verrät er mir nicht). Wie Adam vermöge ich über die »mura della Chiesa«, »die Mauern der Kirche«, hinaus in der Öffentlichkeit für die christliche Wahrheit einzutreten; das sei heute wichtiger denn je.

Natürlich freue ich mich über diese Anerkennung; vor mir sitzt immerhin der Summus Pontifex. Doch plötzlich macht Paul VI. eine überraschend unsanfte Volte und lächelt nicht mehr: Wenn er indessen all das überschaue, was ich geschrieben hätte, möchte er doch eigentlich lieber, ich hätte »nichts geschrieben«. »Niente« – das ist nicht gerade ein ermutigendes Kompliment für einen jungen katholischen Theologen aus dem Munde des obersten Chefs persönlich. Sicher hofft er, der in seiner Karriere gelernt hat, die Wirkungen seiner Worte genau zu berechnen, daß dieser Peitschenhieb nach dem Zuckerbrot sitzt.

Ich würde ja nun viel über die »libertà«, die *Freiheit* in der Kirche schreiben, fährt Papst Paul fort, jetzt mit leicht ironischem Lächeln (so müssen die Cäsaren arme Poeten angelächelt haben), um dann auf sein eigentliches Anliegen zuzusteuern. »Wieviel Gutes könnten Sie doch tun«, so Paul jetzt mit Nachdruck, »wenn Sie Ihre großen Gaben in den *Dienst der Kirche* stellen würden«: »nel servizio della Chiesa«! In den Dienst der Kirche? Ich antworte leise, nun meinerseits lächelnd: »Santità, io sono già nel servizio della Chiesa«, »Ich bin doch schon im Dienst der Kirche.«

Doch Paulus Papa Sextus hat natürlich gut römisch mit »Kirche« die spezifisch römische Kirche gemeint und fährt fort: »Deve avere fiducia in me. Sie müssen Vertrauen zu mir haben.« Meine Antwort: »Ich habe Vertrauen zu Ihnen, Santità, ma non in tutti quelli che sono intorno a Lei, aber nicht zu all denen, die um Sie herum sind.« Solche im kurialen Milieu unübliche Direktheit läßt den sonst stets gemessenen Kirchendiplomaten mit hochgehobenen Armen ein emotionales »Ma – aber« ausstoßen. Aber – wenn er nach »Tubinga« käme und da durch die Straßen ginge, würden ihm zunächst auch viele unbekannte, verschlossene, finstere Gesichter begegnen, aber die würden sich aufhellen, wenn er sie näher kennenlernte. So auch in der Curia Romana ...

Schon wieder ganz beherrscht fährt Papa Montini fort: Ich bräuchte ja keineswegs mit allem, was hier geschehe, von vornherein einverstanden zu sein. Nur müßte ich mich halt – und des Papstes schlanke Hände machen die Geste des Auf-die-Linie-Bringens – ein wenig einpassen. Das also ist die Bedingung: mich einpassen, anpassen – darum geht es. Was dies bedeutet, ist mir, dem in Rom Herangebildeten, völlig klar. Klarer möglicherweise als dem Nichtrömer Ratzinger, der offensichtlich den auch ihm in irgendeiner Form vom Papst direkt oder indirekt offerierten Weg in der Folge eingeschlagen hat, und dies mit nicht wenig Erfolg.

Hätte ich mich vielleicht doch im Sinn des Papstes entscheiden sollen? Die große Chance meines Lebens – habe ich sie verpaßt? Antwort: Daß ich im römischen System einiges Gute bewirken könnte, will ich nicht bestreiten; das ist ein Erstes. Und daß ich jederzeit auf den römischen Weg einschwenken könnte, das ist ein Zweites; bald wird ein weiterer Austausch erfolgen. Und daß ich dies aus guten Gründen nicht tun kann, kein Anpasser werden darf, werden will, das ist ein Drittes.

In der Folge bringe ich das Gespräch auf die umstrittene Frage der *Empfängnisverhütung*, überreiche ihm ein aus einem Dutzend Punkten bestehendes kleines Memorandum, das er an die Kommission weitergeben wird, und ende schließlich aufgrund der päpstlichen Bedenken gegen die Pille unerwarteterweise bei der Frage der *Unfehlbarkeit*, wovon im zweiten Band meiner Lebenserinnerungen ausführlich die Rede sein wird. Jedenfalls wird mir nachher vom Ärger des konservativen amerikanischen Moraltheologen John Ford SJ berichtet, daß der Papst, den er vorher von seiner konservativen Auffassung überzeugt hatte, nach dem Gespräch mit mir wieder schwankend geworden sei.

Für das Gespräch waren 10 bis 15 Minuten vorgesehen. Schon zweimal hatte der diensttuende Monsignore leise die Tür geöffnet, um die Zeit anzumahnen. Doch wird er mit einer sanften Bewegung der linken Hand zurückgeschickt (hier sagt der Papst, wann Zeit ist). Schließlich hat sich das Gespräch auf fast dreiviertel Stunden ausgedehnt. Mit größter Freundlichkeit verabschiedet mich Paul VI. Für meine Mutter gibt er mir einen Rosenkranz aus weißen Perlen mit. Mir selber aber ein Neues Testament in griechischer und lateinischer Sprache (Ausgabe von Merk-Lyonnet vom Päpstlichen Bibelinstitut!). Langsam signiert er es: »Paulus P. P. VI – 2. XII. 1965.« Und gibt mir seinen Segen.

Natürlich nimmt mich wunder, wer denn da draußen im Empfangssaal so lange warten muß. Als ich in schwarzem, normalem Anzug aus der Privatbibliothek trete, sehe ich da in seiner ganzen hierarchischen Pracht mit seinem violetten Mantel den in jeder Hinsicht gewichtigen Generalsekretär des Konzils sitzen, Erzbischof Pericle Felici, der sich sicher doppelt geärgert hat über die zeitliche Verzögerung, als er hörte, welch hochgefährlichem Theologen der Papst so viel Zeit schenkt. Aber natürlich weiß ich, was sich gehört: »Eccellenza!« – verneige ich mich im Vorbeigehen lächelnd mit großer Gentilezza, und Exzellenz, gut römisch, grüßt mit einem Lächeln zurück (so muß es sein, wenn eine Zitrone zu lachen versucht).

Aber mit jener Papstaudienz des Jahres 1965 sehe ich mich plötzlich drastisch mit der Frage konfrontiert: *Für wen* treibst du eigentlich *Theologie*, wenn du schon weiter Theologie treiben willst? Meine Theologie ist offensichtlich nicht für den Papst (und die Seinen), der meine Theologie, wie sie nun einmal ist, offensichtlich nicht mag und nicht will. Dann eben bewußt für die Menschen, die meine Theologie brauchen können. Und ich erinnere mich dabei zum Trost an den, der nicht gesagt hat, »Mich erbarmt des Hohenpriesters« (wiewohl dieser vielleicht auch Erbarmen verdient hätte), sondern »Mich erbarmt des Volkes«. Deshalb ab da noch entschiedener: *Theologie für die Menschen.* Ja, das ist in aller Freiheit mein Weg. Mit dem von Bing Crosby gespielten jungen und auch nicht ganz eingepaßten Vikar: »Going my way«. Und schon bald erhalte ich eine Bestätigung, daß ich auf dem richtigen Weg bin. Es wird jetzt deutlicher, wie Papa Montini den »servizio della Chiesa = della Curia« versteht.

Ob ich »auf dem Marsch durch die Institutionen« hätte mehr erreichen können? Immer wieder, wenn die Rede auf meine guten persönlichen Beziehungen zu Paul VI., die Privataudienz und den anschließenden Briefwechsel kommt, wird mir von Freunden die Frage gestellt, die wohl auch mancher Leser dieses Lebensberichtes auf den Lippen hat: Haben Sie nicht eine große Chance verpaßt? Deshalb ein letztes Mal: Ich bestreite keinen Moment, daß ich im kirchlichen Apparat einiges hätte leisten können, wie das ja dann nach Ratzinger mehr oder weniger auch die Theologen und späteren Kardinäle Dulles, Lehmann, Mejía, Kasper, Tucci und andere Freunde aus der Konzilszeit zeigten. Und trotzdem galt und gilt für mich, daß ich diesen Weg durch die Institutionen unter den gegebenen Umständen auf keinen Fall hätte verantworten können. Neidlos glücklich bin ich darüber, daß ich meinem Gewissen gefolgt bin. Denn unterdessen ist deutlich geworden, womit meine Freunde »bezahlt« haben: Zu was haben sie alle samt und sonders Ja und Amen gesagt, Ja und Amen sagen müssen?

Zu allem Ja und Amen sagen?

Für mich stellte sich schon unmittelbar nach dem Konzil die nüchterne Frage: Soll, kann, darf ich mich mit all den päpstlichen Lehrdokumenten abfinden, die Paul VI. in alter römischer Selbstherrlichkeit – völlig unbekümmert um die vom Konzil feierlich beschlossene Kollegialität des Papstes mit dem Episkopat – »erläßt« und die ja nun auch zahllose Bischöfe und Theologen ärgern, erzürnen, bedrücken? Soll ich mich wie viele von ihnen mit privaten Unmutskundgebungen zufriedengeben und mich öffentlich einverstanden erklären? Soll ich eventuell mit Murren und Knurren und am Ende mit Hängen und Würgen zu allem Ja und »Amen« (hebräisch: »so geschehe es«) sagen:

• Ja und Amen zur Enzyklika »*Sacerdotalis coelibatus*« (1967) über den Pflichtzölibat? Diese bemüht in empörender Weise die höchsten Wahrheiten des Evangeliums, um gerade das nicht beweisen zu können, was zu beweisen wäre: daß eine nach dem Evangelium sinnvolle freie Berufung zur Ehelosigkeit von der Kirchenleitung zu einem verpflichtenden Gesetz gemacht werden dürfe, das die Freiheit aufhebt.

• Ja und Amen zum »*Credo*« des Papstes (1968)? Dieses wird von Paul VI. mit typisch römischem Identifikationsgebaren, ohne die Kirche oder auch nur den Episkopat zu fragen, zum »Credo des Gottesvolkes« erklärt; dabei wird die vom Vatikanum II festgestellte »Hierarchie der Wahrheiten« völlig vernachlässigt und werden problematische theologische Konstrukte römischer Tradition auf eine Stufe mit den zentralen Aussagen der biblischen Botschaft gestellt.

• Ja und Amen zur Enzyklika »*Humanae vitae*« (1968) über die Geburtenregelung? Sie macht auch für die erstaunte Weltöffentlichkeit die Schwäche und Rückständigkeit der römischen Moraltheologie und die Gefährlichkeit der Unfehlbarkeitsideologie offenbar und löst innerhalb der katholischen Kirche einen unerhörten Widerspruch und Exodus von Kirchengliedern und abweichende Erklärungen von Theologen, Bischöfen und ganzen Bischofskonferenzen aus.

• Ja und Amen auch zum bald folgenden *Mischehendekret* (1970)? Dieses offenbart hinter allen ökumenischen Beteuerungen die noch immer zutiefst unökumenische Einstellung der römischen Zentralverwaltung, deren Mentalität und Stil immer wieder von Kurzsichtigkeit, Sturheit und Anmaßung, manchmal geradezu von einem Überheblichkeitswahn, zeugen. Und so weiter ...?

Unendlich viel Leid haben gerade diese nachkonziliaren römischen Fehlentscheidungen (und entsprechenden Personalentscheidungen) über katholische Gläubige gebracht. Jeder Seelsorger kann zahllose Geschichten davon erzählen. Doch mit dem römischen System ist der Papst auch persönlich mitverantwortlich für die bis heute andauernde Kirchenmisere: rigorose Sexualmoral, Zusammenbruch der Seelsorge infolge Priestermangel, Verhinderung der ökumenischen Verständigung und Abendmahlsgemeinschaft, Versagen angesichts katastrophaler Bevölkerungsexplosion und Aidsepidemie ... Zu all dem also Ja und Amen sagen – nein, das kann ich *nach bestem Wissen und Gewissen nicht*! Mit dieser römischen Theologie und Politik kann ich mich als katholischer Theologe nicht nur nicht identifizieren, gegen sie muß ich in aller Loyalität zur Kirche und auch zum Papst opponieren. Gerade geistlicher Diktatur – mit verheerenden Folgen für ungezählte Menschen – muß widerstanden werden. Gerade kirchlichem Totalitarismus muß die Freiheit des Gewissens, die *Freiheit eines Christenmenschen* entgegengesetzt werden.

Ausblick

Am 23. März 2002, dem Vorabend des Palmsonntags, stehe ich nach längerer Zeit wieder einmal in *Rom* oben auf der Terrasse des neunten Stocks in meinem alten Collegium Germanicum, eingeladen vom Rektor P. Gerwin Komma SJ. Anlaß: mein Schüler, Kollege und Freund Professor Karl-Josef Kuschel wird hier morgen eine eindrückliche Bildmeditation zum Thema »Ecce Homo« halten und ich am Tag darauf in einer »Kollegsakademie« einen Vortrag, nein, nicht über Kirchenpolitik, sondern über »Weltpolitik und Weltethos. Das neue Paradigma internationaler Beziehungen«.

Schon bricht die Nacht über die Stadt herein, und das mir so vertraute spektakuläre Panorama mit all den Kuppeln und Palästen liegt im intensiven römischen Abendrot. In Festbeleuchtung drüben wie ein Schmuckstück die renovierte Peterskirche. Früh am Morgen vor dem Besucherstrom wird uns ein Altgermaniker die wieder jugendfrisch strahlende *Capella Sixtina* kunsthistorisch kundig zeigen. Ein Wunder an Farben, Formen, Gestalten, Gebärden – so vieles bewegt mein Inneres:

Michelangelo, von Haus aus Bildhauer, hat sich hier nicht nur als genialer Maler offenbart, sondern auch als ein Christ, der nicht in erster Linie Päpste, sondern die ganze Heilsgeschichte präsent haben wollte, vom grandiosen Anfang der Schöpfung von Welt und Menschen bis zum gnädigen Jüngsten Gericht (die Hölle als drohende Möglichkeit, in die aber keiner eingeht!). Eine universale Schau, welche die Seherinnen der »Heiden« ebenso einbezieht wie die Propheten Israels:

Hochreflektiert gestaltet von ihm, dem Freund der Dichterin Vittoria Colonna, der er seine bedeutendsten Sonette gewidmet hat und mit deren Viterbo-Kreis er beim damaligen Ausbruch der Reformation katholisch bleiben und doch evangelisch gesinnt sein wollte. Mein Ideal.

Zusammen mit zahlreichen Humanisten, Theologen, Politikern jene »dritte Kraft«, die im 16. Jahrhundert verlor, aber im Vatikanum II wieder auflebte und Wirkung zeigt. Meine Richtung.

Bis heute ist der mit diesem Konzil einsetzende Jahrhundertstreit über die wahre Gestalt der katholischen Kirche, der Ökumene, ja, des Christentums überhaupt im Umbruch der Zeiten noch nicht entschieden. Mein Leiden.

Und niemand weiß, ob Kirche und Welt in ein paar Jahren nicht vielleicht doch besser aussehen werden. Meine Hoffnung.

Spüre ich Beklemmungen, fragt mich Karl-Josef Kuschel bei der Rückkehr in das Haus, in welchem ich sieben Jahre lang gelebt und gearbeitet, gelitten und gekämpft habe? Im Gegenteil: Ich fühle mich wie selbstverständlich wieder »zu Hause«, betrachte neugierig, was in Haus und Gebräuchen geblieben und was sich geändert hat. Und freue mich schlicht, wieder einmal hier zu sein: ein anderer und doch derselbe, als der ich mich vor fast fünf Jahrzehnten verabschiedet habe. Und nach allem, was sich in der Zwischenzeit ereignet hat, freundlich aufgenommen von einer jungen Generation Germaniker, die meine großen Anliegen offensichtlich begeistert teilen. Eine Erfahrung, die ich überall in der Welt immer wieder neu machen durfte: daß ich in der großen christlichen Glaubensgemeinschaft, wie immer der Apparat und seine Administratoren darüber urteilen, meine geistige Heimat bewahrt habe. Ihr fühle ich mich genauso zugehörig wie im politischen Bereich der (ebenfalls viel mißbrauchten und geschändeten) Demokratie. Gerade so kann ich – in kritischer Solidarität – eine große Geschichte bejahen und aus ihr heraus mit so vielen anderen leben.

In der Tat, wie soll ich im Rückblick auf die nun bald 75 Jahre gelebten Lebens nicht *unendliche Dankbarkeit* empfinden? Dankbarkeit, daß ich die *Freiheit*, die mir aufgrund glücklicher Umstände sozusagen in die Wiege gelegt wurde, bewahrt habe? Daß sich diese bürgerliche Freiheit zur Gewissensfreiheit geläutert hat? Daß ich sie als die Freiheit eines Christenmenschen erfahren durfte? Daß sie sich als Freiheit in Kirche und Theologie bewährt hat? In aller Bescheidenheit, die ich in meiner Kindheit gelernt habe: Ich habe mich in Irrsal und Wirrsal der Zeiten als freier Mensch, Christ und Theologe behaupten können. *Erkämpfte und zugleich geschenkte Freiheit.* Kann man da nicht verstehen, daß ich das Lied »Lobe den Herrn« nie ohne Emotionen singen kann, wenn es zu den Worten kommt: »der mich auf Adlers Fittichen sicher geführet, der mich erhält, wie es dir selber gefällt. Hast du nicht dieses verspüret?«

Ja, gegen allen Augenschein habe ich die *Wirklichkeit Gottes* – das große Thema meines Lebens – immer wieder vertrauensvoll »verspüret«. Und habe mit all den Erfahrungen und Begegnungen, Leiden und Freuden bis 1968 vier Jahrzehnte ein erfülltes, ein reiches Leben leben dürfen. Und durch die Kämpfe und Konflikte, guten und schlechten Tage meiner zweiten Lebenshälfte hindurch wird es ein noch mehr erfülltes, ein unendlich reiches Leben sein.

Hätte ich mich damals in den sechziger Jahren dem römischen System zugewandt und mich in den Dienst einer Weltkirche gestellt, so hätte ich mich auf die Kirchenwelt beschränkt und keinesfalls so intensiv auf die Themen Weltliteratur, Weltreligionen, Weltfrieden und Weltethos einlassen können, wie ich dies »Dei providentia hominum confusione – durch Gottes Vorsehung und der Menschen Verwirrung« – zu tun gedrängt wurde.

Von all dem soll in meinem zweiten Band die Rede sein, der, so Gott will, über Jahrzehnte berichten wird, in denen sich der Hauptakzent von der Freiheit immer mehr auf die *Wahrheit* verlagert: die Wahrheit, die, so meine tiefe Überzeugung, nur in *Wahrhaftigkeit* verkündet, verteidigt und gelebt werden kann und darf. Auf Wahrhaftigkeit werde ich in den nächsten Jahren ebenso getestet werden wie in den vergangenen auf Freiheit.

Zum Neujahr 2002 schreibt mir ein katholischer Schweizer Pfarrer vom Propheten Elia, der sich in der Wüste den Tod wünscht: »Auch für Sie wird wohl gelten, was dem Propheten Elia gesagt wurde: Steh auf, iß und trink, du hast noch einen weiten Weg vor dir. GOTT möge Sie dabei begleiten, stärken und aufrichten, wenn der rauhe Wind der Gegnerschaft, ja Feindschaft Ihnen entgegenweht. Propheten-Los!« Ach nein, das Professoren-Los ist mir genug.

Aus: »Erkämpfte Freiheit« (2002).

ANHANG

Bücher von Hans Küng

Christliche Existenz

Rechtfertigung. Die Lehre Karl Barths und eine katholische
   Besinnung, Johannes / Benziger 1957; Serie Piper 4039.
Credo. Das Apostolische Glaubensbekenntnis – Zeitgenossen
   erklärt, Piper 1992; Serie Piper 2024.
Menschenwürdig sterben. Ein Plädoyer für Selbstverantwortung
   (mit W. Jens und Beiträgen von D. Niethammer u. A. Eser),
   Piper 1995; Serie Piper 2329.

Kirche und christliche Ökumene

Konzil und Wiedervereinigung. Erneuerung als Ruf in die
   Einheit, Herder 1960.
Strukturen der Kirche, Herder 1962; Serie Piper 762.
Kirche im Konzil, Herder 1963.
Die Kirche, Herder 1967; Serie Piper 582.
Wahrhaftigkeit. Zur Zukunft der Kirche, Herder 1968.
Was ist Kirche?, Herder 1970; Gütersloher-TB 181.
Unfehlbar? Eine Anfrage, Benziger 1970; Serie Piper 1016.
Fehlbar? Eine Bilanz, Benziger 1973.
Katholische Kirche – wohin? Wider den Verrat am Konzil (mit
   N. Greinacher), Piper 1986; Serie Piper 488.
Die Hoffnung bewahren. Schriften zur Reform der Kirche,
   Benziger 1990.

Theologische und christologische Grundlagen

Menschwerdung Gottes. Eine Einführung in Hegels theologisches Denken als Prolegomena zu einer künftigen Christologie, Herder 1970; Serie Piper 1049.
Existiert Gott? Antwort auf die Gottesfrage der Neuzeit, Piper
   1978; Serie Piper 2144.

24 Thesen zur Gottesfrage, Piper 1979; Serie Piper 171.
Christ sein, Piper 1974; Serie Piper 1736.
20 Thesen zum Christsein, Piper 1975; Serie Piper 100.
Ewiges Leben?, Piper 1982; Serie Piper 364.
Freud und die Zukunft der Religion, Piper 1978; Serie Piper 709.
Große christliche Denker, Piper 1994; Serie Piper 2283.
Der Anfang aller Dinge. Naturwissenschaft und Religion, Piper 2005; Serie Piper 4850.

Weltökumene

Jesus im Widerstreit. Ein jüdisch-christlicher Dialog (mit P. Lapide), Calwer / Kösel 1976.
Christentum und Weltreligionen. Hinführung zum Dialog mit Islam, Hinduismus und Buddhismus (mit J. v. Ess, H. v. Stietencron, H. Bechert), Piper 1984; Serie Piper 1908 / 2055 / 2130.
Christentum und Chinesische Religion (mit J. Ching), Piper 1988; Serie Piper 2738.
Spurensuche. Die Weltreligionen auf dem Weg, Piper 1999; Serie Piper 4292 und 4293.

Weltliteratur und Musik

Dichtung und Religion. Pascal, Gryphius, Lessing, Hölderlin, Novalis, Kierkegaard, Dostojewski, Kafka (mit W. Jens), Kindler 1985; Serie Piper 1880; Serie Piper 901.
Theologie und Literatur. Zum Stand des Dialogs (mit W. Jens und K.-J. Kuschel), Kindler 1986.
Anwälte der Humanität. T. Mann – H. Hesse – H. Böll (mit W. Jens), Kindler 1989, Serie Piper 1267.
Mozart – Spuren der Transzendenz, Piper 1991; Serie Piper 1498.
Musik und Religion. Mozart – Wagner – Bruckner; Serie Piper 4607.
Kunst und Sinnfrage, Benziger 1980.

Die religiöse Situation der Zeit

Theologie – wohin? Auf dem Weg zu einem neuen Paradigma (mit D. Tracy), Benziger 1984; Gütersloher Verlagshaus 1984.

Das neue Paradigma von Theologie. Strukturen und Dimensionen (mit D. Tracy), Benziger 1984; Gütersloher Verlagshaus 1984.

Theologie im Aufbruch. Eine ökumenische Grundlegung, Piper 1987; Serie Piper 1312.

Das Judentum, Piper 1991; Serie Piper 2827.

Das Christentum. Wesen und Geschichte, Piper 1994; Serie Piper 2940: grundlegend für die vorliegende Thematik.

Der Islam. Geschichte, Gegenwart, Zukunft, Piper 2004; Serie Piper 4709.

Die Schweiz ohne Orientierung? Europäische Perspektiven, Benziger 1992.

Weltethos

Projekt Weltethos, Piper 1990; Serie Piper 1659.

Weltfrieden durch Religionsfrieden. Antworten aus den Weltreligionen (mit K.-J. Kuschel), Piper 1993; Serie Piper 1862.

Erklärung zum Weltethos. Die Deklaration des Parlamentes der Weltreligionen (mit K.-J. Kuschel), Piper 1993; Serie Piper 1958.

Ja zum Weltethos. Perspektiven für die Suche nach Orientierung (Hrsg.), Piper 1995.

Weltethos für Weltpolitik und Weltwirtschaft, Piper 1997; Serie Piper 3080.

Wissenschaft und Weltethos (mit K.-J. Kuschel), Piper 1998; Serie Piper 3247.

Dokumentation zum Weltethos, Serie Piper 3489.

Lebensbilanzen

Erkämpfte Freiheit. Erinnerungen, Piper 2002; Serie Piper
 4135.
Umstrittene Wahrheit. Erinnerungen, Piper 2007.

Bücher zu Hans Küng

Diskussion um Hans Küng »Die Kirche«, hrsg. v. H. Häring –
 J. Nölte, Herder 1971.
Hans Küng. Weg und Werk. Chronik, Essays, Bibliographie,
 hrsg. v. H. Häring – K.-J. Kuschel, Piper 1978.
Um nichts als die Wahrheit. Deutsche Bischofskonferenz contra
 Hans Küng, hrsg. v. W. Jens, Piper 1978.
Der Fall Küng, hrsg. v. N. Greinacher – H. Haag, Piper 1980.
Gegenentwürfe. 24 Lebensläufe für eine andere Theologie,
 hrsg. v. H. Häring – K.-J. Kuschel, Piper 1988.
Hans Küng. Denkwege. Ein Lesebuch, hrsg. v. K.-J. Kuschel,
 Piper 1992.
R. Nowell, *Hans Küng – Leidenschaft für die Wahrheit.* Leben
 und Werk, Benziger 1993.
W. Jens – K.-J. Kuschel, *Dialog mit Hans Küng.* Mit Hans
 Küngs Abschiedsvorlesung, Piper 1996.
H. Häring, *Hans Küng. Grenzen durchbrechen,* Grünewald
 1998.
K.-J. Kuschel (mit S. Schlensog), *Hans Küng im Spiegel seiner
 Karikaturen*, Tübingen 2008.

Hans Küng

Spurensuche

Die Weltreligionen auf dem Weg 1.
Stammesreligionen, Hinduismus,
chinesische Religion, Buddhismus.
320 Seiten mit zahlreichen farbigen
und s/w-Abbildungen. Serie Piper

Hans Küng beschreibt, erzählt und erklärt das Spektrum der großen Weltreligionen. Seine »Spurensuche« deckt Verbindendes und Trennendes auf und verfolgt die Frage nach einem gemeinsamen Weltethos in den großen Religionen. Mit faszinierenden Farbfotos aufwendig ausgestattet, zeigt das Buch, wie aufregend und informativ das Thema dargestellt werden kann. Der vorliegende Band behandelt die Stammesreligionen, den Hinduismus, die chinesische Religion und den Buddhismus.

»Eine farbenreiche Reise durch die Kulturen und ihre Geschichte. Nicht an der Nivellierung von Differenzen ist Hans Küng gelegen, sondern daran, die spirituellen Schätze zu bergen, die im Boden der Religionen ruhen, um sie heute als Energiereserven ins Spiel zu bringen.«
Die Zeit

Hans Küng

Spurensuche

Die Weltreligionen auf dem Weg 2.
Judentum, Christentum, Islam.
208 Seiten mit zahlreichen farbigen
und s/w-Abbildungen. Serie Piper

Hans Küng, einer der berühmtesten Theologen der Gegenwart, beschreibt, erzählt und erklärt das Spektrum der großen Weltreligionen. Seine »Spurensuche« deckt Verbindendes und Trennendes auf und verfolgt die Frage nach einem gemeinsamen Weltethos in den großen Religionen. Mit faszinierenden Farbfotos aufwendig ausgestattet, zeigt das Buch, wie aufregend und informativ das Thema dargestellt werden kann. Der vorliegende Band behandelt die Religionen nahöstlicher Herkunft: das Judentum, das Christentum und den Islam.

»Küngs Einblicke in die Geschichte und sein Auge für aktuelle Probleme sind beispiellos in ihrer stets wachen Sensibilität für das andere, für das Fremde, das es zu akzeptieren gilt.«
Börsenblatt

SERIE PIPER

Hans Küng

Der Islam

Geschichte, Gegenwart, Zukunft.
896 Seiten. Serie Piper

Nach Hans Küngs bahnbrechenden Grundlagenwerken »Das Judentum« und »Das Christentum« hier der Abschluß seiner Trilogie über die drei abrahamischen Religionen:
»Ich werde in diesem Buch eine große Geschichte erzählen, die ungeheuer dramatisch und vielgestaltig ist. Mich interessiert nicht primär die Vergangenheit, sondern die Gegenwart: wie der Islam zu dem geworden ist, was er heute ist – im Hinblick darauf, wie er sein könnte.«

»Das Buch besticht durch seine Klarheit und trotz des Umfangs durch seine gute Lesbarkeit.«
Der Spiegel

Hans Küng, Heinz Bechert

Christentum und Weltreligionen. Buddhismus

234 Seiten. Serie Piper

Immer mehr Menschen des Westens fühlen sich vom Buddhismus angesprochen. Die Lehre von der Eigenverantwortlichkeit jedes einzelnen und die Aufforderung Buddhas, die Richtigkeit seiner Lehre durch eigene Praxis nachzuprüfen, fasziniert in zunehmendem Maß. Der Buddhismus-Forscher Heinz Bechert legt die Wurzeln der Lehre Buddhas dar und ihre Veränderungen auf dem Weg zur Massenreligion der Gegenwart. In seinen »Antworten« zeigt Hans Küng, was Christen daraus lernen können – und was nicht.

»Das Buch ist ein Beispiel dafür, wie sich in einer verwirrenden Menge von Glaubensüberzeugungen kundig miteinander reden läßt.«
Frankfurter Allgemeine Zeitung

Hans Küng
Rechtfertigung
Die Lehre Karl Barths und eine katholische Besinnung. Mit einem Geleitbrief von Karl Barth. 371 Seiten. Serie Piper

Als der junge streitbare Theologe Hans Küng 1957 seine Dissertation über die Rechtfertigungslehre Karl Barths veröffentlichte, kam das einer ökumenischen Sensation gleich: Küng sagte nichts weniger, als daß eine richtig verstandene Lehre von der Rechtfertigung des Menschen vor Gott Protestanten und Katholiken zusammenführen könne. Gerade heute ist ein gemeinsames ökumenisches Rechtfertigungsverständnis von Bedeutung.

»Ich begrüße Ihr Buch als ein Symptom dafür, daß die Sündflut der Zeiten, in denen katholische und protestantische Theologen nur entweder polemisch gegeneinander oder in unverbindlichem Pazifismus, meistens gar nicht, miteinander reden wollten, zwar noch nicht vorbei, aber immerhin im Sinken ist.«
Karl Barth an Hans Küng

Hans Küng
Erkämpfte Freiheit
Erinnerungen. 621 Seiten mit 66 Abbildungen. Serie Piper

Alles hätte auch ganz anders kommen können. Eine Ausbildung unter den Augen des Papstes im römischen Elite-Institut Collegium Germanicum, die Priesterweihe in Rom, eine aufsehenerregende Dissertation in Paris, mit 32 Jahren Professor für Fundamentaltheologie und Konzilsberater: So beginnen kirchliche Karrieren allerersten Ranges. Aber Hans Küng entscheidet sich anders: für Freiheit statt Anpassung, für Wahrheit statt Kompromiß. In einem sehr persönlichen und gedankenreichen Rückblick auf die ersten vier Jahrzehnte seines Lebens erzählt er, wie aus dem »Mustergermaniker« und potentiellen Kardinal ein Mann des aufrechten Ganges wird, der sich seine Freiheit in der Kirche und teilweise auch gegen sie erkämpft.

SERIE PIPER

Marte Cormann
Heike Gabernig

Brauchen starke Frauen Gott?

Karrierefrauen über Gottvertrauen und Gottlosigkeit. 224 Seiten mit 21 Fotos. Serie Piper

Heute lassen Frauen sich nicht mehr die Sterne vom Himmel holen, sie greifen selbst danach. Sie bestimmen selbstbewußt ihr eigenes Schicksal und das anderer Menschen – als Regierungs- und Konzernchefinnen, Astronautinnen, Nobelpreisträgerinnen. Ist die starke Frau von heute eine gott- und glaubenslose Frau? Machen nur Frauen Karriere, die religiös bindungslos sind? Oder bringen es gerade Frauen, die im Glauben einen Halt haben, zu Spitzenpositionen? Die Autorinnen wollten es wissen und haben Frauen interviewt, die eine erfolgreiche Karriere gemacht haben in Politik, Wissenschaft und Kultur, bei Film und Fernsehen und im Showbusineß. Über ihr Verhältnis zu Gott und zum Jenseits geben hier prominente Frauen Auskunft, und dabei ist ein überraschend breites Spektrum von Einstellungen und Haltungen entstanden.

Dorothee Sölle

Mystik und Widerstand

»Du stilles Geschrei«. 383 Seiten. Serie Piper

Mystik ist das antiautoritäre Element in jeder Religion. Sie führt zu einer Gemeinschaft von Freigeistern – und damit in den Widerstand. Die grundlegende Verbindung von Mystik und Widerstand bedeutet immer ein »Nein zur Welt, wie sie jetzt ist«. Dorothee Sölle, die weltweit bekannte, leidenschaftliche und unbequeme Theologin, läßt uns die Kluft zwischen »Theologie, also rationaler Erkenntnis Gottes, und Mystik, also Erfahrung Gottes« erkennen. Sie erklärt die mystischen Strömungen in den drei Hochreligionen unseres Kulturkreises, zeigt, welche Dimensionen mystischer Frömmigkeit erreicht worden sind und wo die Hoffnungen für uns heute liegen.

Gilles Kepel

Das Schwarzbuch des Dschihad

Aufstieg und Niedergang des Islamismus. Aus dem Französischen von Bertold Galli, Reiner Pfleiderer und Thorsten Schmidt. Mit einem Vorwort zur deutschen Ausgabe. 532 Seiten. Serie Piper

Seit dem terroristischen Angriff auf die USA im Herbst 2001 fragt sich die Welt, was der Islamismus ist und welche Gefahr von ihm ausgeht. Gilles Kepel zieht aus seiner jahrelangen Beschäftigung mit dem Thema einen aufsehenerregenden Schluß: Die Expansion des militanten Islamismus hat ihren Höhepunkt überschritten, er ist im Niedergang begriffen. Mit bestechender Sachkenntnis stellt Kepel in diesem Buch die Entwicklung aller wichtigen radikal-islamistischen Organisationen weltweit dar und gibt tiefe Einblicke in die fremde und so wichtige Welt des islamischen Fundamentalismus. Wer wissen will, wie sich die islamische Welt entwickeln wird, für den ist dieses kompetente und höchst lesenswerte Buch unverzichtbar.

Neue Zürcher Zeitung

Nahed Selim

Nehmt den Männern den Koran!

Für eine weibliche Interpretation des Islam. Aus dem Niederländischen von Anna Berger und Jonathan Krämer. 336 Seiten. Serie Piper

Im Namen des Islam werden Muslimas in aller Welt mißbraucht, eingeschüchtert und zum Schweigen gebracht – gerechtfertigt durch die von männlichen Theologen vollzogene Auslegung des Koran. Doch Nahed Selim, selbst gläubige Muslima, räumt mit den jahrhundertelangen Fehlinterpretationen auf, und zeigt einen anderen Islam: eine Religion, die Männer und Frauen gleichberechtigt sieht und eine Verbindung von Glaube und Moderne eröffnet.

»Auch muslimische Frauen haben das Recht, zu bestimmen, was sie glauben wollen. Nahed Selim beweist, daß die Auslegung des Koran Männersache war – und daß das nicht so bleiben darf.«
Ayaan Hirsi Ali

SERIE PIPER

PIPER

Alan Weisman
Die Welt ohne uns

Reise über eine unbevölkerte Erde. Aus dem Englischen von
Hainer Kober. 384 Seiten. Gebunden

Angenommen, die Menschheit verschwindet von einem Tag
auf den anderen von unserem Planeten: Welche Spuren
hinterlassen wir auf der Erde? Alan Weisman beschreibt, wie
die Welt ohne uns der Auflösung anheimfällt, wie unsere
Rohrleitungen zu einem Gebirge reinsten Eisens korrodieren,
warum einige Bauwerke und Kirchen womöglich als letzte
Überreste von Menschenhand stehen bleiben, wie Ratten und
Schaben ohne uns zu kämpfen haben und dass Plastik und
Radiowellen unsere langlebigsten Geschenke an den Planeten
sein werden. Schon ein Jahr nach unserem Verschwinden
werden Millionen Vögel mehr leben, weil die Warnlichter unserer Flughäfen erloschen sind. In 20 Jahren werden die
großen Avenues in Manhattan zu Flüssen geworden sein. Unsere Häuser halten 50, vielleicht 100 Jahre. Großstädte in
der Nähe von Flussdeltas, wie Hamburg, werden in 300 Jahren fortgewaschen. Und nach 500 Jahren wächst Urwald
über unsere Stadtviertel.
Mehr dazu unter:
www.worldwithoutus.com

01/1656/01/L

PIPER

Robert B. Laughlin
Abschied von der Weltformel

Die Neuerfindung der Physik. Aus dem Amerikanischen
von Helmut Reuter. 336 Seiten mit s/w Abbildungen.
Gebunden

Seit Richard Feynman hat kein Physiknobelpreisträger mit
solcher Klarsichtigkeit geschrieben wie Robert B. Laughlin,
der die Neuerfindung der Physik in Angriff nimmt. Weil im
Zeitalter der Superstring-Theorien und der eleganten Universen die Grenzen physikalischen Wissens so unfassbar weit
von uns weg liegen, sprechen manche bereits vom »Ende
der Wissenschaft«. Für Laughlin dagegen sind wir noch nicht
einmal in dessen Nähe. Lediglich der reduktionistische
Traum einer »Theorie von allem«, die Suche nach der Weltformel, wie sie Einstein oder Heisenberg und heute Haw-
king oder Greene betreiben, ist an ihre Grenzen gekommen.
Während jenseits davon die Welt der Emergenz – die
Selbstorganisation der Natur – zu entdecken und zu verstehen
ist.

01/1679/01/R